Wolfgang Schollwer
Liberale Opposition gegen Adenauer

# Biographische Quellen zur deutschen Geschichte nach 1945

Herausgegeben im Auftrag des Instituts für Zeitgeschichte
und in Verbindung mit dem Bundesarchiv
von Wolfgang Benz

Band 9

R. Oldenbourg Verlag München 1991

Wolfgang Schollwer

# Liberale Opposition gegen Adenauer

## Aufzeichnungen 1957–1961

Herausgegeben von Monika Faßbender

2. Auflage

R. Oldenbourg Verlag München 1991

CIP-Titelaufnahme der Deutschen Bibliothek

**Schollwer, Wolfgang:**
Liberale Opposition gegen Adenauer : Aufzeichnungen 1957 – 1961 /
Wolfgang Schollwer. Hrsg. von Monika Fassbender. –
2. Aufl. – München : Oldenbourg, 1991
(Biographische Quellen zur deutschen Geschichte nach 1945 ; Bd. 9)
ISBN 3-486-55911-7
NE: GT



Umschlaggestaltung: Dieter Vollendorf

Satz: Digital GmbH, Schrobenhausen

Druck und Bindung: R. Oldenbourg Graphische Betriebe GmbH, München

ISBN 3-486-55911-7

# Inhalt

# Inhalt

# Einleitung

## I.

Die vorliegenden Aufzeichnungen behandeln die Jahre 1957 bis 1961. Schollwer schrieb sie anhand von Tagebuchnotizen und Unterlagen 1974/75, mit der Bearbeitung für eine Veröffentlichung begannen Verfasser und Herausgeberin im Frühjahr 1989 und diese Einleitung schließlich wird im März 1990 geschrieben. Mit der Nennung dieser Daten soll nicht primär ein philologisch-historisches Interesse befriedigt werden, sondern damit werden Zeitpunkte markiert, in denen der Hauptgegenstand dieses Buches: die „offene und in ihrer Offenheit ungeliebte deutsche Frage“[1] auf sehr unterschiedliche Weise politisch aktuell war.

Die Jahre von 1957 bis 1961 waren die Jahre der Berlin-Krise und der Genfer Gipfelkonferenz, es waren die Jahre, in denen sich die beiden Oppositionsparteien SPD und FDP heftige Wortgefechte über die Deutschlandpolitik mit der Regierung Adenauer lieferten; der Mauerbau vom 13. August 1961 schließlich goß die Teilung Deutschlands in Beton.

Etwas mehr als zehn Jahre später markierte die Ostpolitik der sozialliberalen Koalition die de-facto-Anerkennung der DDR. Die Existenz von zwei deutschen Staaten wurde nicht nur anerkannt, sondern im Westen Deutschlands schien sich im Stolz auf wirtschaftliche Leistungen und politische Stabilität eine eigene Identität herauszubilden. Zumindest feierte man 1989 landauflandab und fast täglich „40 Jahre Bundesrepublik“. Obwohl an der „Einheit der Nation“ festgehalten wurde, hätte der schlichten Feststellung eines Wissenschaftlers: „Der Zustand Bundesrepublik ist normal“[2] bis zum Herbst 1989 kaum jemand widersprochen.

Seitdem vollzieht sich die Entwicklung im östlichen Teil Deutschlands mit einer Geschwindigkeit, die eine Einordnung oder Bewertung dessen, was geschieht, nur schwer zuläßt. Um so spannender wird die Konfrontation mit dem, was in der Vergangenheit „Deutschlandpolitik“ war und vieles, was Schollwer schildert, ist uns bis in Einzelheiten ganz vertraut. Am vertrautesten wirkt das, was vor einem Jahr noch ganz fern gewesen wäre: daß die „Wiedervereinigung“ der beiden deutschen Staaten das wichtigste politische Thema überhaupt ist, und das Denken der Menschen stark beschäftigt.

[1] So die Formulierung von Peter Siebenmorgen in: Gezeitenwechsel, Aufbruch zur Entspannungspolitik, Bonn 1990, S. 389.

[2] Klaus Erdmenger, Adenauer, die Deutsche Frage und die sozialdemokratische Opposition, in: Josef Foschepoth (Hg.), Adenauer und die Deutsche Frage, Göttingen 1988, S. 169–182, Zitat S. 170.

## II.

Schollwer gab seinen Aufzeichnungen den Titel: „Liberale Opposition gegen Adenauer." Bei der Lektüre von Schollwers Buch läßt sich mitvollziehen, wie die FDP in der Auseinandersetzung mit Adenauer ihr Profil schärfte – vor allem in der Deutschlandpolitik. Aber auch für Schollwer persönlich bedeutete diese Zeit eine Profilierung: die allmähliche Wandlung von einem Anhänger der Adenauerschen „Politik der Stärke" zum Vordenker und Sprecher einer neuen Deutschland- und Ostpolitik in der FDP.

Schollwers Aufzeichnungen beginnen im Sommer 1957 mitten im Bundestagswahlkampf. Die FDP hatte Jahre interner Auseinandersetzungen hinter sich: obwohl es mit der Parteigründung 1948 in Heppenheim gelungen war, die historische Spaltung des deutschen Liberalismus in Links- und Nationalliberale zu überwinden, waren Richtungskämpfe an der Tagesordnung. Hinzu kamen vor allem außenpolitische Auseinandersetzungen in der Regierungskoalition mit der CDU, verschärft durch die persönliche Gegnerschaft von Thomas Dehler, der seit 1953 Fraktions- und seit 1954 auch Parteivorsitzender war, zu Konrad Adenauer. Im Februar 1956 war die Koalition zerbrochen, 16 von 54 FDP-Abgeordneten, unter ihnen Minister Schäfer, Blücher und Neumayer waren aus der FDP ausgetreten.

In den Bundestagswahlkampf von 1957 ging die FDP mit dem neuen Bundesvorsitzenden Reinhold Maier, einem umfänglichen Grundsatzprogramm und ohne eine feste Koalitionsaussage. Es war für die Partei eine herbe Enttäuschung, daß die CDU die absolute Mehrheit gewann und die FDP mit 7,7% der abgegebenen Stimmen unerwartet schlecht abschnitt. Die Notwendigkeit, sich in der Opposition gegen Adenauer zu profilieren, ließ Maiers Rat, sich auf innenpolitische Themen zu konzentrieren, außer acht: es waren deutschland- und außenpolitische Themen, an denen sich die FDP mit Adenauer rieb, und diese Auseinandersetzungen nahmen seit 1958 an Schärfe zu.

Reinhold Maier war in den Augen der meisten Liberalen ein Vorsitzender des Übergangs. Als möglicher Maier-Nachfolger aufgebaut wurde unter anderem Erich Mende, der bereits seit 1956 stellvertretender Bundesvorsitzender war und – wie man bei Schollwer nachlesen kann – zunehmend die Geschäfte in Bonn führte, da Reinhold Maier sich häufig in Stuttgart aufhielt. Mit Männern wie Wolfgang Döring, Karl-Hermann Flach und Hans-Dietrich Genscher gelang es, die Organisation der Partei zu straffen; die Zusammenarbeit zwischen Bundespartei, Fraktion und Landesverbänden verbesserte sich. Ein Generationswechsel wurde nach außen vollzogen, als 1960 Erich Mende Reinhold Maier im Bundesvorsitz ablöste und damit auch die Spitzenkandidatur für den Bundestagswahlkampf 1961 übernahm. Die FDP führte – ähnlich wie die SPD – einen Wahlkampf nach amerikanischem Muster: nicht allein die politischen Aussagen der Partei standen im Vordergrund, sondern der Kandidat wurde auch in seinem privaten Umfeld gezeigt: 1961 wurden die Familien der Politiker zum ersten Mal zum Bestandteil des Wahlkampfes.

Mit 12,8 % erreichte die FDP das bis heute beste Wahlergebnis bei einer Bundestagswahl, jedoch brachte Mendes vor der Wahl abgegebene Koalitionsaussage: „Mit der CDU aber ohne Adenauer" die FDP im September 1961 in große Schwierigkeiten, als die CDU zumindest bis zur Hälfte der Legislaturperiode an Adenauer als Kanzler festhielt. Mende verzichtete zwar auf ein Ministeramt im neugebildeten Kabinett, aber daß die FDP diese Koalition überhaupt einging, trug ihr für lange Zeit den Namen einer „Umfallpartei" ein.

Schollwer hat die Vorgänge in der FDP in den Jahren 1957 bis 1961 aus nächster Nähe miterlebt. Nach der Auflösung des Ostbüros der FDP im November 1956, dessen Leiter er zuletzt gewesen war, wurde Schollwer im Frühjahr 1957 in die Pressestelle der FDP versetzt. Nach dem Tod von Josef Ungeheuer im Oktober 1959 wurde er zum Pressechef ernannt; als Karl Moersch diese Position 1961 übernahm, blieb Schollwer Chefredakteur des FDP-Pressedienstes „freie demokratische korrespondenz"[3]. In allen Positionen nahm er an den entscheidenden Sitzungen der FDP teil. Die Notizen, die er dabei machte, sind in die vorliegenden Aufzeichnungen eingegangen und wie schon im „Potsdamer Tagebuch" zeichnen sie sich durch genaue Beobachtung, ironische Distanz oder auch kritische Sympathie aus.

Schollwer berichtet aber nicht nur „von innen", von den Vorgängen in der liberalen Partei, sondern er läßt auch teilhaben an der „großen" Weltpolitik. Eine zugleich fremde und vertraute Welt tritt uns da entgegen: die ersten erfolgreichen und erfolglosen Weltraumversuche, leidenschaftliche Auseinandersetzungen über die atomare Bewaffnung der Bundeswehr, kriegerische Konflikte in Afrika, die Wahl Kennedys, Mauerbau – Ereignisse, mit denen wir heute z. T. noch leben. Wie eine Nachricht aus ferner Zeit mutet es dagegen an, daß Schollwer, obwohl für die Presse- und Öffentlichkeitsarbeit der FDP zuständig, sich erst 1961 einen Fernsehapparat anschaffte – heute ebenso unvorstellbar wie die Notiz vom Wahltag 1961, daß die ersten Trendmeldungen über das Wahlergebnis gegen 22 Uhr eintreffen!

Am meisten interessiert und engagiert aber war Schollwer in der deutschen Frage. 1950 aus Potsdam geflohen und seit 1951 im Ostbüro der FDP in Bonn tätig, war Schollwer bis zur Auflösung des Ostbüros Verfechter einer strikten Ignorierung der DDR. Er war der Auffassung, daß nur eine „Politik der Stärke" – bis hin zu wirtschaftlichen Sanktionen – die UdSSR und den Ostblock insgesamt dazu bringen könnten, die DDR für eine Wiedervereinigung „freizugeben" – wenn schon diplomatische Beziehungen mit Staaten des Warschauer Paktes,

[3] Zur Biographie Wolfgang Schollwers s. die Einleitung der Verfasserin zu Wolfgang Schollwer, Potsdamer Tagebuch. Liberale Politik unter sowjetischer Besatzung, München 1988. Entgegen der im Eintrag vom 2. 2. 1961 geäußerten Skepsis gestaltete sich nach Angaben Schollwers die Zusammenarbeit mit Karl Moersch eng und freundschaftlich.

dann nur, um die DDR zu isolieren[4]. Mit solchen Meinungen geriet Schollwer zunehmend in Konflikt mit der FDP-Parteiführung, die ihn 1957 auf ein scheinbar unproblematisches Gleis abschob: er sollte aus der Fraktion über Innenpolitisches berichten. Es lag am Gang der Ereignisse, an Schollwers Zusammenarbeit mit Josef Ungeheuer und natürlich an seinen eigenen Interessen, daß es anders kam: Schollwer lernte und entwickelte in diesen Jahren eine neue Sicht der Deutschland- und Ostpolitik.

## III.

Die zweite Hälfte der fünfziger Jahre war eine Zeit der Deutschlandpläne und der diplomatischen Aktivitäten zwischen Ost und West. Gleichzeitig vertiefte sich die Spaltung Deutschlands. Die Differenzen darüber, welcher Weg zu einer Wiedervereinigung der beiden deutschen Staaten beschritten werden sollte, hatten sich seit Gründung von Bundesrepublik und DDR verschärft: während die Bundesregierung und die westlichen Siegermächte am Alleinvertretungsanspruch der Bundesrepublik und dem Primat gesamtdeutscher Wahlen festhielten, forderten DDR und UdSSR direkte Verhandlungen zwischen den beiden deutschen Staaten bis hin zu einer Konföderation. Eingebettet waren beide Vorstellungen in bündnispolitische Konzeptionen: erhoffte sich der Westen nach einer Wahl die Entscheidung einer gesamtdeutschen Volksvertretung zugunsten der begonnenen Westintegration, ging die UdSSR von einem neutralen, entmilitarisierten Deutschland aus.

1955 nahm die Bundesrepublik diplomatische Beziehungen zur Sowjetunion auf, gleichzeitig wurde die „Hallstein-Doktrin" entwickelt, deren erstes „Opfer" Jugoslawien wurde: als Belgrad 1957 diplomatische Beziehungen zur DDR aufnahm, zog Bonn seinen Botschafter Pfleiderer ab – auch hier entstand Konfliktstoff für die innenpolitische Auseinandersetzung.

Krisenpunkt der Ost-West-Spannung in Europa war Berlin. Im November 1958 stellte Chruschtschow ein auf sechs Monate befristetes Ultimatum, in dem er den Abzug der Westmächte aus Berlin forderte und androhte, die sowjetischen Rechte in Berlin und an der Regelung des Zugangsverkehrs nach Berlin auf die DDR zu übertragen. Die Konzeption einer entmilitarisierten „Freien Stadt" wurde im Entwurf eines Friedensvertrages, den die UdSSR im Januar 1959 vorlegte, präzisiert. Im Verlauf der Diskussion stellte sich heraus, daß die Westmächte zu Konzessionen in Bezug auf die Kontrolle des Zugangs nach Berlin und sogar zur Anerkennung der DDR bereit zu sein schienen.

Die Genfer Gipfelkonferenz der vier Außenminister im Mai 1959, an der DDR und Bundesrepublik mit Beobachterstatus teilnahmen, stand unter der

[4] Diese Auffassung legte Schollwer vor allem in einem 1956 verfaßten Papier unter dem Titel „Moskau und die deutsche Frage" nieder.

sowjetischen Drohung eines separaten Friedensvertrages mit der DDR. Die Konferenz wurde im August 1959 ohne formales Ergebnis abgebrochen, doch war offensichtlich, daß sie das Ende der Vier-Mächte-Verantwortung für Deutschland markierte und daß der Status quo in Europa politisch und militärisch festgeschrieben war.

Das atomare Patt zwang USA und UdSSR im September 1959 zu ersten Abrüstungsverhandlungen in Camp David, aber erst die Wahl Kennedys 1961 symbolisierte endgültig den Beginn einer neuen Phase zwischen Ost und West, die gekennzeichnet war durch Versuche der Entspannung und Abrüstung. Schollwer selbst entwickelte in den sechziger Jahren grundsätzliche Konzeptionen, die die Deutschlandpoltik der FDP nachhaltig beeinflussen sollten[5].

## IV.

Über die deutschlandpolitische Programmatik der FDP in den fünfziger Jahren wurde einmal geschrieben, daß „Feierlichkeit und Pathos weitgehend Konzeptionen und politische Strategien"[6] vertraten. Dies gilt mit Sicherheit für das, was sich in offiziellen Programmen niederschlug, aber so unterschiedliche Männer wie Karl Georg Pfleiderer, Reinhold Maier, Thomas Dehler, Josef Ungeheuer und Erich Mende trugen dazu bei, daß liberale Positionen auf diesem Gebiet in der Öffentlichkeit durchaus kontrovers aufgefaßt und diskutiert wurden.

Karl Georg Pfleiderer[7], geboren 1899 und von 1926 bis 1945 als Diplomat unter anderem in China, der UdSSR und Schweden tätig, hatte für die Demokratische Volkspartei zum ersten Deutschen Bundestag kandidiert, ohne Mitglied dieser liberalen Partei gewesen zu sein. Mit 40,3 % der abgegebenen Stimmen wurde er im Wahlkreis Waiblingen direkt gewählt und trat der FDP-Fraktion im Deutschen Bundestag bei. Pfleiderers Interesse galt von Anfang an – im Bundestag wie im Europarat, dem er seit 1950 angehörte – einer eigenständigen deutschen Politik gegenüber dem Osten. Im Juni 1952 wurde er durch eine

[5] Der 1. „Schollwer-Plan" („Verklammerung und Wiedervereinigung") entstand 1962 und wurde 1964 ohne Wissen Schollwers in einer Illustrierten veröffentlicht. Der 2. „Schollwer-Plan" von 1967 war ein Arbeitspapier für eine Klausur des FDP-Bundesvorstandes. Beide Pläne abgedruckt bei Wolfgang Benz, Günter Plum und Werner Röder, Einheit der Nation. Diskussionen und Konzeptionen zur Deutschlandpolitik der großen Parteien seit 1945, Stuttgart 1978, S. 185–204 und S. 208–217.

[6] Benz, Plum, Röder, a. a. O., S. 53.

[7] Leider gibt es noch keine wissenschaftliche Biographie über Karl Georg Pfleiderer. 1989 entstand an der Gesamthochschule Duisburg eine Diplomarbeit von Manfred Neuenhaus unter dem Titel: „Karl Georg Pfleiderer. Eine politische Biographie". Zu Pfleiderers politischen Vorstellungen s.: Karl-Heinz Schlarp, Alternativen zur deutschen Außenpolitik 1952–1955: Karl Georg Pfleiderer und die „Deutsche Frage", in: Wolfgang Benz und Hermann Graml (Hg.), Aspekte deutscher Außenpolitik im 20. Jahrhundert, Aufsätze Hans Rothfels zum Gedächtnis, Stuttgart 1976, S. 211–248.

Rede in seinem Wahlkreis Waiblingen schlagartig einer großen Öffentlichkeit bekannt[8]. Die Beachtung, die Pfleiderers Rede erhielt, ist auf dem Hintergrund der Diskussion um Deutschland- und EVG-Vertrag sowie um die Stalin-Note erklärlich: Pfleiderer entwickelte in dieser Rede eine Alternative zu Adenauers Politik der Stärke und der Westintegration.

Hans-Jürgen Matz hat in seiner Biographie von Reinhold Maier[9] gezeigt, daß Pfleiderers Vorstoß nicht nur mit dem Wissen Reinhold Maiers, sondern auch mit dessen ausdrücklicher Billigung geschah. Wie Pfleiderer wünschte Reinhold Maier die Wiederherstellung des deutschen Nationalstaates; beide waren der Auffassung, daß Wiederbewaffnung und Westintegration dem entgegenstand und daß jede auf das Ziel einer „Wiedervereinigung" gerichtete Politik das Sicherheitsinteresse der UdSSR zu berücksichtigen habe. In seiner Rede schlug Pfleiderer den Rückzug der Besatzungsmächte hinter Oder-Neiße bzw. Rhein vor; dazwischen sollte ein neutrales Deutschland mit nationalen Streikräften stehen.

Pfleiderer entwickelte seine Gedanken in einer Denkschrift weiter, die er im September 1952 unter dem Titel „Vertragswerk und Ostpolitik"[10] vorlegte. Prononciert lehnte er den Primat der Wahlen als ersten Schritt zu einer Wiedervereinigung ab und forderte statt dessen eine aktive Ostpolitik, die „zwischen der Zugehörigkeit der EVG zur NATO und den sowjetischen Sicherheitsbedürfnissen"[11] einen Kompromiß finden sollte.

Pfleiderers Gedanken stießen nicht nur bei der CDU und der Adenauer geneigten Öffentlichkeit, sondern auch in der FDP auf Ablehnung. Bundesvorstand und Gesamtdeutscher Ausschuß der Partei lehnten seine Vorschläge ab. Obwohl Reinhold Maier und Wolfgang Haußmann hinter Pfleiderer standen, wurde er für die Bundestagswahl 1953 nicht auf der Landesliste der DVP für Baden-Württemberg abgesichert. Trotzdem kandidierte Pfleiderer in seinem alten Wahlkreis Waiblingen und wurde mit mehr Stimmen als beim ersten Mal wiederum direkt in den Bundestag gewählt. In dieser zweiten Legislaturperiode erregte er Aufsehen mit dem Vorschlag, daß westdeutsche Bundestagsabgeordnete in die Sowjetunion reisen und dort Gespräche mit der sowjetischen Regierung führen sollten. Diesmal erhielt er die Unterstützung des FDP-Bundesvorstandes, wurde jedoch von Adenauer und der Mehrheit der deutschen Presse scharf kritisiert[12].

[8] Die Rede Pfleiderers mit dem Titel: „Für und wider die Verträge" ist abgedruckt in: Karl Georg Pfleiderer, Politik für Deutschland, Reden und Aufsätze 1948–1956, hg. von Raban Graf Adelmann, Wolfgang Haußmann, Klaus Mehnert, Klaus Freiherr von Mühlen, Carlo Schmid, Stuttgart 1961, S. 83–96.

[9] Klaus-Jürgen Matz, Reinhold Maier. Eine politische Biographie, Düsseldorf 1989.

[10] Gekürzt abgedruckt in Benz, Plum, Röder, a. a. O., S. 167–175. Der volle Wortlaut jetzt in: „liberal". Vierteljahreshefte für Politik und Kultur, 4/1987, S. 71–82.

[11] a. a. O., S. 78.

[12] Ausführliche Wiedergabe der Pressestimmen bei Neuenhaus, a. a. O., S. 86ff.

1955 wurde Pfleiderer Botschafter in Belgrad und warb von hier aus immer wieder für die Anerkennung der Staaten des Ostblocks. Immer mehr setzte sich bei ihm darüber hinaus die Auffassung durch, die Oder-Neiße-Grenze als faktisch und gültig zu betrachten. Als Bonn 1957 die diplomatischen Beziehungen zu Jugoslawien abbrach, wurde Pfleiderer aus Belgrad abberufen – er starb kurz darauf im Oktober 1957 und arbeitete noch im Krankenbett an einem Memorandum zur Ostpolitik, das nie veröffentlicht wurde[13].

Die Bedeutung Pfleiderers für das ost- und deutschlandpolitische Denken der FDP war grundsätzlicher Art: 1. Hier wurde zum ersten Mal von einem Liberalen eine grundsätzliche Alternative zur Politik Adenauers formuliert. 2. In der FDP ging seit Pfleiderer die Erkenntnis, daß die Westintegration der Bundesrepublik gekoppelt sein müsse mit einer aktiven Außenpolitik nach Osten, nie verloren – wenn es auch länger dauern sollte, bis diese Meinung zur Mehrheitsmeinung wurde. 3. Ebenso wenig verloren ging Pfleiderers Erkenntnis, daß jede mögliche Wiedervereinigung der beiden Staaten Deutschlands an das Sicherheitsbedürfnis der UdSSR gekoppelt sei – gerade die letzten Jahre zeigen, wie richtig Pfleiderer hier mit seiner Einschätzung lag.

Pfleiderers Freund Reinhold Maier kam in seiner Eigenschaft als Ministerpräsident von Baden-Württemberg und Präsident des Bundesrates (seit Juli 1952) im Zusammenhang mit der Ratifizierung der „Westverträge" eine besondere Bedeutung zu, wobei Maier in der prekären Lage war, daß die FDP eine Koalition mit Adenauer bildete. In der bereits erwähnten Biographie über Reinhold Maier sind die sich daraus ergebenden Konflikte und Verhaltensstrategien detailliert nachgezeichnet[14] – obwohl General- und EVG-Vertrag den Bundesrat passierten, galt Maier in der Öffentlichkeit als der große „Gegenspieler" Adenauers. Auf dem Bundesparteitag der FDP 1953 hielt er eine von den Delegierten mit Jubel aufgenommene Rede, die unter dem Motto: „Wir suchen Deutschland" stand. Wenige Tage nach dem Aufstand vom 17. Juni war diese Rede ein pathetisches Bekenntnis zur deutschen Einheit und zum deutschen Nationalstaat.

In die Zeit Maiers als Bundesvorsitzender der FDP fiel die Entscheidung für den Beitritt der Bundesrepublik zur EWG und die Auseinandersetzung um die atomare Bewaffnung der Bundeswehr. In der ersten Frage war die FDP gespalten; Maier selbst war der europäischen Einigung gegenüber skeptisch[15]. Vehement engagierte er sich dagegen gegen die von Adenauer und

[13] Dieses unvollständig gebliebene Memorandum soll noch in der Nacht des Todes von einem Beamten des Auswärtigen Amtes aus dem Krankenzimmer Pfleiderers geholt worden sein. 1970 gelangte eine Kopie in das Archiv der Friedrich-Naumann-Stiftung.

[14] Matz, a. a. O., S. 411 ff.

[15] Matz, a. a. O., S. 459; zur Einstellung der FDP zur EWG s. Peter Jeutter, EWG – Kein Weg nach Europa. Die Haltung der Freien Demokratischen Partei zu den Römischen Verträgen 1957, Bonn 1985.

Strauß forcierte atomare Bewaffnung der Bundeswehr, die er als einen weiteren Schritt zur Zementierung der Teilung Deutschlands ansah, hielt aber andererseits die Partei vor einer Kooperation mit der SPD in dieser Frage zurück[16].

Vom Bewunderer zum Gegner Adenauers entwickelte sich Thomas Dehler. Wie Schollwer an anderer Stelle ausgeführt hat[17], „litt Dehler unter der Teilung seines Vaterlandes sichtbar". Anfangs glaubte er, mit Adenauers „Politik der Stärke" sei diese Teilung zu überwinden; ab 1953 wurde er zu einem der schärfsten Kritiker Adenauers auf diesem Gebiet[18]. Man mag ein großes Fragezeichen daran setzen, ob Dehler wirklich „Schritt um Schritt Gegenpositionen zu Adenauers Außen- und Deutschlandpolitik" aufgebaut hat[19] – dazu war er wohl zu impulsiv. Aber seine heftigen, in der Öffentlichkeit immer stark beachteten Attacken auf den Bundeskanzler hielten diesen wie die FDP in Atem. Höhepunkt der Auseinandersetzung mit Adenauer war die Bundestagsrede vom 23. Januar 1958. Schollwer berichtet in seinen Aufzeichnungen darüber. Dehler nahm in dieser Rede Formulierungen vorweg, die denen der jüngsten zeitgeschichtlichen Diskussion um die „verpaßten Chancen" zur Wiedervereinigung im Zusammenhang mit der „Stalin-Note" von 1952 ähneln. Er warf Adenauer vor, die Wiedervereinigung nicht wirklich zu wollen; der Wunsch nach Wohlstand und der Wille zur Integration in den Westen habe dieses Ziel längst abgelöst. Wie Pfleiderer plädierte auch Dehler für eine „aktive Ostpolitik".

1956 legte der damalige stellvertretende Bundesvorsitzende Erich Mende einen Deutschlandplan vor[20]. In diesem Plan griff er auf die Ideen Pfleiderers zurück, indem er den Rückzug der NATO-Truppen hinter die Rheinlinie und den der Truppen des Warschauer Paktes hinter die Oder-Neiße vorschlug. Der „freie" deutsche Raum sollte durch deutsche Streitkräfte gesichert werden, die in ein größeres Sicherheitssystem (gedacht war an einen 5-Mächte, bzw. an einen 15-Mächte-Pakt) integriert werden sollten. In einer zweiten Phase sollte dann der Weg zur staatlichen Einigung Deutschlands über gesamtdeutsche, freie Wahlen, Auflösung der Länder der DDR und eine Verfassunggebende Nationalversammlung beschritten werden. Am Ende dieses Weges hätte eine Reichsregierung gestanden, die legitimiert gewesen wäre, einen Friedensvertrag mit den Siegermächten des Zweiten Weltkrieges abzuschließen.

Bei Schollwer läßt sich nachlesen, wie in der zweiten Hälfte der fünfziger Jahre die deutschlandpolitischen Positionen der FDP an Konturen gewannen.

[16] Die wichtigsten Reden hierzu jetzt abgedruckt in Beate-Carola Padtberg (Hg.), Reinhold Maier als Bundespolitiker, Gerlingen 1989, S. 136ff.

[17] Wolfgang Schollwer, Liberale Führungspersonen – die Parteivorsitzenden, in: Wolfgang Mischnick (Hg.), Verantwortung für die Freiheit. 40 Jahre FDP, Stuttgart 1988, S. 446.

[18] S. dazu Friedrich Klingl, „Das ganze Deutschland soll es sein!" Thomas Dehler und die außenpolitischen Weichenstellungen der fünfziger Jahre, München 1987.

[19] Schollwer, a. a. O., S. 446.

[20] Abgedruckt in Benz, Plum, Röder, a. a. O., S. 175–179.

Die FDP wünschte eine „aktive" Ostpolitik, was vor allem hieß: Ablehnung der Hallstein-Doktrin, Aufnahme von diplomatischen Beziehungen zu Polen, nicht nur formale, sondern auch aktive Beziehungen zur UdSSR. Darüber hinaus wollte sie eine ernsthafte Diskussion der Vorschläge Rapackis über atomwaffenfreie Zonen in Europa. Zu einem Hauptpunkt der Auseinandersetzungen mit Adenauer wurde die Frage, wie ein Friedensvertrag und die Wiedervereinigung in Beziehung zu setzen seien: von Pfleiderer über den Mende-Plan von 1956 bis zum „Entwurf eines Friedensvertrages" vom Januar 1959 hatte sich in der FDP die Auffassung differenziert, daß vor gesamtdeutschen Wahlen das Sicherheitsbedürfnis der UdSSR durch die Festlegung des militärischen Status eines wiedervereinigten Deutschlands befriedigt werden müßte[21].

Eigenständige und zuletzt auch quer zur Parteilinie verlaufende Vorstellungen entwickelte Josef Ungeheuer. Ungeheuer, 1909 geboren, hatte Theologie studiert und schloß sich nach dem Krieg den Liberalen an. Im September 1949 wurde er Pressechef der FDP, ein Amt, das er bis zu seinem Tod im Oktober 1959 innehatte. Den Pressedienst der Partei, die „freie demokratische korrespondenz", die er mitbegründet hatte, machte er ab 1952 zu seinem quasi persönlichen Organ, in dem er eine „Vielzahl neuer Gedanken und Vorschläge zur deutschen Frage"[22] veröffentlichte. Er war von Anfang an Anhänger der Gedanken Pfleiderers, unterstützte 1956 Dehlers Vorschlag einer gesamtdeutschen Volksbefragung zur Wiedervereinigung (was eine Verständigung mit der DDR über das Procedere vorausgesetzt hätte) und trat in der zweiten Hälfte der fünfziger Jahre mit immer neuen Vorschlägen für eine „gemeinsame" Deutschlandpolitik aller Bundestagsparteien an die Öffentlichkeit. Im Anhang sind Vorschläge Ungeheuers für eine solche gemeinsame Politik sowie für eine „ständige Deutschlandkonferenz" abgedruckt – das letzte Dokument hat angesichts der neuerlichen Diskussion um „4 plus 2" einen aktuellen Aspekt!

Solange er Mitarbeiter des „Ostbüros" gewesen war, hatte Schollwer Ungeheuer, aber auch Pfleiderer und alles, was einer „Politik der Stärke" zu widersprechen schien, abgelehnt. Zwei Jahre lang war er dann durch seine „Zwangsversetzung" gezwungen, mit Ungeheuer zusammenzuarbeiten und diese Zusammenarbeit gestaltete sich für Schollwer äußerst fruchtbar: nicht immer einer Meinung mit Ungeheuer veränderten sich Wahrnehmung und Blickwinkel in Bezug auf Ost- und Deutschlandpolitik.

21 Der auch „Deutschlandplan der FDP" genannte Entwurf eines Friedensvertrages ist abgedruckt bei Benz, Plum, Röder, a. a. O., S. 179–184.

22 So die etwas distanzierende Formulierung der Parteileitung in der Todesanzeige für Ungeheuer.

## V.

In der wissenschaftlichen Literatur über die Außenpolitik der „Ära Adenauer" kommt die FDP eher beiläufig vor[23]. Eine fundierte Gesamtdarstellung der deutschlandpolitischen Vorstellungen für die zweite Hälfte der fünfziger Jahre bis zur Bildung der sozialliberalen Koalition fehlt[24]. Außer den Erinnerungen von Erich Mende[25] gibt es keine autobiographischen Zeugnisse von FDP-Politikern für diese Zeit.

Schollwers Aufzeichnungen kommt somit ein besonderer Quellenwert zu. Obwohl es sich nicht um ein echtes Tagebuch handelt, zeichnet sich der Text durch Authentizität aus: Schollwer faßte 1974/75 seine Tagebuchnotizen, Gesprächsaufzeichnungen und Aktenvermerke zusammen, und zwar ohne jedes „Beiwerk" und auch ohne Verwendung der Erkenntnisse, die in den siebziger Jahren schon vorlagen[26]. Adenauers Vorschlag einer „Österreich"-Lösung für Deutschland, der erst durch den dritten Band seiner „Erinnerungen" 1967 bekannt wurde, fehlt ebenso wie der „Globke-Plan" von 1959, der erst 1974 veröffentlicht wurde. Lediglich den „Rückblick" überarbeitete Schollwer 1989. Auch wurden die Zwischenüberschriften für die Buchausgabe eingefügt.

In den Anmerkungen wurde darauf verzichtet, Ereignisse, die in allgemeinen Nachschlagewerken zu finden sind, sowie amtliche Drucksachen nachzuweisen. Letzteres gilt für allem für Bundestagsreden, von denen Schollwer berichtet. Alle erwähnten Personen werden im Anhang durch Kurzbiographien vorgestellt – FDP-Angehörige ausführlicher als andere.

Das erste der im Anhang abgedruckten Dokumente entstand vor der Zeit, die das Tagebuch behandelt und zeigt, wie sich Schollwer im April 1957 Schritte auf dem Weg zu einer Wiedervereinigung vorstellte. Das zweite Dokument ist Sheila Ungeheuers „Offener Brief an Mr. Dulles", der einen heftigen Angriff auf Adenauer darstellt und nach seinem Erscheinen viel Wirbel auslöste. Es folgen die erwähnten beiden Ausarbeitungen von Josef Ungeheuer zur Deutschlandpolitik. Zum Schluß dann vier Kommentare von Wolfgang Schollwer aus der „freien demokratischen korrespondenz": zum Godesberger Parteitag der

23 Das gilt beispielsweise für den erwähnten Sammelband von Josef Foschepoth (Hg.), Adenauer und die Deutsche Frage wie auch für Jürgen Weber (Hg.), Die Republik der fünfziger Jahre. Adenauers Deutschlandpolitik auf dem Prüfstand, München 1989 sowie für Peter Siebenmorgen.

24 Das gilt trotz der Publikation von Sebastian J. Glatzeder, Die Deutschlandpolitik der FDP in der Ära Adenauer. Konzeptionen in Entstehung und Praxis, Baden-Baden 1980. Für die Zeit bis 1955 s. Theo Rütten, Der deutsche Liberalismus 1945–1955. Deutschland- und Gesellschaftspolitik der ost- und westdeutschen Liberalen in der Entstehungsphase der beiden deutschen Staaten, Baden-Baden 1984.

25 Erich Mende, Die neue Freiheit 1945–1961. München-Berlin 1984.

26 Das läßt sich durch den Vergleich der vorliegenden Fassung mit den Unterlagen Schollwers, die sich im Archiv des deutschen Liberalismus befinden, belegen.

SPD, zum Parteitag 1960 der CDU, zum Mauerbau vom 13. August 1961 und zum Bundestagswahlergebnis vom September 1957. Alle Dokumente werden ungekürzt wiedergegeben.

Die Arbeit mit Wolfgang Schollwer war für mich von großem Gewinn; ich danke ihm und seiner Frau Ingeburg für Gastfreundschaft und anregende Gespräche. Dank auch an Wolfgang Benz für sein Drängen und seine Geduld und an Wulf Busch für die Arbeit mit der Reinschrift des Manuskriptes.

Bonn, im März 1990 Monika Faßbender

# Rückblick: Die Situation zu Beginn des Jahres 1957

Die dramatischen Ereignisse des Jahres 1956 haben die europäische Politik für lange Zeit nachhaltig beeinflußt. Chruschtschows Entstalinisierungsrede auf dem XX. Parteitag und der glückliche Verlauf des „Polnischen Oktober" hatten Hoffnungen auf Entspannung und auf ein friedliches Zusammenleben zwischen Ost und West genährt. Am Ende des Jahres erwiesen sich diese Hoffnungen als eine Illusion. Unter den Ketten der sowjetischen Panzer, im Blut der ungarischen Rebellen war die nur wenige Tage währende Freiheit der Ungarn erstickt. Und damit vorerst auch die Bereitschaft des Westens, die Friedensbeteuerungen der Nachfolger Stalins ernster zu nehmen als die des 1953 verstorbenen Tyrannen. Erst drei Jahrzehnte später begannen in Budapest und Moskau offen geführte Debatten über diesen Bruch des Völkerrechts durch die sowjetische Führung im Herbst 1956.

Während die meisten Europäer diesen neuerlichen sowjetischen Gewaltakt als eine unmittelbare Bedrohung empfanden, schienen die USA die Militäraktion Moskaus im eigenen Bündnisbereich nicht sonderlich überraschend zu finden. Sie sahen vor allem keinen Anlaß, zu intervenieren. Schon 1953, beim Volksaufstand in der DDR, hatte Washington niemals ernsthaft in Erwägung gezogen, den bedrängten Aufständischen zur Hilfe zu eilen. Die Politik des „Roll back", ein vom amerikanischen Außenminister Dulles entworfenes Konzept, die kommunistische Machtübernahme in den Staaten Mittel- und Osteuropas wieder rückgängig zu machen, hatte vor allem durch das inzwischen sich abzeichnende atomare Patt der beiden Supermächte keine Aussicht auf Erfolg. Jetzt ging es Moskau wie Washington vor allem um die Besitzstandswahrung. Die Fronten des Kalten Krieges waren erstarrt, nur um Berlin sollte noch anderthalb Jahrzehnte lang gerungen werden.

Die meisten Bundesdeutschen haben damals die Bedeutung der sowjetischen Intervention in Ungarn für die eigene Deutschlandpolitik genau so wenig verstanden wie das Menetekel der Niederwerfung des Volksaufstandes vom 17. Juni 1953 durch sowjetische Besatzungstruppen. Daß in jenen düsteren Novembertagen des Jahres 1956 erneut die Chancenlosigkeit einer Politik offenbar geworden war, die sich die Wiederherstellung eines deutschen Nationalstaates zwischen Oder und Rhein zum Ziel gesetzt hatte, das wollten sich selbst ansonsten kritisch und realistisch denkende Politiker in Westdeutschland nicht eingestehen.

Tatsächlich aber war 1956 die deutsche Frage längst zugunsten einer langandauernden deutschen Zweistaatlichkeit entschieden. Und das nicht nur durch sowjetischen Willen oder westliches Desinteresse an einem deutschen Einheitsstaat, sondern auch infolge der Politik des westdeutschen Staates. Westintegration und NATO-Bündnis, Wiederaufrüstung und der Verzicht auf jede aktive Osteuropa-Politik hätten selbst eine ganz anders geartete russische Regierung kaum dazu inspiriert, den Deutschen bei der Wiederherstellung ihrer staatlichen Einheit behilflich zu sein. Und jetzt, im Frühjahr 1957, gab Adenauer mit seiner Absicht, die Bundeswehr atomar zu bewaffnen, Moskau ein zusätzliches Argument für seine Teilungspolitik in die Hand. Wenn es je nach der Bildung von zwei politisch völlig gegensätzlichen deutschen Staaten im Herbst 1949 eine Wiedervereinigungschance gegeben haben sollte, nun war sie vertan.

Doch das erschien den meisten Bundesbürgern 1957 noch ganz undenkbar. Für sie führte die Adenauersche Außenpolitik nicht nur zu mehr Sicherheit und Wohlstand, sondern eines Tages gewiß auch zur deutschen Einheit. Zu den wenigen Deutschen, die diese Meinung nicht teilten, gehörten Politiker der SPD und der FDP. In der Überzeugung, daß des Kanzlers Westpolitik letztlich nichts anderes als den Verzicht auf die Wiederherstellung eines deutschen Nationalstaates bedeute, den Bundesregierung und Bundestag vorgeblich anstrebten, lehnten die meisten Bundestagsabgeordneten der Freien Demokraten im Sommer 1957 die Römischen Verträge ab, mit denen eine Europäische Wirtschaftsgemeinschaft mit westdeutscher Beteiligung begründet werden sollte. Die Liberalen glaubten damals, mit ihrem „Nein" zur Westintegration den Beweis für eine konsequente Wiedervereinigungspolitik erbracht zu haben. Doch konsequent waren in dieser Beziehung auch sie nicht. Noch zwei Jahre zuvor hatte die FDP-Bundestagsfraktion ohne ernste Bedenken dem Beitritt der Bundesrepublik zum westlichen Militärbündnis, zur NATO, zugestimmt, vom liberalen Ja zur Bildung eines westdeutschen Separatstaates im Jahre 1949 ganz zu schweigen.

Nein, ein Zurück zum Status quo der ersten Nachkriegsjahre gab es nun nicht mehr. Aber wer begriff das damals schon in der FDP? Allenfalls ein Mann wie Walter Scheel, der damals 38-jährige Bundestagsabgeordnete. Er stimmte für die Römischen Verträge und ließ in den folgenden Jahren keine Gelegenheit vorübergehen, seine Partei für eine EWG-freundliche Politik zu gewinnen. Scheel gehörte später auch zu den ersten prominenten Freien Demokraten, die der regierungsamtlichen Nichtanerkennungspolitik gegenüber der DDR eine Absage erteilten und damit einer Reform liberaler Deutschlandpolitik den Weg ebnete, die schließlich die Teilung Deutschlands überwinden half.

Das Nein der FDP-Mehrheit zum EWG-Beitritt hatte nicht nur prinzipielle, sondern auch wahltaktische Motive. Im Herbst 1957 war ein neuer Bundestag zu wählen, der dritte seit Gründung der Bundesrepublik Deutschland. Die FDP mußte nun zum ersten Mal ihren Wahlkampf aus der Oppostition heraus führen, in der sich die Liberalen nach ihrem Bruch mit Adenauer zu Beginn des Jahres 1956 befanden. Die freidemokratischen Wahlstrategen waren der Überzeugung, daß angesichts der weltpolitischen Erschütterungen „nationale Politik" beim Wähler wieder hoch im Kurs stehen würde. Adenauer sah die Dinge da sehr viel realistischer: Nicht die Teilung Deutschlands, sondern die nackte Angst vor dem Kommunismus, vor der sowjetischen Militärmacht war es, was das bundesdeutsche Wahlvolk bewegte. Sicherheit war diesem wichtiger als Einheit.

Dieser Grundstimmung in der westdeutschen Bevölkerung wurde das zu Beginn des Jahres 1957 in Berlin verabschiedete neue Parteiprogramm der FDP („Berliner Programm“) nicht gerecht. Es sprach vom „entspannenden Ausgleich nach allen Seiten“, während der Mann auf der Straße vor der in Budapest erneut sichtbar gewordenen sowjetischen Interventionspolitik zitterte. Auch blieb es fraglich, ob der Wähler überhaupt die Politik der Freien Demokraten im Zweiten Deutschen Bundestag honorieren werde, den Austritt aus der Koalition mit der CDU, den Kampf der Partei für die Rückkehr der Saar nach Deutschland oder ihre Außenpolitik ganz allgemein, die in der Wiedervereinigung das „oberste Ziel“ jeglicher deutscher Politik sah, dem alle innen- und aussenpolitischen Anstrengungen in erster Linie zu dienen hatten.

Die Freien Demokraten zweifelten im Frühjahr 1957 indessen nicht an einem Wahlerfolg. Optimismus herrschte in den Parteiverbänden wie in der Führungsspitze. Man genoß die Freiheit vom Zwange einer Koalition. Die Ungebundenheit bot erstmals die Chance, sich ein eigenes unverwechselbares politisches Profil zu geben, ohne dabei auf einen mißtrauischen, unduldsamen Partner Rücksicht nehmen zu müssen. Und man fühlte sich für den Wahlkampf gut gerüstet. War auch die finanzielle Lage der Partei diesmal nicht so günstig wie 1953, so besaß man doch jetzt ein – wie man glaubte – zugkräftiges Parteiprogramm und hatte für die bevorstehende große Schlacht um Stimmen und Mandate vielversprechende organisatorische Vorbereitungen getroffen.

Für die Leitung des Wahlkampfes rief die Parteiführung einen jungen, dynamischen Landespolitiker nach Bonn, den ehemaligen Vorsitzenden der Landtagsfraktion in Nordrhein-Westfalen, Wolfgang Döring. Döring, damals 38 Jahre alt, hatte den Auftrag, den bisher gemächlich dahinwurstelnden Parteiapparat in Bonn in Schwung zu bringen. Neue Mitarbeiter wurden eingestellt, der Apparat wesentlich vergrößert. Auch ein neues Betriebsklima wurde bald spürbar. Die sanften, liberalen Führungsmethoden des Weimarer Demokraten Werner Stephan waren nun nicht mehr zeitgemäß. Ein anderer, härterer, von Döring geprägter Leitungsstil setzte sich schnell durch. Zwar blieb Stephan Bundesgeschäftsführer der Partei, doch das Sagen in der ehemaligen Nervenklinik am Bonner Talweg hatte nun der neue Wahlkampfleiter, Typ großer Junge, rauhbeinig und kumpelhaft. Der Döring, der in seinen letzten vier Lebensjahren mehr und mehr staatsmännisches Profil zeigte, war zu dieser Zeit noch nicht „geboren“.

Zum Kreis der engeren Döring-Freunde gehörte der damalige Pressechef der FDP, Josef Ungeheuer, nicht. Dennoch verstand sich der ehemalige katholische Priester, jetzt 47 Jahre alt, mit dem neuen Herrn der Parteileitung sichtlich gut. Ungeheuer war ein begabter Journalist, ein Mann von hoher Bildung. An innen- und gesellschaftspolitischen Fragen wenig interessiert, galt sein leidenschaftliches Engagement nahezu ausschließlich der Außen- und Deutschlandpolitik. Hier war er Berater der Parteispitze und vorwärtsdrängender Chefideologe zugleich. Seine Dickköpfigkeit und Kompromißlosigkeit bei der Verfolgung eigener Ideen brachte ihn am Ende seines Lebens in einen unlösbaren Konflikt mit der eigenen Partei.

Damals, in den fünfziger Jahren, war der Pressechef der Parteileitung noch für die gesamte Pressearbeit der FDP verantwortlich, also auch für die der Bundestagsfraktion. Die Pressestelle hatte zwar ihren Hauptsitz im Bonner Talweg bzw. vor 1957 in der Moltkestraße, doch waren ein oder zwei Redakteure für die Fraktionspressearbeit abgestellt. Sie hausten in einer Dachkammer der Parlamentarischen Gesellschaft in der Dahlmannstraße, in unmittelbarer Nähe des Bundestages. Die Aufgabe dieser Redakteure bestand vor allem darin, die von Ungeheuer verantwortlich geleitete „freie demokratische korrespondenz" (fdk) mit Informationen aus Fraktion und Parlament zu versorgen und so den vorwiegend außenpolitisch orientierten Pressedienst der Freien Demokraten mit innenpolitischen Themen anzureichern.

Dazu sollte nun auch ich beitragen. Nach 6jähriger Tätigkeit im Ostbüro der FDP, zuletzt als dessen kommissarischer Leiter, hatte mich die Parteiführung im Frühjahr 1957 in die Pressestelle versetzt. Das konnte man als eine Art Gnadenakt verstehen, da einflußreiche Vorstandsmitglieder ursprünglich beabsichtigt hatten, die Auflösung des Ostbüros im Herbst 1956 mit meiner Entlassung zu verbinden. Das war durchaus verständlich, da ich seit Jahren in Fragen der Außen- und Deutschlandpolitik – wie übrigens alle Ostbüro-Mitarbeiter – nicht auf der Parteilinie lag. In zahlreichen Artikeln, Analysen, Dokumentationen und Vorträgen hatte ich mich in den vergangenen Jahren bemüht, die nach meiner Meinung irrige Auffassung zu widerlegen, Moskau sei unter bestimmten Voraussetzungen bereit, dem deutschen Volk die Einheit in Freiheit zu gewähren. Seit Pfleiderers Denkschrift vom Sommer 1952 zur Ostpolitik hatte sich in der FDP eine solche Überzeugung mehr und mehr durchgesetzt und inzwischen dem außen- und deutschlandpolitischen Kurs der Freien Demokraten die entscheidende Richtung gegeben. Eigene unmittelbare Erfahrungen mit sowjetischer Politik in Deutschland während der Jahre 1945 bis 1950 sowie eine ständige Beschäftigung mit deutschlandpolitischen Tendenzen in Moskau und Ostberlin ließen mich zu dem Schluß gelangen, daß ein freiheitlicher, demokratischer und unabhängiger deutscher Nationalstaat mit den imperialen Zielen sowjetischer Politik unvereinbar sei. Dieser Ansicht waren übrigens damals die meisten der politischen Flüchtlinge aus der DDR.

So kam es wiederholt zu Konflikten des Ostbüros mit der Parteiführung und zu deren Bestreben, dieser „innerparteilichen Opposition" durch Auflösung des Ostbüros ein Ende zu bereiten. Im Herbst 1956, nach dem Treffen führender FDP- und LDP-Vertreter in Weimar, war es dann so weit. Der Fortgang des Büro-Leiters Naase in die Industrie bot die Chance, das Problem auf undramatische Weise zu lösen. An die Stelle des Ostbüros trat ein Referat Wiedervereinigung mit neuer Besetzung und Aufgabenstellung. Mir wollte man keine Gelegenheit mehr geben, mich öffentlich zu Fragen der Außen- und Deutschlandpolitik zu äußern. Doch es kam ganz anders, als Parteiführung und ich damals vermuteten.

# Tagebuch 1957

## Wahlkampf und „große Politik“

*Donnerstag, den 25. April 1957*

Seit Dienstag Redakteur in der Pressestelle der FDP. Zwei Tage noch im Bonner Talweg, gemeinsam mit Redakteur Röder ein Zimmer teilend. Heute nun an meinem „endgültigen“ Arbeitsplatz im Dachkämmerchen der Parlamentarischen Gesellschaft. Das Büro spartanisch eingerichtet, etwas düster und staubig, aber ein schöner Blick auf den Rhein.

Ungeheuer gab zu verstehen, was er von mir erwartet: keine Beiträge zur Außenpolitik, dafür um so mehr Innenpolitisches, was mich im Grunde genau so wenig interessiert wie den Herrn Pressechef.

*Donnerstag, den 9. Mai 1957*

Das WEU-Parlament hat gestern einen politisch wie militärisch blödsinnigen Beschluß gefaßt: alle Mitgliedstaaten der Westeuropäischen Union sollen gleichmäßig mit taktischen Atomwaffen und Fernlenkgeschossen ausgerüstet werden. Während die Vertreter der SPD im WEU-Parlament eine entsprechende Resolution ablehnten, enthielt sich das einzige FDP-Mitglied dieses Gremiums, Max Becker, zusammen mit den meisten britischen Delegierten lediglich der Stimme. Warum eigentlich? Schließlich hatte doch der Bundesvorstand am 29. April noch einmal seine Bedenken „gegen die Entwicklung, die Erzeugung und die Anwendung von atomaren Waffen durch und für die Bundesrepublik“ geäußert. Er hatte auch erneut ausdrücklich die politischen Vorteile eines entschlossenen Verzichts auf atomare Aufrüstung herausgestellt. Weshalb also so zaghaft, Herr Becker? Die FDP-Führung hat doch wohl inzwischen keine kalten Füße bekommen? Man mag es fast befürchten, wenn man in der heutigen Presse liest, die Freien Demokraten wollten sich in der morgigen Atomdebatte im Bundestag bei der Erörterung von Luftschutzfragen „im großen und ganzen der Haltung der Koalition anschließen und die Atomfrage weder theatralisch noch zugespitzt behandeln“. So jedenfalls Tönnies im *General-Anzeiger*. Und der hat seine Informationen fast immer direkt von seinem Freunde Mende.

*Samstag, den 11. Mai 1957*

Die große Auseinandersetzung über die atomare Bewaffnung der Bundeswehr hat gestern im Bundestag wider Erwarten nicht stattgefunden. Die CDU taktierte hinhaltend, offensichtlich bemüht, sich angesichts der bevorstehenden Bundestagswahlen nicht festzulegen. Ansonsten versteckten sich Adenauer und Strauß hinter den Amerikanern und der NATO, so als gäbe es kein spezifisch deutsches Interesse, auch nicht in der atomaren Frage. Die SPD hielt sich in ihren Attacken zurück, ebenso die FDP. Allerdings ließ Mende, der eine recht ordentliche Rede hielt, keinen Zweifel daran, daß die Freien Demokraten zumindest einen bedingten Verzicht der Bundesrepublik auf eine atomare Bewaffnung ihrer Streitkräfte für notwendig halten. Am Schluß der Debatte richtete Frau Dr. Lüders einen bewegenden Friedensappell an die Welt. So erwiesen sich meine Befürchtungen – zumindest was die FDP anbetrifft – vorerst als unbegründet. Was freilich die Absichten Adenauers anbetrifft, dafür als um so berechtigter.

*Montag, den 27. Mai 1957*

Auch LDP-Flüchtlinge sind offenbar politisch so standfest nicht, wie man häufig meint. Am Wochenende, auf dem LDP-Bundeskongreß in Frankfurt/Main, erwies sich, daß mancher frühere Freund des Ostbüros inzwischen in das Lager seiner Widersacher abgewandert ist. Jeder muß halt sehen, wo er bleibt[1].

Das Treffen sollte ursprünglich bereits im Dezember vergangenen Jahres in Kassel stattfinden. Aber politische Überlegungen und Terminschwierigkeiten machten es notwendig, den Zeitpunkt für die Einberufung des Kongresses mehrfach zu verschieben. Dadurch wurde auch die Absicht der ehemaligen Mitarbeiter des Ostbüros durchkreuzt, das Treffen für eine Rückenstärkung bei ihrem Bemühen zu nutzen, dem „Referat Wiedervereinigung" politische Aufgaben zu erhalten und nach dem Fortgang Naases die alte Ostbüromannschaft zusammenzuhalten[2]. So wollte man gewissen ostpolitischen Tendenzen der Partei entgegenwirken. Doch nun hat sich in der FDP mittlerweile die Pfleiderersche Konzeption einer Appeasement-Politik gegenüber dem Osten und jener oberflächliche Pragmatismus weitgehend durchgesetzt, den Döring unter den Spitzenfunktionären der FDP wohl am reinsten verkörpert.

Etwa 200 Delegierte aus den Landesverbänden waren am Samstag morgen im „Sozialbau am Römer" versammelt, die meisten von ihnen offensichtlich entschlossen, der neuen Aera in der FDP ihren Tribut zu zollen. Das wurde bereits am Vormittag des ersten Kongreßtages deutlich. Als Walter Kunze in seinem ein wenig zu langgeratenen Geschäftsbericht den ehemaligen Mitarbeitern des Ostbüros für die geleistete Arbeit dankte, rührte sich kaum eine Hand zum Beifall. In der nachfolgenden Aussprache wurde auf die Tätigkeit unseres alten Referates nur zwei- oder dreimal, und dann auch nur im negativen Sinne hingewiesen. Ein Mitglied der Berliner Kampfgemeinschaft[3] und des Bundesbeirates hielt es sogar für angebracht, dem Bundesvorstand der FDP – coram publico – ausdrücklich für die „Wachablösung im Referat" sowie für die „Umstellung der Arbeit" zu danken.

Mischnick ging in seiner Rede geschickt auf die Mentalität der LDP-Flüchtlinge ein. Er bezeichnete den Pfleiderer-Plan als eine jener vielen FDP-Ideen, die von Alliierten wie auch von CDU-Leuten übernommen worden seien. Auf der anderen Seite solidarisierte sich Mischnick jedoch scheinbar mit jenen ehemaligen Liberaldemokraten der Zone, denen es bei den Weimarer Gesprächen Dörings, Scheels und Mendes mit hohen LDP-Funktionären „grauslich über den Rücken gelaufen" sei. Doch der Erfolg dieses Gesprächs, die Freilassung von Häftlingen, rechtfertige diesen Schritt, meinte Mischnick[4].

Bis zu diesem Zeitpunkt hatte sich übrigens die FDP-Prominenz auf dem Kongreß noch nicht blicken lassen. Lediglich Oswald Kohut war im Saal und entschuldigte bereits am Vormittag die Abwesenheit seiner Vorstandskollegen mit einer Bundesvorstandssitzung. Ärger machte sich dennoch unter den Delegierten breit – sie fühlten sich mißachtet. Am späteren Nachmittag tauchten dann jedoch Nowack, Scheel und Döring auf. Letzterer ergriff bald darauf das Wort und besänftigte die erzürnten Flüchtlinge mit der Bemerkung, der Parteivorstand habe gerade ein Aktionsprogramm verabschiedet und in diesem Zusammenhang am Vormittag das Kapitel Wiedervereinigung behandelt[5]. Vor allem versuchte Döring aber, in der ihm eigenen forschen Art erneut seine Extratouren in Ostberlin zu rechtfertigen. Sätze wie „Uns geht es darum, auf den Rathausplatz zu kommen ... Wenn man zum Rathaus muß, darf man nicht zuvor moralische Überlegungen anstellen ... Wir müssen die schläfrigen Bundesbürger auf das Problem der Wiedervereinigung aufmerksam machen", wirkten trotz ihrer Nebulosität sichtbar auf die Delegierten, die freudig Beifall spendeten. Als Döring dann die Versammelten als „Mahner und Motor" in der Frage der Wiedervereinigung, ja als deren „Aktivisten" qualifizierte, schien der Ärger über die vermutete Mißachtung endgültig verflogen.

Der Kongreß schloß am Sonntag mit einer recht gut besuchten öffentlichen Kundgebung in der Paulskirche. Anstelle des im Programm angekündigten Reinhold Maier sprach Erich Mende. Er hielt eine zündende, mit zahlreichen Metaphern und Zitaten durchsetzte Rede, die ihm langanhaltenden Beifall einbrachte. Mende verurteilte das „kleineuropäische Denken" in der Bundesrepublik, beteuerte, daß die NATO für die FDP kein Dogma sei und versicherte die Bereitschaft der Freien Demokraten, „Milliarden an die Sowjetunion zu zahlen, um die SBZ frei zu bekommen"[6]. Sein Vorschlag, analog zur deutsch-amerikanischen Studienkommission auch eine deutsch-sowjetische Kommission „im Einverständnis mit den westlichen Alliierten" zu bilden und beide Kommissionen eines Tages über die Wiedervereinigung beraten zu lassen, verrät m. E. freilich mehr Phantasie als Realitätssinn.

Alles in allem: ein Kongreß ohne politische Brisanz, ohne wirkliche Höhepunkte. Der noch vor Monaten erwartete scharfe Protest gegen die Kontaktpolitik der FDP-Spitze zur LDP blieb aus, wenn auch die Zweifel vieler Delegierter an der politischen Zweckmäßigkeit dieser Unternehmungen unüberhörbar waren. Bei nur einer Gegenstimme nahm der Kongreß indessen eine Entschließung an, in der die LDP-Flüchtlinge alle Bestrebungen der FDP unterstützten, Beziehungen zu den osteuropäischen Staaten aufzunehmen. Ich denke, die Partei kann mit ihren Flüchtlingen zufrieden sein. ..[7]

*Samstag, den 8. Juni 1957*

Sicherlich nicht nur zu meiner Überraschung, sondern auch zu der vieler Delegierten hat Leverenz auf dem Hamburger Wahlkongreß am Donnerstag sich in einem breit angelegten Referat voll hinter die Pfleidererschen Deutschlandvorstellungen gestellt. Im Curio-Haus forderte der schleswig-holsteinische Landesvorsitzende am späten Vormittag des zweiten Kongreßtages eine eigene deutsche Ostpolitik, Gespräche mit der Sowjetunion, eine neue Europapolitik, die eine Wiedervereinigung begünstigt, die Beendigung der Politik der Stärke, einen deutschen Beitrag zur Politik der Entspannung sowie die Aufgabe des „Patentrezepts", nach dem gesamtdeutsche freie Wahlen am Anfang der Wiedervereinigung stehen müssen. Denn: „der Status eines wiedervereinigten Deutschland wird festgelegt sein, bevor die ersten gesamtdeutschen Wahlen stattfinden". Die Wiedervereinigung werde im übrigen ein langer Entwicklungsgang sein und darum werde es auch einen „Tag X" nicht geben.

Diese Rede hat bei den Journalisten manche Spekulation hinsichtlich des künftigen Kurses der Freien Demokraten ausgelöst[8]. Eine FDP, vollkommen auf Pfleiderer-Kurs – wie wird da noch eine Rückkehr der Partei in eine Koalition mit der CDU möglich? Zumal Döring am Mittwoch vormittag bei der Einbringung und Erläuterung des Aktionsprogramms der CDU politische Ratlosigkeit, Plagiate und „erschütternde Ideenarmut" vorwarf, Formulierungen, die übrigens bereits eine wesentliche Abschwächung des ursprünglichen Döringschen Redetextes darstellten, den der Vorstand nicht hatte passieren lassen wollen[9]. Dörings Ton gegenüber der Partei Adenauers war besonders aggressiv, was übrigens den Delegierten – dem Beifall nach zu urteilen – sehr zu gefallen schien. In der Tat: die FDP ist nicht mehr der bürgerliche Wahlverein von 1953, wie es Döring in Hamburg ausdrückte. Aber was sind wir nun statt dessen?

Es scheint fast, daß es das Ziel unserer führenden Funktionäre ist, die FDP nach den Bundestagswahlen in der Opposition zu halten[10]. Ich hätte nichts dagegen. Hoffentlich lohnen uns aber die Wähler am 15. September den politischen Mut, den die Partei mit ihrem Aktionsprogramm und den Aussagen des Hamburger Kongresses zweifellos bewiesen hat.

*Freitag, den 5. Juli 1957*

Der Sturz Molotows und Malenkows beherrscht noch immer die Schlagzeilen der Presse. Spekulationen, ob Chruschtschows Sieg über die „Stalinisten" eine Wendung der sowjetischen Politik bedeuten könnte, halten an. Eine bündige Antwort wird niemand zu diesem Zeitpunkt wagen. Die FDP ist optimistisch. Immerhin sind Modifizierungen in der Innen- und Außenpolitik Moskaus unter Chruschtschow erkennbar geworden, von denen auch die Herrschaften in Mitteldeutschland eines Tages wohl betroffen sein werden. Die gegen den kommunistischen Konservativismus gerichteten Diskussionen auf den Hochschulen der Zone, antikollektivistische Strömungen unter Agrarfunktionären des Regimes oder die von der SED eingestandenen ideologischen und organisatorischen

Zersetzungserscheinungen in der „Partei der Arbeiterklasse" zeigen, wohin auch hier die Reise geht. Eine Geheimsitzung des Zentralkomitees, die westlichen Presseberichten zufolge heute in Ostberlin die Parteisäuberung in der Sowjetunion erörtern soll, könnte auf die noch offenen Fragen vielleicht schon die Antwort geben[11].

Vor einigen Wochen hat die Pressestelle weibliche Verstärkung bekommen: eine junge Amerikanerin, um sieben Ecken herum mit Ungeheuer verwandt, schreibt eine englische Ausgabe des Pressedienstes[12]. Ungeheuer hatte im vergangenen Herbst während einer Amerikareise festgestellt, daß dort die FDP und ihre Politik weitgehend unbekannt sind. Dem soll nun durch Mrs. Ungeheuer abgeholfen werden.

*Montag, den 5. August 1957*

Heute den ganzen Tag in Berlin. Dort wurde im Bundeshaus der zweite Tätigkeitsbericht des Forschungsbeirates der Presse vorgelegt. Das umfangreiche Werk gibt einen Überblick über die Arbeiten des Beirates zwischen 1954 und 1956. Sie verdienen zweifellos Respekt. Sympathisch, daß sich die Wissenschaftler nicht mit den absurden Anschlußtheorien gewisser Regierungspolitiker identifizieren; daß sie die sehr unterschiedlichen Entwicklungen in West- und Mitteldeutschland während der letzten zwölf Jahre berücksichtigen und daraus z.T. recht vernünftige Konsequenzen ziehen. Nur: was hier geplant und gedacht wird, hat überhaupt keinen realen politischen Hintergrund. Denn es gibt keine Regierungspolitik, die das in die Tat umsetzen könnte. Bezeichnend die Feststellung eines prominenten Mitgliedes des Forschungsbeirates, die soeben beschlossene Europäische Wirtschaftsgemeinschaft könne die Überlegungen des Beirates hinsichtlich der bei einer Wiedervereinigung zu treffenden Maßnahmen nicht wesentlich beeinflussen. Wenn der Beirat unter solchen irrealen Prämissen forscht und plant, dürften seine Arbeiten bald nur noch Makulatur sein bzw. Material für die Archive. Schade![13]

*Sonnabend, den 10. August 1957*

Sheila Ungeheuers „Offener Brief an Dulles" hat einen beträchtlichen Wirbel verursacht[14]. Ihre Idee, dem eigenen Außenminister die Augen über Adenauer zu öffnen und die USA vor einer Einmischung in den Wahlkampf zugunsten der Unionsparteien zu warnen, stieß bei der deutschen Presse auf fast einhellige Ablehnung. Selbst die sonst so zurückhaltende *Süddeutsche Zeitung* schrieb am Mittwoch von einer „glatten Denunziation über die Landesgrenzen hinweg". Nur die *Hessischen Nachrichten* und der *Trierische Volksfreund* fielen nicht in die allgemeine „Ungeheuer-Schelte" ein. Sie bestätigten und kritisierten zugleich die amerikanische Einmischung in den Wahlkampf, während die CDU-nahen Blätter bemerkenswerter Weise diese Tatsache als etwas ganz Selbstverständliches und Lobenswertes herausstellten.

Mende hat sich am Dienstag von diesem Brief distanziert, nachdem Adenauer schon am vergangenen Wochenende auf einer Wahlversammlung in Pirmasens Mrs. Ungeheuers Beitrag zum Wahlkampf als „wirklich ungeheuerlich" bezeichnet und erklärt hatte, dieser Brief habe „dem deutschen Ansehen im Ausland sehr geschadet". Josef Ungeheuer nahm inzwischen in einem heute veröffentlichten Leserbrief in der FAZ seine Mitarbeiterin mit der Bemerkung in Schutz, Sheila habe es „immerhin schon weit gebracht", wenn sie sogar der „greise Kanzler" namentlich apostrophiere. Aus Arosa, wo Reinhold Maier zur Zeit Urlaub macht, hörte man fernes Donnergrollen. Der Alte vom Remstal ließ im Bonner Talweg anfragen, ob am Rhein bereits der Karneval ausgebrochen sei ...

*Donnerstag, den 15. August 1957*

Der Wahlkampf läuft auf vollen Touren. Adenauer, der noch im Mai vor dem Bundestag versprach, seine Wahlkampagne „so honorig wie möglich zu führen", scheint inzwischen festgestellt zu haben, daß ihm eben dies nicht möglich ist. Er schürt systematisch die ohnehin bestehende Angst der Bevölkerung vor dem kommunistischen Osten, droht den Untergang Deutschlands für den Fall eines Wahlsieges der SPD an und verspricht den Heimatvertriebenen, daß sie ihr Land „wiederbekommen"[15]. Den Kommentar zu solchen Versprechungen gab dieser Tage der *Daily Telegraph*. Er ließ für die Ausgabe vom 3. August eine Landkarte zeichnen, auf der das deutsche Gebiet östlich der Oder und Neiße schlicht als „Poland" bezeichnet wird. Ein Anruf beim British Information Service in Bonn, der in der von ihm herausgegebenen *Englischen Rundschau* vom 9. August diese Karte noch einmal abdruckte, ergab die Versicherung, daß die so verzeichnete Landkarte des *Daily Telegraph* „keine politische Bedeutung" habe. Wer mag das glauben, nachdem schon wiederholt westliche Journalisten und Politiker versuchten, durch Erklärungen und Darstellungen über die deutschen Ostgrenzen einen deutschen Friedensvertrag zu präjudizieren? Allenfalls Dr. Adenauer, sofern er die Heimatvertriebenen nicht bewußt beschwindelt, was ich durchaus für möglich halte.

*Mittwoch, den 21. August 1957*

Die Verlogenheit christdemokratischer Deutschlandpolitik wird immer offensichtlicher. Die mit Adenauerscher Protektion erscheinende Viertelmonatsschrift *Neues Abendland* enthüllt ein Denken, das vielleicht mit CDU-Vorstellungen identisch, jedoch mit den nationalen Interessen unseres Volkes unvereinbar ist. Das Blatt, das das Einheitsdenken als eine Art Kulturkampf denunziert, bei dem es angeblich darum gehe, die „Kernländer der Reformation" wiederzuvereinigen, erschien im zweiten Vierteljahr mit einem Vorwort Adenauers, vom Bundespresseamt empfohlen. Der Bundesvorstand hat am Montag in Frankfurt diese einheitsfeindlichen Sonderbestrebungen, „die den Geist der konfessionellen Unversöhnlichkeit atmen und gegen jedes fortschrittliche Staatsdenken gerichtet sind", als eine Gefahr bezeichnet. Und Ungeheuer nahm die Gelegenheit wahr, gestern in der fdk – vielleicht etwas überspitzt – die Kontinuität Adenauerscher Politik „von der rheinischen Separatistenbewegung des Jahres 1919 bis zu den Vorschlägen des *Neuen Abendland* im Jahre 1957“ nachzuzeichnen. Schwer vorstellbar, daß wir Freien Demokraten mit dieser Partei nach den Herbstwahlen koalieren. Am 5. September will die FDP übrigens auf einer Bundesversammlung die Bedingungen bekanntgeben, von denen eine etwaige Beteiligung an einer künftigen Bundesregierung abhängen soll[16].

*Mittwoch, den 11. September 1957*

Noch vier Tage bis zu den Wahlen. Der Kampf um Stimmen und Mandate hat inzwischen den Höhepunkt erreicht. Die Kirchen mischen wieder kräftig mit. Dennoch scheint sich die CDU ihrer Sache nicht ganz sicher zu sein. Sonst würde sie wohl nicht jugendliche Krawallmacher in die Versammlungen der Opposition schicken, die mit Pfeifkonzerten, Zwischenrufen und Stinkbomben am vergangenen Freitag auch Reinhold Maier zum Schweigen bringen sollten.

Heute kam die letzte Vorwahlnummer des *Spiegel* heraus, mit einem Adenauer-Titelbild, das an das Konterfei einer ägyptischen Mumie erinnert. Auf neunzehn Seiten wird eine sehr detaillierte Darstellung des Adenauerschen Wahlkampfes gegeben, der an Primitivität und Demagogie sicherlich seinesgleichen sucht. Hoffentlich geben die Wähler am kommenden Sonntag diesem schrecklichen Vereinfacher die verdiente Quittung.

Am Wochenende hat die Sowjetunion in einer Antwort auf die Wiedervereinigungsnote der Bundesregierung freie Wahlen erneut abgelehnt und die Bildung einer Konföderation zwischen der Bundesrepublik und der Sowjetzone als Voraussetzung für den Abschluß eines Friedensvertrages genannt[17]. Der Zeitpunkt der Veröffentlichung, eine Woche vor den Bundestagswahlen, weist auf das Bestreben Moskaus hin, sozusagen noch in letzter Minute den bundesdeutschen Wahlkampf mit sowjetischen Wiedervereinigungsthesen anzuheizen. Diese traurige Wahlhilfe dürfte freilich den politischen Kräften in der Bundesrepublik wenig Nutzen bringen, die für eine Politik der Entspannung in der Welt sowie der Verständigung mit der Sowjetunion eintreten. Ist Moskau vielleicht an Adenauers Wahlsieg interessiert? Der konnte es sich denn auch nicht verkneifen, die Sowjetnote zum Knüppel seines Wahlkampfes gegen die SPD zu machen. Was für ein „Staatsmann“!

*Montag, den 16. September 1957*

Auf uns ist es nun doch nicht angekommen![18] Das Wahlergebnis vom Sonntag hat alle Befürchtungen weit übertroffen. Adenauer bekam mit 50,2 % die absolute Mehrheit der Stimmen und kann nun mit seiner Partei in Deutschland noch mehr als zuvor schalten und walten, wie es ihm beliebt. Fast noch deprimierender ist das Resultat für die FDP: ganze 7,7 %, dem Absturz ins Nichts also greifbar nahe. Die SPD konnte lediglich 3 % hinzugewinnen und überschritt damit die 30 %-Grenze. Sie scheint sich mit dem Gedanken trösten zu wollen, daß sie vermutlich eine Sperrminorität erreichte, die Verfassungsänderungen gegen ihren Willen unmöglich macht. Diese Genugtuung ist nicht nur verfrüht, sondern auch wenig glaubhaft angesichts der Tatsache, daß die Partei nun für weitere vier Jahre zur Opposition und damit praktisch zur politischen Einflußlosigkeit verdammt wurde. Und das wohl nicht zuletzt wegen der mangelnden Attraktivität ihres Parteivorsitzenden Ollenhauer.

Ich habe die Wahlnacht bis heute morgen um halb sieben im Bundeshausviertel zugebracht, zwischen DPA in der Dahlmannstraße und den Fraktionsbüros hin- und herpendelnd, um unsere Prominenz mit den neuesten Agenturmeldungen (und Hiobsbotschaften) zu versorgen. Bereits um 21.37 Uhr meldete DPA einen Trend zu den beiden großen Parteien sowie einen Stimmenvorsprung der CDU. Bei einer Zwischenzählung, die etwa ein Drittel der Wahlberechtigten umfaßte, zeichnete sich um 1.22 Uhr der überwältigende Wahlsieg Adenauers bereits deutlich ab. Wir lagen zu diesem Zeitpunkt wenigstens noch bei etwas mehr als 8 %.

Die FDP wird hoffentlich der Versuchung widerstehen, sich in eine Koalition mit der CDU zu „retten" und intern nach einem Prügelknaben zu suchen. Wahlkampfleiter Döring, der in der vergangenen Nacht im Bonner Talweg mit seinen Mitarbeitern die eingehenden Ergebnisse auswertete und neugierigen Journalisten Rede und Antwort stand, soll recht deprimiert gewesen sein[19]. Wird man ihm nun den Mißerfolg der Partei in die Schuhe schieben? Zumal die FDP ausgerechnet in Nordrhein-Westfalen beträchtlich Haare lassen mußte, während die Baden-Württemberger gut abschnitten und sogar zwei Mandate gegenüber 1953 hinzugewannen.

## Die FDP in der Opposition

*Freitag, den 20. September 1957*

Adenauers Wahltriumph vom vergangenen Sonntag beschäftigt nach wie vor die Gemüter. In umfänglichen Pressekommentaren wird dieser Tage der Versuch gemacht, den „Erdrutsch" vom 15. September aufzuarbeiten. Zehrers Feststellung vom Dienstag in der *Welt*, diese Wahlen seien „als Kanzlerwahlen geführt und als Kanzlerwahlen gewonnen worden", mag zutreffen. Offen bleibt indessen die Frage, ob der deutsche Wähler politischen Argumenten tatsächlich noch immer nicht zugänglich, sondern lediglich darauf versessen ist, seinem „Führer" zuzujubeln. Haben denn wirklich nur geistig anspruchslose Naturen wie Adenauer in unserem Lande eine Chance, Sympathien und Zustimmung der Menschen zu gewinnen? Und muß man sich nur der Verleumdung – wie bei den ganzseitigen Anzeigen einer obskuren Vereinigung – bedienen, um die Mehrheit im Parlament zu bekommen?[20] Ich fürchte, Lord Halifax hat recht, der einmal gesagt haben soll: die größte Partei sei immer eine Art Verschwörung gegen den Rest der Nation.

Gottlob hat die FDP ihrer Niederlage an der Wahlurne inzwischen nicht noch eine weitere hinzugefügt: sie ließ sich von Adenauer nicht kaufen. Mag Mende sich auch den Zorn Reinhold Maiers zugezogen haben, seine am Dienstag abgegebene Erklärung, die FDP werde angesichts der absoluten Mehrheit der Unionsparteien nicht in die Regierung eintreten, ist vernünftig, ja, eigentlich selbstverständlich[21]. Dieser Linie folgte übrigens gestern auch der Bundesvorstand, der in gemeinsamer Sitzung mit der neuen Bundestagsfraktion einstimmig beschloß, „im künftigen Bundestag eine nach allen Seiten unabhängige Politik zu treiben". Mit Genugtuung registrieren wir Freien Demokraten, daß von den fünfzehn Überläufen des Jahres 1956 elf nicht mehr in den Bundestag zurückkehren. Ich hoffe, das wird Abgeordneten, denen es an politischer Standfestigkeit fehlt, eine Lehre sein ...[22]

Inzwischen wird Adenauers Wahlsieg bereits durch ein außenpolitisches Ereignis überschattet, das für unsere Deutschland- und Ostpolitik ernste Folgen haben könnte. Belgrad hat am Tage nach der Wahl offiziell die Oder-Neiße-Grenze als endgültige deutsch-polnische Grenze anerkannt. Tito machte diese Entscheidung einer polnischen Regierungsdelegation in einer gemeinsamen Erklärung zum Geschenk, die sich unter Führung Gomulkas einige Tage in Jugoslawien aufhielt. Auch in der Deutschlandpolitik stellte sich Belgrad hinter die Forderungen des Ostblocks, wonach für eine Lösung der deutschen Frage „die Herbeiführung direkter Gespräche zwischen der DDR und der Bundesrepublik nötig" ist. Damit hat zum ersten Male ein Land die sowjetische Deutschlandposition übernommen, das nicht zum Ostblock gehört und mit dem die Bundesrepublik diplomatische Beziehungen unterhält. Dieser Schlag traf Bonn offenbar unvorbereitet. Noch am gleichen Tage wurde Pfleiderer zur Berichterstattung in die Bundesrepublik zurückbeordert. In Bonn munkelt man von einem möglichen Abbruch unserer Beziehungen zu Belgrad. Aber das wäre eine Kurzschlußhandlung. Mit Recht warnte die *Welt* dieser Tage vor einem solchen Schritt, weil diplomatische Gegenmaßnahmen der Bundesrepublik die sich aus dem jugoslawischen Schritt ergebenden Belastungen nicht beseitigen, sondern die Lage eher komplizieren würden. Vor diesem Hintergrund wirken Adenauers Prophezeiungen vom Montag fast makaber: daß nun nach seinem Wahlerfolg die NATO-Politik mit ihrer „ganzen politischen und moralischen Macht" zur Wiedervereinigung Deutschlands beitragen werde.

*Montag, den 7. Oktober 1957*

Drei Wochen nach Adenauers „absolutem" Wahlsieg ist das neue Kabinett des amtierenden Kanzlers immer noch nicht in Sicht. In Bonn umlaufende Gerüchte, es sei hierüber unter den Unionsfreunden zu Meinungsverschiedenheiten gekommen, lassen es immerhin möglich erscheinen, daß auch nach der Konstituierung des Bundestages in der kommenden Woche nicht so bald mit der Regierungsbildung zu rechnen ist. Das würde freilich nicht nur ein bezeichnendes Licht auf den Zustand unserer Staatspartei werfen, sondern auch neue

Zweifel an den angeblichen Vorzügen absoluter Mehrheiten beim Zusammenbasteln eines neuen Kabinetts wecken.

Eine kalte Dusche erhielt die Adenauer-Partei aus dem Westen. Jetzt aus Washington nach Bonn gelangten Berichten zufolge sollen bei einer NATO-Diskussion, die bereits im Juni an der Universität Princeton stattgefunden hat, führende Politiker der mit uns verbündeten Mächte Schockierendes geäußert haben: offiziell leiste man zwar der Wiedervereinigung Deutschlands eifrige Lippendienste, – so hieß es – insgeheim seien die Westmächte jedoch glücklich darüber, daß das deutsche Volk geteilt und damit für einen neuen Herrschaftsanspruch in Europa zu schwach sei. Dieser Nachricht entspricht in etwa auch eine Meldung in der heutigen Morgenpresse, wonach Dulles am Wochenende mit seinem sowjetischen Kollegen Gromyko ein vierstündiges „sehr nützlichen" Gespräch geführt habe, obwohl der Versuch des amerikanischen Außenministers, mit Gromyko auch über die Wiedervereinigung zu reden, am Widerstand des Sowjetmenschen gescheitert sei. Nun, das alles ist die Quittung für eine Deutschlandpolitik, die zumindest im Westen schon lange nicht mehr ernst genommen wird. Im Interesse Gesamtdeutschlands wäre deshalb eine Wachablösung in Bonn am 15. September dringend geboten gewesen.

*Samstag, den 19. Oktober 1957*

Heute vormittag um 11 Uhr ist dem jugoslawischen Botschafter in Bonn im Auswärtigen Amt der Abbruch der diplomatischen Beziehungen zu Jugoslawien mitgeteilt worden. Damit hat die Bundesregierung, gegen schwerste Bedenken der beiden Oppositionsparteien SPD und FDP, überscharf auf die am 15. Oktober erfolgte Anerkennung Pankows durch Belgrad reagiert. Schwer zu sagen, welchen Nutzen sich die Regierung von diesem Schritt verspricht. Pfleiderer hat dieses Desaster seiner Politik nicht mehr erlebt. Er ist am 8. Oktober in Bonn plötzlich verstorben; es heißt, aus Verzweiflung über die kurzsichtige Ostpolitik Adenauers. Der *Spiegel* meinte am Mittwoch, daß nach Pfleiderers Tod in Zukunft nicht mehr viel von einer Aktivierung der Ostpolitik zu hören sein werde. Aber wer hätte eine solche denn auch bei diesen Mehrheitsverhältnissen in Bonn ernsthaft erwartet?

Das gleiche gilt auch für die Deutschlandpolitik; auch hier muß man wohl alle Hoffnungen fahren lassen. Die Zonenbewohner haben es offensichtlich schon getan. Eine von der Berliner Außenstelle unseres Referates Wiedervereinigung anläßlich der „Deutschen Interbau-Industrieausstellung" in Westberlin vorgenommene Befragung von mitteldeutschen Ausstellungsbesuchern ergab, daß der „größte Teil der Besucher . . . die Hoffnung auf Wiedervereinigung aufgegeben" hat. Dennoch begrüßten sie in der Mehrzahl den Sieg des Kanzlers am 15. September. Es sei jedoch zugleich gesagt worden, daß in kommenden Jahren „wohl kaum Aussicht bestehe, daß man von der bisherigen starren Haltung abgehen werde, was zur Folge habe, daß weiterhin von der Wiedervereinigung geredet werde, Erfolge aber nicht zu erwarten seien". Eine treffende Analyse, scheint mir[23].

*Mittwoch, den 30. Oktober 1957*

Nach fünfwöchigem Tauziehen um die neue Ministerliste haben heute die Mitglieder des 3. Kabinetts Adenauer ihre Tätigkeit aufgenommen. Die beiden ehemaligen FDP-Mitglieder Blücher und Preusker gehören diesem Kabinett nicht mehr an. Auch Adenauers langjähriger Gegenspieler Kaiser bekam keinen Kabinettssitz. Schlucken mußte der Kanzler jedoch zwei Herren, die er eigentlich nicht mehr in seiner Regierungsmannschaft haben wollte: Fritz Schäffer und Franz-Joseph Würmeling. Immerhin gelang es dem Alten, den Finanzminister Schäffer von seinem bisherigen Ressort in das Justizministerium abzudrängen. Dafür setzte die Würmeling-Lobby in der CDU die Wiederbestallung des militanten Katholiken mit dem Familienministerium durch und verschaffte diesem pechschwarzen Unionsfreund auch noch die Zuständigkeit für Jugendfragen. In seiner Regierungserklärung proklamierte Adenauer erneut die „Befreiung der Sowjetzone von der Gewaltherrschaft", ohne zu sagen, wie dieses ohne Krieg wohl möglich sei, und behauptete, die Ost-West-Spannung habe sich in den letzten Jahren noch verschärft. Die Wiederberufung des ebenso energie- wie einfallslosen Brentano auf den Posten des Außenministers garantiert die Fortsetzung einer Politik, die uns immer weiter von der Einheit wegführen wird.

Inzwischen macht sich die FDP-Bundestagsfraktion für vier weitere harte Oppositionsjahre organisatorisch fit. Mauk hat dieser Tage allen Bundesvorstands- und Fraktionsmitgliedern ein Papier zugeleitet, das konkrete Empfehlungen für eine effektivere Fraktionsarbeit sowie eine bessere Zusammenarbeit zwischen Fraktion und Partei gibt. Kern der Vorschläge Mauks ist die Bildung von fünf Arbeitskreisen, die jeweils von einem hauptamtlichen Referenten betreut werden sollen. Der Bundesgeschäftsstelle wird dabei lediglich die Aufgabe gestellt, die Arbeit der Fraktion materiell und propagandistisch zu unterstützen. Also ein eindeutiges Votum für den Vorrang der Fraktions- vor der Parteiarbeit. Dieses erscheint mir und auch einigen meiner Kollegen von der Parteileitung vor allem aus politischen Gründen problematisch zu sein. Wir sind gespannt, wie die Mitglieder von Bundesvorstand und Fraktion am Freitag und Samstag auf ihrer gemeinsamen Tagung in Frankfurt entscheiden werden[24].

*Mittwoch, den 6. November 1957*

Die Generalprobe für die „neue" Oppositionsrolle der FDP verlief bei der gestrigen Bundestagsdebatte über Adenauers Regierungserklärung nicht sonderlich überzeugend. Denn die Auseinandersetzung über die Grundsätze und Leitlinien deutscher Politik spielte sich vornehmlich zwischen den beiden großen Parteien ab – die Freien Demokraten mußten sich mit einer Nebenrolle begnügen. Das war deshalb besonders ärgerlich, weil die zwischen CDU/CSU und SPD ausgetauschten Argumente jede Orginalität vermissen ließen, während Becker einiges Beherzigenswerte zur Außenpolitik zu sagen wußte. Adenauer wies zum hundertsten Male auf den „ungeheuren Ernst der Lage" hin und behauptete unverdrossen, „nur die Politik der Stärke der NATO" werde schließlich zur Wiedervereinigung führen. Ollenhauer ermüdete das Plenum mit einer langen Aufzählung von Adenauer-Injurien aus dem Wahlkampf. Mit solchen Bundestagsdebatten wird man unserer Bevölkerung Politik kaum nahebringen.

Am 1. November legten in Frankfurt Bundesvorstand, Hauptausschuß und Bundestagsfraktion der Freien Demokraten den künftigen Oppositionskurs der Partei fest. Döring soll auf dieser Sitzung erneut seine Vorliebe für „rechte" Gruppen zu erkennen gegeben haben, als er über Kontakte der Landesverbände mit dem Gesamtdeutschen Block/BHE berichtete. Es ist freilich schon schlimm genug, was vor einigen Wochen und vor allem gestern in Hannover geschah. Hoffentlich bleiben uns weitere Fraktionsgemeinschaften erspart, die doch zu nichts anderem führen als zum allmählichen totalen politischen Gesichtsverlust unserer Partei[25].

*Dienstag, den 12. November 1957*

Zum Nachfolger des Fraktionsvorsitzenden Max Becker wählte die Fraktion heute nachmittag den tüchtigen Erich Mende, zu seinen Stellvertretern die Abgeordneten Hans Lenz und Jan Eilers. Mende versprach nach der Wahl Loyalität nach allen Seiten, woran eigentlich niemand zweifelt. Im weiteren Verlauf der Sitzung nahm die Fraktion eine neue Geschäftsordnung an. Sie enthält eine Bestimmung über die Bildung von Arbeitskreisen zur Förderung der Fraktionsarbeit. Über die ursprüngliche Idee Mauks, die Parteileitung zum Hilfsorgan der Fraktion zu machen, wurde nicht mehr gesprochen[26].

Die neue Führungsmannschaft wird es nicht leicht haben, die FDP gegenüber den beiden großen Parteien zu profilieren. Vor allem die Unionsparteien sind seit Monaten bemüht, die Freien Demokraten zu „übersehen", sie als eine quantité négligéable zu behandeln. Das wurde erst jüngst wieder bei der Behandlung eines Vorschlages Max Beckers deutlich, der sich für die Bildung eines interfraktionellen Gremiums zur Förderung einer gemeinsamen Außenpolitik aller Bundestagsparteien einsetzte. Abgeordnete der CDU/CSU wischten diese Anregung sofort vom Tisch – sie sei nicht praktikabel; man halte Gespräche zwischen Adenauer und Ollenhauer für entschieden aussichtsreicher. Eine Kateridee, allein geboren, um die lästigen Liberalen auszuschalten. Denn ein gelegentliches Palaver Adenauers mit Herrn Ollenhauer wird die grundsätzlichen Meinungsverschiedenheiten natürlich nicht überbrücken können, die zwischen der Bundesregierung und einem beträchtlichen Teil des Bundestages über die deutsche Außen- und Wiedervereinigungspolitik bestehen. Aber Adenauer meint wohl, daß er es mit seiner absoluten Parlamentsmehrheit gar nicht nötig habe, einen ernsthaften Versuch zur Verständigung zu machen.

*Samstag, den 7. Dezember 1957*

Die Amerikaner haben wirklich Pech mit ihrer Weltraumfahrt. Der mit Spannung erwartete und mehrfach verschobene Start des ersten amerikanischen Erdsatelliten ist gestern nachmittag mißglückt, weil die Trägerrakete explodierte. Chruschtschow wird sich freuen – seine beiden Sputniks umkreisen noch immer unseren Planeten. Nun versucht der Herr in Moskau die verstörten Amerikaner auch noch mit der Behauptung zu irritieren, daß die erste sowjetische Trägerrakete auf amerikanisches Hoheitsgebiet gefallen sei, was Washington angeblich zu verheimlichen trachte.

So erfolgreich die Kommunisten gegenwärtig in der Weltraumfahrt sind, so erfolglos sind sie gleichzeitig auf der Erde. Die Massenflucht der Deutschen aus dem „Arbeiter- und Bauer-Paradies" der Zone hat Ulbricht am 29. November in Leipzig zur Ankündigung „entschiedener Maßnahmen" gegen diese Fluchtbewegung veranlaßt[27]. Mit der irren Begründung, daß die „Republikflucht" ein Verbrechen gegen den Frieden darstelle, weil sich diese Deutschen in den Machtbereich der „schlimmsten Feinde des deutschen Volkes" (das sollen wohl wir sein) begäben, möchte die SED künftig alle Zonenbewohner hart bestrafen, die in fremdem Auftrage oder aus eigenem Antrieb Bürger der „DDR" zur Flucht nach Westdeutschland ermuntern oder als Mitwisser nicht rechtzeitig der SED von solchen Vorhaben Meldung machen.

Vorgestern hat sich im Bundeshaus der Arbeitskreis Außenpolitik konstituiert. Nach der Wahl Dehlers zum Vorsitzenden beschloß das Gremium die Ausarbeitung einer außenpolitischen Alternative zur Konzeption der Bundesregierung. Dabei wird die Rede Kennans zur Deutschlandfrage in Princeton ebenso berücksichtigt werden wie der Vorschlag des polnischen Außenministers Rapacki über die Bildung einer kernwaffenfreien Zone in Europa. Beide Initiativen hatten erwartungsgemäß bei der Bundesregierung kein freundliches Echo gefunden[28]. Ein weiteres Thema des Arbeitskreises war die kommende Pariser NATO-Konferenz, die sich mit dem Fortgang der atomaren Aufrüstung des Westens beschäftigen wird. Die dabei von Adenauer vertretene Linie wurde spätestens in dessen Fernsehinterview mit dem Columbia Broadcasting System am 22. September klar[29].

*Freitag, den 20. Dezember 1957*

Die CDU/CSU-Mehrheit im Bundestag hat schon gewußt, warum sie vor acht Tagen einen gemeinsamen Antrag von SPD und FDP niederstimmte, noch vor Beginn des Pariser NATO-Treffens die Konferenz-Konzeption der Bundesregierung zu diskutieren. Die gestern mit einem „Stillen Gebet für den Frieden" zuende gegangene dreitägige Konferenz der westlichen Allianz brachte als wichtigstes Ergebnis das Anerbieten des amerikanischen Außenministers Dulles, den europäischen Verbündeten Atomwaffen und Mittelstreckenraketen zur Verfügung zu stellen. Während Dänemark und Norwegen sogleich dankend abwinkten, sprach sich Adenauer unverzüglich für die Ausrüstung der Allianz im ganzen mit „modernen Waffen" aus. Diesen Standpunkt bekräftigte der Kanzler gestern abend auf einer Pressekonferenz in der französischen Hauptstadt. Kein Land könne sich grundsätzlich von der „Neubewaffnung" ausschließen: „wir sitzen alle in einem Boot", meinte Adenauer, dabei das politische Problem einer atomaren Bewaffnung Deutschlands wie üblich völlig ignorierend. So auch Franz-Josef Strauß, der am Montag in einem Zeitungsinterview die Verteidigung der Bundesrepublik ohne Atomwaffen als „militärischen Wahnsinn" bezeichnete.

Die FDP hat vor Beginn der NATO-Konferenz in einem Brief an den Bundeskanzler mit allem Nachdruck auf die Gefahren hingewiesen, die eine atomare Aufrüstung Westdeutschlands für das deutsche Volk haben wird. Dabei wiederholten die Freien Demokraten ihre Forderung nach einer atomwaffenfreien Zone als ersten Schritt zur Entspannung im mitteleuropäischen Raum und nach Schaffung einer militärisch verdünnten Zone beiderseits der Demarkationslinie. Sobald klar war, daß das Pariser Herbsttreffen – wie befürchtet – zu einer „Raketenkonferenz" degenerierte, schlug Mende schwimmende Raketenbasen vom Eismeer bis zum Mittelmeer vor, um so die Stationierung der Raketen auf deutschem Boden überflüssig zu machen. Aber was nützt das alles? Die Staatsmänner haben noch immer ihre politische Einfallslosigkeit durch Rüstung zu kompensieren versucht. Adenauer und seine Partei machen da eben keine Ausnahme.

*Montag, den 30. Dezember 1957*

Ein ruhiges Weihnachtsfest nach aufgeregten Dezemberwochen. Mit starken Worten hat Adenauer eine Jahresbilanz gezogen und damit das Desaster seiner Deutschlandpolitik noch zusätzlich unterstrichen[30]. Ob Chruschtschows und des Obersten Sowjets Vorschläge für Abrüstungsverhandlungen tatsächlich die Spaltung Deutschlands verewigen, wie einige deutsche Zeitungen meinten, mag dahingestellt bleiben. Auf jeden Fall muß diese sowjetische Initiative wohl als die unvermeidliche Antwort auf die gerade vom Kanzler besonders geförderten NATO-Beschlüsse der vorvergangenen Woche gewertet werden.

Die eigene Jahresbilanz ist etwas positiver. Die unfreiwillige Aufgabe einer liebgewordenen Tätigkeit brachte durch eine Fülle zusätzlicher Informationen neue Erkenntnisse. Vor allem über die so lange fast kritiklos bewunderte Politik des Kanzlers, dessen abenteuerliche Atompläne noch aus der Ostbüro-Zeit stammende erste Zweifel kräftig nährten. Neue Einsichten auch über die Ostpolitik der eigenen Partei, die sich vor dem Hintergrund christdemokratischer Tölpeleien nicht gar so schlecht mehr ausnimmt. Der Wahlkampfstil Adenauers und seiner Partei taten dann das übrige.

Natürlich blieben auch Zweifel an der Politik der FDP, vor allem an dem Nutzen von Gesprächen mit den deutschen Satrapen Moskaus. Und auch an der Fähigkeit meiner Parteifreunde, den Gegner im Osten richtig ein- und sich selbst nicht zu überschätzen. Doch der Pfleidererische Denkansatz, als Voraussetzung für die Wiedervereinigung den Ausgleich mit dem Osten zu suchen, dürfte wohl im Prinzip richtig sein. Wären nur die Akteure auch immer danach. Für „Draufgänger" vom Kaliber Dörings ist die recht komplizierte Ostpolitik wohl doch nicht gerade das geeignete Betätigungsfeld.

# Tagebuch 1958

## Dehlers Abrechnung mit Adenauer

*Montag, den 20. Januar 1958*

Als ich mich heute nach dreiwöchigem Urlaub bei Ungeheuer zurückmeldete, drückte der mir einige selbstverfaßte Papiere zur Ost- und Deutschlandpolitik in die Hand. Es handelt sich um Materialien für die am vergangenen Dienstag stattgefundene Sitzung des Außenpolitischen Arbeitskreises sowie um die Analyse einer Haußmann-Rede. Die Arbeitskreispapiere beschäftigen sich mit den jüngsten Vorschlägen Kennans und Rapackis. Sie bringen nichts wesentlich Neues, außer vielleicht den Hinweis Ungeheuers auf das „Bleibende" des Pfleiderer-Plans angesichts der Tatsache, daß die einzelnen Modalitäten dieses Plans „heute schon größtenteils überholt sind" [31].

Interessanter ist, was Ungeheuer an der Haußmann-Rede auszusetzen hat: erstens eine falsche Definition des Verhältnisses der Bundesrepublik zu den Westmächten (Haußmann hatte behauptet, die Bundesrepublik unterliege noch immer „einem politischen, ökonomischen und militärischen Dirigismus der Westmächte"); zweitens die Darstellung der Wiedervereinigung „als ein in weite Fernen gerücktes Ziel" und der Eindruck, daß für Haußmann „der vordergründige Status Quo . . . das Primäre gegenüber dem fernen Ziel der Wiedervereinigung" sei. Ich bin nicht ganz sicher, ob nicht Haußmann doch recht hat, wenn er meint, man müsse in der Wiedervereinigungsfrage auf „Zwischenlösungen" hinarbeiten, nachdem eine Lösung dieses Problems auf der Grundlage freier Wahlen in so weite Ferne gerückt ist.

Zum Auftakt für die bevorstehende Parlamentsdebatte über eine Große Anfrage der FDP hat Adenauer am Mittwoch vergangener Woche über den Rundfunk eine außenpolitische Erklärung abgegeben – ein ungewöhnlicher Schritt [32]. Mende bezichtigte tags darauf – ebenfalls über die Ätherwellen – den Kanzler der Mißachtung des Parlaments, was an die Praktiken autoritärer Staaten erinnere. Dieses Vorgeplänkel und die Ankündigung der Bundesregierung, sie werde in der Debatte nicht zum Vorschlag einer atomwaffenfreien Zone Stellung nehmen, weil das militärische Gutachten der NATO über die Raketenbasen nicht vor März zu erwarten sei, versprechen eine hitzige Auseinandersetzung diese Woche im Bundestag.

*Freitag, den 24. Januar 1958*

Zur allgemeinen Überraschung verlief die außenpolitische Debatte gestern im Bundestag zunächst eher zähflüssig als hitzig. Die beiden großen Parteien taten sich kaum weh. Die Taktik der CDU, über die FDP – die immerhin mit ihrer

Großen Anfrage die Debatte ausgelöst hatte – hinwegzusprechen und sich fast ausschließlich mit der SPD auseinanderzusetzen, wirkte lähmend. Auch Reinhold Maier, der die Nachmittagssitzung mit einer anderthalbstündigen, politisch sehr bemerkenswerten Rede (sie war wohl die beste der Debatte) einleitete, konnte die Unionsparteien nicht aus ihrer Reserve locken – von Zwischenrufen einmal abgesehen. Gegen die vernünftigen, sehr sachlichen Darlegungen Maiers über die Möglichkeiten und Grenzen einer Außen- und Sicherheitspolitik der kleinen Bundesrepublik war allerdings auch schwerlich etwas einzuwenden. Nur zwei Freie Demokraten brachten die Unionsabgeordneten schließlich aus dem Gleichgewicht: Mende mit seiner Philippika gegen Adenauers Rundfunkrede in der vergangenen Woche (er verglich Adenauers Einstellung zum Bundestag mit der Hitlers zum Reichstag!) und vor allem Thomas Dehler. Seine Rede konnte ich nicht mehr hören, er hielt sie erst in den späten Nachtstunden. Doch kurze Zeitungszitate von heute morgen sowie Augen- und Ohrenzeugenberichte vermitteln den Eindruck, daß es wieder einmal gewaltige Dehlersche Eruptionen gegeben haben muß, die in dem harten Vorwurf gipfelten, der Kanzler habe in den vergangenen Jahren alles getan, um eine Wiedervereinigung Deutschlands zu verhindern. So war die FDP gestern im Parlament die einzige wirkliche Opposition, während Ollenhauer so zahm daherredete, daß sich Adenauer ein fragwürdiges Kompliment an den SPD-Vorsitzenden nicht verkneifen konnte.

*Samstag, den 25. Januar 1958*

Die Dehler-Rede macht noch immer Furore. Während die CDU gestern Dehlers schonungslose Abrechnung mit der Außenpolitik Adenauers hämisch als einen „menschlich tragischen Fall" abzuwerten versuchte und der *General-Anzeiger* heute behauptet, hier habe „jemand seinen Haß abreagiert", wertete Ungeheuer diesen Vorgang vielleicht ein wenig voreilig „als einen Aufstand und geistigen Aufbruch gegen die Bindungspolitik der CDU mit ihrer Verkörperung in Konrad Adenauer"[33]. Eine Flut von Briefen und Telegrammen, die bereits in der Nacht vom Donnerstag zum Freitag einsetzte, erreichte inzwischen Dehler, zumeist begeistert zustimmend, gelegentlich aber auch mit bösen Bemerkungen gegenüber dem wieder einmal von seiner Leidenschaft fortgerissenen Redner. Auf jeden Fall ist damit das Unionskonzept wohl endgültig gescheitert, die Freien Demokraten vor der deutschen Öffentlichkeit als eine Gruppierung ohne jede politische Bedeutung erscheinen zu lassen. Und dies ärgert sichtlich einige Kommentatoren der heutigen Morgenpresse. Wie schön!

*Montag, den 3. Februar 1958*

Dehler und kein Ende. Die Auseinandersetzungen über die nächtliche Rede Dehlers und Heinemanns[34] am 23. Januar im Bundestag gehen mit unverminderter Heftigkeit in Presse und Rundfunk weiter. Adenauer, der im Parlament zu den gegen ihn erhobenen Vorwürfen schwieg, ist am Mittwoch abend vergangener Woche über den Rundfunk in der ihm eigenen Art zum Gegenangriff übergegangen. Er habe im Bundestag geschwiegen, so der Kanzler, „weil das Niveau der Debatte vor und nach Mitternacht durch die Schuld der beiden früheren Bundesminister, der Abgeordneten Dehler und Heinemann, so tief gesunken war, daß eine ernsthafte Debatte nicht mehr möglich schien". So tief scheint das Niveau dann aber wieder nicht gewesen zu sein, denn sonst hätte sich Adenauer bestimmt nicht sechs Tage später mehr als fünfzehn Minuten lang im einzelnen mit den Argumenten Dehlers und Heinemanns auseinandergesetzt. Er wollte offenbar für seine Replik nur eine günstigere Zeit – Dehler und Heinemann sprachen ja um Mitternacht. Adenauers Antwort ist dürftig und schäbig zugleich. Er unterstellt den beiden Abgeordneten parteipolitische Motive und behauptet, daß das Auftreten der SPD und der FDP in der letzten Bundestagsdebatte seinen – Adenauers – Versuchen, zu ernsten Verhandlungen zu kommen, schweren Schaden zugefügt hätte. Adenauer, der „mit heißem Herzen die Wiederherstellung der Freiheit aller Deutschen" erstrebt, bemühte sich sodann ausführlich, die „Legenden" zu widerlegen, die die beiden Oppositionssprecher angeblich verbreitet hatten.

Ollenhauer und Mende sind sogleich ans Mikrofon geeilt, um mit einer Erwiderung die Debatte fortzusetzen. Aber auch sie brachten keine neuen Argumente. Man redet im Grunde aneinander vorbei, weil man von einer ganz unterschiedlichen Betrachtungsweise bei der Beurteilung der außenpolitischen Lage, ihrer Möglichkeiten und Notwendigkeiten ausgeht. Was Adenauer will, ist klar: Verzicht auf alle politischen Experimente, auch um den Preis einer endgültigen Teilung Deutschlands. Dabei sieht der 82-jährige nicht, daß seine Atompolitik ein viel gefährlicheres Experiment ist als alle bisher veröffentlichten Deutschlandpläne zusammengenommen. Vielleicht hat Mende recht, wenn er in seiner letzten Rundfunkrede im Zusammenhang mit Adenauers Deutschlandpolitik die ironische Vermutung aussprach, „daß man nach dem Volksmund fürchten muß, die Dummheit sei mit im Spiel gewesen".

*Freitag, den 7. Februar 1958*

Inzwischen haben nun auch die Amerikaner ihren ersten Erdsatelliten glücklich in die Umlaufbahn gebracht. Viele Bundesbürger verspüren Genugtuung, daß die USA diesen – wenn auch verspäteten – Erfolg einem „Deutschen" zu verdanken haben, dem ehemaligen deutschen Raketenforscher und jetzigen amerikanischen Staatsbürger Wernher von Braun. So sind wir doch wenigstens indirekt an der Eröffnung des Weltraumzeitalters beteiligt, wenn auch nur mit bescheidenen dreizehn Kilogramm ... Und die Amis sind ihre Komplexe los – hoffentlich!

*Mittwoch, den 12. Februar 1958*

Am Wochenanfang kam es im Arbeitskreis Außenpolitik wie in der Fraktion zu lebhaften Auseinandersetzungen über Sinn und Unsinn von Wiedervereinigungsgesprächen mit Pankow. Insbesondere einige Fraktionsmitglieder aus Nordrhein-Westfalen scheinen der absurden Vorstellung nachzuhängen, angesichts der offensichtlich gescheiterten Deutschlandpolitik Adenauers den Weg zur deutschen Einheit über Konföderationsverhandlungen mit dem Zonenregime freimachen zu können. Diesen Bestrebungen trat Reinhold Maier gestern in der Fraktionssitzung entschieden entgegen. Er drohte für den Fall, daß die Fraktion seiner außenpolitischen Linie nicht folge, mit seinem Rücktritt als Parteivorsitzender. Mein Eindruck gestern abend: mit diesem Schreckschuß hat Maier dem Konföderationspalaver in der Fraktion endgültig ein Ende gesetzt.

*Mittwoch, den 26. Februar 1958*

Mitte März wird es im Bundestag eine neue außenpolitische Debatte geben. Gestern haben CDU/CSU und FDP je eine Große Anfrage eingebracht. Die Unionsparteien möchten wohl ihre Schlappe vom Januar wettmachen und den Eindruck verwischen, daß sie mit ihrer Deutschlandpolitik am Ende sind. Ihre Anfrage befaßt sich darum mit der „Wiedervereinigungspolitik der Bundesregierung". Unsere Fraktion fordert erneut Auskunft über die Haltung des Adenauer-Kabinetts zu den Plänen über atomwaffenfreie und militärisch verdünnte Zonen.

*Montag, den 3. März 1958*

Die nächtliche Bundestagsrede Dehlers vom Januar hatte am Wochenende bei einer Sitzung des Arbeitskreises, der sich eine Tagung des Bundesvorstandes anschloß, ein peinliches Nachspiel. Dehler zeigte sich erbittert über eine – wie er meinte – von Reinhold Maier via Stephan in die *Welt* lancierte Meldung, wonach Reinhold Maier angeblich auf den Vorsitz im Arbeitskreis I (Vorsitzender Dehler!) reflektiere. Die scharfe Zurückweisung dieses Dehlerschen Vorwurfs durch den Parteivorsitzenden wirkte nicht recht überzeugend, zumal bekannt ist, daß der Parteivorsitzende Dehlers wilde Attacken gegen Adenauer verurteilt. Leverenz gelang es nur mit Mühe, die hitzigen Auseinandersetzungen zwischen den beiden liberalen Streithähnen zu beenden[35].

Reinhold Maier, offensichtlich darauf bedacht, Dehler und dessen außenpolitischen Büchsenspanner Ungeheuer in die Schranken zu weisen, übte im Verlaufe der Tagung mehrfach heftige Kritik an Formulierungen und Vorschlägen, die in einem Papier des Pressechefs zur Deutschlandpolitik enthalten sind[36]. Dabei ging es insbesondere um eine Forderung Ungeheuers, zu einer Konferenz der Vier Mächte über einen Friedensvertrag für Deutschland auch Vertreter Mitteldeutschlands mit beratender Stimme hinzuzuziehen. War der Einspruch hier noch verständlich, so konnte Maiers Polemik gegen die von Ungeheuer geforderte Volksabstimmung, durch die das Konferenzergebnis bestätigt werden soll, nicht so ganz überzeugen. Für diese Forderung sprachen sich schließlich uneingeschränkt nur noch Dehler und Ungeheuer aus, mit Einschränkungen Mende und Achenbach. Dagegen fand erstaunlicherweise die in einem zweiten Ungeheuer-Papier erklärte Bereitschaft der FDP zu einer Allparteienregierung, die die Wiedervereinigung durchsetzen soll, keinen ernsthaften Widerspruch. Ein Vorschlag, meine ich, dessen Zweckmäßigkeit nicht so ohne weiteres auf der Hand liegt.

Der Bundesvorstand beschloß am Sonntag, daß die verabschiedeten Leitsätze als Grundlage für die Reden Maiers und Mendes auf dem kommenden Düsseldorfer Parteitag dienen sollen. Der Vorstand hält nach wie vor zweiseitige Gespräche mit Pankow für sinnlos und lehnt sie deshalb ab. Ein entsprechendes Rundschreiben wird in den nächsten Tagen an die Landesverbände herausgehen. Für die kommende außenpolitische Debatte wird festgelegt: Mende begründet unsere Große Anfrage, Bucher und Margulies sammeln Zitate von Äußerungen der CDU aus den letzten acht Jahren, um die zu erwartenden scharfen Angriffe auf Dehler abwehren zu können.

*Montag, den 10. März 1958*

Vor dem Außenpolitischen Arbeitskreis erläuterte heute nachmittag Prof. Meder von der Freien Universität Berlin seinen Wiedervereinigungsplan. In einer vorausgeschickten Lageanalyse meinte Meder, Rußland strebe eine Rekonstruktion des neutralen Gürtels zwischen der Sowjetunion und dem Westen an, wie er bis 1939 bestand. Darum gehöre eine militärische Neutralität Gesamtdeutschlands – die den Deutschen nicht aufoktroyiert, sondern von diesen gewollt werde – zu den unverzichtbaren Bedingungen sowjetischer Deutschlandpolitik, die „sozialen Errungenschaften der DDR“ dagegen nicht. Wenn man nun wolle, daß das Zonenregime aufhöre zu existieren, müsse mit eben diesem Regime ein Vertrag geschlossen werden: ein Vertrag der Sechs Mächte (vier Großmächte und die beiden deutschen Staaten).

Mende berichtete vor dem Außenpolitischen Arbeitskreis über ein Gespräch, das er dieser Tage mit Botschafter Smirnow führte. Smirnow habe dabei die von der Bundesregierung aufgestellte Behauptung zurückgewiesen, das jüngste Sowjetmemorandum zur deutschen Frage laufe auf einen Friedensvertrag hinaus, der mit zwei deutschen Staaten abgeschlossen werden müsse. Ein Friedensvertrag, so Smirnow nach Mende, bedinge natürlich eine gesamtdeutsche Repräsentanz. Zuvor aber sollten sich die Vier Mächte über gewisse Prinzipien einigen, vor allem über den militärischen Status eines wiedervereinigten Deutschland. Danach könne dann ein Auftrag an die beiden deutschen Staaten gehen, über die Modalitäten einer Wiedervereinigung zu verhandeln. Dadurch könnten, so meinte Mende, die Russen ihr Gesicht wahren. Einigten sich die Deutschen nicht, dann würden die Vier Mächte eventuell „dekretieren“.

Am vergangenen Freitag aßen Ungeheuer, Flach und ich mit dem Pressechef der LDP-Parteileitung Schuchardt bei La Roche zu Mittag. Schuchardt beteuerte ein übers andere mal, wie entschlossen die LDP-Führung hinter der Politik Ulbrichts stünde. Dennoch (oder gerade deswegen?) wünsche sie Verhandlungen mit der FDP. Offenbar haben die Konföderations-Spinnereien einiger Freier Demokraten die „Kameraden" in Ostberlin auf abwegige Gedanken gebracht. Ungeheuer und Flach versuchten vergeblich zu ergründen, ob die LDP wenigstens noch einen einzigen bescheidenen eigenen Gedanken zur Deutschlandpolitik beizutragen hat. Fehlanzeige. Dieses Gespräch bekräftigte erneut meine Skepsis hinsichtlich weiterer Kontakte mit dieser SED-Satellitenpartei.

Am Samstag vormittag hatten Ungeheuer und ich dann in der Pressestelle sowjetischen Besuch. Der Pressechef der Botschaft in Rolandseck, Sergejew, verabschiedete sich, um zugleich seinen gleichnamigen Nachfolger vorzustellen. Es gab keine Gelegenheit zu einem vertieften Gespräch, doch war das Interesse der Sowjets an den Freien Demokraten offensichtlich. Man verabredete, auch nach dem Wechsel wie bisher Kontakt zu halten.

*Dienstag, den 11. März 1958*

Dehler hatte doch recht: Maier will ihm tatsächlich den Posten des Arbeitskreisvorsitzenden nehmen. Gestern teilte Mende der Fraktion den Inhalt eines Schreibens des Parteivorsitzenden mit, in dem dieser eine Abstimmung der Fraktion am heutigen Dienstag darüber verlangte, ob bei einem künftig eintretenden Wechsel in der Führung des Arbeitskreises Außenpolitik die Besetzung durch den Bundesvorsitzenden ins Auge gefaßt werden solle. Vom Ergebnis dieser Abstimmung wolle er es abhängig machen, ob er sich in Düsseldorf wieder zur Wahl stelle. Also eine Art politischer Erpressung. Heute nachmittag stand dieser Antrag Maiers in der Fraktion zur Debatte. Die Abgeordneten entsprachen der Bitte Maiers, und dieser erklärte sich bereit, in Düsseldorf erneut zu kandidieren.

*Mittwoch, den 19. März 1958*

Heute fahren im gesamten Bundesgebiet weder Straßenbahnen noch Busse. Die Gewerkschaft ÖTV hatte alle Arbeiter in den kommunalen Betrieben und Verwaltungen zu einem 24stündigen Warnstreik aufgerufen, um ihren Lohnforderungen Nachdruck zu verleihen. Der *General-Anzeiger* stellte gestern fest, es handele sich um den größten Streik im öffentlichen Dienst seit dem Kapp-Putsch vor 38 Jahren. Nur geht es diesmal nicht um Politik, sondern um Geld. Für politische Ziele dürften die Gewerkschaften ihre Mitglieder wohl kaum mobilisieren können. Das wird sich erweisen, wenn der Arbeitsausschuß „Kampf dem Atomtod" eines Tages auf die Idee kommen sollte, die Massen gegen die atomare Bewaffnung der Bundeswehr zu mobilisieren[37]. Und dazu könnte die kommende Debatte im Deutschen Bundestag Anlaß geben. Sie wirft bereits in vielfältiger Weise ihre Schatten voraus. Zunächst gab es erst einmal Krach in der

CDU-Fraktion, weil Kiesinger und Gerstenmaier eine Verschiebung der Debatte vom 16. auf den 20. und 21. März veranlaßt hatten, ohne zuvor die eigene Fraktionsführung zu befragen. Zur gleichen Zeit hielten in den Unionsparteien die Spannungen an, die vorwitzige Bemerkungen Gerstenmaiers zur Deutschlandpolitik hervorgerufen hatten[38]. Dann versuchte Adenauer, die Bundestagsaussprache durch (bewußte?) Fehlinterpretationen eines Sowjetmemorandums zu präjudizieren[39]. Und schließlich verbreiteten Unionskreise die Nachricht, morgen und übermorgen keine Revanche für den 23. Januar nehmen zu wollen, was Ungeheuer heute in der fdk ironisch einen „gütigen Ratschluß der Union" nannte. Es ist aber wohl eher die notwendige Konsequenz aus der verfahrenen Lage, in der sich die Regierungsparteien gegenwärtig befinden. Noch nie waren CDU/CSU so in sich zerstritten wie heute, ein halbes Jahr nach Adenauers Wahltriumph. Und noch nie befanden sich die Unionsparteien so sehr in der Defensive wie gerade jetzt. Da müßte eigentlich in den kommenden Tagen im Parlament für die Oppositionsparteien einiges zu machen sein.

## Deutschlandpolitik und atomare Bewaffnung

*Samstag, den 22. März 1958*

Die ersten drei Tage der Bundestagsdebatte über die Deutschlandpolitik und atomwaffenfreie Zonen hinterließen einen bestürzenden Eindruck. Die Bundesregierung bekundete ohne jeden Vorbehalt ihren Willen zur atomaren Bewaffnung der Bundeswehr. Was vor allem Strauß am Donnerstag vor dem Plenum von sich gab, war eine „Rede vom Krieg und war Kriegsgeschrei", wie es Reinhold Maier in seiner Replik treffend formulierte. Lebhafte Proteste der Unionsparteien erntete der Parteivorsitzende wenig später auch mit seiner Bemerkung, man habe nicht den Verteidigungsminister einer Bundesrepublik, sondern den „Reichskriegsminister" gehört. Aber war das wirklich so weit hergeholt? Man muß diesen Strauß in Aktion sehen, um wieder das Fürchten zu lernen. Vor allem, wenn ihn dabei die Jubelstürme seiner Parteifreunde umbrausen, sobald der Bayer seine Politik des „Immer-feste-druff" vom Rednerpult herabschreit. Man kann es Erler nicht verdenken, wenn ihm nach der Straußtirade Erinnerungen an Goebbels Sportpalastrede im Frühjahr 1943 kommen und dessen „Wollt ihr den totalen Krieg?"

Tags darauf glich der Bundestag vollends einem Hexenkessel. Nach einer provokatorischen Rede des DP-Abgeordneten Schneider aus Bremerhaven, die ständig durch wütende Zwischenrufe Wehners unterbrochen wurde, war es dem Bundestagspräsidenten kaum noch möglich, die Debatte einigermaßen in der Hand zu behalten. Wie besessen droschen die Redner aufeinander los. Heute vormittag hatte die Debatte schließlich solche Formen angenommen, daß Gerstenmaier die „Aussprache" unterbrach, um dem Plenum mitzuteilen: die Hörer am Radio schickten ihm bereits Telegramme und bäten, nun „des grausamen

Spiels genug sein zu lassen". Doch am Dienstag geht diese Vernichtungsschlacht weiter ...

Drei Reden fand ich beeindruckend: die von Helmut Schmidt mit ihren treffenden Bemerkungen über den Charakter der Ostpolitik der CDU/CSU. Dann den Diskussionsbeitrag Kreitmeyers heute vormittag: eine instruktive, militärpolitische Vorlesung über Sinn und Unsinn Straußscher „Verteidigungspolitik", der die Unionsabgeordneten praktisch nichts entgegenzusetzen hatten. Und schließlich und vor allem Dörings Jungfernrede am gestrigen Abend. Er sprach sehr eindringlich, schonungslos die Schwächen und Widersprüche in der Politik der Regierungsparteien aufdeckend, den Geist auch ihrer Argumentation und die Lügen des Kanzlers. Einen Tumult löste Dörings Voraussage aus: wenn die Union in ihrer Deutschland- und Ostpolitik fortfahre, werde sie eines Tages vor der teuflischen Alternative stehen, „entweder auf die Wiedervereinigung verzichten zu müssen oder nur noch die Möglichkeit der direkten Verhandlungen zwischen Bonn und Pankow zu haben oder – als dritte Möglichkeit – sich in einen Krieg verwickeln zu lassen". Die wütenden Reaktionen der Unionsabgeordneten zeigten, daß Döring den wunden Punkt der Adenauerschen Politik genau getroffen hatte.

*Donnerstag, den 27. März 1958*

Nach dreijähriger Zwischenphase ist die Sowjetunion heute zur Einmann-Diktatur zurückgekehrt[40]. Chruschtschow übernahm, wie der Rundfunk heute abend meldete, nun auch noch das Amt des Regierungschefs. Damit sind – wie zu Zeiten Stalins und Malenkows – Partei- und Staatsführung in der UdSSR wieder in einer Hand. Was das für die sowjetische Innen- und Außenpolitik bedeutet, ist schwer zu sagen. Für den Westen kommt zunächst wieder einmal eine Zeit der Ungewißheit.

Am Dienstag ging die viertägige Atomdebatte mit dramatischen Akzenten zuende. Die Regierungparteien sprachen sich bei den Schlußabstimmungen für eine atomare Bewaffnung der Bundeswehr aus. Zuvor hatte Ollenhauer die Einbringung eines Gesetzes zur Volksbefragung über die Atomrüstung durch seine Fraktion angekündigt. Und Mende plädierte für die Absetzung Adenauers und die Einsetzung einer Allparteienregierung unter einem neuen CDU-Kanzler, der eine vernünftige gemeinsame Deutschlandpolitik mit dem Ziel der Wiederherstellung der deutschen Einheit zu seinem Regierungsprogramm machen soll.

*Sonntag, den 30. März 1958*

Allemanns ironische Frage auf der Pressekonferenz am Freitag abend, ob die Atmosphäre des Düsseldorfer Parteitages „die Atmosphäre eines nationalen Notstandes" gewesen sei, löste bei den versammelten Journalisten allgemeine Heiterkeit aus. Maier verschlug es offensichtlich die Sprache. Er flüchtete sich in die nicht recht überzeugende Gegenfrage, ob denn diese Pressekonferenz eine solche eben dieses Notstandes sei. Erst nach Beantwortung der nächsten Frage meldete sich Döring, dem als erstem zu diesem Thema eine „passende“ Antwort eingefallen war, zu Wort. Sarkastisch und leicht gereizt entgegnete er dem Schweizer Journalisten, er könne sich nicht vorstellen, daß die Presse erwarte, die FDP werde „in diesem Saal die Tapeten herunterreißen und die Gardinen zerfetzen“.

Dennoch war nicht zu verkennen, daß es Reinhold Maier inzwischen gelungen ist, die Partei wieder auf einen „gemäßigten Kurs“ zurückzuführen. Eine Beteiligung an der von Ollenhauer initiierten Volksbefragung zur atomaren Bewaffnung kommt für die FDP nicht in Frage. Das Einleitungsreferat des Parteivorsitzenden am Freitag morgen machte deutlich, daß Reinhold Maier nach viertägiger Bundestagsdebatte das Thema „atomare Ausrüstung der Bundeswehr“ in der bisherigen radikalen Form nicht mehr zu behandeln wünscht. In der ungemütlichen Düsseldorfer Rheinhalle hielt Maier Delegierten und Gästen eine langatmige und mit viel Feuilletonistischem angereicherte Vorlesung über die „Verteidigung der Freiheit“, die zwar gelegentlich scharf formuliert, in der Tendenz jedoch eher auf Dämpfung der vor allem aus Nordrhein-Westfalen kommenden kämpferischen Töne gerichtet war. Die Partei wurde aufgefordert, sich künftig nicht nur mit ihren „bevorzugten Lieblingsthemen“ wie Außenpolitik und Wehrpolitik zu beschäftigen, sondern mit den „brennenden Tagesfragen“: den Steuern, Preisen und Löhnen, dem Geldwert, Mittelstand oder der Bauernpolitik.

Der Beifall für dieses Referat war entsprechend gedämpft, Enttäuschung machte sich unter den Delegierten breit, die – von der Atomschlacht im Bundestag noch „in the mood“ – auf einen allgemeinen, zumindest verbalen Aufstand gegen die Adenauersche Außenpolitik gehofft hatten. Mende, mit sicherem Gespür für die Stimmung der Delegierten, gab ihnen dann am zweiten Tage, was sie wünschten. Es könne auch für die FDP einmal nötig werden, meinte er in seinem Bericht über die Arbeit der Bundestagsfraktion, für die Erhaltung der Grund- und Freiheitsrechte, der demokratischen Ordnung und des friedlichen Zusammenlebens der Völker „auf die Straße zu gehen“. Stürmischer Beifall dankte dem Fraktionsvorsitzenden dafür. Doch die Weichen waren längst anders gestellt. Auf der vorgezogenen Pressekonferenz am Abend des ersten Tages, bevor der Kongreß tanzte, erteilte Maier „ex officio“ und namens der FDP allen außerparlamentarischen Aktionen eine Absage. Somit korrigierte er letztlich Erich Mende, der noch immer kein „apodiktisches Nein“ zu der von der SPD vorgeschlagenen Volksbefragung sagen wollte. Mit dem Satz: „Volksbefragung ist ein Instrument, auf dem die totalitären Staaten spielen können“, fegte er solche Überlegungen vom Tisch.

So widersprüchlich wie diese Pressekonferenz war auch die Diskussion während des Parteitages. Während einige ältere Parteifreunde nur ein bedingtes Nein zur atomaren Bewaffnung aussprechen wollten, waren andere Delegierte entschieden gegen jeden Kompromiß in dieser Frage, obwohl auch die Bundestagsfraktion bei der Abstimmung im Bundestag – leider – einer klaren Entscheidung ausgewichen war[41]. So kam es, daß der ursprünglich mit großen Erwartungen verknüpfte Düsseldorfer Parteitag gestern mittag ausging wie das berühmte Hornberger Schießen. „Die Helden sind müde geworden", hieß es bei den Journalisten. Das war auch mein Eindruck. Die Delegierten fuhren enttäuscht nach Hause, ohne daß über die vorgelegten Entschließungen abgestimmt worden wäre – sie waren zur weiteren Behandlung an den Hauptausschuß überwiesen worden. Abgesehen von einigen Diskussionsbeiträgen vorwiegend jüngerer Delegierter waren nur am späten Freitag abend radikale Töne in der Düsseldorfer Rheinhalle zu vernehmen: das Düsseldorfer Kom(m)ödchen präsentierte sein neuestes Programm „Womit haben wir das verdient?".

*Mittwoch, den 23. April 1958*

Maiers apodiktisches Nein zu der von Ollenhauer vorgeschlagenen Volksbefragung vermag Ungeheuer noch immer nicht zu überzeugen. Die von einigen Leitartiklern aufgestellte Behauptung, die kommenden Landtagswahlen in Nordrhein-Westfalen würden ein vollgültiger Ersatz für eine Volksbefragung sein, verkenne, so meinte Ungeheuer meines Erachtens zurecht, die vielfältigen Überlegungen unserer Wahlen durch Einflüsse, die nichts mit politischer Willensbildung zu tun hätten, sondern eher „meta-politischer Natur" seien (soziale und kirchliche Bindungen, Traditionen usw.). Das bewiesen eindeutig die Ergebnisse der Landtagswahlen an der Saar 1952 und die drei Jahre später stattgefundene Volksabstimmung[42]. Gestern nun hat Ungeheuer entgegen dem Vorstandsbeschluß vom vergangenen Freitag in der fdk ähnliche Gedankengänge zum Ausdruck gebracht. Das wird Herrn Maier kaum gefallen.

Flach hat dieser Tage Ungeheuer ein vertrauliches anonymes Papier über Gespräche zukommen lassen, die in der Zeit vom 12. bis 16. 4. d. J. in Berlin mit einem Angehörigen des sowjetischen Außenministeriums sowie zwei Mitgliedern der sowjetischen Botschaft in Ostberlin geführt wurden. Vermutlich stammt dieses Papier von Jungnickel. Danach glaubten die sowjetischen Gesprächspartner, aus den Positionen der Bundesregierung und der amerikanischen Regierung zwei Stoßrichtungen erkennen zu können: erstens die Beseitigung der kommunistischen Herrschaft im Ostblock durch innere Unruhen und „Aufweichung"; zweitens die Fortsetzung des Integrationsprozesses in Westeuropa. Diesen Zielen diene auch der Atomwaffenbeschluß der Bundesregierung, meinten die Sowjets. Er solle sie zu einer neuen Anspannung ihrer Kräfte zwingen, „um dadurch eine latente Ungarn-Situation in ganz Osteuropa auszulösen". Damit verschaffe sich Bonn u. a. auch Zeit, um die eigenen Integrationspläne zu verwirklichen.

„Wie immer", so hätten die sowjetischen Gesprächspartner erklärt, „erreicht der Westen mit dem, was er tut, das Gegenteil von dem, was er plant". Moskau werde keine Atomaufrüstung der Warschauer Staaten betreiben, dafür werde jedoch die „politische Solidarität" zwischen der Sowjetunion und ihren Verbündeten angesichts der deutschen Bedrohung eher noch zunehmen. Die UdSSR wolle andererseits ihre Bemühungen um eine Normalisierung ihrer Beziehungen zur Bundesrepublik fortsetzen und „alle Schritte zur Entspannung, einschließlich einer Gipfelkonferenz, unternehmen, ohne daraus ein Geschäft zu machen". Bezüglich der deutschen Frage sei der Zeitpunkt gekommen, den Westen zu veranlassen, seine Karten offen auf den Tisch zu legen. Die Erörterung eines Friedensvertrages biete dazu die Möglichkeit[43].

*Dienstag, den 29. April 1958*

Am Sonntag morgen hat Anastas Mikojan die Bundeshauptstadt nach vierundzwanzigstündigem Aufenthalt wieder verlassen. Adenauer und ein Teil unserer Presse glauben, daß dieses deutsch-sowjetische Treffen in Bonn für die Bundesregierung ein voller Erfolg war. Die Regierungspropagandisten verbreiten gedämpften Optimismus und schwelgen in dem Gefühl, daß die deutschen Gesprächspartner den Sowjetmenschen mal gehörig die Meinung gesagt haben. Entzückt berichtete der *General-Anzeiger*, daß selbst der sonst so gutmütige Erhard gegenüber dem Vertreter der Großmacht Sowjetunion „deutlich" geworden sei. So wertet denn unser Kanzler auch den Verlauf dieses sowjetischen Besuches in Bonn als „durchaus positiv".

Das aber ist alles wohl nur die übliche Augenauswischerei. Denn soweit bisher bekannt wurde, hat dieses Treffen lediglich die völlige Unvereinbarkeit der Standpunkte Bonns und Moskaus erneut bestätigt. Mikojan blieb dabei, daß über die deutsche Wiedervereinigung zwischen Bonn und Ostberlin verhandelt werden müsse und nicht am Tisch der Vier. Adenauer seinerseits wollte von seinen Atomwaffen nicht lassen. Die atomare Aufrüstung der Bundeswehr scheint jedoch immer mehr zu einer zusätzlichen ernsten Belastung der deutsch-sowjetischen Beziehungen zu werden. Vor der Pressekonferenz am Samstag wurde Mikojan jedenfalls in diesem Punkte recht deutlich: „Ich möchte", so sagte er, „daß es in den Verstand und in das Herz jedes Deutschen eindringt, daß sich die atomare Aufrüstung der Bundeswehr mit den Interessen der Wiederherstellung der staatlichen Einheit Deutschlands nicht vereinbaren läßt.". In Bonn glaubt man offenbar, diese Warnungen (oder Drohungen?) nicht ernst nehmen zu müssen. Regierung und regierungsfreundliche Presse spielen darum mit Fleiß Mikojans Äußerungen zu Adenauers Atompolitik herunter, als handele es sich nur um eine Marginalie. Hoffentlich behält man recht. Ungeheuer jedenfalls schrieb heute zum Mikojan-Besuch in der fdk: „Es fiel auch nicht der geringste Lichtschimmer auf den Kurs Adenauers, der vorgibt, über Europa – früher EVG, heute NATO – zur Wiedervereinigung kommen zu wollen."

*Samstag, den 10. Mai 1958*

Die letzten beiden Tage zu einer Arbeitstagung des Kuratoriums Unteilbares Deutschland in der Godesberger Redoute. Auch hier war die knisternde Spannung zu spüren, die von der Atompolitik der Bundesregierung und den beiden großen außenpolitischen Debatten dieses Frühjahrs ausgeht. Die Zeit des politischen „Burgfriedens" zwischen den Menschen, die sich im Rahmen dieses Kuratoriums zur Arbeit für die Wiedervereinigung Deutschlands zusammengefunden haben, scheint für absehbare Zeit vorbei. Die Angst vor einer neuen Weltkatastrophe sitzt auch diesen Männern und Frauen im Nacken. Sie wurde noch gefördert durch ein Referat des Generals a. D. von Senger und Etterlin am heutigen Vormittag, der ein apokalyptisches Bild des gegenwärtigen Rüstungsstandes und seiner Entwicklungsmöglichkeiten entwarf. Die hierbei betonte Unvereinbarkeit strategischer Sicherheitskonzeptionen des Westens mit militärisch entspannten Zonen in Europa könnte alle Hoffnung auf baldige Wiedervereinigung zunichte machen. Es folgte eine ziemlich erregte Diskussion über die Atompolitik der Bundesregierung, in der die Illusion von einer „im Grunde genommen gleichgerichteten Wiedervereinigungspolitik" der westdeutschen Parteien (so hatten es zuvor Vertreter der Koalition und der Opposition in ihren Referaten darstellen wollen) zerstob.

In der Tat hatte alles ganz vielversprechend angefangen. Lemmer, Wehner, Brandt und Gradl bekannten sich einmütig zu einer Politik diplomatischer Initiativen in der Deutschlandpolitik. Ohne Unterschied der Parteizugehörigkeit wurde die Bedeutung deutscher Ostpolitik für die Wiedervereinigung hervorgehoben. Ausgerechnet der CDU-Abgeordnete Gradl attackierte den NATO-Generalsekretär Spaak, der sich jüngst gegen jegliches Auseinanderrükken der Streitkräfte in Ost und West ausgesprochen hatte. Das alles wurde aber schließlich von der bitteren Erkenntnis überlagert, daß die Weichen der deutschen Außenpolitik nicht in Richtung Wiedervereinigung gestellt sind, sondern von Berlin weg irgendwohin nach Westeuropa führen. So waren all die schönen Reden in der Redoute ohne praktische politische Bedeutung.

## Krisen in Ost und West. Innerparteiliche Spannungen

*Donnerstag, den 22. Mai 1958*

Schlimme Nachrichten aus Frankreich. Dieses Land hat offenbar nur noch die Wahl zwischen einer Volksfrontregierung unter Hereinnahme der Kommunisten und einer Regierung de Gaulle. Beide Regierungen könnten Bürgerkrieg bedeuten und vor allem auch das Ende der Zugehörigkeit Frankreichs zur NATO: de Gaulles Äußerungen lassen keine andere Vermutung zu[44]. Während die jüngste Entwicklung in Frankreich den Bonner Politikern zunächst die Sprache verschlagen zu haben scheint, stellt man in Washington bereits Überlegungen darüber an, ob die amerikanischen Truppen aus Frankreich abgezogen und militärische Einrichtungen wie Abschußbasen für Raketen in die Bundesrepublik verlegt werden sollen. Damit ziehen zugleich neue Gefahren speziell für die Bundesrepublik herauf. Denn schon beginnen sich jene Kreise zu rühren, die nichts sehnlicher hoffen, als die Bundesrepublik zum europäischen „Festlandsdegen" der amerikanischen NATO-Strategen zu machen. Adenauers „Arbeitsgemeinschaft Demokratischer Kreise“[45] gab dieser Tage in ihrem Informationsdienst das Stichwort: die französische Krise habe jedermann vor Augen geführt, „welch wichtiger Ordnungsfaktor die Bundesrepublik in Europa geworden ist“. Diese Äußerung zeugt nicht nur von Größenwahn, sondern auch von der wahren Einstellung der Christdemokraten zur französischen Republik. Denn das Wort vom deutschen „Ordnungsfaktor“ stellt nach den Erfahrungen von 1940 bis 1944 für Frankreich eine grobe Beleidigung, wenn nicht eine Drohung dar. Ausgerechnet in der Stunde seiner schwersten Krise fallen die deutschen CDU-Freunde diesem Land mit kaltblütiger Arroganz in den Rücken.

*Donnerstag, den 29. Mai 1958*

Die französische Krise läuft mehr und mehr auf de Gaulle zu. Trotz Massendemonstrationen gegen den General am gestrigen Tage in Paris gerät das gegenwärtige Regime der 4. Republik immer tiefer in eine politische Sackgasse, befindet sich die Regierung Pflimlin – wie es gestern eine rechtsgerichtete algerische Zeitung schrieb – in den „letzten Zuckungen“.

Ungeheuer berichtete heute von einem Gespräch zwischen Mikojan und Angehörigen der sowjetischen Botschaft in Ostberlin. Ungeheuers Informant teilt mit, daß über eine internationale Erörterung des Abschlusses eines Friedensvertrages nachgedacht werde, bei dem die BRD und die DDR gleichberechtigt gehört werden müßten. Sollten die Westmächte dies ablehnen, bliebe noch immer die Möglichkeit eines einseitigen Friedensvertrages zwischen der UdSSR auf der einen und der Bundesrepublik und der DDR auf der anderen Seite. Dabei könne man sogar „freie gesamtdeutsche Wahlen für ein gesamtdeutsches Parlament“ in Aussicht stellen. Mikojan habe allerdings bei seinen Gesprächen in Bonn nicht den Eindruck gewonnen, daß gesamtdeutsche Wahlen die BRD zu einem Gespräch mit der DDR bewegen können[46].

*Donnerstag, den 19. Juni 1958*

Die Hinrichtung von Nagy und Maleter hat im Westen scharfe Reaktionen ausgelöst. Die CDU/CSU-Bundestagsfraktion sagte sofort ihre Beteiligung an der für den 12. Oktober geplanten Reise einer Bundestagsdelegation nach Moskau ab; SPD und FDP, nicht minder entsetzt über diesen verbrecherischen Akt, erklärten dagegen, sie hielten es wegen der deutschen Frage dennoch für richtig, zum vorgesehenen Zeitpunkt nach Moskau zu fahren. Ob nach diesem Ereignis die Vorbereitungen für eine neue Gipfelkonferenz auf westlicher Seite weiterlaufen werden, bleibt vorerst offen.

Die Pressestelle – speziell deren Chef – gerät immer mehr unter Druck. Ungeheuer liegt seit einigen Wochen gewissermaßen unter baden-württembergischen Dauerbeschuß. Reinhold Maier scheint entschlossen, seinen Pressechef zur Kapitulation vor dem „Stuttgarter Kurs“ zu zwingen. Die Hintergründe dieser Aktion: es geht wieder einmal um die Außenpolitik, vor allem die Ost- und Deutschlandpolitik. Zwischen Stuttgart auf der einen sowie Bonn und

Düsseldorf auf der anderen Seite bestehen nach wie vor Meinungsunterschiede in der Bewertung des Ranges außenpolitischer Aktionen gegenüber innenpolitischen Aktivitäten der Partei. Letztere hält Reinhold Maier für unvergleichlich wichtiger. Auch ist man sich letztlich nicht einig, wie man auf dem Wege zur Wiedervereinigung heute noch vorankommen kann. Ungeheuer vertritt dabei in seinen Artikeln in der fdk die „Düsseldorfer Linie" einer offensiven, auf Konfrontation mit der CDU/CSU ausgerichteten, eigenständigen Deutschlandpolitik, die der Parteivorsitzende für falsch oder gar für schädlich hält. Darum entsandte Maier vor etwa einem Monat einen mit ihm befreundeten Journalisten nach Bonn, um hier eine Art Oberaufsicht über die Pressestelle zu führen[47]. Ungeheuer hat dieser Aufpasser verständlicherweise verbittert, vor allem aber ein Telegramm, das Reinhold Maier vor zwei Wochen an ihn sandte und mit dem die fdk unter Vorzensur gestellt werden sollte[48]. Ich habe allerdings nicht den Eindruck, daß sich Ungeheuer von Maier unter Kuratel stellen lassen wird.

*Dienstag, den 24. Juni 1958*

Die Hinrichtung von Nagy und Maleter hat in der Bundesrepublik Reaktionen ausgelöst, die teilweise bedenkliche Formen angenommen haben. Am Freitag war es vor der sowjetischen Botschaft in Rolandseck zu schweren Ausschreitungen gekommen, bei denen die etwa 400 Demonstranten schließlich ihren Protest mit Steinen und Tintenfässern zum Ausdruck brachten. Ganz plötzlich gebärdete sich die Menge wie rasend, nachdem sie zuvor fast eineinhalb Stunden lang ruhig und würdig gegen den Mord an den ungarischen Freiheitskämpfern demonstriert hatte. Wie es zu der Explosion kam, ist offiziell noch ungeklärt. Mende hat gestern vor der Presse gemeint, es lägen Beweise dafür vor, daß die Demonstrationen (und auch wohl die Ausschreitungen) vor der Sowjetbotschaft organisiert gewesen seien. Was dazu bisher zu erfahren war, scheint Mendes Behauptung zu bestätigen: Am Freitag hatte der Leiter des Referates „Bundesjugendplan und Ring politischer Jugend" bei unserem Fraktionsassistenten C. C. Müller telefonisch nachgefragt, ob sich auch die Jungdemokraten und die Liberalen Studenten an Demonstrationen gegen die Sowjetbotschaft beteiligen würden. Müller hatte erklärt, dafür sei er nicht zuständig, doch glaube er nicht an eine Beteiligung dieser Organisationen. Von den ungarischen Studenten der Universität Bonn war drei Tage zuvor bei der Polizei in Remagen die Erlaubnis für einen Schweigemarsch eingeholt worden, und der Bonner AStA hatte in der Mensa die Studenten durch Sprechfunk zur Teilnahme aufgefordert. Das gleiche tat ein Propagandawagen der CDU-Bundesgeschäftsstelle.

Der Kampf Maiers gegen pressepolitische „Eigenwilligkeiten" der Bonner Zentrale geht weiter. Heute rief der Parteivorsitzende uns journalistische Mitarbeiter zu einer Besprechung zusammen und erklärte, die Einheitlichkeit des gesamten Presse- und Nachrichtenwesens der FDP sei unerläßlich. Er sähe zwei Wege, wie man dieses Ziel erreichen könne: erstens eine Regelung von oben her durch den Bundesvorstand; zweitens durch einen „im Wege der Selbstverwaltung“ gemachten gemeinschaftlichen Vorschlag aller mit Pressefragen befaßten Mitarbeiter. Er, Maier, habe sich für den zweiten Weg entschieden und beauftrage darum die Versammelten, zusammen mit Gentner und von Mühlen einen entsprechenden Vorschlag umgehend auszuarbeiten. Dies scheint mir ganz vernünftig zu sein. Ich habe den Eindruck, daß auch Ungeheuer diesen Weg für begehbar hält.

*Mittwoch, den 2. Juli 1958*

Gestern haben wir unter Leitung von Ungeheuer unsere Gedanken und Vorschläge zur „Einheit des Pressewesens in der FDP“ zu Papier gebracht und Reinhold Maier zugeleitet. Heute kam postwendend der Gegenvorschlag des Parteivorsitzenden. Der sieht jedoch lediglich eine nicht sehr gewichtige Ergänzung vor: den Zusammentritt der Redaktionskonferenz auch bei besonders wichtigen politischen Anlässen, unter Teilnahme des Bundesvorsitzenden oder der Franktionsvorsitzenden bzw. deren Vertretern. Ansonsten ist Reinhold Maier mit unserem Papier einverstanden. Ob das nun entwickelte Verfahren der Abstimmung und Kontrolle überhaupt praktikabel ist, scheint mir freilich zweifelhaft. Der Vorschlag ist m. E. zu perfektionistisch. Aber warten wir‘s ab[49].

Der nordrhein-westfälische Wahlkampf hat sein erstes Opfer gefordert – so jedenfalls sehen es die Christdemokraten. Am vergangenen Sonntag erlag der ehemalige Ministerpräsident Karl Arnold einem Herzschlag. Sein plötzlicher Tod sei auf Überarbeitung zurückzuführen. „Harter Schlag für die CDU“, lautete eine der Schlagzeilen, mit denen die Presse am Montag Arnolds Tod meldete. Man darf gespannt sein, wie sich dieses Ereignis auf die Wahlen am kommenden Sonntag auswirken wird.

*Montag, den 7. Juli 1958*

Ein Ereignis, das am Verstand der Wähler zweifeln läßt. Mit 104 von 200 Mandaten hat die CDU gestern in Nordrhein-Westfalen die absolute Mehrheit errungen!

Wir Freien Demokraten verloren dagegen mehr als vier Prozent der Stimmen und werden im neuen Landtag in Düsseldorf nur noch mit 15 statt bisher 25 Abgeordneten vertreten sein.

Ich verbrachte die Wahlnacht zusammen mit Mrs. Ungeheuer und Ehemann im Hause meines Chefs auf dem Rodderberg. Dort versuchten wir uns bei einigen Flaschen „Forster Ungeheuer“ über Ursachen und Konsequenzen dieser Wahlpleite klar zu werden. Ungeheuer neigt, wie übrigens auch Döring, trotz allem zu einer relativ optimistischen Betrachtung. Immerhin hätten wir doch gegenüber der letzten Bundestagswahl fast ein Prozent an Stimmen gut gemacht. Man kann es natürlich auch so sehen, vielleicht muß man es sogar, wenn man als Politiker weitermachen will. Mich aber bedrückt, daß man in Deutschland offenbar mit differenzierten, intelligenten Argumenten noch im mer keinen Blumentopf gewinnen kann. Und daß nun das Gemurmel über den „Zug zum Zweiparteiensystem“ zur allgemein geglaubten politischen „Wahrheit“ wird.

*Freitag, den 11. Juli 1958*

Die Folgen des 6. Juli werden bereits unangenehm spürbar. Reinhold Maier hat am Dienstag in der fdk einen Aufruf an die Partei veröffentlichen lassen, der im Bonner Talweg und wohl auch darüber hinaus Betroffenheit ausgelöst hat. Denn was Maier da als „neuen Kurs“ der FDP proklamierte, war mit Vorstand und Fraktion zuvor nicht abgestimmt; vor allem aber verlagert der Parteivorsitzende die Schwerpunkte unserer Politik in einer Weise, die mit der Glaubwürdigkeit unserer Partei m. E. gänzlich unvereinbar ist. Der Gedanke, daß unsere Wähler die Probleme des Straßenlärms mehr interessieren als die Deutschlandpolitik oder Fragen der äußeren Sicherheit, kann wohl nur einem Politiker kommen, der seine schwäbische Heimat, den Remstaler Stammtisch, als den Nabel der Welt betrachtet[50]. Man sollte es dem Parteivorsitzenden deutlich sagen, daß wir nicht die Wahlen verloren haben, weil wir keinen innenpolitischen Warenhauskatalog anzubieten hatten; wir zahlten vielmehr dafür, daß wir dank der Taktik unseres Vorsitzenden wieder einmal hin und herschwankten und Konsequenz vermissen ließen. Ein Parteifreund hat dieser Tage zu Recht darauf hingewiesen, wie verheerend es z. B. auf die Wähler wirkte, daß unsere Partei auf den Atomrüstungsbeschluß vom 25. März zuerst den nationalen Notstand verkündete und dann nicht einmal eine Volksbefragung veranstalten wollte.

Alarmierend wirken Meldungen des PPP, wonach sich Maier in seinem letzten Gespräch mit dem Bundeskanzler dessen Bestrebungen geneigt gezeigt haben soll, die FDP „über kurz oder lang“ wieder in die Bonner Regierungskoalition und in die Düsseldorfer Regierung aufzunehmen. Dem entspricht übrigens auch eine Information, die uns heute aus Journalistenkreisen zuging[51]. Danach hat der Vorsitzende der CSU-Landesgruppe im Bundestag, Höcherl, gestern in einem vertraulichen Gespräch mit befreundeten Presseleuten erklärt, Adenauer wünsche, daß die FDP „in absehbarer Zeit“ wieder in eine Koalition mit der CDU eintrete. Er sei bereit, die Rückkehr der Freien Demokraten in seine Regierung mit „großen Konzessionen“ zu versüßen, die in einem detaillierten Koalitionsvertrag niedergelegt werden sollen. Dazu gehöre auch eine Garantie des gegenwärtigen Wahlgesetzes. Adenauer – so Herr Höcherl – brauche einen „potenten Koalitionspartner“, um mit dessen Hilfe die eigenen Leute in Schach halten zu können. Ein Gespräch dieses Inhalts, das bereits weitgehende Übereinstimmung erbrachte, habe am 9. Juli zwischen Beauftragten Adenauers und Maiers vermutlich in Stuttgart stattgefunden. Gefahr ist also im Verzuge. Der heute tagende Bundesvorstand wird hoffentlich noch in letzter Stunde die Maierschen Alleingänge zum Stoppen bringen.

*Donnerstag, den 17. Juli 1958*

Ein konfliktreicher Sommer! Nach dem Sturz der Monarchie im Irak am Montag sind tags darauf amerikanische Truppen im Libanon gelandet, um – wie Washington behauptet – die Unabhängigkeit dieses Landes zu sichern. Die Sowjets nannten diese Landung eine „bewaffnete Aggression", forderten den Abzug dieser Truppen und behalten sich geeignete Gegenmaßnahmen vor. Aber schon droht eine weitere Verschärfung des Konflikts: angeblich wollen auch die Briten Truppen in diesen Raum entsenden, nach Jordanien zur Unterstützung Husseins, vielleicht aber auch direkt in den Irak, falls das dortige Königshaus um Hilfe nachsucht[52].

Die Auswirkungen dieser beängstigenden Entwicklung im Nahen Osten auf Europa sind gegenwärtig noch unklar. Zwar hat Moskau am Dienstag in einer Note an die drei Westmächte und andere westliche Länder einen Freundschaftspakt aller europäischen Staaten, einschließlich der USA, vorgeschlagen. Dennoch ist schwer vorstellbar, daß eine weitere Eskalation der westlichen Interventionspolitik im vorderen Orient nicht auch die Sowjetunion mit massiven Gegenmaßnahmen auf den Plan rufen sollte. Bereits jetzt beginnt unser Land allmählich in die Krise hineinzuschlittern. Von deutschem Boden aus starten dieser Tage amerikanische Flugzeuge mit Fallschirmjägereinheiten in die Türkei. Brentano hat seinen Urlaub unterbrochen, die SPD verurteilte gestern scharf das amerikanische Vorgehen im Libanon und verglich es mit der sowjetischen Aggression in Ungarn 1956. In Bonn herrscht Krisenstimmung . . .

Diese Vorgänge zeigen übrigens auch, wie abwegig Vorstellungen unseres Parteivorsitzenden sind, die FDP solle künftig das Nachdenken über Wege zur Erhaltung und Sicherung des Friedens in Europa anderen (vielleicht der CDU?) überlassen und sich mit kommunalpolitischen Aktionen begnügen. Schneller und eindeutiger konnte m. E. Reinhold Maier gar nicht widerlegt werden. Widerlegt wurden aber dieser Tage auch manche Illusionen, wie sie etwa bei Ungeheuer und einigen NRW-Politikern noch immer spürbar sind. Verlauf und Ergebnis des SED-Parteitages, vor allem die Rede Chruschtschows, bestätigten nachdrücklich die sowjetische Status-quo-Politik in der deutschen Frage. Moskau denkt nicht im Traum daran, die Wiedervereinigung Deutschlands durch Viermächte-Beschluß herbeizuführen; die Einheit ist – aus sowjetischer Sicht – nur über Verhandlungen zwischen Bonn und Ostberlin mit dem Ziel einer Konföderation möglich. Zudem ist die weltpolitische Lage zur Zeit einer Wiedervereinigungspolitik alles andere als günstig. Die Welt hat jetzt andere Sorgen als den „Wilhelm-Pieck-Streifen"[53] im Herzen Deutschlands. Einen Kommentar, den ich in diesem Sinne morgen in der fdk veröffentlichen wollte, hat Ungeheuer heute wegen zu „pessimistischer" Interpretation der sowjetischen Deutschlandpolitik zurückgewiesen. Er beurteilt die deutschlandpolitischen Absichten Moskaus noch immer weitaus optimistischer als ich – wie lange eigentlich noch?

Dieser Tage brachte das *Neue Journal* eine Meldung aus „politischen Kreisen der Bundeshauptstadt", wonach Maier die Absicht habe, innerhalb der Bundesgeschäftsstelle eine Umorganistion vorzunehmen mit dem Ziel, den Landesverband Baden-Württemberg stärker in Bonn zu verankern. Gleichzeitig soll die Pressearbeit „auch von einem Schwaben übernommen werden". Sollte das etwa der Herr von Mühlen sein?

## „Gemeinsame Deutschlandpolitik". Krise um Berlin

*Freitag, den 25. Juli 1958*

Eine ehemalige Kollegin aus Ostbüro-Zeiten, im Notaufnahmeverfahren tätig, hat sich dieser Tage brieflich über einen Artikel beschwert, den ich bereits vor vier Wochen in der fdk veröffentlichte. Darin hatte ich mich mit einer Reihe von Fällen kritisch auseinandergesetzt, in denen die Bundesrepublik nach meiner Auffassung gegenüber dem kommunistischen Osten versagt hatte. Die Kollegin ist erbost, weil ich im „Fall Kantorowicz" für den prominenten SED-Flüchtling Partei ergriff und die Abweisungsbegründung des bayerischen Arbeitsministeriums, Gefährdung durch mangelhafte Linientreue begründe keinen Anspruch auf Flüchtlingsanerkennung, als eine offizielle Empfehlung an die mitteldeutsche Bevölkerung bezeichnete, sich dem Regime der Zone bedingungslos zu unterwerfen. Ich hätte mit meinem Artikel „viel Porzellan zerschlagen", meint die Kollegin. Mein Beitrag zum Fall Kantorowicz sei überall im Notaufnahmeverfahren „herumgereicht worden", mit den entsprechenden negativen Kommentaren natürlich[54].

Man kann über soviel Selbstgerechtigkeit der in Freiheit und Sicherheit lebenden Bundesbürger nur staunen. Wäre man in der Bundesrepublik gegenüber ehemaligen Nazis doch nur halb so intolerant wie man es gegenüber gewesenen Kommunisten so selbstverständlich ist.

Ungeheuer gibt die Hoffnung nicht auf. Weil nicht sein kann, was nicht sein darf, muß nun nachgewiesen werden, daß die Sowjets unter gewissen Bedingungen *doch* zu einer Wiedervereinigung nach unseren Vorstellungen bereit wären. Ungeheuer hat darum heute Flach in dessen Eigenschaft als Schriftführer des Arbeitskreises I zwei Vorschläge „zur Bearbeitung nach den Parlamentsferien" unterbreitet. Zuerst geht es meinem Chef um eine „sorgfältige Analyse des aide memoire der Sowjetunion vom 15. März 1958". Dabei sollten die Vorschläge der Sowjetunion zur Erörterung des deutschen Friedensvertrages als Alternative zu dem Grotewohlschen Konföderationsvorschlag herausgearbeitet werden. Politisch sinnvoller scheint mir der zweite Vorschlag: Ungeheuer empfiehlt, im Arbeitskreis I „eine völkerrechtlich stichhaltige Alternative zur Auffassung der Bundesregierung über ihre alleinige Legitimation als Sprecherin des deutschen Volkes auszuarbeiten"[55].

*Freitag, den 8. August 1958*

Reinhold Maier ist sauer. Ausgerechnet die liberale *Stuttgarter Zeitung* hat am Dienstag unter Bezugnahme auf Informationen aus Düsseldorf einen Bericht über die FDP veröffentlicht, der die vermutete Absicht Maiers, die Liberalen in die Arme Adenauers zurückzuführen, zu bestätigen scheint[56]. Dazu eine Karikatur auf der ersten Seite: Reinhold Maier hinter dem Rednerpult des Bundestages, die „Kernspaltung" der FDP betreibend[57]. Maier hat heute allen Vorstands- und Fraktionsmitgliedern die Abschrift seines Briefes vom 7. d. M. an Rubin zugehen lassen, in dem der Bundesschatzmeister gebeten wird, den für diese Information Verantwortlichen zu ermitteln. Der Parteivorsitzende drohte, daß der Bundesvorstand für den Fall einer klaren Feststellung der Urheberschaft „entschiedene Mittel wirksamer Abwehr ins Auge zu fassen hat". Im übrigen dementierte der Vorsitzende alle Koalitionsabsichten mit der CDU[58].

Der Zorn Maiers ist verständlich, denn nach der *Stuttgarter Zeitung* haben inzwischen auch eine Reihe von anderen Blätter das Thema „Maier gegen Düsseldorf" (bzw. umgekehrt) aufgenommen. Außerdem hatte das Rundschreiben des Parteivorsitzenden an die Vorstandsmitglieder vom 23. Juli wohl nicht ganz das von Reinhold Maier erhoffte Echo. Von den 15 Vorstandsherren und -damen, die bisher auf das Zirkular schriftlich reagierten, äußerten sich zwei scharf ablehnend: Gerhard Daub und Fritz Rudolf Schultz. Daub qualifizierte Maiers Schreiben als „Tagesbefehl an die Truppe" und fand es beklagenswert, „daß Sie der Meinung sind, in den Grundsatzfragen liege unser Wollen und Wirken weitgehend überschneidend mit dem der CDU. Ein solcher Satz vom Führer der liberalen Partei in Deutschland dürfte eigentlich auf kein Pergament gehen". In diesem Stil geht das über sechs Seiten[59].

In die pressepolitische Schußlinie ist auch Ungeheuer geraten. Die *Welt* wußte bereits zu vermelden, daß ein Nachfolger für den Pressechef, „einen zum Mißfallen seiner Parteifreunde in manche Fehden mit Bonner Korrespondenten verwickelten, sehr eigenwilligen Mann" gesucht werde. Wer hat das dem Blatt nun wieder gesteckt? Nur gut, daß Ungeheuer zur Zeit nicht in Bonn und in Urlaub ist. Wenn er Ende August seine Arbeit wieder aufnimmt, wird sich der Sturm hoffentlich gelegt haben[60].

*Mittwoch, den 20. August 1958*

Der erste Versuch der USA, eine Rakete zum Erdtrabanten zu schicken, ist gescheitert. Nun hat der gute alte Mond noch eine Weile Ruhe. Dafür werden hoffentlich die Atommächte nach der Genfer Einigung mehr unter den Druck der öffentlichen Meinung geraten. Denn das jetzt von Wissenschaftlern aus Ost und West erarbeitete Kontrollsystem zur Überwachung von Kernwaffenversuchen läßt das Argument der Amerikaner hinfällig werden, ein Versuchsstop sei nicht möglich, weil seine Einhaltung nicht überwacht werden könne. Wir haben heute in der fdk die Bundesregierung noch einmal an den Antrag der Fraktionen der SPD und FDP vom 25. März erinnert. Darin wurde seinerzeit die Bundesregierung aufgefordert, auf die Atomwaffen produzierenden Mächte einzuwirken, die Versuchsexplosionen mit Atomsprengkörpern sofort einzustellen.

Die Pressediskussion über unsere FDP-Querelen geht weiter. Zur Zeit spielt der immer noch abwesende Ungeheuer aus der Sicht der Korrespondenten dabei eine Schlüsselrolle. Ihm und seinen Artikeln wird letztlich die Verantwortung für das schlechte Verhältnis der FDP zu den Unionsparteien zugeschoben. Man merkt die Absicht – und ist verstimmt. Ob die CDU-Freunde wirklich glauben, nur Josef Ungeheuer zum „Sündenbock" stempeln und abschießen zu brauchen, um die FDP wieder an die Adenauer-Kette legen zu können? Ich bin sehr gespannt auf Maiers neuesten Artikel, der – wie er gestern Flach telefonisch aus Arosa mitteilte – am 2. September in der fdk zum Thema „Länderwahlen und Bundespolitik" erscheinen soll. Er ist offenbar als Antwort des Parteivorsitzenden auf die gegenwärtige Pressekampagne gedacht [61].

*Montag, den 15. September 1958*

Aus dem Urlaub zurück in Bonn. Thema des Tages: die spektakuläre Begegnung zwischen Adenauer und de Gaulle in Colombey-les-deux-Eglises [62]. Eine „Achse Bonn-Paris" deutet sich an – sie dürfte bei unserer Bevölkerung wohl auf Symphatien stoßen. Ob sich freilich de Gaulle – wie der *General-Anzeiger*-Kommentator heute meinte – ausgerechnet zum „Rechtsanwalt" des deutschen Wiedervereinigungsbegehrens gegenüber Moskau machen wird, scheint zweifelhaft. Hoffentlich werden hier nicht neue Illusionen geboren.

Unter der während meines Urlaubs in Bonn eingegangenen Post ein Brief von Mrs. Ungeheuer. Sie hat ihre Tätigkeit kurzerhand beendet und ist in die USA zurückgekehrt. Die „Nutzlosigkeit meines Dienstes und die Schwankungen in der Partei" hätten sie zu diesem Schritt veranlaßt. Ich glaube, sie hat recht daran getan.

*Montag, den 29. September 1958*

Auch in Schleswig-Holstein keine Tendenzwende. Am Sonntag, bei den Landtagswahlen im nördlichsten Bundesland, verlor die FDP sowohl gegenüber den Bundestags- als auch den letzten Landtagswahlen. Mit 5,4 % kamen wir gerade noch in das Parlament. Dafür setzte die CDU ihren Siegeszug fort, gewann 12 % hinzu und verwies die SPD auf den 2. Platz. Der Maier-Kurs hat uns außer Wahlniederlagen bisher noch nichts eingebracht.

Nächste Woche tagt der Bundestag in Berlin. Auf Anregung der FDP-Fraktion wird sich das Parlament in der alten Reichshauptstadt auch mit der deutschen Frage beschäftigen. Eine große Anfrage der vier Bundesfraktionen „Flüchtlingsfragen und Zonenverhältnisse" wurde eingebracht. Ungeheuers „gemeinsame Deutschlandpolitik" ist also in vollem Gange.

*Dienstag, den 21. Oktober 1958*

Am Freitag ging die Herbsttagung der Beratenden Versammlung des Europarates mit einem Eklat zuende: die Versammlung vermochte sich über eine Resolution nicht zu einigen, in der man die Konflikte im Nahen und Fernen Osten, die Zypernfrage, den Fischereistreit mit Island und die kontrollierte Abrüstung ansprechen wollte. Das wirft ein bezeichnendes Licht auf den gegenwärtigen Zustand Westeuropas.

Im Gegensatz zu Ungeheuer meine ich, daß uns gemeinsame Bundestagsresolutionen keinen Schritt weiterbringen, wenn sie nicht zugleich die Forderung nach prinzipieller Änderung der Europa-Politik der Bundesrepublik enthalten. Aber dafür ist die CDU/CSU selbstverständlich nicht zu haben. So stellt sich die Frage, über was sich unser Moskauer Botschafter jüngst so lange mit Herrn Gromyko eigentlich unterhalten hat? Noch immer über die ostpolitischen Ladenhüter seines Herrn und Meisters Adenauer? Oder hat er vielleicht eigene Ideen? Darauf könnten heutige Pressemitteilungen hinweisen, denen zufolge Kroll von Brentano zur Berichterstattung und Entgegennahme neuer Weisungen nach Bonn gebeten wurde. Pikant eine Meldung aus Ostberlin: Ulbricht behauptet, die von der SED so nachdrücklich propagierte Konföderations-Idee sei das Ergebnis einer Aussprache zwischen einem namhaften Mitglied der Bundesregierung und Vertretern der DDR gewesen. Ulbricht ergänzte: es handele sich dabei um einen Minister der CDU/CSU. Wenn das stimmt, bekommen Adenauers und Brentanos doktrinäre Aussagen zur Deutschlandpolitik einen ganz anderen Akzent: sie gelten dann weniger den Oppositionsparteien als eigenen Unionsfreunden – oder dienen der Camouflage[63].

*Donnerstag, den 30. Oktober 1958*

Der Euphorie nach der Berliner Entschließung vom 1. 10.[64] folgte schnell der Katzenjammer enttäuschter Hoffnungen. Der Glaube, eine kunstvoll zusammengezimmerte Entschließung des Parlaments zur Deutschlandpolitik könne Adenauer, Brentano und Genossen von ihrem ostpolitischen Kurs abbringen, ist am Abend des 28. Oktober im Außenpolitschen Ausschuß zusammengebrochen[65]. Ungeheuer beklagte heute in der fdk, daß das, „was bisher als Ausgangspunkt für eine Gemeinsame Deutschlandpolitik unbestritten zu sein schien, . . . plötzlich wieder ins Wanken" geraten sei. Aber wen wundert das schon außer Ungeheuer, Dehler, Döring und vielleicht noch Erich Mende? Nun will sich die CDU/CSU weder zu den in Berlin vereinbarten thematisch weit gefaßten Viermächte-Verhandlungen über Deutschland noch zur Teilnahme von Vertretern beider deutscher Staaten an solchen Verhandlungen bekennen. Die „mutigen Kämpfer" der Union[66] für eine gemeinsame Deutschlandpolitik aller Bundesparteien haben die Courage schnell verloren, nachdem Adenauer bereits während des Landtagswahlkampfes genau diese Politik ständig in seinen Reden abwertete. Der Kanzler hält die „gesamtdeutsche Verbrüderung" der Parteien offensichtlich für dummes Zeug, vor allem aber für gefährlich, weil sie seine eigene Deutschlandpolitik untergräbt. Sehr fraglich, ob die Absicht der FDP, zwischen der mächtig erzürnten SPD und den Unionsparteien in dieser Sache zu vermitteln, sinnvoll ist. Aber natürlich wollen unsere Kämpfer für eine gemeinsame Deutschlandpolitik nicht zugeben, daß ihr Konzept schon gescheitert ist.

Neue Drohungen Ulbrichts gegenüber Westberlin. Oder wie anders soll man dessen Feststellung verstehen, daß ganz Berlin zum „Hoheitsgebiet der DDR“ gehöre?[67] In einem von Ungeheuer etwas abgemilderten Artikel hatte ich am Dienstag in der fdk der Bundesregierung empfohlen, die Anmaßung des SED-Chefs mit der Verlegung von Bundesministerien nach Berlin zu beantworten. Die SPD ging noch einen Schritt weiter: sie möchte Berlin zur Hauptstadt der Bundesrepublik machen. Die Unionsparteien haben, getreu ihrer traditionellen Berlin-Politik, die sozialdemokratische Anregung bereits offiziell zurückgewiesen. Der CDU-Pressedienst empfahl, alles zu unterlassen, was die Stellung Berlins erschweren könne; und dazu gehöre auch der SPD-Vorschlag.[68]

Gegen die Verlegung der Regierungstätigkeit von Bonn nach Westberlin hatte sich in der vergangenen Woche übrigens auch das Kabinett ausgesprochen. Wenn Adenauer wenigstens bereit wäre, das Angebot eines Sonderhandelsabkommens mit Westberlin und den Hinweis Ostberlins, daß man auch über das Grenzgängerproblem und über Reisen von Westberlinern in die Zone sprechen könne, ernsthaft zu prüfen. Ich fürchte jedoch, der Kanzler und seine Partei werden von ihrer passiven Haltung in der Berlinfrage nicht abzubringen sein.

*Sonntag, den 2. November 1958*

Freitag und Samstag in Frankfurt zu einer Tagung der Sozialausschüsse der FDP im Rathaus. Nach längerer Pause trafen sich hier auch die Mitglieder des LDP-Bundesbeirates. Probleme des Notaufnahmeverfahrens und das wirtschaftliche Beweissicherungsgesetz waren das offizielle Thema des Beirates. Dazu – inoffiziell – ein kurioser Vorstoß unseres Freundes Steltzner, der die Uralt-Idee von der Bildung einer Exil-LDP noch einmal aufgewärmt und das Ergebnis seines Nachdenkens vorab dem Bundesvorstand und dem Referat Wiedervereinigung schriftlich mitgeteilt hatte. Es bedarf kaum der Erwähnung, daß dieses Projekt am Wochenende in Frankfurt genau so wenig Zustimmung fand wie sieben Jahre zuvor auf unserer ersten Beiratssitzung in München[69].

*Dienstag, den 11. November 1958*

Nach Ulbricht nun auch noch Chruschtschow. Der sowjetische Ministerpräsident hat sich gestern im Moskauer Sportpalast in einer Weise zur Deutschlandfrage und über Berlin geäußert, daß Schlimmes für die Zukunft der Stadt zu befürchten ist. Massive Drohungen, groteske Unterstellungen und gefährliche verbale Attacken gegen den Viermächte-Status Berlins zogen sich wie ein roter Faden durch die ganze Rede[70]. Adenauers Konzept, durch atomare Aufrüstung und Nichtbeachtung Osteuropas die Lösung der deutschen Frage voranzubringen, ist ein Trugschluß. Bezeichnend für die Ignoranz unserer Regierung ist eine

DPA-Meldung von gestern, wonach das angeblich vorhandene Interesse Bonns an der Aufnahme diplomatischer und handelspolitischer Beziehungen zu den Staaten des Ostblocks „merklich nachgelassen“ habe, weil die Bundesregierung befürchte, „daß durch ein deutsches Vorprellen (sic!) im Kontakt mit den osteuropäischen Staaten die bisher in der deutschen Frage von der Bundesregierung eingenommene Haltung aufgeweicht werden könne“.

*Samstag, den 15. November 1958*

Gestern nachmittag trat die Friedrich-Naumann-Stiftung zum ersten Male mit einer Vortragsveranstaltung an die Öffentlichkeit[71]. In der Godesberger „Redoute“ (dunkler Anzug) dozierte Heuss eine Stunde lang vor Kuratoriumsmitgliedern und illustren Gästen über „Naumanns Erbe in dieser Zeit“. Ich fand die Ausführungen des Bundespräsidenten nicht sonderlich beeindruckend. Möglicherweise, weil ich bisher kaum etwas über und von Naumann gelesen habe; vielleicht aber auch, weil mir jener Typ von Festredner recht zuwider ist, der – wie Heuss – teils feierlich-herablassend, teils „humorig“ seine Weisheiten mit unendlicher Überlegenheit unter das atemlos lauschende Auditorium streut. Die meisten Teilnehmer schienen jedoch jeden Satz der immer gut formulierten Rede als eine Offenbarung in sich aufzunehmen. Beim anschließenden Empfang drängte sich denn auch fast alles, was Rang und Namen hatte, um den hohen Gast, durch Komplimente bzw. mehr oder minder intelligente Bemerkungen die Aufmerksamkeit des Präsidenten auf sich lenkend. So muß es wohl auch vor fünfzig Jahren in Deutschland zugegangen sein, wenn Majestät sich einmal dazu herabließen, mit der bürgerlichen Plebs zu plaudern...

*Montag, den 17. November 1958*

Die Krise um Berlin ist noch nicht beendet. Für das kommende Wochenende hat Chruschtschow eine Note zum Berlin-Status angekündigt – er möchte dem Westen seine gefährlich unrealistischen Forderungen nun offenbar auch noch schriftlich geben. Noch fehlt es im Westen an einer einheitlichen Beurteilung des jüngsten sowjetischen Berlin-Vorstoßes. Die Frage: was will der sowjetische Regierungschef wirklich? bewegt die Gemüter von Washington bis Bonn. Am unwahrscheinlichsten erscheint uns Freien Demokraten allerdings die Vermutung von SPD und CDU, Chruschtschows jüngstes Berlin-Manöver sei vor allem als der Versuch Moskaus zu werten, auf die kommenden Wahlen zum Berliner Abgeordnetenhaus Einfluß zu nehmen[72].

Kaum weniger als die Vorgänge um Berlin bewegt Bonn zur Zeit die „Affäre Schäffer“. Am Wochenende war endlich bekanntgeworden, wen Ulbricht gemeint hatte, als er vor fast vier Wochen über ein Konföderationsgespräch zwischen einem namhaften Mitglied der Bundesregierung und Vertretern der DDR berichtete. Adenauer hat sich unverzüglich von seinem Parteifreund und Justizminister distanziert, obwohl der Verdacht bleibt, daß der Kanzler Mitwisser, wenn nicht gar Initiator dieses Schäfferschen Stoßtruppunternehmens war.

Dieser Vorgang scheint die deutsche Öffentlichkeit in tiefe Verwirrung gestürzt zu haben. Vor allem, weil die Wahrheit immer nur „zitzerlweis" an die Öffentlichkeit kommt[73]. Die Oppositionsparteien haben – sehr zum Ärger regierungsfreundlicher Blätter – Herrn Schäffer für seine Gespräche mit Vincenz Müller keinen Beifall gespendet. Wir haben nicht vergessen, wie Adenauer und seine Union stets mit allen „Ostkontaktlern" umgesprungen sind, die aus den Reihen der FDP und der SPD kamen. Sie wurden verfemt, als „sowjethörig" diskriminiert. Das Unternehmen Schäffer ist mithin kein Beweis für eine gewisse Beweglichkeit des Bundeskanzlers in der Deutschlandpolitik, sondern eher für Adenauers Doppelzüngigkeit, wann immer es um die deutsche Frage geht.

Mitte Dezember soll auf einer Klausurtagung des Bundesvorstandes eine große Aussprache über den Kurs der FDP stattfinden. Maier hat heute dazu die Vorstands- und Fraktionsmitglieder sowie die Landesgeschäftsführer eingeladen. Auch die FDP-Länderminister sowie die Vorsitzenden unserer Landtagsfraktionen sollen sich an der Diskussion beteiligen. Was mag dabei wohl herauskommen?[74]

*Freitag, den 21. November 1958*

Die Berlin-Krise spitzt sich weiter zu. Gestern nachmittag wurde in Bonn bekannt, daß die Aufkündigung des Berliner Viermächte-Status durch die Sowjetunion unmittelbar bevorstehe. Noch wissen wir nicht, was Adenauer und Smirnow gestern eine Stunde lang miteinander beredeten[75]. Daß es dabei vor allem um die Zukunft Berlins ging, daran besteht wohl kein Zweifel. Ein zweites Thema könnte die Note der Bundesregierung zur Deutschlandfrage sein, die Kroll am Montag in Moskau der sowjetischen Regierung überreichte. Während die SPD sogleich Kritik an diesem Papier übte, weil wiederum die Wiedervereinigung vor dem Friedensvertrag rangiert, hat die FDP diesem Schriftstück im großen und ganzen ihren Segen gegeben. Man sieht hier doch einen Fortschritt gegenüber früheren Noten, weil ein Friedensvertrag überhaupt angesprochen wurde, vor allem aber weil sich die Bundesregierung die Forderung des Bundestages vom 2. Juli nach Installierung einer Viermächte-Kommision zur Beratung der Deutschlandfrage zueigen machte[76]. Hoffentlich sind wir da nicht zu optimistisch.

Noch immer beschäftigt Schäffers Exkursion nach Ostberlin die Bundeshauptstadt. Der Justizminister hat gestern abend im Fernsehen behauptet, mit Müller seinerzeit nur als Privatmann gesprochen zu haben und keineswegs dabei von der Existenz zweier deutscher Staaten ausgegangen zu sein, wie der Zonenpolitiker jetzt behauptet. Überhaupt sei das Gespräch völlig anders verlaufen als es jetzt von Ostberlin dargestellt wurde. Wer lügt nun? Vielleicht beide? Für die ohnehin von Skandalen geschüttelte Bundesregierung ist diese Affäre mehr als peinlich[77].

*Dienstag, den 25. November 1958*

Verzögerungen bei der Überreichung der seit langem erwarteten sowjetischen Berlin-Note an die Westmächte haben vielfältige Spekulationen ausgelöst. Ob – wie vermutet – die harte Reaktion des Westens auf den Berlin-Vorstoß Moskaus die Verfasser der Note zu neuen Überlegungen veranlaßten, bleibt vorerst unklar. Immerhin ist interessant, daß auch Ostberlin offensichtlich von einer Übergabe des Papiers am vergangenen Wochenende ausgegangen war. In der Zwischenzeit hat „Papa“ Krone einen kuriosen Plan geboren; er meinte, daß die Verantwortung für ganz Berlin auf die drei Westmächte übergehen müßte, wenn die Sowjets einseitig die bestehenden Vereinbarungen über Berlin brechen sollten[78]. Eine typische CDU-Idee, fern von jeder Wirklichkeit.

Die Landtagswahlen in Hessen und Bayern am vergangenen Sonntag gingen für uns ein wenig glimpflicher aus als die anderen Wahlen in diesem Jahr. Wenigstens gegenüber den Bundestagswahlen von 1957 war ein Fortschritt spürbar, wenn auch – besonders in Hessen – die Verluste gegenüber dem Resultat vor vier Jahren beträchtlich sind. Aber in Hessen hatte sich die Abspaltung von 1956 besonders dramatisch ausgewirkt. Mit den Dissidenten verschwanden – glücklicherweise – auch die meisten unserer dortigen deutschnationalen Wähler.

Heute nachmittag berichtete Gerstenmaier vor der FDP-Fraktion über den Ausbau des Reichstagsgebäudes in Berlin. Nach seinen Angaben würden Wiederaufbau und Ausbau 40 bis 50 Millionen DM kosten. Bisher sei jedoch der Endzweck des Baues nicht endgültig geklärt. Bevor dieses nicht geschehe, sei es sinnlos, dort weiterzubauen.

*Freitag, den 28. November 1958*

Gestern vormittag wurde in Moskau endlich die bereits vor elf Tagen angekündigte sowjetische Berlin-Note übergeben. Ein erstes Studium ihres Inhalts macht bereits deutlich, warum sich diese Übergabe möglicherweise verzögerte: Moskau wollte wohl, entgegen seiner ursprünglichen Absicht, nun doch keine vollendeten Tatsachen schaffen. Zutreffend stellt die Schweizer *Tat* in ihrer heutigen Ausgabe fest, es sei nichts geschehen, was irreparabel wäre oder die Spannungen zwischen den Weltmächten gefährlich erhöhen müßte.

Dennoch ist der Inhalt der 24 Seiten umfassenden Noten problematisch. Das Sechsmonate-Ultimatum zur Aufhebung der Viermächte-Verwaltung in Berlin oder die Absicht der Sowjets, Westberlin zu einer „freien, entmilitarisierten Stadt“ mit eigener Regierung zu machen, bergen genügend Sprengstoff, um die internationale Lage in den kommenden Monaten gefährlich zu verschärfen. Ungeheuer hat gleich gestern nachmittag im Pressedienst die Bundesrepublik davor gewarnt, den Eindruck zu erwecken, „als gehe es in der Berliner Frage um nichts anderes als um die Erhaltung des Viermächte-Status Berlins“. Es gäbe für Berlin Besseres: nämlich die Wiederherstellung Berlins als „freie Hauptstadt

Deutschlands". Die Berliner Frage müsse in den Gesamtzusammenhang der deutschen Frage gestellt werden.

Ich kann dem im Prinzip nur zustimmen. Separatverhandlungen über Berlin werden uns keinen Schritt weiterbringen, weil der Westen in Berlin überhaupt keinen Verhandlungsspielraum mehr hat; er besitzt praktisch nichts, was als Gegenleistung für die Aufgabe der sowjetischen Forderung nach Abzug der westlichen Schutzmächte bzw. für die Bereitschaft Moskaus, den Status quo Berlins bis zur gesamtdeutschen Lösung zu akzeptieren, angeboten werden könnte.

Allgemein macht sich jedoch in der westlichen Öffentlichkeit jetzt eine gewisse Erleichterung bemerkbar. Man hatte Schlimmeres befürchtet und hofft nun, genug Zeit zu haben, um die Sowjets von weiteren unbedachten Schritten abzuhalten. Interessant ist in diesem Zusammenhang, wie man in führenden NATO-Kreisen heute die sowjetische Westeuropa-Politik beurteilt. Kreitmeyer, der in der vergangenen Woche in Paris an einer Konferenz der NATO-Parlamentarier teilnahm, berichtete, man rechne dort jetzt nicht mehr mit einem direkten Angriff Moskaus auf Westeuropa. Die sowjetische Taktik habe sich – aus NATO-Sicht – auf einen „indirekten Angriff" verlagert, der weniger militärischer als wirtschafts- und sozialpolitischer Natur sein dürfte und geographisch gesehen auf den afroasiatischen Raum ziele. Das schließe jedoch nicht aus, daß man im Wechselspiel auch außerhalb dieses Bereiches neuralgische Punkte wie etwa Berlin von Zeit zu Zeit dazu benütze, um die Welt in Atem zu halten. Und dies, so möchte ich hinzufügen, umsomehr, je beharrlicher westliche Regierungen wie die der Bundesrepublik versuchen, Krisensituationen zwischen Ost und West mit den denkbar ungeeignetsten Mitteln zu begegnen – wie etwa einer atomaren Bewaffnung der Bundeswehr.

Die Unfähigkeit unserer Regierung, mit Vernunft und weit vorausschauend auf östliche Aktionen zu reagieren oder ihnen vielleicht mit eigenen Initiativen zuvorkommen, provoziert übrigens auch Eigenmächtigkeiten unserer Verbündeten. So haben Äußerungen von Dulles am Mittwoch auf einer Pressekonferenz über mögliche Verhandlungen der drei Westmächte mit den ostdeutschen Behörden in Bonn Bestürzung hervorgerufen[79]. Bricht nun angesichts der sowjetischen Berlin-Offensive die westliche Einheitsfront gegenüber dem Zonenregime zusammen? Wenn ja, dann ist die Bundesregierung selbst daran schuld: weil ihre Unbeweglichkeit den Westen in eine Sackgasse hineinmanövrierte. Und das nicht nur in der Berlin-Frage.

*Mittwoch, den 3. Dezember 1958*

Gestern beschäftigte sich der Arbeitskreis I mit der sowjetischen Berlin-Note. Man war sich einig, daß dieses Papier so negativ nicht zu beurteilen sei, wie das die Regierung tut. Moskau habe zu Viererverhandlungen über Deutschland weder ja noch nein gesagt. Die Bundesregierung sollte darum im Gegenzug das Thema Friedensvertrag an die Spitze der Traktandenliste einer Vier-Mächte-

Beratung setzen, vorausgesetzt, daß damit der Weg zu einer umfassenden Behandlung der deutschen Frage einschließlich des Berlin-Problems eröffnet werde.

Aber Adenauer hat solche Ideen bereits entschieden zurückgewiesen. Etwa zur gleichen Zeit wie die FDP erörterte die CDU/CSU-Fraktion die Folgen des sowjetischen Berlin-Vorstoßes. Der Kanzler warnte in seiner etwa einstündigen Rede ausdrücklich davor, das Problem eines deutschen Friedensvertrages mit der Berlin-Frage zu verknüpfen. Nach seiner Auffassung sei die sowjetische Initiative nur ein Mittel zum Zweck, den Komplex der Deutschlandpolitik in seiner Gesamtheit aufzurollen. Da könnte Adenauer freilich recht haben. Nur die Art, wie er auf diesen Vorstoß reagiert, ist bedenklich. Glaubt der Kanzler wirklich dem Ernst der Situation damit gerecht zu werden, daß er Chruschtschows Berlin-Offensive „den Kampf eines Sklavenhalters gegen die Freiheit" nennt? Besonders abwegig erscheint das Ergebnis Adenauerscher Motivforschung im Hinblick auf das Moskauer Berlin-Ultimatum: danach sei es zu den „heftigen sowjetischen Ausbrüchen" deshalb gekommen, weil sich die Hoffnung Moskaus auf Wiederherstellung der alten russisch-französischen Zusammenarbeit nach den Begegnungen zwischen Adenauer und de Gaulle zerschlagen habe. Da kann man nur mit Schiller ausrufen: Anders als sonst in Menschenköpfen malt sich in diesem Kopf die Welt! Nicht weniger fragwürdig das urplötzlich im Kanzler erwachte Verlangen nach einer außenpolitischen Einheitsfront aller demokratischen Parteien. Zu welchem Ziel eigentlich? SPD und FDP haben auf dieses überraschende Anerbieten vorerst mit Zurückhaltung reagiert.

In Berlin tobt unterdessen der Wahlkampf. Adenauer hat in seiner Eigenschaft als CDU-Vorsitzenden an alle „meine lieben Berlinerinnen und Berliner" einen Brief geschrieben, der die rührende Fürsorge der Union für die geteilte deutsche Hauptstadt preist, also schlicht auf die Vergeßlichkeit der Berliner spekuliert. Hoffentlich sind die Spree-Athener heller als ihre westdeutschen Landsleute und fallen am kommenden Sonntag auf diesen Trick nicht herein.

## Diskussionen über das Selbstverständnis der FDP

*Montag, den 8. Dezember 1958*

In Berlin eine kastastrophale Niederlage für die FDP! Nur noch 3,8 % der Berliner gaben den Freien Demokraten ihre Stimme (neun Prozent weniger als 1954!). Damit ist diese Partei erstmals nicht mehr im Abgeordnetenhaus vertreten. Ein erstaunliches Ergebnis auch, wenn man bedenkt, daß die Sozialdemokraten bei diesen Wahlen genau acht Prozent gutmachen konnten und mit über 52 % glatt die absolute Mehrheit errangen. Wo liegen da die Ursachen? In Bonn, in Berlin oder an beiden Orten?[80] Neue innerparteiliche Spannungen werden die Folge sein, die Suche nach dem oder den Schuldigen wird wieder einmal die Partei beschäftigen. Damit dürfte sich auch die Diskussion über den

Kurs der Partei neu beleben, die ja ohnehin am kommenden Wochenende auf der Klausurtagung geführt werden soll. Aus Düsseldorf wird bereits die Rückkehr Middelhauves in die aktive FDP-Politik angedroht[81].

*Donnerstag, den 11. Dezember 1958*

Plettenberg scheint den schon traditionellen Streit zwischen Düsseldorf und Stuttgart über das Selbstverständnis der FDP neu belebt zu haben. Dörings Bemerkungen vor den Delegierten, die FDP sei „keine bürgerliche Partei", veranlaßte Haußmann und Leuze am Dienstag zu telegrafischen Protesten und der Aufforderung, Döring möge sich „endlich in die allgemeine Linie der Gesamt-FDP einordnen". Döring erklärte dazu, er habe auf dem Parteitag in Plettenberg gesagt, daß „bürgerlich" als Sammelbegriff für alle nicht der SPD zugehörenden Menschen keine gültige Formel mehr sei: „Mir ist jedenfalls ein sozialdemokratischer Arbeiter, der mit uns für die deutsche Einheit kämpft, tausendmal lieber als ein bürgerlicher Separatist".Das werden sich Haußmann und Leuze wohl nicht hinter den Spiegel stecken.

Inzwischen gerät Adenauers Berlin- und Deutschlandpolitik immer mehr ins Rutschen. Schuld daran sind jetzt freilich nicht die Sowjets, sondern die Westmächte, denen offensichtlich die „Schwarz-Weiß-Betrachtung" des Kanzlers nicht genügt, um mit der Berlin-Krise fertig zu werden. Vor allem die Briten scheinen geneigt zu sein, den sowjetischen Berlin-Plan nicht a priori abzulehnen, sondern mit Gegenvorschlägen zu beantworten. Mit wachsendem Mißtrauen beobachtet nach Pressemeldungen unsere Regierung auch angebliche Geheimverhandlungen zwischen Washington und Moskau, deren Ziel es sein soll, eine große Ost-West-Konferenz zustande zu bringen. Dieses ist nun gar nicht nach Adenauers Geschmack. Er möchte, daß Chruschtschow erst einmal in Berlin zum Rückzug bläst, bevor man ernsthafte Überlegungen zu neuen Verhandlungen mit dem Osten anstellt. Aber das ist wohl kaum eine realistische Position.

Am Dienstag, bei der Weihnachtsfeier der Fraktion in den Räumen der Parlamentarischen Gesellschaft, gab uns erstmals wieder Heuss die Ehre. Sein Erscheinen war wohl vor allem Reinhold Maier zu verdanken bzw. der Tatsache, daß Dehler inzwischen seine Führungspositionen in der Partei verlor. Mende strahlte, alles gab sich recht feierlich und Theodor Heuss hielt wie üblich Distanz.

*Sonntag, den 14. Dezember 1958*

Vorstandssitzung und anschließende Klausurtagung liegen hinter uns. Im Grunde hat sich nicht viel bewegt. Die alten Fronten blieben, eine echte Entscheidung über den Parteikurs ist praktisch nicht gefallen. Stephan referierte am Freitag morgen ausführlich die politische Situation der FDP. Sein Zahlenmaterial bestätigte den Zug zum Zweiparteiensystem in beunruhigender Weise. Bei den sechs Landtagswahlen in diesem Jahr hat sich diese Tendenz in vier Ländern sogar noch verstärkt, nur in Bayern flacht sie momentan ab. Interessante Angaben über die soziologische Zusammensetzung von FDP-Mitgliedern und -Wählern. Eine Partei der politisch Interessierten, mit geringer Mitgliederzahl und einem besonders hohem Prozentsatz an „schwankenden" Wählern, dabei eine Diskrepanz in der Meinungsbildung zwischen beiden: während bei den Parteimitgliedern die Abneigung gegen eine Regierungskoalition unter Adenauer weit verbreitet ist, hätten sich kurz vor den Bundestagswahlen 1957 immerhin 43 % der FDP-Wähler für Adenauer ausgesprochen. Stephans Schlußfolgerung: die FDP dürfe keine Honoratiorenpartei mehr sein, sie müsse Volkspartei werden. Das bedeute, neue Schichten zu gewinnen, ohne die alten abzustoßen (!). „Nationalismus bringt keine Wähler". Die Masse der Wähler wolle keine Bindung an die SPD, aber auch keine weiteren Machtpositionen für die CDU[82].

Danach Flach mit begrüßenswerten organisatorischen Empfehlungen. Sie liefen auf Zentralisierung, Straffung und Modernisierung der Parteiarbeit hinaus. Viele gute Vorschläge, die jedoch z. T. einiges Geld kosten werden[83].

Am Rande der Klausurtagung gestern zwei politisch interessante Beschlüsse: die Einberufung des nächsten Bundesparteitages für den Mai kommenden Jahres nach Berlin – und ein Brief an Brentano zur Berlin-Frage. Eine Veröffentlichung dieses Schreibens ist nicht beabsichtigt. Es enthält die Anregung,„ohne Zeitverlust die gemeinsamen Anstrengungen von Bundestag und Bundesregierung darauf zu richten, daß es zu Deutschland-Verhandlungen der Vier Mächte unter Hinzuziehung deutscher Vertretungen aus beiden Teilen Deutschlands kommt, wobei die Berliner Frage als ein Teil der deutschen Frage zu behandeln ist". Es besteht jedoch kaum Aussicht, daß sich Herr von Brentano diese Empfehlung zueigen machen wird[84].

*Freitag, den 19. Dezember 1958*

Die Deutsche Gruppe der Liberalen Internationale ist – so scheint's – ein richtiger „CDU-Verein"! Gestern nachmittag auf der Mitgliederversammlung hatten die Konservativen das Sagen. Unser Versuch, weiteren Zulauf nichtliberaler Kräfte zur Deutschen Gruppe zu verhindern, scheiterte. Auch Rademacher und Scheel, die jeweils Anträge eingebracht hatten, die wenigstens eine Kontrolle bei Neuaufnahmen möglich machen sollten, hatten bei der politischen Zusammensetzung dieser Versammlung keine Chancen[85].

Kluthes Bericht über die Londoner Tagung des Rates der Liberalen Internationale machte deutlich, daß sich politische Fremdkörper nicht nur in der Deutschen Gruppe eingenistet haben. Was dort zur Ost-West-Politik mehrheitlich verabschiedet wurde, hätte ebenso gut von der CDU/CSU-Bundesfraktion formuliert sein können. Rademacher, Daub und Scheel haben dagegen opponiert und sogleich eine eigene, stark abweichende Erklärung abgegeben[86]. Doch ändert das natürlich überhaupt nichts an dem strammen Rechtskurs dieses Vereins, der wohl vor allem den verderblichen Einfluß Madariagas zu verdanken ist.

# Tagebuch 1959

## Chruschtschows Berlin-Ultimatum. Papiere zur Deutschlandpolitik

*Donnerstag, den 8. Januar 1959*

Das Jahr fing ganz gut an: eine relativ akzeptable Berlin-Note der Bundesregierung und der Westmächte an Moskau, dazu ein offenbar recht positiv verlaufenes Gespräch zwischen Dulles und Mikojan am Wochenbeginn in Washington verbreiten gedämpften Optimismus. Beunruhigt zeigt sich unsere Regierung zur Zeit vor allem durch Grotewohls „Werbetournee" im Land der Pharaonen. Grotewohl, der sich – wie es heißt – selbst eingeladen hatte, versucht offenbar, den SED-Staat endlich aus der selbstverschuldeten internationalen Isolation herauszubringen. Ein Teilerfolg für die DDR ist bereits zu verzeichnen: gestern wurde die Aufnahme konsularischer Beziehungen zwischen Pankow und Kairo bekanntgegeben. Warum Nasser sich auf diesen Handel einließ, ist nicht ganz klar. Vielleicht haben die Sowjets da ein wenig nachgeholfen, indem sie ihren 400-Millionen-Kredit für die erste Stufe des Assuandammes an gewisse politische Bedingungen knüpften. Möglicherweise wollte aber Nasser auch nur erneut seine „Neutralität" beweisen; dabei dürften ihm spezielle deutsche Interessen ziemlich gleichgültig sein. Die Bundesregierung mußte einmal mehr feststellen, daß die sogenannte Hallstein-Doktrin unwirksam blieb. Darum sollte sich das Auswärtige Amt überlegen, ob es auch weiterhin an einem politischen Lehrsatz festhalten will, der heute noch fragwürdiger ist als zur Stunde seiner Geburt.

Gestern nachmittag mit Ungeheuer und Flach bei Mende zum Tee und zur Manöverkritik über das Dreikönigstreffen. Dort war Dörings Rede nocheinmal Gegenstand heftiger Angriffe gewesen[87]. Auch Mende sieht offenbar die Notwendigkeit eines Führungswechsels in der Partei, nur nicht zu diesem Zeitpunkt. Für den Fall einer Nichtkandidatur Maiers im Mai in Berlin steht er für den Parteivorsitz bereit. Spätestens jedoch 1960 wird er für den Vorsitz kandidieren – das ist mit Maier abgesprochen.

Weitere Themen: personalpolitische und organisatorische Fragen der Parteileitung, die sich aus der Klausurtagung im Dezember ergeben. Mende zeigt sich für die von Flach vorgetragenen Überlegungen sehr aufgeschlossen. Mit ihm als Parteivorsitzenden wäre sicherlich eine bessere Zusammenarbeit als mit Reinhold Maier möglich.

*Mittwoch, den 14. Januar 1959*

Moskaus jüngste Deutschlandnote mit den beigefügten Vorschlägen für einen Friedensvertrag ist in der westlichen Welt offenbar positiver aufgenommen worden als in Bonn. Es heißt, Adenauer fühle sich nun in seiner pessimistischen Einschätzung der sowjetischen Absichten gegenüber Deutschland erneut bestätigt. Vor der Bundestagsfraktion der CDU/CSU sollen der Kanzler und sein Außenminister am Montagnachmittag gegenüber den Sowjets einen Ton angeschlagen haben, den die Sozialdemokraten als die Sprache des „politischen Abenteurertums" qualifizierten[88]. Auf die Idee, dem gewiss unakzeptablen sowjetischen Friedensvertragsvorschlag einen eigenen, den deutschen Interessen entsprechenden entgegenzusetzen, kommt diese Regierung freilich nicht. Sie hält wohl Räsonnieren oder Schimpfen bereits für eine ausreichende Deutschlandpolitik.

Die FDP ist indessen sofort tätig geworden. Nach einer ganztägigen Debatte über die Sowjetnote hat gestern unsere Bundestagsfraktion ein Arbeitsgremium „Deutschlandvertrag" unter Vorsitz von Mende gebildet, das in Kürze der Fraktion einen Gegenentwurf zu Moskaus Friedenvertragsvorschlag vorlegen will, der – wie Ungeheuer heute in der fdk schrieb – „Ausgangspunkt für interfraktionelle Beratungen über gemeinsame Gegenvorschläge des Bundestages werden soll". Dieses ist wohl eine Illusion. Wir machen uns etwas vor, wenn wir glauben, gemeinsam mit Adenauers Christdemokraten einen vernünftigen Friedenvertragsvorschlag im Parlament verabschieden zu können. Aber die „gemeinsame Deutschlandpolitik" ist eben nicht totzukriegen, jedenfalls nicht in den Köpfen unserer liberalen Politiker.

Dagegen ist Hoffnung auf eine einfallsreichere westliche Deutschlandpolitik nicht ganz abwegig. Aus Washington meldete DPA am Montag, daß im State Department zur Zeit alle Ideen und Vorschläge überprüft werden, die seit den Genfer Gipfel- und Außenministerkonferenzen von 1955 zur Diskussion gestellt wurden. Dabei werde an verantwortlicher Stelle auch „ernsthaft über die heiklen Fragen Disengagement und Rüstungsbegrenzung für Deutschland diskutiert". Die Amerikaner zerbrechen sich also für uns den Kopf, weil Adenauer „Besseres" zu tun hat, als über die deutsche Frage nachzudenken. Dies könnte gefährlich werden, weil nach Auffassung vieler Beobachter Moskau seine jüngste Note so abfaßte, daß sie zwar für die Bundesrepublik, nicht aber auch für die Westmächte undiskutabel sei. Es kann durchaus sein, daß die sowjetische Regierung nun versucht, über den Kopf der Deutschen hinweg mit den Westmächten über Deutschland ins Reine zu kommen.

*Donnerstag, den 22. Januar 1959*

Heute nachmittag Zeuge eines makabren Schauspiels. Der dubiose „Volksbund für Frieden und Freiheit"[89] hatte zu einer Pressekonferenz geladen, um eine „hervorragende Persönlichkeit des Pankower Regimes" vorzustellen, die angeblich eine „bedeutsame Erklärung über die subversive Tätigkeit" der Zone gegen die Bundesrepublik abzugeben habe. Ungefähr 200 Bonner Journalisten drängten sich im Wagner-Zimmer des Bonner Bürger-Vereins, zusammen mit einer großen Zahl von Kamera-Männern der Wochenschauen und des Fernsehens, um den seltenen Vogel zu bestaunen, sensationeller Enthüllungen gewärtig. Das ganze erwies sich dann jedoch eher als ein Schmierenstück. Der Hauptdarsteller, ein unbedeutend wirkender Mensch, der sich Siegfried Dombrowski nennt und bis zu seiner Flucht im vergangenen Jahr stellv. Leiter der Abteilung militärische Abwehr im Sowjetzonen-Verteidigungsministerium gewesen sein soll, enttäuschte durch belanglose Antworten und machte ganz allgemein einen ziemlich miesen Eindruck. Seine Selbstsicherheit wirkte aufgesetzt und der oft herausfordernde Ton unangemessen für einen Mann, der viele Jahre einem verbrecherischen Regime als führender Geheimdienstfunktionär gedient hat.

Eine politisch-psychologische Meisterleistung hat sich dieser Tage wieder einmal unsere Regierung geleistet. Auf einem Höhepunkt der Spannungen um Berlin und Deutschland hielt es Herr Strauß für angemessen, die Einberufung des Jahrganges 1922 zu Reserveübungen bei der Bundeswehr anzukündigen. Schon in den nächsten Wochen oder Monaten sollen wir Überlebenden dieses vom Kriege am meisten dezimierten Jahrganges registriert und dann später auch zu Übungen eingezogen werden. Offenbar wollen die Unionsfreunde den sowjetischen Friedensvertragsvorschlag mit der Wehrertüchtigung der letzten Überlebenden von Stalingrad beantworten. Ist es auch Wahnsinn, so hat es doch Methode!

Heute nachmittag beschloß der Organisationsausschuß, dem Bundesvorstand vorzuschlagen, Flach als Nachfolger von Stephan zum Bundesgeschäftsführer zu berufen.

*Mittwoch, den 28. Januar 1959*

Gestern beschäftigte sich die Fraktion mit Ungeheuers Entwurf für einen Deutschlandvertrag[90]. Im großen und ganzen fand dieses Papier die Zustimmung der Fraktionsmitglieder. Einwendungen zu Einzelformulierungen kamen von Achenbach, Zoglmann, Kreitmeyer und Mende. Zoglmann erregte sich darüber, wie Ungeheuer den Begriff „Deutschland" definiert hatte. Er legte einen Gegenvorschlag vor, der praktisch von den Grenzen des 31.12.1938 ausgeht (Ungeheuer dagegen wie üblich vom 1.1.1937) mit der Begründung, daß das Münchner Abkommen noch rechtsgültig sei. Zoglmann droht, die Partei zu „mobilisieren", falls die Fraktion der Fassung des Ungeheuer-Entwurfs zustimmen sollte. Die Folge war, daß nun eine Formulierung gefunden wurde, die jede genauere Beschreibung des Territoriums Deutschlands vermeidet. Achenbach setzte an zwei Stellen Textkorrekturen durch, die vernünftig erscheinen, auch Mende und Kreitmeyer trugen zur Verbesserung der Vorlage bei. Unser Friedensvertragsvorschlag soll jedoch vorerst nicht veröffentlicht, sondern zunächst in vertraulichen Beratungen mit den anderen Fraktionen diskutiert werden[91].

*Dienstag, den 3. Februar 1959*

Am Nachmittag, im Arbeitskreis der Fraktion, wurden die Vorbereitungen einer möglichen Gipfelkonferenz und der Dulles-Besuch in Bonn ausführlich erörtert. Beunruhigt durch heutige Pressemeldungen entschlossen sich Maier und Mende, beim Kanzler und dessen Außenminister so bald wie möglich vorstellig zu werden und Auskünfte über das beabsichtigte Verhalten der Bundesregierung bei der Vorbereitung einer kommenden Viermächte-Konferenz einzuholen. Auch sollen sie versuchen, Dulles während seines Bonner Aufenthaltes am kommenden Wochenende zu sprechen[92].

Der Bundesgeschäftsstelle stehen offenbar harte Zeiten bevor. Auf einer Referentenbesprechung teilte Stephan gestern nachmittag mit, am 31. März werde sich entscheiden, ob noch weitere Personaleinschränkungen notwendig seien. Durch die bisher vorgenommenen Reduzierungen hätten sich die Personalkosten von monatlich 48.000 DM auf jetzt 34.000 DM vermindert. Offenbar ist das aber für unsere arme Partei immer noch zuviel.

Am Samstag beging Heuss seinen 75. Geburtstag. Glanzvolle Empfänge und eine unübersehbare Anzahl ehrender Artikel feierten den im Volk überaus beliebten Präsidenten. Auch die FDP, deren Vorsitzender Heuss ja einmal gewesen ist, machte keine Ausnahme, obwohl zwischen einigen prominenten FDP-Politikern und Theodor Heuss noch immer ein recht gespanntes Verhältnis besteht.

Ungeheuer, der eigentlich den Jubel-Artikel für die fdk hätte schreiben müssen, schob mir die Aufgabe mit dem Bemerken zu, er sei „zu befangen". So machte ich mich an die Arbeit. Das Resultat, am vergangenen Freitag im Pressedienst veröffentlicht, dürfte wohl niemanden ganz befriedigen: ich bin nun einmal kein poeta laureatus. Das offizielle Präsent der Parteiführung, einen in schwäbischen (!) Schiefer eingeschlossenen Fisch von gut und gern 150 Millionen Jahren soll der Jubilar indessen gnädig aufgenommen haben. Ein sinniges Geschenk übrigens, das zu Meditationen über das Verhältnis Heuss – FDP anregt.

*Rosenmontag, den 9. Februar 1959*

Kritik an der Öffentlichkeitsarbeit der Partei, insbesondere der Bundestagsfraktion, wurde auf einer Koordinierungstagung der FDP laut, die vergangenes Wochenende in Hannover stattfand[93]. Ungeheuer, der am Sonntag morgen im Landtagsgebäude über die parlamentarische Pressearbeit referierte, leitete selbst diese Kritik mit einigen Beispielen für die fehlende politische Linie in der Fraktionsarbeit ein. Publizität könne einen klaren politischen Kurs nicht ersetzen. Was nütze die beste Pressearbeit, wenn einzelne Abgeordnete (er nannte Namen) durch Dementis oder Gegenvorstellungen das Auftreten der eigenen Fraktion im Plenum konterkarierten? Oder wenn die FDP nicht in der Lage sei, Alternativen zu CDU und SPD zu entwickeln, zum Beispiel in der Frage der Kriegsopferversorgung? Die offensichtliche Absicht Ungeheuers, den alten

Vorwurf einer außenpolitischen Kopflastigkeit der fdk gar nicht erst aufkommen zu lassen, hatte Erfolg. Zumal auch Genscher in Ungeheuers Kerbe hieb und erklärte, die Außenpolitik der Fraktion schlage sich maximal in der Presse nieder, während die Wirkung auf innen- und wirtschaftspolitischem Gebiet deshalb nicht so groß sei, weil eben hier die Kontinuität fehle.

Ungeheuers Zeitungsprojekt (Gründung einer liberalen Wochen- oder Tageszeitung) war ein weiteres Diskussionsthema. Zoglmann bezweifelte die Realisierbarkeit dieses Vorhabens. Er erinnerte an bereits gescheiterte Blattgründungen, die zu „sechsstelligen Verlusten" geführt hätten. Ungeheuer wollte jedoch seinen Plan nicht so ohne weiteres aufgeben. Er behauptete sogar, das Geld für eine solche Zeitung stünde zur Verfügung[94].

*Mittwoch, den 18. Februar 1959*

Eine neue deutschlandpolitische Initiative, wiederum von Ungeheuer inspiriert, fiel gestern in der Fraktionssitzung durch. Ungeheuer hatte eine „Gemeinsame Große Anfrage aller Bundestagsfraktionen" formuliert, die – wie es in der Begründung hieß – u. a. der Bundesregierung Gelegenheit geben sollte, „das Verhältnis zwischen Friedensvertrag und Wiedervereinigung darzulegen und insbesondere die Prozedur der Wiedervereinigung zu erläutern"[95]. In der Debatte sprach sich Dehler als einziger der anwesenden Fraktionsmitglieder dafür aus, diese Große Anfrage jetzt einzubringen und die deutsche Frage im Parlament zu diskutieren. Zugleich stellte er jedoch – m. E. zu recht – fest, daß sich an der Haltung Adenauers in der deutschen Frage nicht das geringste verändert habe und daß die gemeinsame Außenpolitik gescheitert sei. „Sollen wir Freien Demokraten dazu schweigen?" Genau das war die Ansicht der Fraktion, jedenfalls für diesen Augenblick.

Denn ein Gespräch Mendes mit Dr. Krone am gestrigen Nachmittag ergab, daß auch die CDU den Zeitpunkt für eine Debatte noch nicht gekommen sieht. Krone schlug vor, die Diskussion im Außenpolitischen Ausschuß zu führen und die Antwortnote der Sowjetunion abzuwarten[96]. Auch unser Friedensvertragsvorschlag solle in diesem Ausschuß beraten werden. Ollenhauer, mit dem Mende gestern ebenfalls konferierte, vertrat die gleiche Auffassung. Er will erst einmal das Resultat der Moskau-Reise Macmillans abwarten. Zudem fürchtet der SPD-Fraktionsvorsitzende, eine außenpolitische Debatte könnte die Scharfmacher in der CDU veranlassen, eine Resolution einzubringen, die alle schwankenden Abgeordneten der Union wieder „in das Gehege Adenauers" treibt. Ungeheuer meinte heute dazu verbittert, Mende wolle doch selbst keine Debatte; er habe darum seine Gesprächspartner zu ihrer ablehnenden Haltung ermuntert.

Am Montag hatte Mende vor dem Außenpolitischen Arbeitskreis über ein Gespräch der Fraktionsführungen mit Adenauer am 6. Februar berichtet. Das Fazit der Unterhaltung: Krone sprach sich entschieden gegen jedes Disengagement und gegen den Rapacki-Plan aus. Er habe erklärt: „Wir müssen festigen, was wir haben!". Im übrigen sei – so Mende – diese Unterredung sehr unkonzentriert verlaufen. Der Kanzler habe sich des längeren über die Bekämpfung des Aussatzes in Abessinien ausgelassen, Carlo Schmid habe sich über so interessante Themen wie Indien und Leibeigenschaft verbreitet. Im übrigen habe der Kanzler lebhaft Klage über die Reise Macmillans nach Moskau geführt.

Danach informierte Ungeheuer den Arbeitskreis über einige Äußerungen des amerikanischen Botschaftssekretärs Appling vom gleichen Tage. Auf seine Meinung zu unserem Deutschlandplan angesprochen, habe der Diplomat erklärt, die USA hielten an einer Mitgliedschaft der Bundesrepublik und auch Gesamtdeutschlands nach der Wiedervereinigung in der NATO fest. Wenn die Bundesregierung allerdings eine andere Position zur Frage der NATO-Zugehörigkeit einnehmen sollte, wäre auch Washington zur Überprüfung seiner Haltung bereit.

Adenauer hat gestern vor der CDU/CSU-Fraktion Berichte zurückgewiesen, er habe bei seinem Gespräch mit Dulles am 7. Februar in Bonn die deutschen Ostgebiete als Tauschobjekt für eine halbwegs annehmbare Wiedervereinigung angeboten. Zwar sei über das Oder-Neiße-Problem gesprochen worden, doch habe er, der Kanzler, die Haltung der Bundesregierung in der Grenzfrage erneut bekräftigt[97]. Ebenso dementierte Adenauer eine Meldung der Londoner *Times,* wonach er dem amerikanischen Außenminister die Anerkennung der DDR für den Fall einer zufriedenstellenden Lösung der Berlin-Frage in Aussicht stellte.

*Montag, den 23. Februar 1959*

In Bad Salzuflen scheint es am Wochenende zu einer zeitweiligen Aussöhnung zwischen den „Düsseldorfern" und den „Stuttgartern" gekommen zu sein[98]. Tönnies Vermutung, Weyer werde in seinem Amt bestätigt werden, hat sich als richtig erwiesen. Ob die Tönnies offensichtlich von Mendes suggerierte Auffassung, diese Wiederwahl erfolge, um einen anderen Kandidaten zu verhindern, der mit dem stellvertretenden Bundesvorsitzenden ein „schlechtes Verhältnis" habe (gemeint ist wohl Döring), richtig ist, vermag ich nicht zu sagen. Jedenfalls wurde Döring zweiter Landesvorsitzender anstelle von Mende, der nicht kandidierte.

Gestern nun ist Macmillan in Moskau eingetroffen, um mit Chruschtschow die weltpolitischen Probleme zu erörtern. Der Empfang war – Presseberichten nach zu urteilen – recht freundlich. Der *General-Anzeiger* behauptet heute, R. Maier habe in Salzuflen „Verständnis für Adenauers Unbehagen über die Moskaureise des britischen Regierungschefs" gezeigt. Mich wundert's nicht. Daran mag man erkennen, wie weit wir in der FDP von einer geschlossenen Haltung in der Beurteilung der Außenpolitik noch entfernt sind. Oder waltet hier nur Taktik, um den des Streites müden Bürgern eine gemeinsame Deutschlandpolitik vorzugaukeln? Auch die vor Beginn des Parteitages den Freien Demokraten selbst gestellte Aufgabe, eine nichtsozialistische Alternative zur Innenpolitik des

Kanzlers auszuarbeiten, scheint nicht erfüllt worden zu sein. Wie auf dem Düsseldorfer Bundesparteitag vergangenes Jahr hat man offenbar auch in Bad Salzuflen den Stürmern und Drängern um Döring den Schneid abgekauft. Damit hat sich der Maier-Kurs wohl endgültig durchgesetzt ...

## Kandidatenkarussell zur Bundespräsidentenwahl. Deutschlandpläne

*Mittwoch, den 25. Februar 1959*

Nachdem Adenauer vergangene Woche im Fraktionsvorstand der CDU/CSU beide Hände abwehrend gehoben haben soll, als davon gesprochen wurde, daß der Kanzler schon verschiedentlich als Nachfolger von Heuss genannt werde, hat sich nun gestern ein zwanzigköpfiges Unionsgremium unter Adenauers Vorsitz darüber geeinigt, Ludwig Erhard diesen Posten anzutragen. Das wäre ein geschickter Schachzug des „Alten", um den von ihm wenig geschätzten Vize politisch unschädlich zu machen. Denn als Nachfolger Adenauers kommt der Bundeswirtschaftsminister dann ja nicht mehr in Betracht.

Mit der Nominierung Erhards ist das Kandidatenkarussell, das sich seit Wochen um die Heuss-Nachfolge dreht, erst einmal zum Stillstand gekommen. Nach Krone und Etzel nun der Vizekanzler. Ob die SPD gut beraten war, ihren „Carlo" zu nominieren, muß sich noch herausstellen. Bei einer Kandidatur von Erhard könnte es nämlich sein, daß der SPD-Professor – der sich ohnehin keine Chancen ausrechnen soll – auch als Verlierer keineswegs so glänzend dastehen wird, wie das vielleicht bei Kandidaten vom Kaliber Krones oder Etzels der Fall gewesen wäre.

Aus Moskau hört man nichts Gutes. Chruschtschow hat den westlichen Vorschlag, eine Außenministerkonferenz über Deutschland einzuberufen, gestern brüsk zurückgewiesen. Die Wiedervereinigung sei ausschließlich eine Sache der beiden deutschen Staaten. Das ist natürlich Unsinn. Chruschtschow weiß sehr gut, daß es kein einheitliches Deutschland ohne Mithilfe und Zustimmung durch die vier Mächte geben wird.

In Großbritannien fühlt man sich nun peinlich berührt: das sowjetische Njet erfolgte nach einem angeblich recht positiven Auftakt der Chruschtschow-Macmillan-Gespräche und noch während des Aufenthaltes des britischen Premiers in Moskau. Die Zurückweisung des West-Vorschlages durch die Sowjetunion ist sicherlich Wasser auf die Mühlen Adenauers, der zwar alles getan hat, um die sowjetische Haltung noch starrer zu machen, jetzt aber dennoch alle seine Kritiker triumphierend auf die kompromißlose Haltung Moskaus hinweisen wird.

*Sonntag, den 1. März 1959*

Die offenbar erfolglose Moskaureise Macmillans ist hier in Bonn mit besonderem Unbehagen registriert worden. Erstaunlicherweise will das Auswärtige Amt gewisse Hoffnungen an diesen Exkurs geknüpft haben, so jedenfalls meldete gestern DPA. Wahrscheinlich kennen unsere Diplomaten weder die eigene Regierungspolitik noch die der Sowjetunion. Betroffenheit herrschte gestern allerdings auch auf einer Sitzung unseres Bundesvorstandes im Bonner Talweg. Von Komentaren westlicher Rundfunkstationen zu „Supermacs" Mißerfolg alarmiert – man spricht in den USA bereits von „drohender Kriegsgefahr" und der „Möglichkeit eines Kriegsausbruchs" – schlugen einige Vorstandsmitglieder die Verlegung des kommenden Bundesparteitages von Berlin nach Westdeutschland vor. Auch drängten sie darauf, den außenpolitischen Kurs der Partei wegen der starren Haltung der Sowjetunion in der Deutschlandfrage zu ändern. Doch in beiden Fällen gelang es nicht, eine Vorstandsmehrheit für diese Auffassungen zu gewinnen. Auch in der Präsidentenfrage wurde übrigens vom Bundesvorstand noch keine Entscheidung gefällt. Man will erst abwarten, wie Erhard sich entscheidet. Der zögert noch. Insbesondere, seit ihn mehr als 100 CDU/CSU-Bundestagsabgeordnete in einer Unterschriftensammlung aufgefordert haben, um der Kontinuität der freien Markwirtschaft willen auf das höchste Staatsamt zu verzichten.

*Mittwoch, den 4. März 1959*

Die Suche nach einem neuen Bundespräsidenten geht weiter. Ludwig Erhard hat gestern – wie allerdings schon seit Tagen erwartet – offiziell und endgültig auf eine Kandidatur verzichtet. Seine diesbezügliche Presseerklärung fiel ziemlich bombastisch aus[99].

Erhards mannhaftes „Nein" erfreut die FDP und stürzt zugleich die Christdemokraten in große Verlegenheit, vor allem wohl Adenauer selbst. Sein Plan, sich Erhards auf elegante Art zu entledigen, wurde durchkreuzt. Und die Union muß nun, wie der *General-Anzeiger* heute schrieb, nach einem Kandidaten Ausschau halten, der zumindest einen Vergleich mit Erhard aushalten kann (wenn schon nicht mit Theodor Heuss). Aber wo ist der zu finden? Der einzige protestantische Kandidat „mit Profil", so berichtet der *Spiegel*, nämlich Eugen Gerstenmaier, „lehnte die Präsidentschaftskandidatur entschieden ab, weil er höhere Ziele hat".

Die Aufregung um den Moskau-Besuch Macmillans hat sich inzwischen wieder etwas gelegt. Die Briten waren ohnehin nicht geneigt, den schwarzen Pessimismus zu teilen, mit dem man in Washington, Paris und natürlich auch Bonn Verlauf und Ergebnis der Chruschtschow-Macmillan-Gespräche beurteilte. Seitdem sich die Sowjetunion zur allgemeinen Überraschung am Montag bereiterklärte, nun doch der Einberufung einer Außenministerkonferenz zuzustimmen, auf der über einen Friedensvertrag mit Deutschland und die Berlin-Frage verhandelt werden soll, wirkt das Kriegsgeschrei aus Washington doppelt deplaciert. Nun wartet alles gespannt auf neue Chruschtschow-Erklärungen zu Berlin, die für die nächsten Tage wohl aus Leipzig zu erwarten sind. Dort hält sich der sowjetische Ministerpräsident seit heute mittag mit einer größeren Delegation auf. Aus seiner kurzen Begrüßungsrede am Nachmittag, die ich auszugsweise im Radio hörte, war dazu nichts Neues zu vernehmen.

Dieser Tage hat Mischnick die Leitung des LDP-Bundesbeirates übernommen und Walter Kunze in einem Rundschreiben „für seine langjährige entsagungsvolle Arbeit" gedankt. In den nächsten zwei bis drei Monaten soll der Ausschuß zusammengerufen werden, falls bis dahin das nötige Kleingeld dafür beschafft werden kann. Ob das eigentlich noch sehr viel Sinn hat?

*Montag, den 9. März 1959*

Die Nachrichten und Erklärungen zum Berlin-Problem überstürzen sich. Jeden Tag eine neue Schlagzeile, manches widersprüchlich, ein ständiger Wechsel zwischen heiß und kalt. Dabei fehlt – wie erwartet – auch nicht ein neuer Beitrag des Kremlführers. Chruschtschow gab sich jedoch in Leipzig großmütig und versprach Verlängerung seines Ultimatums, sofern zu diesem Zeitpunkt (27. Mai) schon zwischen Ost und West verhandelt wird. Aber damit ist ja wohl ohnehin zu rechnen. Hat Macmillan vielleicht doch den sowjetischen Ministerpräsidenten zum Einlenken bewegen können?

Adenauer zeigt sich von diesen Kursschwenkungen offensichtlich wenig beeindruckt. Mit de Gaulle ist er schnell handelseinig geworden. Jedenfalls verbreiten die Meinungsmacher der Bundesregierung euphorische Meldungen über den gegenwärtigen Stand der deutsch-französischen Beziehungen (d.h. des Verhältnisses Adenauer–de Gaulle!). Denn zwischen diesen beiden Herren ist die Übereinstimmung in der Beurteilung der gegenwärtigen Lage „vollständig". So jedenfalls Herr von Eckardt. Auch darin, daß alle Pläne des Auseinanderrükkens der Machtblöcke in Europa des Teufels sind.

Nach Fritz Schäffer macht sich nun auch Erich Ollenhauer auf die Reise nach dem Osten. Er will heute in Ostberlin mit Chruschtschow zusammentreffen. Bis gestern nachmittag hatte die SPD alle diesbezüglichen Gerüchte dementiert. Schaden kann dieses Treffen sicherlich nicht, doch ob es zu diesem Zeitpunkt etwas nützen wird, bleibt dahingestellt.

Nach einigen Monaten der Ruhe wieder Krach in unserer Partei. Anlaß ist diesmal Rademacher, der sich in Leipzig auf einer LDP-Veranstaltung in überaus unkonventioneller Weise zur deutschen Frage geäußert haben soll. Reinhold Maier wies gestern anläßlich des Landesparteitages in Mainz Rademachers Vorschläge nicht sehr liebenswürdig als die „privaten Hirngespinste eines Messebesuchers" zurück. Zugleich bekräftigte der FDP-Vorsitzende den Standpunkt der Partei, keine Verhandlungen mit der LDP anzuknüpfen und forderte erneut eine gemeinsame Außenpolitik der Bundestagsparteien[100].

Wie soll das wohl gehen? Auch Döring, der am Samstag einen neuerlichen FDP-Vorstoß in dieser Richtung ankündigte, glaubt augenscheinlich nicht an dessen Erfolg und hält zudem eine Lösung der deutschen Frage unter der gegenwärtigen Regierung für unmöglich. Übrigens: Döring war am Wochenende ebenfalls Gegenstand herber Kritik aus „parteifreundlichem“ Munde: auf dem rheinland-pfälzischen Landesparteitag donnerte der FDP-Professor Nöll von der Nahmer in Richtung Düsseldorf: „Wir wollen und können uns in Rheinland-Pfalz nicht immer wieder bei Wahlen für die Dummheiten der Parteifreunde von außerhalb verhauen lassen!“. Man müsse den Wählern klarmachen, „daß wir gar nichts mit den Düsseldorfern zu tun haben“. Am Ende beschloß der Verband, mit der CDU nach den Wahlen die Koalition zu erneuern. Das alles wird der FDP sicherlich viele Stimmen bringen ...

*Montag, den 16. März 1959*

Heute nachmittag, im Außenpolitischen Arbeitskreis, geriet Achenbach fast ins Schwärmen. Nach seiner Beobachtung hätten beim Deutsch-Englischen Gespräch in Königswinter die außenpolitischen Vorstellungen der FDP deutlich an Boden gewonnen. Achenbach: „Die CDU ist im Begriff, ihre Positionen zu räumen“. Dehler wies diese optimistische Analyse unwirsch mit dem Bemerken zurück, der Glaube an die Möglichkeit einer gemeinsamen Außenpolitik mit den Unionsparteien sei nicht mehr als eine Illusion. Diese Ansicht vertrat auch Schwann. Er schlug vor, die FDP solle die Initiative für eine diplomatische Anerkennung der osteuropäischen Staaten ergreifen[101]. Man ging wie üblich auseinander, ohne diese Widersprüche ausgeräumt zu haben.
Daub hat in der neuesten Ausgabe der *Stimmen der Jungen Generation* einen beachtlichen Artikel zum Thema „Gemeinsame Deutschlandpolitik“ geschrieben. Unter der provozierenden (Unter-)Überschrift „Gemeinsame Deutschlandpolitik der Untätigkeit hilft Ulbricht“ räumt er gründlich mit den Illusionen über die Bedeutung gemeinsamer Bundestagsentschließungen auf und warnt vor den Folgen einer Politik, die letztlich doch nur Adenauer nütze[102]. Das wird unseren Vorstandsherren kaum gefallen. Mehr noch freilich wird sie die jüngste Döring-Rede erzürnen, der gestern in Iserlohn den Kanzler als „Reichsverderber Nr. 2“ titulierte[103]. Der „Frieden von Salzuflen“ dürfte so wohl keinen langen Bestand haben.

*Mittwoch, den 18. März 1959*

Die Spannungen in der Partei nehmen wieder zu. Gestern kam es in der Fraktion zu einem heftigen Zusammenstoß zwischen Maier und Dehler, als man sich längere Zeit über Rademachers angebliche Deutschlandvorschläge in Leipzig stritt. Aber auch heute, bei einer kleinen Abschiedsfeier für Stephan im Beisein von Maier herrschte keine Harmonie. Stephan war mit Recht darüber verstimmt, gestern zufällig erfahren zu haben, daß er 24 Stunden später die Amtsgeschäfte an Flach übergeben müsse. Daß man bei uns so etwas nicht honoriger erledigen kann!

Nach Ollenhauer haben nun auch Schmid und Erler im Gespräch mit

Chruschtschow zu erkunden versucht, ob und wo es Ansatzpunkte für eine Verständigung über die Deutschlandfrage gibt. Nach Agenturberichten haben die beiden SPD-Politiker nach der fast dreistündigen Aussprache einen „deprimierten Eindruck" gemacht. Erler fand die Auffassung der SPD bestätigt, daß es „viele Punkte gibt, in denen wir nicht übereinstimmen". Nun, das macht nichts: Adenauer wird's schon wenden. Der hat am Montag mit gespielter Naivität (oder sollte die echt sein?) an die Sowjetunion appelliert, „das Volk selbst entscheiden zu lassen, welche soziale und politische Ordnung ihm paßt". Das wird Herrn Chruschtschow wenig beeindrucken, möglicherweise aber die politisch wenig anspruchsvollen Wähler dieses Kanzlers. Und diesen gelten natürlich vor allem solche frommen Sprüche.

*Samstag, den 21. März 1959*

Wir haben gestern unseren Deutschlandplan vorzeitig der Presse übergeben müssen, nachdem DPA am Freitag morgen mit der Veröffentlichung dieses Papiers begonnen hatte. Wer unseren Friedensvertragsvorschlag der Agentur zugespielt hat, ist bisher nicht bekannt. In der Parteileitung geht das Gerücht, es könnten Mende oder Döring gewesen sein, die beide daran interessiert wären, Reinhold Maier die Schau zu stehlen (dieser wollte heute in Hannover auf einer Pressekonferenz den Plan der Öffentlichkeit präsentieren).

Das erste Echo auf diesen Vorschlag war relativ positiv. Bonner CDU-Kreise beurteilten ihn jedenfalls freundlicher als den Deutschlandplan der SPD[104]. Kritisiert wird jedoch, daß der DDR bei der Bestimmung freier Wahlen eine Art Veto-Recht eingeräumt werde. Herablassend gab die Union im übrigen ihrer Hoffnung Ausdruck, daß mit dem FDP-Plan „nunmehr die Plänemacherei ein Ende hat".

Auf den SPD-Vorschlag reagiert die Union mit großer Verärgerung. Majonica nannte den sozialdemokratischen Deutschland-Plan gestern böse ein „Instrument zur linkssozialistischen Gestaltung Deutschlands". Auch die Bundesregierung wies das Papier energisch zurück, u. a. weil eine Koppelung der militärischen Entspannungspläne mit dem politischen Stufenplan fehle. Das bemängelt übrigens auch die FDP. Ungeheuer hat gestern im Pressedienst ausführlich zu diesem Plan Stellung genommen und moniert, daß die SPD – im Gegensatz zur FDP – sofort an die Öffentlichkeit gegangen sei. Im übrigen kapituliere der SPD-Plan „vor dem Disengagement ohne deutsche Einheit, er kapituliert vor der Idee der Konföderation und damit vor der Zweistaatlichkeit. Er kapituliert vor weit gesteckten Etappen, die der drängende Einheitswille des Volkes überspringen will". Dies ist sehr schön gesagt, aber stimmt denn das auch wirklich?

*Donnerstag, den 26. März 1959*

In Bonn geht die Auseinandersetzung über die Deutschlandpolitik mit unverminderter Heftigkeit weiter. Zwar hat Gerstenmaier am Dienstag mit den Vorsitzenden der Bundestagsfraktionen eine Art „Waffenstillstand" herbeizuführen versucht, doch können solche gutgemeinten Beschwichtigungsversuche an den tiefgreifenden, grundsätzlichen Meinungsverschiedenheiten zwischen den Parteien über den Weg zur deutschen Einheit nichts ändern. Es führt, da hat Daub völlig recht, keine Brücke zu Adenauers Deutschlandkurs. Auch nicht durch die ominöse „gemeinsame Deutschlandpolitik", von der Ungeheuer vorgestern in der fdk unverdrossen behauptete, sie sei „trotz des gegenwärtigen Bonner Haders zwischen den beiden großen Parteien nicht tot". Abgesehen davon, daß schließlich auch wir mit Adenauer über dessen Außenpolitik „hadern", wirkt dieses Festhalten an einer bereits gescheiterten Politik fast rührend. Der taktische Vorteil eines solchen Selbstbetruges ist schwer zu erkennen. Aber vielleicht begreifen ihn jene dafür um so besser, die längst die Kompaßnadel unseres FDP-Schiffchens wieder in Richtung CDU/FDP-Koalition gestellt haben? Zu denen gehört Ungeheuer allerdings nicht.

*Montag, den 13. April 1959*

Nach zweiwöchigem Krankheitsurlaub in meine Dachkammer zurückgekehrt. Inzwischen haben wir einen neuen Präsidentschaftskandidaten: Konrad Adenauer, der sich vergangenen Dienstag überraschend dazu entschloß, der aktiven Politik zu entsagen und in die Villa Hammerschmidt zu retirieren. Der allseitige lebhafte Beifall für seinen Entschluß muß Adenauer unangenehm berühren, nachdem wenige Wochen zuvor die Unionsfraktion noch rebellierte, als sein ungeliebter Vize Erhard auf eben jenes Präsidentenamt abgeschoben werden sollte. Niemand glaubt so recht den Begründungen, die der Kanzler bisher für seine plötzliche Sinnesänderung gab. Hat er nun doch begriffen, daß er mit seiner Politik am Ende ist, nachdem ihm auch noch der Herzensfreund de Gaulle mit seiner Erklärung zu den deutschen Ostgrenzen in den Rücken fiel?[105]

Bei der CDU stehen nun weitere wichtige personelle Entscheidungen an: Kanzlernachfolge, Wahl eines neuen Parteivorsitzenden usw. Indessen haben sich am gleichen Tage, da der „Alte" resignierte, die Freien Demokraten für personelle Kontinuität entschieden. Am Dienstag abend vergangener Woche beschlossen die Landesvorsitzenden einstimmig die Wiederwahl Maiers auf dem Berliner Bundesparteitag. Damit sind alle in letzer Zeit aufgetretenen Spekulationen über eine Ablösung Maiers bzw. seine Nichtwiederwahl im Mai hinfällig geworden. Das wird nicht nur Ungeheuer lebhaft bedauern. Denn die von Tönnies behauptete Fähigkeit unseres „Alten", die innerparteilichen Differenzen „auszuschalten", ist wohl kaum mehr als eine fromme Legende angesichts der immer wieder von neuem aufbrechenden Meinungsverschiedenheiten zwischen Stuttgart und Düsseldorf. Immerhin: Maier will es gottlob nur noch ein Jahr machen, um dann das Amt in Mendes Hände zu legen.

Konfliktstoffe liegen bei der FDP nach wie vor in ansehnlicher Menge herum. Vor allem das Koalitionsproblem dürfte der Partei noch sehr zu schaffen machen. Zwar ist, wie Mende gestern in Hamburg versicherte, die Frage eines Wiedereintritts der Freien Demokraten in die Bundesregierung „gegenwärtig nicht spruchreif". Aber Mendes Freund Zoglmann hat am gleichen Tage in Bielefeld bereits die grundsätzliche Bereitschaft der FDP erkennen lassen, sich an einer neuen Bundesregierung zu beteiligen. Zoglmann hat sich auch schon Gedanken über die Ministerposten gemacht, die wir dann zu beanspruchen hätten. Die FDP werde sich, so der immer etwas vorlaute MdB, selbstverständlich nicht mit „nebensächlichen Ministerien abspeisen lassen". Der Partei müßten schon echte Aufgabengebiete in den klassischen Ressorts übertragen werden.

Beruhigenderes war Mitte vergangener Woche im Bundestag zu hören: Strauß kündigte an, daß nur etwa 5% des Jahrganges 1922 zu den Fahnen eilen müßten. Das wären zwar immerhin noch 16.000 mehr oder minder guterhaltene Enddreißiger. Dennoch – von einer Musterung oder Einberufung dieses Jahrganges könne überhaupt keine Rede sein – so unser „Kriegsminister".

Am Gründonnerstag, zwei Tage vor seinem 63. Geburtstag, ist Franz Blücher, weiland FDP-Vorsitzender und Vizekanzler, gestorben. Trotz seiner späteren politischen Irrwege war Blücher ein honoriger Mann, ein vornehmer Charakter. Nach seinem unfreiwilligen Ausscheiden aus dem Bundeskabinett war es sehr still um ihn geworden[106]. Wenn er auch die FDP 1956 im Stich ließ, so sollen doch seine früheren Verdienste für die Partei nicht vergessen werden.

*Donnerstag, den 16. April 1959*

Das Koalitionsgerede in der FDP hat gestern die Sozialdemokraten zu einem Angriff auf die Freien Demokraten veranlaßt. Der SPD-Pressedienst behauptete, es gäbe einige exponierte Politiker in unserer Partei, die bei nicht näher bezeichneten Gesprächen außerhalb Bonns ihren „dringenden Wunsch" kaum hätten verbergen können, möglichst bald in die Regierungskoalition zurückzukehren. Selbst Döring und Weyer seien bereit, sich einer CDU/CSU-Koalition anzuschließen.
Um unseren Deutschlandplan ist es inzwischen ziemlich still geworden. Zur Zeit beschäftigen sich nur noch die Zonenkommunisten mit unserem Friedensvertragsvorschlag. Der Ostberliner *Morgen* hat nun schon zum zweiten Male auf die ihm eigene, wenig differenzierte Weise zur Deutschlandpolitik der Freien Demokraten Stellung genommen[107]. Jedesmal lag – was natürlich begreiflich ist – der Schwerpunkt der Kritik auf der Tatsache, daß die westdeutschen Liberalen nicht bereit sind, den Weg der Konföderation zu gehen. Wie sich allerdings die Herren drüben die Vermischung von Feuer und Wasser, bzw. von Stalinisten und liberalen Demokraten zu einer deutschen Konföderation konkret vorstellen, verraten sie nicht.

*Montag, den 20. April 1959*

Mit einem blauen Auge kamen wir gestern bei den Landtagswahlen in Rheinland-Pfalz und Niedersachsen davon. Das heißt, genau genommen eigentlich nur in unserem südlichen Nachbarland. Dort haben wir gegenüber 1957 lediglich

0,1% verloren und trotz schwerer Verluste im Vergleich zu 1955 immer noch eine respektable Basis, während wir in Niedersachsen bei einem Verlust von 0,7% nun sehr nahe an der kritischen Grenze liegen, die den Hinauswurf aus dem Landtag bedeutet. Bedenklich der Wahlerfolg der rechtsradikalen DRP in Rheinland-Pfalz, die künftig im Landtag vertreten sein wird. FDP-Landesvorsitzender Glahn meinte, diese Partei habe der FDP die Wähler weggenommen. Schlimm für die FDP, daß sie sich dort mit den alten Nazis um die Wähler streitet, anstatt um die liberalen Wählerschichten zu kämpfen.

Eisenhower hat sich nun doch für Herter als Nachfolger für Dulles entschieden. Die Bekanntgabe dieser Ernennung erfolgte unter den für „Ike" typischen Begleitumständen: zwischen zwei Spielen auf dem Golfplatz. Dort verbringt der Führer des mächtigsten Staates der Erde inzwischen seine meiste Zeit. Ob da die Wahl Herters die richtige Entscheidung war, bleibt dahingestellt. Selbst wenn die Schreckensnachricht nicht zutreffen sollte, daß der neue Mann die Politik von Dulles fortführen wird (die Sozialdemokraten bezweifeln dies), so ist doch auch Herter ein kranker Mann: er kann sich nur an Krücken fortbewegen. Wird er den Strapazen der kommenden Viermächtekonferenz überhaupt gewachsen sein?

Aber auch bei uns in der Bundesrepublik gab und gibt es in der Staatsführung Probleme. Die unglaublichen Äußerungen Adenauers zur Stellung des Bundespräsidenten in unserer Republik haben zu einem Briefwechsel zwischen Kanzler und Präsidenten geführt, bei dem Heuss mit nicht mehr zu übertreffender Deutlichkeit dem von ihm sonst so sehr geschätzten Adenauer die Meinung gesagt haben soll[108].

*Donnerstag, den 23. April 1959*

Am Dienstag debattierte die Fraktion lange (und kontrovers) über einen Plan des Fraktionsvorstandes, zur Genfer Konferenz eine kleine Beobachterdelegation aus den Reihen der Fraktion zu entsenden. Dabei war nicht strittig, ob überhaupt eine solche Delegation entsandt werden, sondern wer ihr angehören sollte. Sander, Margulies, Atzenroth, Graaf und Lenz sprachen sich entschieden gegen eine Teilnahme Ungeheuers aus, Kohut, Döring und Achenbach waren dafür. Lenz, der zu diesem Zeitpunkt die Sitzung leitete, erledigte dieses Problem auf seine Weise: er fragte, ob jemand einen Antrag (auf Beteiligung Ungeheuers) stelle. Das war nicht der Fall. Darauf Lenz: „Dann hat dieses Gespräch nicht stattgefunden". Ungeheuers Gesicht wurde rot vor Zorn[109].

Im Verlauf der Sitzung hatte Achenbach über unsere Arbeitskreissitzung vom Montag berichtet und die von Ungeheuer verfaßte Entschließung vorgetragen. Achenbach äußerte dabei die Überzeugung, daß die SPD froh sein werde, durch eine solche Gemeinsame Resolution von den Schwächen ihres Deutschlandplanes herunterzukommen; auch die CDU werde nichts gegen diesen Text einzuwenden haben. Denn diese Entschließung sei eine „ungeheure Unterstützung" der deutschen Delegation in Genf. Gerstenmaier habe bereits zugestimmt, die anderen seien, wie er – Achenbach – festgestellt habe, „nicht unbedingt ablehnend". Achenbach wurde also beauftragt, die anderen Fraktionen für dieses Projekt endgültig zu gewinnen.

*Samstag, den 25. April 1959*

Ungeheuers Gemeinsamkeits-Illusionen haben einen neuen Schlag erlitten. Ein fdk-Artikel, der den Unionsparteien die Bereitschaft zu Auftragsverhandlungen zwischen den beiden Teilen Deutschlands unterstellte, ist von der CDU sofort barsch als „erweisbare Falschmeldung" zurückgewiesen worden. Daraufhin hat, den gestrigen Abendnachrichten des WDR zufolge, Mende diesen Artikel als eine „private Meinungsäußerung" des FDP-Pressechefs abqualifiziert. Heute von Ungeheuer darauf angesprochen, behauptete Mende, er habe eine solche Feststellung nicht getroffen, sondern lediglich gesagt: da dieser Artikel gezeichnet sei, trage Ungeheuer für dessen Inhalt die Verantwortung. Das läuft doch wohl auf das gleiche hinaus. – Ungeheuer gibt aber nicht nach. Heute vormittag hat er sofort eine „Sonderausgabe" der fdk getippt, in der er sich über anderthalb Seiten mit der CDU-Kritik auseinandersetzt und diese durch fleißige Zitierung u. a. von Gerstenmaier und Gradl zu widerlegen sucht. Selbst Mendes Dementi fehlte nicht. Ob Ungeheuer wirklich glaubt, mit solchem Papierkrieg die Unionsparteien von ihren prinzipiellen Positionen abbringen zu können?

## Genfer Konferenz. FDP-Parteitag. Wahl des Bundespräsidenten

*Mittwoch, den 29. April 1959*

Was spätestens nach der christdemokratischen Reaktion auf Ungeheuers Artikel in der vergangenen Woche zu erwarten war, ist nun eingetreten: heute scheiterten endgültig Achenbachs Bemühungen, im Auftrage der Fraktionen die Union für eine Gemeinsame Entschließung aller Bundestagsparteien zur Genfer Konferenz zu gewinnen. Obgleich sowohl Gerstenmaier als auch die SPD-Fraktion unserem Entschließungsentwurf grundsätzlich zugestimmt hatten, gab die CDU/CSU heute Achenbach eine ablehnenden Bescheid. Damit sollte die schillernde Seifenblase der „gemeinsamen Deutschlandpolitik" endgültig geplatzt sein.

Indessen gehen die Vorbereitungen für die Genfer Konferenz weiter. In Warschau haben sich die kommunistischen Staaten versammelt, um die „Frage eines deutschen Friedensvertrages und der Beseitigung des Besatzungsstatuts für Westberlin" zu beraten. Auch die Westmächte werden ab morgen in Paris an einem Verhandlungskonzept arbeiten, das sie dann gemeinsam auf der am 11. Mai beginnenden Ost-West-Konferenz vertreten wollen. Das Auswärtige Amt wies am Montag Informationen zurück, wonach der amerikanische Botschafter Bruce auf Adenauer eingewirkt haben soll, eine flexiblere Haltung zur kommenden Genfer Konferenz einzunehmen. Die SPD hat dieses Dementi sofort als unglaubwürdig qualifiziert – vermutlich zu recht. Denn was bisher über die deutsche Marschroute bekannt wurde, dürfte kaum ausreichen, um die Konferenz zu einem Erfolg zu bringen.

*Sonntag, den 3. Mai 1959*

Ob das vorzeitige Ende der Pariser Vorbereitungskonferenz für Genf ein gutes Omen ist, wie die Bundesregierung meint, muß sich noch erweisen. Denn offensichtlich kam eine Einigung nur dadurch zustande, daß die Briten ihre für die Sowjets allein interessanten Vorschläge stillschweigend zu den Akten legten und nun die kümmerlichen Restbestände einer „verdünnten Zone" in ein Paket gepackt und dort so fest verschnürt wurden, daß die Engländer zu Recht ein absolutes Desinteresse der Sowjets an diesem Deutschlandplan vermuten. Unsere bundesdeutsche Delegation hat es sich nicht verkneifen können, mit dem „Sieg" ihrer Konzeption über den britischen Verhandlungsvorschlag zu renommieren. Die mit Arroganz gemischte Einfalt unserer Diplomaten ist schon fast bewundernswert. Nur hilft sie unserem Volk in seinen nationalen Problemen keinen Schritt voran – im Gegenteil.

Bedenklich erscheint auch, daß – wie die Presse berichtet – sich die USA, Frankreich und die Bundesrepublik damit einverstanden erklärt haben sollen, die Berlin-Frage gesondert zu diskutieren, falls die Sowjetunion – wie zu erwarten – das „Paket" ablehnt. Denn wo könnte eine solche isolierte Berlin-Diskussion letztlich anders hinführen als zu der von Moskau gewünschten „Freien Stadt"?

Dieser Tage war auch zu hören, die Westmächte beabsichtigten, die Tätigkeit fremder Geheimdienste in Westberlin einzuschränken. Mende meinte, darüber sollte die fdk einmal schreiben. Ein Telefonat mit Mischnick ergab, daß sich der Gesamtdeutsche Ausschuß des Bundestages bereits zweimal mit dem Thema der Spionage- und Geheimdienstorganisationen in Berlin beschäftigt hat. Man sei sich jedoch im Ausschuß einig gewesen, diese Problematik vorerst nicht weiter zu erörtern, solange die Berlin-Krise andauert. Mischnick riet deshalb davon ab, jetzt in dieser Sache publizistisch tätig zu werden.

*Dienstag, den 5. Mai 1959*

Der Pressedienst hat heute zur Genfer Konferenz eine Erklärung der FDP veröffentlicht, die gestern abend im Arbeitskreis verabschiedet worden war, nachdem die erhoffte gemeinsame Erklärung des Bundestages am Widerstand der CDU/CSU gescheitert ist. Es ist praktisch der gleiche Text wie im Entwurf der FDP für eine Gemeinsame Entschließung.

Heute berichtet die Presse über das Scheitern unseres Vorstoßes in Sachen Bundestagserklärung zur Genfer Konferenz. Die CDU hat ihr Nein jetzt etwas hinterhältig damit begründet, daß angesichts des SPD-Deutschlandplanes die Gegensätze zu den Sozialdemokraten zu groß für eine gemeinsame Erklärung seien. Dabei hatte die SPD – unter Verzicht auf ihre speziellen Forderungen – unserem Textvorschlag im Grundsatz zugestimmt. Und auch der Bundestagspräsident (CDU-Mitglied!) sah ein solches Hindernis nicht. Die Wahrheit ist, daß Adenauer jede Form von Auftragsverhandlungen zwischen beiden Teilen Deutschlands ablehnt, obwohl der Bundestag am 1.10.1958 mit Stimmen der CDU diesem im Prinzip bereits zugestimmt hatte. Der Kanzler, der gestern gut erholt aus seinem Cadenabbia-Urlaub nach Bonn zurückkehrte, will die Kapitulation Moskaus in der deutschen Frage – oder gar nichts. Die Kapitulation wird er bestimmt nicht bekommen. Aber wenn er so weitermacht, wird seine Politik bald dem Pressehaus IV gleichen, das am Samstag nachmittag bis auf die Grundmauern niederbrannte und heute nur noch eine Ruine ist[110].

*Montag, den 11. Mai 1959*

Mende und Ungeheuer sind heute nach Genf gereist, um an Ort und Stelle den Beginn der Viermächte-Außenminister-Konferenz zu beobachten. Dort hat es noch vor Konferenzeröffnung den ersten Krach gegeben. Der britische Außenminister Lloyd und sein sowjetischer Kollege Gromyko gerieten gestern über die Art der deutschen Teilnahme an der Konferenz aneinander. Moskau besteht darauf, daß die beiden deutschen Delegationen als gleichberechtigter Teilnehmer am Konferenztisch sitzen, die Westmächte haben ihnen nur eine beratende Funktion zugedacht. Kein gutes Vorzeichen für die kommenden Beratungen.

*Pfingstsamstag, den 16. Mai 1959*

Kurz vor den Feiertagen hat der Westen in Genf seinen Eröffnungszug gemacht. Seit Donnerstag liegt der westliche Friedensplan, eng zum Paket verschnürt, auf dem Verhandlungstisch. Gromyko verzichtete auf eine sofortige Stellungnahme. Aber sein Pressechef bemerkte, die sowjetische Seite halte es für „unrealistisch, wenn nicht hoffnungslos“, alles auf einmal erörtern zu wollen. Das klingt nicht sehr verheißungsvoll.

Die Grundsatzerklärungen der vier Außenminister haben die tiefe Kluft noch einmal deutlich gemacht, die zwischen den Auffassungen von Ost und West über den Weg zum Frieden und zur deutschen Einheit unverändert bestehen. Gromyko hatte übrigens in seiner Erklärung indirekt den zu diesem Zeitpunkt noch gar nicht bekannten westlichen Stufenplan abgelehnt, als er getrennte Verhandlungen über Friedensvertrag, Berlin sowie Ort und Zeitpunkt einer Gipfelkonferenz forderte.

In Bonn hat sich die Diskussion über die Kanzlernachfolge neu belebt, nachdem Mitte dieser Woche Etzel und Erhard – getrennt – von Adenauer zu eingehender Aussprache empfangen worden sind. Es scheint, als werde das vom Kanzler gesetzte Datum des 1. Juli für den Beginn der Nachfolgediskussion von diesem selbst nicht mehr ernst genommen. Bis zur Stunde ist ungewiß, ob nun der Finanz- oder Wirtschaftsminister Bundeskanzler werden wird.

Aber eines scheint sicher: auch im neuen Bundeskabinett bleibt uns Herr von Brentano als Außenminister erhalten – wenn es nach Adenauer geht.

*Sonntag, den 24. Mai 1959*

Nach fünftägigem Aufenthalt in Berlin etwas besorgt nach Bonn zurückgekehrt. Unser Parteitag verlief zwar reibungslos – es ging (fast) alles wie am Schnürchen. Doch gab es einige „Randerscheinungen", die nachdenklich stimmen.

Vor allem die überraschende Kündigung Ungeheuers am Samstag. Der Anlaß schien marginal: eine Kurzschlußreaktion des cholerischen Mannes auf die permanenten Nadelstiche Maiers. Daß der Vorstand am Mittwoch abend Ungeheuers Berlin-Papier nicht akzeptierte, mochte wohl nur dem Pressechef verwunderlich erscheinen. Doch die Form, in der das geschah, hat Ungeheuer offenbar tief verletzt[111].

Noch ein weiterer Vorgang – weniger spektakulär, aber vielleicht nicht minder folgenreich – reduziert die in Berlin zur Schau getragene, bei Vorstandswahl und Schlußerklärung auch eindrucksvoll bewiesene politische Geschlossenheit der Partei[112]. Eine gezielte Pressekampagne versuchte den empfindlichsten Punkt unserer Deutschlandpolitik zu reizen und gerade geschlossene Wunden wieder aufzureißen. Mit Mühe gelang es Döring, die Veröffentlichung eines BZ-Berichtes über seine angeblichen Gespräche mit dem Zonen-Gesandten Kegel in Genf und damit ein Wiederaufbrechen des alten Streites mit Reinhold Maier zu verhindern. Doch der dann von der Springer-Zeitung veröffentlichte „Ersatzbericht" ist – allein schon wegen seiner Überschrift „Alleingang der FDP?" – auch so geeignet, neue Unruhe in die Partei hineinzutragen[113].
Das zweifellos bemerkenswerteste Ereignis des Parteitages: die Nominierung Beckers für das Amt des Bundespräsidenten. Ihre Verkündung am Donnerstag vormittag in dem viel zu engen Saalbau in der Hasenheide löste bei den Delegierten wahre Begeisterungsstürme aus. Die Presse reagierte weniger enthusiastisch. Einige Zeitungen schimpften sogar. Bei ihnen klang die absurde Vorstellung durch, daß eigentlich nur die beiden großen Parteien das Recht hätten, um den Posten an der Spitze unseres Staates zu kämpfen. Und das nach zehnjähriger, allseits gelobter Präsidentschaft eines ehemaligen FDP-Parteivorsitzenden ...

Ansonsten fehlte es dem Parteitag an Dramatik. Selbst die Vorstandswahlen brachten nur Erwartetes. Manche Journalisten werteten freilich die Dreiviertelmehrheit für Maier fast als eine Niederlage. Dabei ist das ein erstaunlich gutes Ergebnis angesichts der permanenten Fehde, die Reinhold Maier bis in diese Wochen hinein mit dem stärksten Landesverband ausgetragen hat. Vielleicht stimmte es aber die Delegierten versöhnlich, daß Maier ohnehin bald sein Amt in jüngere Hände übergeben will. Der präsumptive Nachfolger, Erich Mende, nahm sein besonders gut ausgefallenes Wahlresultat glückstrahlend entgegen. Nach dem 70. Geburtstag Maiers wird er dann wohl das Steuer des FDP-Schiffchens selbst in die Hand nehmen dürfen.

*Freitag, den 29. Mai 1959*

Die SPD hat sehr scharf auf die Attacken reagiert, die vor allem Maier und Dehler in Berlin gegen Sozialismus und Sozialdemokratie geritten haben. In Barsigs Artikel ist eine gewisse Verbitterung darüber zu spüren, daß wir die Unterstützung unserer deutschlandpolitischen Initiativen durch die SPD so wenig honorieren. Aber auch die andere Seite des „Hohen Hauses" ist über unsere Berliner Aussagen verdrossen. Der *Rheinische Merkur* entdeckte „Maiers von Haß und Bosheit vibrierende Stimme" bei seiner Abrechnung mit der christdemokratischen Deutschlandpolitik. So sind also beide große Parteien verstimmt, und wir haben unsere Eigenständigkeit erneut unter Beweis gestellt.

Die Spekulationen über Dörings Ost-Gespräche gingen in dieser Woche weiter. DPA berichtete am Mittwoch über eine Meldung des Westberliner *Kurier*, derzufolge Döring mit dem Volkskammerpräsidenten Dieckmann und Hermann Matern in Ostberlin gesprochen haben soll. Mir ist bei dieser Kontakterei nicht ganz behaglich, denn ich kann mir Gemeinsamkeiten mit diesen Funktionären in Fragen der Wiedervereinigung beim besten Willen nicht vorstellen.

In Genf ist die Situation praktisch unverändert. Beide Seiten bombardieren sich noch immer mit Plänen und Vorschlägen, die für den anderen nicht annehmbar sind. Allmählich verliert man bei diesem Wort- und Papierkrieg die Übersicht[114] (Ungeheuer selbstverständlich nicht!) und wendet sich wieder innenpolitischen Problemen zu – dem Zank um Erhard beispielsweise. Die Union ist zur Zeit in einem schlimmen Zustand. SPD und FDP wollen begreiflicherweise daraus wahlpolitisches Kapital schlagen. Doch nicht nur das: wer ein Gefühl für Verantwortung hat, muß wohl in die Bresche springen, die die kommende „Adenauerlose CDU-Zeit" bringen wird. Darum wäre es sicher vernünftig, wenn sich die beiden Oppositionsparteien beim gegenseitigen Streit nicht allzusehr von den eigentlichen Problemen unseres Staates ablenken ließen.

*Freitag, den 5. Juni 1959*

Adenauers abendlicher Entschluß, nun doch Kanzler zu bleiben und auf eine Kandidatur für das Amt des Bundespräsidenten zu verzichten, hat in Bonn wie eine Bombe eingeschlagen. Heute waren die Fraktionen den ganzen Tag über damit beschäftigt, sich über die neue Lage klar zu werden. Die Motive, mit denen der Kanzler selbst seinen überraschenden Schritt begründet, sind allerdings so fadenscheinig, daß man sich mit ihnen gar nicht ernsthaft auseinanderzusetzen braucht. Wahrscheinlich haben die Bundestagsabgeordneten recht, die meinen, es gehe Adenauer nur darum, in letzter Minute die Fraktion dazu zu zwingen, Etzel doch noch als Kanzler zu akzeptieren.

Das Durcheinander in Bonn und die fürchterliche Hitze mögen schuld daran sein, daß die FDP-Bundestagsfraktion heute nachmittag zwar lang und breit über Adenauers neuesten Coup palaverte, sich aber zu keinem Entschluß bzw. Beschluß durchzuringen vermochte. Insbesondere die Frage eines konstruktiven Mißtrauensvotums, über die man längere Zeit diskutierte, scheint für die meisten unserer Abgeordneten ein zu heißes Eisen zu sein, um danach zu greifen. Nicht einmal eine offizielle Stellungnahme schien der Fraktion opportun. Man möchte zunächst einmal abwarten, was in der CDU geschieht.

*Dienstag, den 9. Juni 1959*

Die FDP hat inzwischen ihre vornehme Zurückhaltung in der Frage der Bundespräsidentenwahl aufgegeben. Maier sprach von einer „geradezu unerträglichen Abwertung" des hohen Amtes des Bundespräsidenten. Als Freund von Heuss mag er damit zugleich die Stimmung des gegenwärtigen Staatsoberhauptes charakterisiert haben. Auch fühlt sich mancher FDP-Abgeordnete in seinem negativen Urteil über Adenauer jetzt vielleicht etwas sicherer, nachdem beim gestrigen Gespräch Krones mit Vertretern der Oppositionsparteien der CDU-Abgeordnete Hoogen zweimal beteuerte, daß es in der Beurteilung des Falles Adenauer zwischen der CDU/CSU und den Oppositionsparteien nur „graduelle Unterschiede" gäbe, eine Feststellung, der Krone zugestimmt haben soll.

Obwohl das Thema Adenauer in Vorbereitung der Plenardebatte am Donnerstag eigentlich im Mittelpunkt der heutigen Fraktionsberatungen hätte stehen müssen, beschäftigten sich die Freien Demokraten vor allem mit Berlin – und wieder einmal mit sich selbst. In der ganztägigen Sitzung wurde ein Gesetzentwurf betr. Bundesversammlung beschlossen, nachdem Döring über ein Gespräch berichtet hatte, das er dieser Tage mit einem prominenten Christdemokraten in der Frage „Ort der Bundesversammlung" führte[115]. Dieser soll erklärt haben, die CDU/CSU sei vor allem deshalb gegen Berlin als Wahlort, weil sie fürchte, daß 20 oder mehr ihrer Abgeordneten dort fehlen würden, die den Flug bzw. eine Reise durch die Zone nach Berlin scheuten.

Am Abend gab's dann Krach. Ein Fraktionsmitarbeiter hatte kurz nach sechs Uhr eine DPA-Meldung hereingebracht, derzufolge Dehler und Ungeheuer Gespräche mit Zonenkommunisten in Genf geführt haben sollen[116]. Zoglmann forderte sogleich erregt, Ungeheuer zu maßregeln und ihn unverzüglich nach Bonn zurückzurufen. Das führte zu einer längeren, wenig tiefschürfenden Diskussion über Persönlichkeit und politische Linie des abwesenden Pressechefs. Dabei übten Atzenroth, Sander, Starke und Lenz besonders scharfe Kritik. Mende, der inzwischen mit Ungeheuer in Genf telefoniert hatte, versuchte zunächst vergeblich, die Erregung der Abgeordneten zu dämpfen. Schließlich gab er unter Beifall der Fraktionsmehrheit bekannt, daß Ungeheuer gekündigt habe, und fügte hinzu: der Bundesvorstand werde diese Kündigung auch annehmen. Selbst diese Nachricht stellte einige Abgeordnete nicht zufrieden. Sie forderten, die Ungeheuer als Pressechef noch verbleibende Zeit abzukürzen[117]. Lediglich Achenbach, Döring und Kohut verteidigten die beiden nach Genf gereisten Parteifreunde.

Gegen halb neuen Uhr erschien, aus Genf kommend, Dr. Will in der Fraktion. Er gab sich überrascht, als ihm die DPA-Meldung gezeigt wurde. Er sei – so sagte Will – bis zu seiner Abreise aus der Konferenzstadt am Mittag mit Dehler zusammengewesen und habe von Vorbereitungen für eine Gesprächsaktion nichts gemerkt. So ging der Tag zuende, von dem man eigentlich einen Schlachtplan der Fraktion gegen Adenauer und sein frevelhaftes Spiel mit den Institutionen unseres Staates erwartet hatte, und der nun doch wieder nur neues innerparteiliches Gezänk brachte. Der Alte kann mit dieser Opposition zufrieden sein.

*Donnerstag, den 11. Juni 1959*

Die Sowjets kamen Herrn Adenauer wieder einmal rechtzeitig zur Hilfe. Am Vorabend der Bundestagsdebatte über Adenauers Verzicht auf die Präsidentschaftskandidatur stellte Gromyko in Genf ein neues Berlin-Ultimatum[118]. Damit ist die Viermächtekonferenz in ihre bisher schwerste Krise geraten. Der Abbruch der Konferenz rückt in den Bereich des Möglichen, und unser Kanzler kann sich ins Fäustchen lachen. Die erwartete dramatische Auseinandersetzung im Parlament fand denn auch nicht oder nur mit Maßen statt. Am heftigsten attackierte noch Mende den Alten und dessen persönliches Regime. Erhard war, wie erwartet, bereits am Mittwoch termingemäß umgefallen, nachdem er noch tags zuvor bei seiner Heimkehr aus den USA die Backen mächtig aufgeblasen hatte. Der Kanzler hat seinen Vize richtig eingeschätzt. Adenauer durfte sogar das Parlament mit seinen üblichen Witzchen zum Narren halten, ohne daß es jemand wagte, ihm durch ein konstruktives Mißtrauensvotum endlich ein Quentchen Respekt vor dem Bundestag einzuflößen. Die angeblich so erzürnte Union übernahm wieder geschlossen ihre Rolle als Kanzler-Claque.
Ungeheuer, inzwischen vorzeitig aus Genf zurückgekehrt, mußte sich heute vor dem Fraktionsvorstand für seine Teilnahme an dem gesamtdeutschen Palaver in einem Schlemmerlokal der Schweizer Konferenzstadt verantworten. Wie dieses „Tribunal" ausgegangen ist, weiß ich noch nicht. Eigentlich hätte der FDP-Pressechef ja aus der Schußlinie sein müssen, nachdem wir noch am Dienstag abend ein Dementi an die Presse verteilten, das die völlige Unschuld Dehlers und Ungeheuers an jenem Treffen beweisen sollte[119]. Aber wir hatten mit unserer Presseerklärung Pech: denn tags darauf wurde bekannt, daß sich die beiden Freien Demokraten noch am gleichen Abend erneut mit Zonenpolitikern zu Tisch setzten, diesmal sogar mit zwei Delegationsmitgliedern aus Ostberlin und einem Staatssekretär des dortigen Justizministeriums[120].

*Mittwoch, den 17. Juni 1959*

Morgen soll nun endlich die Entscheidung fallen, an welchem Ort der Nachfolger von Heuss gewählt werden wird. Nach wochenlangem peinlichen Hin und Her, verursacht durch Unionsparteien und Bundesregierung, haben am Montag die Bundestagsausschüsse für Inneres und gesamtdeutsche Fragen einer Einberufung der Bundesversammlung nach Berlin zugestimmt. Jetzt rechnet man allgemein damit, daß Gerstenmaier morgen die gleiche Entscheidung treffen wird.

Am Montag nachmittag hat die CDU/CSU der staunenden Öffentlichkeit ihren nunmehr dritten Kandidaten für das Präsidentenamt präsentiert: den farblos-biederen und politisch recht unbedeutenden Heinrich Lübke, zur Zeit noch Bundesernährungsminister. Der „grüne Heinrich" dürfte denn auch einige Mühen haben, bereits im ersten Wahlgang gewählt zu werden. Nach Heuss ist der Qualitätsabstieg so kraß, daß sicherlich eine Reihe von Delegierten vor allem der kleineren Parteien (BHE, DP) lieber Max Becker als dem offenbar nur an Landwirtschaftsfragen interessierten CDU-Kandidaten ihre Stimme geben werden. Aber auch aus der Union selbst sind Zweifel an der Eignung Lübkes für diesen Posten zu hören.

*Donnerstag, den 18. Juni 1959*

Heute vormittag in der Fraktion eine „Test-Diskussion" über die Präsidentenwahl. Mende wünschte die Meinung der Abgeordneten über die Kandidatur Lübkes zu erfahren. Am Ende dieser Aussprache war klar: die überwiegende Mehrheit der Parteifreunde ist dafür, Becker in allen drei Wahlgängen die Stimmen der FDP zu geben. Nur einige Abgeordnete, z. B. Schultz und Will, beabsichtigen, im 2. oder 3. Wahlgang für Carlo Schmid zu votieren. Brummelte Thomas Dehler: „Wenn ich die Wahl habe zwischen Carlo Schmid und Heinrich Lübke, dann wähle ich Max Becker!"

Mittags traf Sonnenhol aus Paris ein und berichtete der Fraktion über die Lage in der EWG: Weder Frankreich noch Großbritannien wollten einsehen, daß sie keine Großmächte mehr seien. Für Frankreich bedeute jede Integration ein „größeres Frankreich". De Gaulle benutze die EWG als Mittel französischer Großmachtpolitik. Sonnenhol: „Wir Deutsche müssen uns hüten, auch nur den Anschein zu erwecken, als ob wir die Rolle eines französischen Satelliten spielen könnten. Wir müssen lernen, daß es uns die anderen nicht übelnehmen, wenn auch wir hartnäckig unsere eigenen Interessen vertreten." Auch eine mittelmäßige deutsche Außenpolitik sollte in der Lage sein, ein gleich gutes Verhältnis zu Paris und London herzustellen („Was wir nicht brauchen können, ist eine Achse ..."). Sonnenhol meinte, daß sich die deutschen mit den europäischen Interessen deckten. Die Bundesrepublik könne darum die Rolle des „guten Maklers in Europa" spielen[121].

*Samstag, den 20. Juni 1959*

Gerstenmaier hat am Freitag abend endlich die Bundesversammlung nach Berlin einberufen, nachdem aus Genf bekannt wurde, daß sich die Außenminister-Konferenz bis zum 13. Juli vertagt hat. Diese Pause war fällig, nachdem man sich in den ersten vierzig Sitzungstagen praktisch keinen Schritt nähergekommen ist. Der Verlauf des Außenministertreffens rechtfertigt voll die von uns erhobenen prinzipiellen Bedenken gegen isolierte Berlin-Verhandlungen. Denn die Berlin-Frage, das Deutschlandproblem und die Fragen der Abrüstung und Sicherheit gehören nun einmal untrennbar zusammen.

Für Berlin werden jetzt neuerdings Max Becker gute Chancen eingeräumt, es sei denn, Lübke erhielte bereits im ersten Wahlgang die absolute Mehrheit. Damit ist aber kaum zu rechnen. Sollte unser Parteitagsbeschluß von Berlin doch noch zu einer angemessenen Lösung der Nachfolgefragen führen?

*Dienstag, den 23. Juni 1959*

Adenauer gefällt sich immer noch in der Rolle eines politische Amokläufers. Kaum hatte sich der Sturm über seine Erhard-Beschimpfungen in der *New York Times* etwas gelegt, schob er bereits die nächste Granate nach. Diesmal waren die Briten an der Reihe. Gegenüber amerikanischen Zeitungskorrespondenten bezeichnete er die Haltung Großbritanniens auf der Genfer Konferenz wenig diplomatisch als einen „Triumph für Chruschtschow“[122]. In Bonn breitet sich eine Art politischer Lähmung aus. Fasziniert beobachtet alles, wie der Kanzler immer unbeherrschter um sich schlägt, ohne daß jemand diesem Treiben endlich Einhalt gebietet. Auf der heutigen Fraktionssitzung war man sich einig: keine Einmischung in die Krise der Union, aber Demonstration eigener Geschlossenheit in den Sommermonaten. Auch erhob sich kein Widerspruch gegen Atzenroths Mitteilung aus dem Ältestenrat, man habe dort allgemein auf eine weitere außenpolitische Debatte vorläufig verzichtet, um die Probleme jetzt nicht hochzuspielen. Über Adenauer wurde nur noch gealbert.

Relativ optimistisch wurde die Ausgangslage für die Bundesversammlung beurteilt. Die Fraktion bekräftigte erneut ihren Standpunkt, Becker in allen drei Wahlgängen ihre Stimme zu geben. Die SPD sei – wie man höre – eventuell bereit, ihren Kandidaten Schmid zurückzuziehen. Am Schluß der allgemeinen politischen Aussprache beschäftigten sich die Abgeordneten mit der DJD-Beteiligung an den Weltjugendfestspielen in Wien[123]. Weyer und Hoppe sprachen sich gegen die Teilnahme der Jungdemokraten aus. Mit dem LSD, der fahren will, soll darüber gesprochen werden, daß in Wien „gekämpft“ wird und die Studenten sich nicht vor den kommunistischen Wagen spannen lassen. Aber dafür sorgt wohl schon das Bundesinnenministerium, das – wie man hört – allein 400 Beobachter nach Wien entsenden will.

*Freitag, den 3. Juli 1959*

Fünf Stunden dauerte die Geburt: dann hatte die Republik einen neuen, wenn auch unerwünschten Bundespräsidenten. Der Verlegenheitskandidat Lübke, erst im zweiten Wahlgang gewählt, hielt sich indessen recht ordentlich. Man merkte ihm jedenfalls nichts von den vorangegangenen Diskussionen um seine Person an. Eine Verbeugung gegenüber dem geachteten Vorgänger, ein Wort an Berlin, dann konnte der weißhaarige Mann an seinen Platz zurückgehen, von den mehr als 500 christdemokratischen Wahlmännern stürmisch applaudiert. Die meisten Delegierten von SPD und FDP rührten dagegen keine Hand zum Beifall. Ein wenig erfreuliches Stück hatte damit sein vorläufiges Ende gefunden.

Der letzte Akt hatte für die FDP am Dienstag nachmittag im Palais am Funkturm begonnen. Dort erhielten 85 FDP-Wahlmänner von Reinhold Maier geistige Wegzehrung für die Wahl am folgenden Tage. Maiers Rede betont kämpferisch, seine Devise: Geschlossenheit, keine Verzettelung der Stimmen, „selbst wenn er (der Beschluß, in allen drei Wahlgängen Becker die Stimmen zu geben) sich nachher als falsch herausstellen sollte". Damit sei aber, so schränkte Maier sogleich ein, „auf gar keinen Fall" zu rechnen.

Zur selben Zeit wurde das Resultat der SPD-Wahlmänner-Sitzung im gleichen Hause bekannt: auch die Sozialdemokraten hatten inzwischen einstimmig beschlossen, an ihrem Kandidaten Carlo Schmid in allen drei Wahlgängen festzuhalten. Das brachte Paulssen und Achenbach auf die Idee, „aus vaterländischen Motiven" in letzter Stunde noch einmal Verhandlungen über einen von allen Parteien getragenen Kandidaten aufzunehmen. Doch die meisten Wahlmänner schienen diesem Vorhaben keine reelle Chance zu geben. Und sie hatten recht damit. Denn die Union konnte nun schlechterdings nicht noch einen vierten Präsidenten-Kandidaten aus dem Zylinder ziehen.

Leider waren sich die Parteien über ihr Verhalten in Berlin nicht einig. Schröder hatte Gerstenmaier in den letzten Tagen vor der Wahl brieflich mitgeteilt, daß nach seiner Auffassung die Berliner Wahlmänner kein volles Stimmrecht haben könnten. Das machte böses Blut, auch bei den Christdemokraten. Als Schröder am 1. Juli zur Stimmabgabe aufgerufen wurde, gab es in der Ostpreußenhalle Pfiffe. Zuvor hatte jedoch schon Gerstenmaier in seiner Begrüßungsrede den Schröderschen Rechtsstandpunkt zurückgewiesen und unter allgemeinem Beifall der Versammlung erklärt, „daß die Mitglieder des Landes Berlin in dieser Wahl volles Stimmrecht haben". Auch ein anderer Christdemokrat erfuhr in Berlin Unfreundliches: Konrad Adenauer. Als er am Dienstag mittag in Berlin eintraf, hatten sich am Eingang des Flughafens ganze siebzehn Menschen eingefunden, die nicht einmal klatschten oder grüßten, als die Autokolonne vorüberfuhr. Adenauer ist in Berlin offenbar auf dem Tiefpunkt seiner Popularität angelangt. Kein Wunder bei seiner Einstellung zur alten Reichshauptstadt!

## „Übergangslösung" für Berlin? Tod Josef Ungeheuers

*Freitag, den 10. Juli 1959*

Die Bilanz der ersten Hälfte der Legislaturperiode ist für unsere Partei recht positiv: der Versuch, die FDP totzuschweigen, war ein Mißerfolg. Die Liberalen spielten ihre Rolle – vor allem im Bundestag – oft mit Bravour. Anders die Sieger von 1957, die Christdemokraten. Die gaben überraschende Zeichen der Schwäche, ja des politisch-moralischen Niedergangs. Herr von Hassel mag recht haben, wenn er dieser Tage in einer öffentlichen Versammlung seiner Partei behauptete, mit Erhard als Kanzler hätte die CDU die Wahl 1961 glänzend gewonnen. Hätte! Doch nun muß die Union ihren Wahlkampf mit einem Mann an der Spitze führen, dessen sogar die eigenen Parteifreunde mittlerweile überdrüssig sind.

Ungeheuer ist zur Zeit im Urlaub am Genfer See. Seine Kündigung wurde inzwischen publik. Jungnickel hatte bereits Ende Juni in seinem Dienst darüber berichtet. Leider enthielt die Meldung einige Fehler, insbesondere stimmen die dort angegebenen Gründe für Ungeheuers Schritt nicht.

*Samstag, den 18. Juli 1959*

Die vierte Hitzewelle dieses Sommers! Es wird allmählich unerträglich, hier und auf der Genfer Konferenz. Dort sitzt man seit Montag wieder am Verhandlungstisch. Die Denkpause hat aber wenig genutzt: Erklärungen, Erklärungen, Erklärungen – wie gehabt. Und kein Schritt voran. Unbehagen bereitet die Tatsache, daß das Thema Berlin erneut erörtert wird, ohne daß es bisher gelang, den Bogen zum Deutschlandproblem insgesamt zu spannen. Gelingt es aber nicht, Fortschritte in der deutschen Frage zu erzielen, so wäre jede einseitige Veränderung des Berlin-Status für die Wiedervereinigungspolitik eine Katastrophe. Und würde eines Tages der Ostsektor der Stadt total in die DDR integriert, so müßte Westberlin selbstredend in die vollen Rechte eines elften Landes der Bundesrepublik Deutschland eingesetzt werden. Nur so wäre eine gleichwertige Ausgangslage für die Gesamtlösung des deutschen Problems einigermaßen wiederhergestellt. Aber wird der Westen so konsequent sein? Die Gefahr, daß sich nach dieser Konferenz und ihrer verfahrenen Diskussion der Status quo in Berlin einseitig zugunsten des Ostens verschiebt, ist noch nicht gebannt. Und unsere Bundesregierung ist bei bekannt lässiger Einstellung zur Frage der Bindungen Westberlins an den Bund (siehe das Theater um die letzte Bundesversammlung) auch nicht gerade ein Garant für die energische Verteidigung unserer spezifisch deutschen Berlin-Interessen.

Inzwischen ist die Jungnickel-Meldung über Josef Ungeheuer mit mehrwöchiger Verzögerung von der Tagespresse entdeckt und zum Gegenstand eigener Veröffentlichungen gemacht worden. Am Donnerstag riefen die Kollegen den ganzen Tag über in der Pressestelle an und erbaten unsere Stellungnahme zur Kündigung. Ich spielte die Sache herunter – so gut es eben ging.

*Samstag, den 25. Juli 1959*

Die Westmächte geraten offenbar immer tiefer in den Sumpf isolierter Berlin-Verhandlungen. Gestern wurden in Genf auf einer Geheimsitzung bereits „Übergangslösungen“ für Berlin diskutiert. Über die Bewertung dieses Berlin-Palavers scheinen sich die Westmächte indes nicht einig zu sein. Eine weitere Geheimsitzung ist bereits geplant. Und unsere Regierung schaut gelassen zu ...[124].

Aber was interessiert Adenauer schon Berlin? Jungnickel hat in seinem Dienst vor eine Woche eine Geschichte ausgegraben, die zwar schon zehn Jahre zurückliegt, dennoch ein grelles Licht auf des Kanzlers Berlin-Politik wirft. Zumal sich dessen Auffassung über die Zugehörigkeit Westberlins zum Bund bis heute nicht geändert hat und Adenauer sicherlich auch 1959 bereit wäre, aus parteitaktischen Überlegungen Geschäfte zu Lasten dieser Stadt mit ausländischen Mächten zu machen. Selbstverständlich haben sich weder Adenauer noch seine CDU bisher zu den massiven Vorwürfen der *Deutschen Informationen* geäußert[125].

Morgen beginnen in Wien die kommunistischen Weltjugendfestspiele. Am Mittwoch hat die fdk eine vielzitierte Kritik am Fernbleiben der Jugendverbände der Bundesrepublik veröffentlicht. Nur die Liberalen Studenten sind in Österreichs Hauptstadt vertreten. Den westdeutschen Jugendlichen fehlt es wohl am nötigen Selbstbewußtsein und dem Glauben an die Überlegenheit unserer freien Gesellschaftsordnung. Eine nachdenkenswerte Konsequenz der „Politik der Stärke" gegenüber dem kommunistischen Osten, leider auch bei unseren Jungdemokraten deutlich zu spüren[126].

*Donnerstag, den 6. August 1959*

(Matthiasfeld auf Fehmarn)
Die Genfer Konferenz wurde gestern ergebnislos abgebrochen. Das heute veröffentlichte Kommunique ist an Dürftigkeit kaum zu übertreffen.

Unverändert ist Adenauers „Ostpolitik". Wie Ende Juli bekannt wurde, hat der Kanzler ein Projekt zum Scheitern gebracht, das nach Ansicht des Auswärtigen Amtes geeignet gewesen wäre, die Genfer Verhandlungen positiv zu beeinflussen. Die Absicht Brentanos, Polen und der Tschechoslowakei einen Vertrag über gegenseitigen Gewaltverzicht und über eine Normalisierung der Beziehungen vorzuschlagen, hatte Adenauer in der vorvergangenen Woche auf einer Kabinettssitzung als „unzeitgemäß" zurückgewiesen. In Bonn verlautete, der Kanzler betrachte jede Normalisierung der Beziehungen mit den Ostblockstaaten als eine „unzumutbare Vorleistung", solange der Osten im Verlaufe von Außenminister- und Gifpelkonferenzen durch politisches Wohlverhalten eine derartige „Belohnung" durch Bonn nicht rechtfertige.

*Donnerstag, den 27. August 1959*

Gestern abend kam „Ike" nach Bonn. Wir erlebten seinen vielbejubelten Einzug nahe dem Hofgarten, eingekeilt in eine dichte Menschenmenge. Dort traf die Wagenkolonne gegen 20 Uhr ein. An ihrer Spitze, hinter den „Weißen Mäusen", der offene Mercedes 300 des Kanzlers. Adenauer und Eisenhower nahmen die Ovationen stehend entgegen, der Präsident mit beiden Armen winkend und mit dem berühmten breiten „Froschmaul-Lachen". Dahinter noch fast fünfzig weitere Wagen mit den Kabinettsmitgliedern und der Begleitung des Präsidenten (u. a. Christian Herter). Sonderbeifall für Ludwig Erhard, der sich von dem letzten Tiefschlag seines Kanzler inzwischen gut erholt zu haben scheint. Als die Kolonne vorübergerauscht war, brach in Bonn der Verkehr zusammen.

*Dienstag, den 1. September 1959*

Zum 20. Jahrestag des Kriegsausbruchs hat Adenauer den Polen gestern nicht ganz durchsichtige Avancen gemacht. In seiner Rundfunkansprache richtete er ein besonderes Wort an dieses Volk, dabei – wie nicht anders zu erwarten – zugleich die Sowjets kräftig gegen die Schienbeine tretend. Daß auch die Russen etwas später Opfer unserer Aggressionen wurden, war unserem Friedenskanzler wohl momentan entfallen[127].

*Montag, den 7. September 1959*

Urlaubsende, Dienstbeginn. „Der Wehrpflichtige Wolfgang Schollwer, Referent, geboren am 13. Februar 1922 in Potsdam, wohnhaft zu Bonn, Baumschulallee 42, hat sich heute zur Anlegung des Wehrstammblattes angemeldet“. Das Amt für Statistik, Meldewesen und Wahlen, Abt. Wehrerfassung, händigte mir am Morgen diese Anmeldebescheinigung aus. Nicht alle sind so folgsam. Ein gleichaltriger Münchner Rechtsanwalt hat inzwischen beim Bundesverfassungsgericht Verfassungsbeschwerde gegen die Erfassung des Jahrganges 22 eingelegt. Das hat Ludwig Erhard munter gemacht. Am Wochenende erklärte der Bundeswirtschaftsminister gegenüber einer Delegation meiner Altersgenossen, er wolle sich bei Strauß dafür einsetzen, daß die beabsichtigte Einberufung von etwa fünf Prozent kriegsgedienter Soldaten des Jahrganges 1922 zu den Territorialstreitkräften umgangen werde, indem man ausschließlich Freiwilligenmeldungen berücksichtige. Die Frage ist jedoch, ob soviele Meldungen überhaupt eingehen ... Das Bundesverteidigungsministerium hat sofort darauf hingewiesen, es sei notwendig, „bestimmte Positionen mit Spezialisten“ zu besetzen. Darum müsse man den gesamten Jahrgang erfassen, um diese benötigten fünf Prozent zu finden. Gottlob, ich bin kein Spezialist!

Ungeheuer war während meiner Abwesenheit wieder sehr produktiv. Angesichts der gescheiterten Genfer Konferenz entwarf er ein Konzept über „Möglichkeiten eines Kompromisses in der Deutschlandfrage“, das am vergangenen Mittwoch mit einem Anschreiben Mendes der amerikanischen Botschaft sowie einer Anzahl von Abgeordneten der CDU, der SPD und des BHE zugesandt wurde. Das Papier enthält keine neuen Ideen, sondern lediglich eine Zusammenfassung unserer bisherigen Vorschläge zur Deutschlandfrage. Die Position meines Chefs scheint sich offenbar wieder etwas gefestigt zu haben.

*Montag, den 14. September 1959*

Auf einer stark besuchten Arbeitskreissitzung gab Ungeheuer am Vormittag einen überaus skeptischen Bericht zur Lage nach der Genfer Konferenz. Er trug noch einmal seine Gedankenskizze vom 24. August vor und stellte fest, die Bundesregierung schieße „mit allen Rohren“ gegen die Idee einer Ständigen Deutschlandkonferenz. Mende ergänzte, in der Sitzung des Außenpolitischen Ausschusses des Bundestages am 7. August habe sich Wehner völlig resigniert im Hinblick auf die Wiedervereinigung Deutschlands gezeigt. Interessant sei eine Bemerkung des CSU-Abgeordneten Manteuffel-Szoege gewesen, der Stuttgarter Gewaltverzicht der Vertriebenen sei nur „bedingt" ausgesprochen, nämlich für den Fall, daß Polen bestimmte völkerrechtliche Bedingungen erfüllt (z.B. die Wiederherstellung des Selbstbestimmungsrechtes in diesen Gebieten)[128]. Im übrigen – so Mende – gebe es wieder Klagen in der Koalition über Adenauers Regierungsstil: der Kanzler habe es bisher nicht für nötig gehalten, Gerstenmaier, Brentano, Krone oder den DP-Fraktionsvorsitzenden Schneider über seine Gespräche mit Eisenhower zu unterrichten.

Schwann forderte erneut diplomatische Beziehungen zu allen Ostblockstaaten, insbesondere auch zu China, und den Übergang zu einer „dynamischen Politik der Freien Demokraten". Lenz spottete über die Angewohnheit vieler FDP-Politiker, Karl Georg Pfleiderer in der Ost- und Deutschlandpolitik ständig als Kronzeugen anzurufen. Für diese Parteifreunde sei Pfleiderer „eine Art freidemokratischer Kirchenvater zwischen Selig- und Heiligsprechung". Und Zoglmann richtete seine Attacken mal wieder gegen Ungeheuer, vor allem gegen Äußerungen in der fdk, „die die Partei in unerträglicher Weise belasten". Es sei überhaupt notwendig, sich in absehbarer Zeit darüber klar zu werden, welchen Platz die Außenpolitik in der Arbeit der Fraktion einnehmen solle.

Um 12 Uhr gingen Mende, Dehler und Ungeheuer zu Lemmer. Dort berieten Vertreter der Fraktionen über den Evergreen „gemeinsame Deutschlandpolitik". Wie Ungeheuer später mitteilte, habe Lemmer seine Gesprächspartner beschworen, nichts in der Öffentlichkeit über diese Unterredung verlauten zu lassen, sonst würde Adenauer diese Gespräche unterbinden. Der Kanzler sei nur an den Wahlen von 1961 interessiert und habe keinen Sinn für derartige Beratungen.

Am Nachmittag, auf der Fraktionssitzung, referierte Mischnick über die Warschauer Tagung der Interparlamentarischen Union (IPU). Hier habe die Information durch Bonn überhaupt nicht geklappt. Erst 36 Stunden nach Adenauers Rundfunkansprache vom 31. August erhielt die deutsche IPU-Delegation vom FAZ-Korrespondenten in Warschau den Wortlaut der vor allem an die Adresse Polens gerichteten Ausführungen des Kanzlers. Ein peinliches „Versehen": denn natürlich wurden die Deutschen bei einem Empfang am Abend des 31. August in Warschau sofort nach ihrer Meinung zu Adenauers Rundfunkrede gefragt – sie mußten passen. Auch sonst habe man die Reise schlecht vorbereitet. Erst in Warschau habe eine Vorbesprechung der deutschen Delegation stattgefunden, da Delegationsleiter Kopf (CDU) direkt aus Afrika zur Tagung nach Polen angereist kam[129].

Gestern landete zum ersten Male eine Rakete auf dem Mond – es war eine sowjetische. Damit will Chruschtschow wohl seine Amerikareise propagandistisch vorbereiten. Die Rakete war mit sowjetischen Wimpeln ausgerüstet und trug die Aufschrift „Union sozialistischer Sowjetrepubliken – September 1959". In Moskau soll die Nachricht von der Landung auf unserem Erdtrabanten eine ungeheuere Begeisterung ausgelöst haben. Im Westen ist man eher „peinlich berührt“, wie der *General-Anzeiger* heute feststellte. Die Zeitung zitiert Albert Schweitzer: „Ich glaube nicht, daß die Menschheit glücklicher sein wird, wenn sie die Kontrolle über den Mond übernimmt“. Recht hat der Mann!

*Donnerstag, den 17. September 1959*

Ungeheuer berichtete heute über die gestrige Sitzung des Organisationsausschusses. Nach Angaben von Flach habe Maier erklärt, es sei nicht vertretbar, daß ein Pressechef, der gekündigt habe, noch längere Zeit auf seinem Posten bleibe. Der Ausschuß habe darum Maier und Mende beauftragt, deshalb mit Ungeheuer Rücksprache zu halten. Darüberhinaus sei beschlossen worden, mich auf den Posten des Pressechefs zu berufen. Ungeheuer aber besteht darauf, bis zum 1. Oktober 1960 in seinem Amte zu bleiben. Mir wäre es schon recht, ich dränge mich nicht nach einer exponierten Aufgabe. Auch nicht, wenn das Problem Reinhold Maier praktisch schon gelöst ist: Maier hat nämlich gestern mit Wirkung vom 1. Oktober sein Bundestagsmandat niedergelegt. Er wird sich nun wohl gänzlich aus den Bonner Geschäften zurückziehen. Mein Verhältnis zu Maier und umgekehrt war übrigens zumeist freundlich-distanziert.

Am Dienstag wurde Lübke im Bundestag als neuer Präsident vereidigt. Viele Abgeordnete waren nicht erschienen, wohl um ihr Mißfallen über das üble parteitaktische Spiel Adenauers mit dem Präsidentenamt sowie dessen ärmliches Ergebnis zum Ausdruck zu bringen. Tags darauf verabschiedete sich Heuss von der Bonner Bevölkerung, die ihn noch einmal umjubelte. Gerstenmaier hatte sich übrigens für den scheidenden Bundespräsidenten etwas ganz besonderes ausgedacht: er hieß die Abgeordneten sich von ihren Plätzen erheben, „um einhellig im Namen des deutschen Volkes zu bekunden: Theodor Heuss hat sich um das Vaterland verdient gemacht!“ Auf mich wirken solche pathetischen, zumal aus der Antike übernommenen Bekundungen immer etwas komisch. Ob das Theodor Heuss wohl ebenso empfunden hat?

*Dienstag, den 29. September 1959*

Heute vormittag hatte Ungeheuer ein Gespräch mit dem 1. Sekretär der sowjetischen Botschaft, Sergejew. Dabei soll der Diplomat erklärt haben, die FDP liege mit ihren Vorschlägen richtig in der internationalen Entwicklung. Sergejew hat die Absicht, Ungeheuer am 7. Oktober mit dem Gesandten Timoschenko zusammenzubringen; auch Flach soll an diesem Treffen teilnehmen. Dieses sowjetische Interesse an unseren Beiträgen zur Deutschlandpolitik hat Ungeheuer offensichtlich wieder neuen Mut gegeben. Insbesondere, wenn man die Äußerungen Sergejews vor dem Hintergrund der Besprechungen von Camp David sieht[130]. Ungeheuer analysierte gestern bereits in einer Sonderausgabe der Korrespondenz das amerikanisch-sowjetische Kommuniqué. Dieses bestärkte ihn in seiner Auffassung, daß die Amerikaner von uns eine Initiative für einen gesamtdeutschen Friedensvertrag erwarten, zu der bekanntlich Adenauer nicht bereit ist. Doch kann man das Kommuniqué auch anders lesen: als einen Beweis dafür, daß die Großmächte ihre Absicht keineswegs aufgegeben haben, eine isolierte Berlin-Lösung zu versuchen, zumal hier bei den Gesprächen zwischen Eisenhower und Chruschtschow – wie der Pressesekretär des Präsidenten gestern formulierte – „ein Fortschritt erzielt wurde".

*Freitag, den 2. Oktober 1959*

Ungeheuers Hoffnung, allen bisherigen Verlautbarungen aus der Parteispitze zum Trotz doch noch bis zum Herbst kommenden Jahres Pressechef bleiben zu können, ist gestern wohl endgültig zuschanden geworden. Am Mittag traf der mit Mende zusammen, um mit ihm die Konsequenzen seiner Kündigung zu besprechen. Dabei habe Mende kühl erklärt, spätestens im Dezember dieses Jahres müsse Ungeheuer aus seinem Amt scheiden. Erstaunlich ist, wie gefaßt Ungeheuer bisher alle diese Schläge hingenommen hat und wie wenig man darüber von ihm selbst erfährt. Meist nur Andeutungen, die man durch Informationen aus zweiter Hand (Flach) ergänzen muß.

Der *Deutschland-Union-Dienst* hat gestern ziemlich sauer auf meinen Kommentar zum Scheitern des Planes prominenter Christdemokraten, die Unionsparteien noch zu Lebzeiten Adenauers zu reformieren, reagiert[131]. Die im Artikel angeführten Faktoren konnte der Dienst freilich nicht widerlegen. Also nahm er meine Formulierung: „die Regierung des westdeutschen Teilstaates" zum Anlaß, um gegen die fdk zu polemisieren. Interessant, daß die CDU die Bundesrepublik offenbar nicht mehr als ein Provisorium, sondern als etwas Endgültiges zu betrachten scheint.

*Montag, den 5. Oktober 1959*

Vor dem Arbeitskreis berichtete Mende heute nachmittag über ein deutsch-amerikanisches Gespräch in Godesberg[132]. Mende: Die Amerikaner lehnen jede Teilabrüstung in Europa und den Rückzug ihrer Truppen – auch nur bis zum Rhein – strikt ab. Eine nach bestimmten politischen Gesichtspunkten ausgewählte amerikanische Delegation habe sich absolut gegen „dynamische Deutschlandpläne" und die Beseitigung des Status quo ausgesprochen.

Danach bereitete man die außenpolitische Debatte (5. November) vor. Ungeheuer hatte bereits einen Vorschlag für eine Große Anfrage der FDP vorbereitet. Man nahm das Papier ohne lange Diskussion zur Kenntnis und beauftragte ihn, seinen Entwurf so zu formulieren, daß er morgen von der Fraktion beraten werden kann.

Döring gab einen beunruhigenden Einblick in das „Seelenleben" der Bundeswehr – er hat gerade eine vierwöchige Reserveübung hinter sich. Bei den Stabsoffizieren sei das Gefühl für die tragische Situation des geteilten Vaterlandes noch wach; junge Offiziere brennten dagegen z. T. auf eine „Abrechnung mit dem Osten" und hielten einen Krieg auf die Dauer für unvermeidlich. Dabei ist – so Döring – infolge des Rekrutierungssystems immer nur eine Minderheit der jeweiligen Einheit überhaupt einsatzfähig. Im Kriegsfalle würde darum die Bundeswehr regelrecht „verheizt".

Mischnick informierte die Mitglieder des Arbeitskreises über seine Warschau-Reise. Er schlug Einladungen an polnische Journalisten und Parlamentarier vor. Die FDP solle im außenpolitischen Ausschuß des Bundestages deshalb vorstellig werden.

*Dienstag, den 6. Oktober 1959*

Ab 11 Uhr den ganzen Tag Fraktionssitzung. Gegen Mittag Anruf vom Bonner Talweg: Ungeheuer habe gegen 11 Uhr an seinem Schreibtisch einen Schlaganfall erlitten und sei in ein Godesberger Krankenhaus gebracht worden. Sein Zustand sei bedenklich. Die Fraktion setzte ihr umfangreiches Beratungsprogramm nach kurzer Unterbrechung fort.

*Mittwoch, den 7. Oktober 1959*

Kurz nach 9 Uhr starb heute morgen Josef Ungeheuer, ohne das Bewußtsein wiedererlangt zu haben. Er wurde 49 Jahre alt. Sein Tod hat sicherlich nicht nur physische Ursachen. Mende sprach heute in seinem Nachruf von einem „tragischen Tod". Wie wahr! Doch ob unser künftiger Vorsitzender die „Tragik" dieses frühen Todes Ungeheuers in den gleichen Zusammenhang stellt wie die Freunde und Mitarbeiter des Verstorbenen, ist zweifelhaft. Allerdings enthalten auch die anderen Nachrufe keinen Hinweis auf die wahren Gründe und Hintergründe des plötzlichen Hinscheidens jenes Mannes, der bekanntlich nicht nur an der Politik der Adenauer-Regierung verzweifelte. Am kommenden Montag ist die Beisetzung. Bis dahin hat Flach noch alle Hände voll zu tun, um das Verdikt der katholischen Kirche gegenüber ihrem Ex-Priester aufzuheben oder zu mildern[133].

*Samstag, den 10. Oktober 1959*

Das Gerangel um den vakanten Posten des Pressechefs hat bereits begonnen. Flach erklärte heute, er werde sich dafür einsetzen, daß ich mit der Leitung der Pressestelle unter seiner Oberaufsicht beauftragt würde.

Gestern abend, bei einem Pressegespräch der Abgeordneten Scheel und Margulies über Probleme der Entwicklungsländer, sprach sich Scheel in der Parlamentarischen Gesellschaft für eine gemeinsame Verantwortung der Sowjetunion und der westlichen Industriestaaten bei der Unterstützung der Entwicklungsländer aus. Damit wies er zugleich die im Westen übliche Begründung für die Entwicklungshilfe zurück, mit ihr solle eine kommunistische Infiltration in diesen Ländern verhindert werden. „Diese These ist oberflächlich und geht am Kern des Problems vorbei", meinte Scheel zu den anwesenden Journalisten.

*Montag, den 12. Oktober 1959*

Etwa zweihundert Trauergäste, darunter viele Bonner Journalisten, hatten sich heute vormittag auf dem Godesberger Zentralfriedhof versammelt, um Josef Ungeheuer zu Grabe zu tragen. Es war eine beklemmende Trauerfeier, überschattet vom Streit mit der Kirche, der Ungeheuer bis zum Ende seines Lebens angehörte, und von dem Zwist des Verstorbenen mit der Partei, die ihm nun die letzte Ehre gab. Umrahmt von Harmonium- und Cello-Musik sprachen Mende, Schneider und Flach. Der blumengeschmückte Sarg, vor der Friedhofskapelle aufgebahrt, mag manchem wie ein stummer Vorwurf gegen den Mann erschienen sein, der als erster das Wort ergriff und – innerlich spürbar unbeteiligt – ein Loblied auf den „Motor der Partei" sang: Erich Mende. Doch hat der Verstorbene gewiß selbst viel dazu beigetragen, um den Bruch mit der Parteiführung unvermeidlich zu machen. Eine Legendenbildung wäre gewiß unangebracht – nach der einen wie der anderen Seite hin. Doch wird daran natürlich längst gebastelt. Die parteioffiziellen Nachrufe waren wohl nur der Anfang davon.

Am Nachmittag, zum Außenpolitischen Arbeitskreis, erschien auch Dr. Küchenhoff, seit Jahren mit Ungeheuer politisch in besonderer Weise verbunden und darum auch Teilnehmer der vormittäglichen Trauerfeier. Küchenhoff drückte mir die auszugsweise Abschrift eines Briefes in die Hand, den Ungeheuer fünf Tage vor seinem Tode an ihn geschrieben hat. Er enthält die mir bereits bekannten Fakten. Diesen Briefauszug schickte Küchenhoff übrigens zusammen mit einem längeren Anschreiben am 9. Oktober an Eghard Mörbitz. Küchenhoffs Brief bringt interessante Einzelheiten und wendet sich scharf gegen die parteiamtliche Version über die Motive für Ungeheuers „Umsteigen" in die Politik. Die Hauptstoßrichtung geht gegen Mende[134].

Die Beratungen des Arbeitskreises waren heute nicht sehr ergiebig. Die meisten Teilnehmer schienen nicht ganz bei der Sache. Dehler gab einen kurzen Bericht über die letzte Sitzung des Außenpolitischen Ausschusses des Bundestages. Dort habe Brentano erklärt, das Ergebnis der deutsch-amerikanischen Gespräche in Bad Godesberg entspreche durchaus der offiziellen Haltung der USA-Regierung: kein Disengagement, keine Abrüstung. – Diese Ansicht des Außenministers aber widerspricht Informationen, die bislang über die sowjetisch-amerikanischen Gespräche zu erhalten waren[135].

Am Sonntag, bei der Bremer Bürgerschaftswahl, erlitt die CDU eine bedeutende Niederlage. Sie verlor gegenüber 1955 3,2% der Stimmen. Das darf man getrost als eine persönliche Schlappe Adenauers werten. Des Kanzlers Bäume scheinen also doch nicht so in den Himmel zu wachsen, wie Ungeheuer noch am 14. September befürchtete.

*Montag, den 19. Oktober 1959*

Am Wochenende mit Flach und einigen anderen Kollegen im Remstal zu Maiers Siebzigsten. Samstag abend festlicher Empfang in Plüderhausen. In der großen Staufenhalle hielt Reinhold Maier Hof und mehr als 500 Geburtstagsgäste schmausten bei Kerzenlicht und Akkordeonklängen (Hohner-Handharmonika-Orchester) leckeren Kalbsbraten und tranken Unmengen der guten Remstaler Weine. Viel Prominenz, aber sehr viel mehr „Namenlose". Reinhold Maier genoß seine Popularität sichtlich und fühlte sich durch die endlose Kette offizieller Lobreden keineswegs geniert. Als Mende den Jubilar deshalb rühmte, weil er „manchem Feuerkopf einen kalten Umschlag" verpaßt habe, mußte ich an Ungeheuer denken, dem diese Therapie offensichtlich schlecht bekommen ist. Das Geburtstagskind revanchierte sich für die vielen wohlgedrechselten Reden mit ausführlichen persönlichen Reminiszenzen und schließlich einem aufmunternden Wort an seinen Nachfolger im Amt des Parteivorsitzenden.

*Samstag, den 24. Oktober 1959*

Achenbachs erneuter Vorstoß für eine Generalamnestie blieb auch heute auf einer ganztägigen Sitzung des Bundesvorstandes ohne Erfolg. Nach dreistündiger Debatte, in der sich außer dem Antragsteller nur noch Döring und Schwertner für dieses fragwürdige Unternehmen aussprachen, beschloß der Vorstand am späten Nachmittag mit elf gegen drei Stimmen, kein Amnestiegesetz im Bundestag einzubringen. Die Argumentation Achenbachs und der von ihm vorgelegte Entwurf eines Straffreiheitsgesetzes wurden z. T. scharf kritisiert. Erstaunlich, daß Achenbach nach so vielen Bauchlandungen immer wieder in dieser Sache tätig wird[136].

Mende hatte zuvor in seinem politischen Lagebericht herbe Kritik am Kanzler geübt. Es sei Aufgabe der kommenden außenpolitischen Debatte, das Ergebnis Adenauerscher Politik für die deutsche Wiedervereinigung hervorzuheben: die Festigung der Spaltung und den endgültigen Verlust der deutschen Ostgebiete. Aus der CDU (Dr. Krone) will Mende erfahren haben, daß diese Partei jetzt eher geneigt sei, eine Parlamentarierreise nach Moskau zu akzeptieren, allerdings erst für das kommende Frühjahr.

Eine Kommission zur Vorbereitung des Bundesparteitages im Januar 1960 wurde gebildet, der Leverenz, Kohut, Haußmann, Döring und Flach angehören. Am Abend tagte der Organisationsausschuß: er wollte sich mit der Nachfolge Ungeheuers beschäftigen.

## Pressereferent der Partei und Chefredakteur

*Montag, den 26. Oktober 1959*

Die Bemühungen einiger prominenter Parteifreunde[137], meine Ernennung zum Chefredakteur der fdk sowie zum Pressereferenten der Partei zu verhindern, hatten keinen durchschlagenden Erfolg. Flach teilte mir heute den Beschluß des Organisationsausschusses vom Samstag mit, der mich mit den vorgenannten Aufgaben betraute. Die Pressestelle wird dem Bundesgeschäftsführer direkt unterstellt.

In Schleswig-Holstein geht's jetzt wieder aufwärts. Bei den Kommunalwahlen hatte die FDP gestern die größten Stimmengewinne von allen Parteien zu verzeichnen. Verloren haben BHE und Deutsche Partei. Das Dreiparteiensystem beginnt sich zu etablieren.

*Donnerstag, den 29. Oktober 1959*

Zur Zeit beschäftigen sich die Journalisten mit den vorgeblichen Koalitionsabsichten der FDP. Nachdem die *Intern-Informationen*[138] vor etwa einer Woche dieses Thema aufgegriffen hatten, analysiert heute auch Bitzer in der FAZ über drei Spalten hinweg angebliche Tendenzen und Überlegungen in der FDP zur Koalitionsfrage. Die Ernüchterung über den Ausgang von Genf habe es möglich gemacht, daß wir Freien Demokraten nun wieder näher an die Union heranrückten. Der Burgfrieden zwischen den süddeutschen „Altliberalen" und den Düsseldorfer „Jungtürken" sei hergestellt. Und Mende wird zitiert: „Tätige Verantwortung bekommt uns besser als eine wenig effektive Teilopposition".

Darüber kann man streiten. Mit Sicherheit dürfte uns jedoch eine Koalition mit Adenauer wenig bekömmlich sein. Das weiß wohl auch Mende. Allein die Tatsache, daß „hinter Adenauer" andere Männer sichtbar würden, kann uns aber wenig nützen, wenn der greise Kanzler nicht von sich aus abtritt. Denn an einen Aufstand der Union gegen ihren Vorsitzenden ist nach den deprimierenden Erfahrungen mit der Standfestigkeit der CDU-Politiker in diesem Sommer kaum zu denken.

*Dienstag, den 3. November 1959*

Jungnickel gab gestern nachmittag vor dem Arbeitskreis weitere Einzelheiten zu seiner bereits im Juli in den DI veröffentlichten Adenauer-Berlin-Geschichte bekannt. Er erfuhr sie von einem Dr. Kindt-Kiefer, der sich übrigens 1954 mit Adenauer wegen dessen Saarpolitik überwarf. An Kindt-Kiefer kam Jungnickel durch Vermittlung des SPD-Abgeordneten Ritzel. Der ehemalige Adenauer-Vertraute übergab Jungnickel das Material sowie eine zusätzliche Erklärung, die Jungnickel den Mitgliedern des Arbeitskreises vortrug. Bei der kommenden außenpolitischen Debatte will die FDP Adenauer dieses Material vorhalten.

Diese Debatte verspricht auch sonst eine harte Konfrontation zwischen Regierung und Opposition. Ollenhauer hat Mende gegenüber geäußert, die Sozialdemokraten würden ihre Debattenbeiträge unter das Motto stellen: „Bis hierher hat uns Adenauer gebracht". Mende, unser Hauptredner am 5. November, scheint ähnliches vorzuhaben. Nach seinen Äußerungen vor dem Arbeitskreis will er zunächst auf den Zeitverlust des Bundestages in der Wiedervereinigungsfrage seit März 1958 hinweisen. Die Richtung der Regierungspolitik sei: keine Experimente, Status quo; die Richtung der vier Mächte: hinter Potsdam zurück nach Jalta – zur Dreiteilung Deutschlands. Die Konsequenz:

die Wiedervereinigung wird auf dem Altar der westlichen Sicherheit geopfert. Dabei erhebe sich die Frage: zahlen wir diesen Preis für den verlorenen Krieg oder für die verfehlte Politik Adenauers?

Mende hat inzwischen zu den Koalitionsgerüchten Stellung genommen. Am vergangenen Freitag, auf einer Pressekonferenz in Köln, wies er solche Spekulationen zwei Jahre vor der Wahl als verfrüht zurück. Eine Koalition mit der CDU unter einem Regierungschef Adenauer halte er sowieso für unmöglich, wogegen die unter einem Bundeskanzler Erhard durchaus denkbar sei. Damit hat aber Mende umlaufende Gerüchte praktisch nur bestätigt. Denn von einer CDU/FDP-Koalition zum jetzigen Zeitpunkt und dazu noch unter Adenauer war ja ohnehin nicht die Rede.

*Freitag, den 6. November 1959*

Die Bemühungen der Freien Demokraten – und auch der SPD –, den Kanzler auf dem Gebiete der Deutschlandpolitik in eine neue Richtung zu stoßen, zumindest jedoch zu einem politischen Offenbarungseid zu zwingen, sind so ausdauernd wie erfolglos. Auch gestern, während der außenpolitischen Debatte, kamen die Oppositionsparteien keinen Millimeter voran. Unsere Große Anfrage wurde von Brentano praktisch nicht beantwortet. Adenauer und sein Außenminister denken nicht daran, sich vom Parlament in die Karten schauen zu lassen. Daß diese Bundesregierung freilich mit der gemeinsamen Bundestagsentschließung vom 1. Oktober vergangenen Jahres nichts im Sinne hat, wurde auch so deutlich. Nicht zuletzt in jenem Augenblick, als Brentano die Katze aus dem Sack ließ und sich erneut zu dem die Wiedervereinigung blockierenden Primat der Wahlen bekannte[139].

Im übrigen die alte Taktik der Gesundbeterei, das übliche Wortgeklingel der Unionschristen – die Welt als Wille und Vorstellung der CDU/CSU. Mende, der unter protestierenden Zwischenrufen von Unionsabgeordneten die Jungnickel-Meldung über Adenauers Berlin-Verschwörung vor dem Plenum ausbreitete, konnte lediglich den Außenminister zu einer ziemlich (unqualifizierten) Replik veranlassen – nicht jedoch Adenauer zu eigener Stellungnahme[140]. Der Kanzler schwieg während der ganzen elfstündigen Sitzung, so als ginge ihn diese Debatte um die Zukunft Deutschlands überhaupt nichts an. Was braucht dieser Mann ein Parlament, da ihm die Mehrheitsfraktion ohnehin gestattet, die Bundesrepublik wie ein absolutistischer Monarch zu regieren?

Die FDP denkt jedoch nicht daran zu resignieren. Mende hat heute bereits angekündigt, daß die Fraktion am kommenden Dienstag prüfen werde, ob sie eine weitere Große Anfrage zur Deutschlandpolitik einbringen und damit eine neuerliche außenpolitische Debatte erzwingen will. Wir dürfen diesen Kanzler und seine gehorsame Truppe im Bundestag nicht mehr zur Ruhe kommen lassen!

*Dienstag den 10. November 1959*

Nachdem in der vergangenen Woche die außenpolitische Debatte auf Antrag der CDU und mit den Stimmen der SPD abgewürgt worden ist und die Regierung unsere Große Anfrage nicht beantwortete, beschloß die FDP-Fraktion heute in einer ganztägigen Sitzung erneut eine Große Anfrage zur Deutschlandpolitik einzubringen. Die Verbitterung der FDP-Abgeordneten ist groß. Sie wollen nun endlich Gewißheit über die Deutschlandpolitik des Kanzlers. Dabei ist diese eigentlich glasklar: gegen eine Wiedervereinigung Deutschlands und für den Status quo der Teilung. Dieses aber wird der „Alte" wohl kaum zugeben. Also wird man sich erneut mit Ausflüchten zufrieden geben müssen.

Die Neuwahl des Fraktionsvorstandes ergab keine wesentlichen Veränderungen. Nur Mischnick rückte auf und besetzte den neugeschaffenen Posten des 2. Parlamentarischen Geschäftsführers. Er hat sich das durch fleißige Arbeit redlich verdient.

Am Samstag nachmittag mit Flach erstmals auf dem Empfang der sowjetischen Botschaft in der Godesberger Redoute. Die Smirnows sind ein stattliches, gutaussehendes Paar. Der Botschafter in Diplomatengala, die ein wenig an eine Feuerwehruniform erinnert, mußte in den viel zu engen Räumen Hunderte von Industriellen-, Wissenschaftler- und Politikerhänden schütteln. Die Bundesregierung war – erwartungsgemäß – dürftig vertreten: durch Herrn von Merkatz, den braven, aber völlig einflußlosen Bundesratsminister. Dafür waren SPD und FDP gut repräsentiert. Auch Mende gratulierte zum 42. Jahrestag der Großen Sozialistischen Oktoberrevolution.

*Dienstag, den 17. November 1959*

Am Wochenende zeitweilig in der Godesberger Stadthalle zum außerordentlichen SPD-Parteitag. Etwa 300 Journalisten waren erschienen, um die zweieinhalbtägigen Beratungen eines neuen Grundsatzprogramms der Sozialdemokraten zu verfolgen. Die Diskussionen standen zumeist auf einem erstaunlich hohen Niveau. Als ich am Freitag nachmittag zum ersten Male an einem der Pressetische des Parteitages Platz nahm, stritt man sich noch über den prinzipiellen Nutzen eines solchen Programms. Doch eine geschickte und straffe Regie verhinderte jedes Ausufern der Debatte und sorgte für eine zeitgerechte Erledigung der ca. 270 Änderungsanträge.

Was dann am Sonntagmittag herauskam und mit großer Mehrheit (gegen nur sechzehn Stimmen!) verabschiedet wurde, war eine Konzession an die politische Wirklichkeit der Bundesrepublik. Der Parteiführung war es gelungen, alle Versuche einzelner Delegierter abzuwehren, den vom Vorstand vorgelegten, gemäßigten Programmentwurf mit marxistischen Forderungen und Parolen anzureichern. Besonders auf den Gebieten der staatlichen Ordnung und der Landesverteidigung, aber auch z. T. im wirtschaftlichen Bereich enthält das neue SPD-Programm einige Postulate, die sich weit von sozialistischen Vorstellungen entfernen. Wehner, zweifellos die stärkste Persönlichkeit dieses Parteitages, erklärte darum auch – den Marxisten in der SPD zur Beruhigung und den allzu Fortschrittlichen zur Warnung –, daß „marxistisches Denken und marxistische Methode für unsere Sozialdemokratische Partei unentbehrlich sind".

Meine erste Stellungnahme (Sprechererklärung) vom Sonntag nachmittag zum Parteitag erschien der Parteiführung zu positiv bzw. nicht distanziert genug. In der heutigen fdk habe ich deshalb noch einmal ausführlich die Godesberger Tagung kommentiert, die positiven Bemerkungen vom Sonntag wiederholt, sie jedoch – wunschgemäß – mit zusätzlichen kritischen Betrachtungen angereichert, deren Berechtigung nach genauer Lektüre der Parteitagsprotokolle auch schwerlich bestritten werden kann. Ich habe allerdings den Verdacht, daß Mende und andere vornehmlich jeden Anschein vermeiden wollen, als betrachteten wir die SPD als einen künftigen Koalitionspartner. Und diese Vorstellung wäre – aus heutiger Sicht – in der Tat ausgesprochen unrealistisch.

*Sonntag, den 22. November 1959*

Gestern auf der Bundesvorstandssitzung in Frankfurt wurden SPD und CDU gleichermaßen mit Unfreundlichkeiten bedacht. Die CDU (Bundesregierung) erhielt eine scharfe Zurechtweisung, weil sie sich in der Flaggenfrage bei der Vorbereitung der Olympischen Spiele in Squaw Valley ausgesprochen töricht verhält[141]. Den Sozialdemokraten wurden wegen ihrer durch das Godesberger Programm erneut bekräftigten Sozialpolitik („Tendenz zur Vermassung") die Leviten gelesen. Im übrigen beschäftigte sich der Vorstand vor allem mit der Vorbereitung des Stuttgarter Parteitages. Eine vorläufige Tagesordnung wurde festgelegt, der Termin – 28. und 29. Januar 1960 – bestätigt.

## Deutsch-Französische Gespräche. Zunehmende Skepsis gegenüber Adenauer

*Montag, den 30. November 1959*

So erfreulich die Forderung der 2000 Kongreß-Teilnehmer nach einer gemeinsamen Deutschlandpolitik des Bundestages und der Bundesregierung auch ist, so wenig wird die Berliner Jahrestagung des Kuratoriums „Unteilbares Deutschland" in der vergangenen Woche etwas an der diesem Ziel entgegenstehenden Politik Adenauers ändern. Denn nicht die deutsche Wiedervereinigung, sondern die deutsch-französische Annäherung bezeichnete der Kanzler erst heute wieder in einem Radio-Interview als seine „Lebensaufgabe". Aus diesem Grunde blieb die Bundesregierung auch der Eröffnungssitzung des Kuratoriums in der Berliner Kongreßhalle am vergangenen Donnerstag – abgesehen von Minister Lemmer – demonstrativ fern. Der Kanzler schickte ein kurzes, nichtssagendes Telegramm. Brentano hatte, obwohl offizieller Begrüßungsredner, sogar den Termin vergessen und mußte erst durch einen in Berlin anwesenden Beamten seines Ministeriums zur telegraphischen Begründung seines Fernbleibens aufgefordert werden.

Schlimm das Referat des Herrn von Hassel am Eröffnungstag. Das war verbaler Kalter Krieg in Reinkultur, zugleich – wie für die CDU/CSU typisch – in der praktischen Politik völlig defensiv, voller Minderwertigkeitskomplexe gegenüber dem Osten, kurz: ein wenn auch vielleicht ungewolltes Bekenntnis zum Status quo und damit zur deutschen Teilung. Was sonst in den insgesamt neun Arbeitskreisen am Donnerstag und Freitag verhandelt wurde, war im allgemeinen weniger bedeutsam als das nahezu einmütige Bekenntnis der Kongreßteilnehmer zur Aufnahme von diplomatischen Beziehungen mit den Ostblockstaaten in der Schlußerklärung der Jahrestagung. Dafür hatte sich zuvor Mischnick in seinem Referat vor dem Arbeitskreis 4 besonders nachdrücklich eingesetzt.

Überhaupt erwies sich, daß die Adenauersche Politik immer weniger Zustimmung in der politisch interessierten Öffentlichkeit Deutschlands erhält. Das zeigte sich bei der Diskussion der Flaggenfrage im Plenum. Und daß die von den Freien Demokraten vertretenen Positionen in der Deutschland- und Ostpolitik deutlich an Boden gewinnen – auch und gerade im Kuratorium. Um so eigenartiger die Regie der Verantwortlichen dieser Organisation, die Referate in den Plenarsitzungen allein zwischen CDU und SPD aufzuteilen, so daß die FDP leer ausging. Diese völlig unbegründete Vorwegnahme eines „Zweiparteiensystems“ durch das Kuratorium veranlaßte Mende, wenige Tage vor Beginn des Kongresses seine Teilnahme zurückzuziehen[142]. Man wollte den FDP-Fraktionsvorsitzenden mit der Leitung eines Arbeitskreises abspeisen.

*Mittwoch, den 2. Dezember 1959*

Manche Leute hoffen, Adenauers gegenwärtige Paris-Reise werde endlich Licht in das Dunkel seiner Oder-Neiße-Politik bringen. Ich bin da skeptisch. Nachdem sich Adenauer am 5. November im Bundestag trotz Aufforderung durch Mende um eine Stellungnahme zu de Gaulles Position in der Frage der deutschen Ostgrenzen herumgedrückt hat, scheint die Vermutung nicht mehr abwegig, daß zwischen Bonn und Paris – wie es in der heutigen fdk heißt – „in einer Art diplomatischen Zwinkerkartell bereits Abmachungen getroffen wurden, die Deutschlands Teilung sanktionieren“.

Kreitmeyer, der im November mit einer Parlamentarier-Delegation in den Vereinigten Staaten war, bestätigt heute in einem Interview mit unserer Korrespondenz noch einmal die gegen ein Disengagement in Europa gerichtete Haltung konservativer Kreise um Acheson; sie werde indessen von der amerikanischen Presse keineswegs unterstützt. Auch stimme diese Position des ehemaligen Außenministers nicht mit der Haltung überein, die die Demokratische Partei zur Grundlage des kommenden Wahlkampfes machen werde. Man könnte hinzufügen: vermutlich auch nicht mit den Vorstellungen des State Departments, nachdem sich Herter Mitte November so dezidiert gegen das Wettrüsten und für gemeinsame Spielregeln von Ost und West „für ein gemeinsames Überleben" ausgesprochen hatte[143].

*Samstag, den 5. Dezember 1959*

Gestern nachmittag im Bonner WDR-Studio Aufnahme eines Journalisten-Gesprächs mit Erler. Erler ist als Interview-Partner genauso brillant wie als Debattenredner. Niemandem gelang es, ihn in dem halbstündigen Gespräch auch nur für einen Augenblick in Verlegenheit zu bringen. Wir vier Journalisten waren nicht viel mehr als Stichwortgeber, die es dem begabten SPD-Poltiker ermöglichten, das Gesicht seiner Partei möglichst vorteilhaft darzustellen. Die Sache geht am Sonntag abend über den Sender.

Adenauers Paris-Ausflug endete wie erwartet: es blieben alle Fragen offen, die in jüngster Zeit das deutsch-französische Verhältnis belastet haben[144]. Inzwischen werden die fatalen Auswirkungen der Adenauerschen Deutschlandpolitik immer deutlicher. Nehru hat am Donnerstag auf einer Pressekonferenz erklärt, jeder spreche von der Wiedervereinigung Deutschlands; aber soweit er erkennen könne, wolle sie niemand, auch die Bundesrepublik nicht. Wen kann eine solche Ansicht noch wundern? Man darf gespannt sein, welche politischen Eiertänze unsere Regierung nun wieder aufführen wird, um diese Äußerungen „ungeschehen" zu machen.

*Freitag, den 11. Dezember 1959*

Heute nachmittag ein mehr als zweistündiges Gespräch mit einem der Dritten Sekretäre der sowjetischen Botschaft. Er hatte sich am Mittwoch telefonisch angemeldet und kam um 16 Uhr in mein Büro. Der Mann äußerte sich überraschend optimistisch zu der Möglichkeit, zwischen Bonn und Moskau ein besseres Verhältnis herzustellen; er hält einen Kurswechsel Adenauers offenbar nicht für ausgeschlossen. Auf der anderen Seite meinte der sowjetische Diplomat, daß Adenauers Feststellung auf dem Dürener Parteitag der CDU, man solle nicht mehr von Wiedervereinigung, sondern nur noch vom Selbstbestimmungsrecht der Zonenbevölkerung reden, eine „Verschärfung" des Wiedervereinigungskurses der Bundesregierung bedeute. Denn das weise doch auf die Absicht Bonns hin, durch Eingriff von außen die Lage in Mitteldeutschland zugunsten des kapitalistischen Westens zu ändern, vielleicht sogar mit einer militärischen Aktion. Ich konnte ihn da beruhigen. Denn nichts auf der Welt ist defensiver als die Deutschlandpolitik unserer Regierung. Am liebsten hätte ich meinem sowjetischen Gesprächspartner die Wahrheit gesagt: daß Adenauer die Wiedervereinigung längst abgeschrieben hat. Aber das ließ ich aus naheliegenden Gründen bleiben. Daß der Kanzler – wie de Gaulle – die Oder-Neiße-Grenze anerkennt, das stand ja schon Mittwoch im *Spiegel*.

*Dienstag, den 22. Dezember 1959*

„Die beste Lösung ist, daß es so bleibt, wie es ist“, erklärte Adenauer gestern einem Journalisten auf dessen Frage, ob sich die Lage Berlins nach den Gesprächen mit den Westmächten am Rande der Tagung des NATO-Ministerrats verbessert habe. Am gleichen Tage versicherte Brentano, der Westen habe „jetzt eine ausgezeichnete Ausgangsposition (in der Berlin-Frage) für die kommenden Verhandlungen mit Chruschtschow“. Also wieder einmal alles in Butter!

Mehr Interesse als dem Ausgang der Pariser Gespräche schenkt die Presse einem Treffen, das am Wochenende im Hause Dehler stattgefunden hat. Die Tatsache, daß Dehler die SPD-Politiker Ollenhauer, Erler und Deist zum Abendessen geladen hatte, regt die Phantasie der Journalisten ungemein an. Sofort ergeht man sich wieder einmal in Koalitionsspekulationen, diesmal allerdings in der anderen Richtung. Bitzer hat heute in der FAZ den Vorgang in den richtigen Zusammenhang gestellt, d. h. die Selbstverständlichkeit solcher Begegnungen zwischen Spitzenpolitikern der demokratischen Parteien, unabhängig von koalitionspolitischen Überlegungen, hervorgehoben. Mende, der beim Verspeisen von Fränkischem Sauerkraut und Kasseler Rippenspeer zusammen mit Döring und Scheel bei Dehler mit zu Tische saß, dürfte ohnehin nicht geneigt sein, die „Schleichwege“ (Mörbitz) zu verlassen, auf denen er sich einer erneuten Koalition mit den Unionsparteien nach 1961 so erkennbar nähert. Mit der SPD ist eine Koalition nach den nächsten Bundestagswahlen schon deshalb unmöglich, weil die überwiegende Mehrzahl der gegenwärtigen (und wohl auch zukünftigen) FDP-Bundestagsabgeordneten absolut gegen eine Zusammenarbeit mit den Sozialdemokraten in einem Bundeskabinett ist.

*Dienstag, den 29. Dezember 1959*

Zwei Kriminelle, Mitglieder der rechtsradikalen Deutschen Reichspartei, haben die Bundesbürger aus ihrem Weihnachtsfrieden hochgeschreckt. Ausgerechnet den Heiligen Abend wählten sie für antisemitische Schmierereien an einer Kölner Synagoge[145]. Seitdem überschlagen sich unsere Politiker mit Protesten, und die Journalisten füllen Zeitungen, Rundfunk- und Fernsehsendungen mit immer neuen Informationen und Betrachtungen über dieses schockierende Ereignis. Die Wirkung dieser Tat und ihres publizistischen Echos könnte fatal werden ...

Zwei Tage vor Sylvester wäre eigentlich ein Rückblick fällig. Aber 1959 verlief – politisch gesehen – ungewöhlich turbulent. Es wird immer schwieriger, die Fülle der auf uns einstürzenden Informationen zu verarbeiten, d. h. sie zu ordnen und richtig zu werten. Wie einfach stellte sich mir noch vor drei Jahren in meiner ostbürokratischen Abgeschiedenheit die Welt dar: da schien alles klar und übersichtlich. Manchmal, wenn ich die Notizen dieser Jahre lese, bin ich fast erschrocken, wie sehr sich inzwischen viele meiner damaligen Ansichten geändert haben. Liegt das nun an mir, an den „Umständen“, oder ist es einfach ein notwendiger Prozeß der Weiterentwicklung nach vielen Jahren der geistigen Stagnation? Und wieviele meiner heutigen „Wahrheiten" werden sich morgen wiederum als Irrtümer erweisen? Das einzige Mittel, den Irrtum zu vermeiden, sei die Unwissenheit, sagt Rousseau. Das ist kein tröstliches Wort, denn es bedeutet doch letztlich, daß wir um so mehr irren, je mehr wir wissen. Eine beklemmende Aussicht nicht nur für 1960 ...

# Tagebuch 1960

## Antisemitismus. Reinhold Maiers Abschied

*Dienstag, den 5. Januar 1960*

Adenauers 84. Geburtstag. Atzenroth erhielt den Auftrag, mit einem großen Blumenstrauß dem Kanzler die Glückwünsche von Bundespartei und Bundestagsfraktion auszusprechen. Damit ist dem Gebot der Höflichkeit Genüge getan und zugleich die notwendige Distanz zu Konrad Adenauer gewahrt[146]. Die SPD hatte sich etwas Besonderes einfallen lassen: sie hielt dem alten Herrn in einem Geburtstagsartikel so drastisch seine Fehler und Schwächen vor, daß die Union umgehend diesen „Glückwunsch" des SPD-Pressedienstes als ein „menschlich niedriges Pamphlet" abqualifizierte. Ich hätte übrigens auch gern dieses Tages gedacht, doch die Parteiführung hielt es für besser zu schweigen. Da mag sie wohl sogar recht haben.

Die deutsche Öffentlichkeit beschäftigt noch immer die weihnachtliche Synagogenschmiererei. Die Tat vom 24. Dezember hat in aller Welt Kettenreaktionen ausgelöst. Nicht alle, die sich jetzt voller Entrüstung zum Thema Antisemitismus in Deutschland äußern, sind dazu berufen. Peinlich berührte ein Beitrag Karl Korns in der *Frankfurter Allgemeinen*, da von diesem Herrn aus der Zeit des Nationalsozialismus antisemitische Artikel bekannt sind. Aber vielleicht wollte Korn jetzt nur eine Art Wiedergutmachung leisten. Nicht weniger unzweckmäßig erscheint uns die Absicht einiger sicherlich Gutmeinender, den Bundestag zu einer Sonderdebatte über antisemitische Ausschreitungen zusammenzurufen. Damit gewönne die Sache noch mehr Publizität, nachdem die bisherige schon soviel Schaden angerichtet hat.

*Dienstag, den 12. Januar 1960*

Gestern am späten Nachmittag Arbeitskreissitzung. Thema: Verteidigungspolitik. Kreitmeyer, Schultz und Döring referierten und vertraten einmütig die Auffassung, eine integrierte NATO-Politik diene nicht den nationalen Zielen der Deutschen. Die empfohlene Konsequenz: Ausbau nationaler Streitkräfte.

Heute nachmittag auf der Fraktionssitzung wurde auf Dehlers Initiative hin beschlossen, im Bundestag einen Antrag auf Abänderung des § 194 des Strafgesetzbuches einzubringen. Damit macht sich die FDP die Forderung des Generalsekretärs des Zentralrates der Juden zueigen, künftig eine gerichtliche Verfolgung der Beleidigung zu ermöglichen, wenn das öffentliche Interesse eine solche Verfolgung geboten erscheinen läßt. Auf diese Weise wollen wir zugleich die fragwürdige Absicht der Bundesregierung unterlaufen, durch ein Gesetz gegen Volksverhetzung Sonderrechte für die jüdische Minorität in Deutschland zu schaffen.

Mit den Sowjets gab es Ärger. Die Botschaft hatte die Fraktion sowie Flach und mich zu einem Filmabend am Mittwoch nach Rolandseck geladen. Ein Farbfilm über Chruschtschows USA-Besuch sollte gezeigt werden. Nur: unsere Berliner Abgeordneten erhielten keine Einladung. Auf Nachfrage bei der Botschaft erhielt die Fraktionsgeschäftsstelle eine absonderliche Auskunft: Lüders und Will, so hieß es, würden von der sowjetischen Botschaft in Ostberlin zu einer Sondervorführung gebeten werden (!). Als die FDP daraufhin mit einer Absage drohte, teilte der 1. Sekretär Sergejew dem Fraktionsgeschäftsführer Genscher gestern mit, daß die Filmvorführung „aus technischen Gründen" ausfallen müsse. So kleinkariert machen Großmächte zuweilen Politik.

*Mittwoch, den 20. Januar 1960*

Vor einer Woche hat das Bundeskabinett die Öffentlichkeit mit einer Notstandsregelung überrascht, bei der die Regierung sich offenbar ein wenig von dem berüchtigten Ermächtigungsgesetz von 1933 inspirieren ließ. Was sich Kanzler und Innenminister dabei gedacht haben, weiß der Himmel. Fraktion und Vorstand haben jedenfalls gestern nachmittag in einer gemeinsamen Sitzung diesen Gesetzentwurf der Bundesregierung einstimmig abgelehnt. Nachdem bereits in der vergangenen Woche auch die SPD ihr vorbehaltloses Nein verkündet hat, können Adenauer und Schröder ihre Notstandsgesetzgebung gleich wieder in den Papierkorb werfen. Sie haben es auch nicht anders verdient.

*Montag, den 25. Januar 1960*

Bei einem Mittagessen mit Flach und den beiden ersten Sekretären der US-Botschaft Appling und Allen zeigten sich unsere amerikanischen Gesprächspartner an den Vorstellungen der Partei über eine Berlin-Lösung lebhaft interessiert. Wir legten noch einmal den bekannten FDP-Standpunkt dar (keine isolierten Berlin-Verhandlungen, Einbettung des Berlin-Problems in die deutsche Frage). Die beiden Diplomaten gaben jedoch – wie üblich – nicht zu erkennen, ob sie unsere Auffassung teilen.

Am Nachmittag im Arbeitskreis berieten wir zu viert einen von mir gefertigten Entwurf für eine außenpolitische Entschließung des Stuttgarter Parteitages. Ich hatte wohlwollende Kritiker, die nur einige unwesentliche Änderungen vorschlugen. Morgen wird sich die Fraktion mit dem Papier zu beschäftigen haben.

*Sonntag, den 31. Januar 1960*

Der XI. Parteitag der Freien Demokraten ging glatt, aber auch ohne besondere Höhepunkte über die Bühne. Mende erhielt bei den Vorstandswahlen eine überwältigende Mehrheit, Maier wurde sogar einstimmig zum Ehrenvorsitzenden der Partei gewählt – und das nach Jahren erbitterter Feindschaft mit den nördlichen Landesverbänden! Freilich: der neue Vorstand ist nicht ganz so gut, wie zu wünschen wäre. Der menschlich schwierige Lenz und der (politisch) noch kompliziertere, im Grunde unberechenbare Heinrich Schneider als Stellvertreter Mendes werden zwar für den neuen Parteivorsitzenden kein ernstes Problem darstellen, vielleicht aber für den Apparat und dort vor allem für uns „Öffentlichkeitsarbeiter".

Über Reinhold Maiers Abschiedsrede am Donnerstag früh gibt es nicht viel zu sagen. Keiner formuliert so schön wie der Alte aus dem Remstal. Nur die hinter gutgebauten Sätzen und auch geistvollen Apercus verborgene Politik ist nicht immer ganz so erfreulich. Dieses Mal freilich gab es relativ wenig zu beanstanden. Maiers Attacken gegen den politischen Gegner – vor allem die CDU – hatten Witz und Schärfe wie eh und je. Da fiel das Mende-Referat eigentlich etwas ab: zuviel Pathos, zu dozierend und nur im außenpolitischen Teil wirklich konkret. Gespannt hatten die Journalisten auf Aussagen des neuen Parteivorsitzenden zur Koalitionsfrage gewartet. Doch Mende wiederholte und variierte eigentlich nur, was er bereits in den letzten Wochen dazu mehrfach öffentlich geäußert hatte, ohne auf die politische Substanz einer neuen Koalition näher einzugehen. Im übrigen vermied er es, von einer Koalition mit der CDU/CSU direkt zu sprechen. Doch hat der *Tagesspiegel* wohl recht, wenn er am Freitag schrieb, der Tenor der Referate Maiers und Mendes lasse erkennen, „daß die Freien Demokraten eine Koalitionspartnerschaft mit der CDU in Bonn als die ihnen gemäße Position betrachten".

Höhepunkt des Parteitages war für viele Delegierte und Gäste der Empfang des Bundesvorstandes am Donnerstag abend im „Silchersaal" der Liederhalle. Denn dort erschien, mit viel Beifall begrüßt, Theodor Heuss. Um den Prominententisch, an dem neben Theodor Heuss auch Maier und Mende Platz genommen hatten, herrschte zeitweilig ein fürchterliches Gedränge. Die Bildjournalisten hatten ihren großen Tag. Und Mende war deutlich die Genugtuung darüber anzusehen, daß nach dem Scheitern seines Planes, Heuss für das Amt des Ehrenvorsitzenden der Partei zu gewinnen, nun durch diese „Rückkehr" des Altbundespräsidenten zur Partei ein wertvoller propagandistischer Effekt für die FDP erzielt werden konnte[147].

Mein Debut als „Pressechef" verlief einigermaßen zufriedenstellend. Ärgerlich nur, daß Maier die von mir vorbereitete und mit einigen Änderungen auch von der Fraktion genehmigte außenpolitische Entschließung am Freitag vormittag zu Fall brachte. Ihm paßte wohl die dort vorgenommene deutliche Distanzierung von der Deutschland- und Berlin-Politik der CDU nicht in sein koalitionspolitisches Konzept. Zufall oder System: Auf dem letzten Parteitag in Berlin hatte Ungeheuers Entwurf das gleiche Schicksal. Doch – im Gegensatz zu Ungeheuer – fühlte ich mich „kollektiv brüskiert": gemeinsam mit dem Arbeitskreis, der Fraktion und einer adhoc in Stuttgart gebildeten Redaktionskommission. Da läßt sich eine solche Niederlage leichter verschmerzen[148].

*Mittwoch, den 10. Februar 1960*

Auf einer gemeinsamen Sitzung der Arbeitskreise I und II behauptete Mende gestern morgen, zwischen Moskau und Washington sei bereits ein „Fünf-Jahres-Plan für Berlin“ vereinbart. Und der laute so: noch drei Jahre Status quo, dann Reduzierung der Truppen in Westberlin von 11000 auf 1100 Mann. Nach fünf Jahren Berlin eine „Freie Stadt“ unter UNO-Kontrolle. Wo hat er das her?

Ziel der heutigen Debatte über unsere Große Anfrage müsse es sein – so Mende – die Richtigkeit unserer Warnungen und unseres Weges zu dokumentieren. Denn die CDU werde die Aussprache gewiß mit der Feststellung führen, „die Illusionäre der Opposition“ seien jetzt „desillusioniert“. Das freilich entsprach nicht ganz dem wirklichen Verlauf der heutigen Debatte. Adenauer und Brentano fühlten sich nach den jüngsten sowjetischen Erklärungen in ihren Auffassungen offenbar so bestärkt, daß sie relativ milde mit der Opposition umgingen. Zudem hat wohl Mendes offenherziges Bekenntnis, die FDP sei über die sowjetische Deutschlandpolitik „bitter enttäuscht“ und „etwas desillusionierter als gestern“, einen entsprechenden Hinweis der Unionssprecher überflüssig gemacht. Vor allem aber hatte der Sprecher unserer Fraktion, Ernst Achenbach, so sanft gesäuselt, daß man im Regierungslager keinen Anlaß sah, grobes Geschütz gegen die FDP aufzufahren. Die von Mende im Arbeitskreis für die heutige Aussprache gegebene Richtlinie, keinen Schritt zurück von unseren bisherigen Aussagen und gemeinsamen Bundestagserklärungen, hielt Achenbach zwar strikt ein, nicht jedoch eine weitere Weisung: bei Verhandlungen zwischen Bonn und Pankow den Akzent deutlich auf den Begriff der „Auftragsverhandlungen“ zu legen. Achenbach ritt vielmehr sein altes Steckenpferd direkter Gespräche mit der DDR über die Wiedervereinigung. Ich fände es an der Zeit, damit endlich Schluß zu machen.

Im übrigen fährt Mende fort, laut über eine Koalition mit der CDU nachzudenken. Seine Behauptung, wir Freien Demokraten seien mit der Wehrpolitik der CDU „weitgehend einverstanden“, ist angesichts der Atompolitik Adenauers und Straußens doch wohl etwas gewagt. Auf dem Seminar des LSD am vergangenen Wochenende in Kronenburg haben Kreitmeyer und ich hierzu jedenfalls etwas ganz anderes gesagt[149]. Vielleicht gelingt es uns im Bonner Talweg, bei den kommenden Arbeitsbesprechungen mit Mende dessen Verlangen nach einer neuerlichen Vermählung mit der CDU etwas zu bremsen[150].

*Montag, den 22. Februar 1960*

Zur Wahlkampfaussage unserer Partei im Jahre 1961 äußerten sich Flach, Daub und Kastenmeyer am Wochenende in Marburg auf einer Klausurtagung der Jungdemokraten. Kastenmeyer analysierte die Wirtschaftspolitik der SPD nach Godesberg („Kein neuer Geist, nur alter Deist“) ganz im Sinne der Fraktion. Zugleich sprach er sich gegen die von der FDP immer wieder geforderte Reprivatisierung staatlichen Vermögens aus. Daub untersuchte, was im deutschen Volke und seiner Jugend vorgehe. Er stellte eine Politisierung der Jugend, deren wachsendes Interesse an den Fragen des Staates, der Wiedervereinigung und der deutschen Vergangenheit fest. Zugleich aber auch wachsende Unsicherheit in der Bevölkerung – das zeige die höhere Zahl der Meinungslosen bei den Umfragen. Leider aber kümmerten sich die Parteien um die Jugend nicht. Dabei sei es nicht so wichtig, was die Menschen heute in Deutschland dächten, als was für Vorstellungen die Jugend morgen haben werde.

Flach meinte, das Berliner Programm bleibe zwar die Grundlage des kommenden Bundestagswahlkampfes. Doch dürfe dabei die Außenpolitik nicht zu sehr im Vordergrund stehen. Der Angriff müsse vielmehr vom Grundsätzlichen her geführt werden mit dem Ziel, die CDU prinzipiell in Frage zu stellen. Flach bedauerte im übrigen, daß der FDP bisher der Durchbruch zu einem umfassenden sozialpolitischen Konzept nicht gelungen sei; er ließ auch einige Überlegungen anklingen, die er in einer vertraulichen Wahlkampfstudie niedergeschrieben hat.

*Samstag, den 27. Februar 1960*

Auf der gestrigen, relativ kurzen konstituierenden Bundesvorstandssitzung im Bonner Bundeshaus war Mende offensichtlich bemüht, seine koalitionspolitischen Alleingänge wieder etwas abzuschwächen. Die CDU stellte nach dem Parteitag allerhand Kombinationen an, meinte er, doch seien weder von der Fraktion noch vom Vorstand offizielle oder inoffizielle Koalitionsgespräche geführt worden. Das hatte auch niemand behauptet. Andererseits zeigten sich die Vorstandsmitglieder auch nicht geneigt, dieses Thema schon jetzt zu erörtern. Dafür diskutierte man lange über das Berlin-Problem. Die Vorstandsmehrheit sprach sich dafür aus, Westberlin zum 11. Bundesland zu machen, wenn bei den kommenden Verhandlungen ein „Status quo minus" herauskommen sollte. Döring äußerte „größte Bedenken" gegen die Formel von der „Einheit des Parlamentes in der Außenpolitik" – das führe lediglich zu einer „Sozialisierung der Verluste". Der Tagesordnungspunkt „Wahlkampfplanungen für 1961" wurde abgesetzt, er soll am 19. März behandelt werden. Kohut ist künftig für die Bundesgeschäftsstelle und Lenz für „geistige Ausrichtung" in Zusammenarbeit mit der Fraktion zuständig. Vertreter des LSD und der DJD werden künftig an den Vorstandssitzungen mit beratender Stimme teilnehmen.

Einen kuriosen Vorschlag hat dieser Tage Christian Herter der Washingtoner Arbeitsgruppe vorgelegt, um den toten Punkt in der Deutschlandfrage zu überwinden. Seine Idee von einer gesamtdeutschen Volksabstimmung ist realitätsfern und wohl nur Ausdruck der Verlegenheit der Amerikaner angesichts der völligen Unbeweglichkeit unserer Regierung in der Deutschlandfrage. Luchsinger hat in der *Neuen Zürcher Zeitung* die Behauptung aufgestellt, diese Idee sei vor Jahren schon von der gleichen FDP lanciert worden, die sich heute „kühl" von Herters Vorschlag distanziere. Aber in Wirklichkeit ist die von Ungeheuer 1958 angeregte Volksabstimmung über das *Resultat* einer Viermächte-Konferenz von der FDP-Führung abgelehnt worden.

*Freitag, den 4. März 1960*

Mende hatte gestern eine Unterredung mit Adenauer. Über den mich persönlich betreffenden Teil dieses Gesprächs gab er heute folgende Darstellung: Adenauer habe mit der Bemerkung eingeleitet, der Schollwer sei ja wohl „ne janz bejabte Mann“, nur solle er ihn – den Kanzler – nicht immer in der fdk angreifen. Schollwer mache das so wie seinerzeit Ungeheuer, der auch seine Politik auf Angriffe gegen den Kanzler aufgebaut habe. Wie Mende weiter berichtete, habe Adenauer sich besonders über meine Kritik an den Spanienplänen der Bundesregierung beklagt, während er gleichzeitig Mende für dessen Stellungnahme lobte[151]. Mende gab mir zu verstehen, daß er mehr Zurückhaltung bei der Kritik an Adenauer erwarte. Das erinnert fatal an die Vorgänge um Ungeheuer im Jahre 1958.

Donnerstag, als sich Adenauer bei Mende über mich beschwerte, trafen Flach und ich erneut mit den beiden US-Diplomaten zu einem Mittagessen zusammen. Die Amerikaner fuhren fort, uns nach möglichen Alternativlösungen für Berlin auszufragen. Dabei fand unser Urteil über die zunehmend umstrittene Politik Adenauers ihr besonderes Interesse. Am Nachmittag erschien der Bonner ADN-Korrespondent Böhm in meinem Büro. Er wünscht die zu Lebzeiten Ungeheuers bestehenden Kontakte fortzusetzen, erkundigte sich nach der Haltung der FDP zu Gesprächen zwischen Bonn und Pankow, nach der Position Achenbachs innerhalb der FDP, nach unseren Koalitionsabsichten und innerparteilichen Kontroversen. Offenbar hat die Achenbach-Rede im Bundestag bei der SED gewisse Erwartungen geweckt, die gänzlich unberechtigt sind[152].

*Dienstag, den 15. März 1960*

Zwei Meldungen der *New York Times* vom Montag und vom heutigen Tag haben die FDP-Führung aufgeschreckt. Denn was das amerikanische Blatt über den angeblichen Verlauf eines Gesprächs zwischen führenden Freien Demokraten und dem sowjetischen Botschafter in Bonn zu berichten wußte, ist für unsere Partei recht fatal. Sowohl die von Smirnow nach Auffassung des Blattes erhobenen Forderungen als Vorbedingung für eine Wiedervereinigung (Verstaatlichung der Großindustrie, Übernahme der Herrschaft durch die „Arbeiterklasse“ und Umwandlung ganz Deutschlands in eine „Volksdemokratie“) als auch die unseren Gesprächsteilnehmern unterstellten Fragen (Wiedervereinigung bei Anerkennung der Oder-Neiße-Grenze, bei Verzicht auf Atomwaffen und Neutralisierung Deutschlands?) wären, wenn sie zuträfen, Wasser auf die Mühlen Adenauers und seiner CDU[153].

Mende hat gestern früh im „Team“ kurz dazu Stellung genommen. Unser Eindruck: er sagte uns nur die halbe Wahrheit. Heute wies die Pressestelle in einer den Agenturen übergebenen Erklärung den NYT-Bericht als „nicht den Tatsachen entsprechend“ detailliert zurück, nachdem Mende schon am Montag gegenüber DPA ganz allgemein und ohne nähere Einzelheiten diese Darstellung dementiert hatte. Dieser Fall wird uns sicherlich noch einige Zeit beschäftigen, zumal unsere Parteichristen – wie erwartet – sofort ein Triumph-Geschrei angestimmt haben.

*Freitag, den 18. März 1960*

Adenauers Mißtrauen gegenüber der Standfestigkeit der Verbündeten in der Berlin-Frage ist schuld an einem Plan, dessen Nutzen und Durchführbarkeit mehr als zweifelhaft sind. Der Kanzler ist während seines USA-Aufenthaltes von der amerikanischen Regierung veranlaßt worden, auf ihre Linie in der Berlin-Politik einzuschwenken und sich Herters Auffassung zueigen zumachen, daß es möglich sei, einen besseren Status für Berlin auszuhandeln. Nun sucht der „Alte" sein Nachgeben durch den Vorschlag wieder wettzumachen, noch vor der Gipfelkonferenz in Westberlin eine Volksbefragung über den zukünftigen Status der Stadt durchführen zu lassen. Es ist beklemmend zu sehen, wie die Aktionen unseres Regierungschefs immer fahriger und unüberlegter werden. Denn das einzige Resultat dieses Vorstoßes wird eine erneute Verstimmung der Bundesgenossen über die Bundesrepublik sein[154].

*Mittwoch, den 23. März 1960*

Die Presse meldet heute den Abschluß der landwirtschaftlichen Kollektivierung im Bezirk Potsdam. Was sich hinter dieser nüchternen Feststellung für menschliches Elend verbirgt, weiß nur, wer die Landwirtschaftspolitik der SED an Ort und Stelle kennenlernte. Die Tragödie märkischer Bauern am Schwielochsee werde ich jedenfalls mein Leben lang nicht vergessen[155]. Seitdem sind bald zwölf Jahre vergangen – und das Regime ist immer noch dabei, den mitteldeutschen Landwirten das Leben zur Hölle zu machen. So klingt es denn auch einigermaßen unglaubwürdig, wenn Herr Eggerath jetzt treuherzig erklärt, beim Zusammenschluß der Bauern zu landwirtschaftlichen Produktionsgenossenschaften werde das Prinzip der Freiwilligkeit streng gewahrt.

*Mittwoch, den 30. März 1960*

Gestern abend, bei einem mehrstündigen Gespräch mit Stanek,[156] kündigte dieser die erneute Vorlage des Rapacki-Planes zur Gipfelkonferenz im Mai an. Noch vor dem Treffen sei der Besuch eines hohen chinesischen Funktionärs in Warschau zu erwarten, möglicherweise sogar Liu-Shao-chis. Das ändere jedoch nichts an der negative Einstellung der Polen zu den Rotchinesen. Im übrigen drehte sich unsere Unterhaltung vorwiegend um innenpolitische Themen, auch um die künftigen koalitionspolitischen Absichten der FDP. Für die Kanzlernachfolge zeigte mein polnischer Gesprächspartner besonders lebhaftes Interesse.

Ein beklemmendes Schauspiel bietet gegenwärtig Chruschtschows Frankreich-Reise: wo er geht und steht, richtet der sowjetische Staatsgast wilde Anklagen gegen die Bundesrepublik. Dennoch (oder deswegen?) jubeln ihm die

Franzosen allenthalben zu, übt sich die französische Regierung bei der Verteidigung ihres deutschen Bundesgenossen in vornehmer Zurückhaltung. Ein wahrhaft umwerfender Erfolg Bonner Frankreichpoltik, des Buhlens Adenauers um die Gunst de Gaulles. Vielleicht wird sich der Kanzler nun wieder über meinen kritischen Kommentar vom Dienstag ärgern müssen[157].

*Sonntag, den 3. April 1960*

Ein neuer Döring präsentierte sich am Wochenende in Aachen. Am Freitag, auf dem Landesparteitag im Neuen Kurhaus, gab Döring eine recht fundierte Analyse des Liberalismus und seiner Bedeutung für die heutige Zeit. Die Distanzierung des ehemaligen „Jungtürken" von den falschen Liberalen und sein Bekenntnis zu einem modernen liberalen Programm wurde von den Delegierten positiv aufgenommen. Der Schlußbeifall war jedenfalls ungewöhnlich stark, wozu wohl vor allem die gleichmäßig verteilte Kritik Dörings an den beiden großen Parteien beigetragen haben mag.

Dehler dogmatisierte wieder einmal mit Emphase den Rechtsgedanken; Schneider proklamierte die liberale Massenpartei (ist das nicht ein Widerspruch in sich?) und forderte erneut, auf das Sudetenland nicht zu verzichten. Weyer sprach sich gegen Koalitionen mit einer Partei aus, die die absolute Mehrheit besitzt und bezeichnete zugleich das Koalitionsgerede als „töricht". Mende, auf den diese Feststellung wohl zielte, war nicht erschienen – er sandte aus Brasilien lediglich ein Grußtelegramm. Auf der Pressekonferenz am Samstag stand Schneider mit seinem neuen DPS-Programm im Mittelpunkt des Interesses. Dieses von Schneider in Aachen zitierte und verteilte Programm erinnert peinlich an die seinerzeit von Middelhauve präsentierte nationalliberale Mißgeburt, vor allem in seiner angestrebten politischen Omnipotenz[158]. Ironisch zählte ein Journalist all die Eigenschaften auf, die die DPS für sich beansprucht: Heimat- und Vertriebenenpartei, national, sozial, liberal und christlich. Trocken fragte er dann den verdutzten Schneider: „Noch was vergessen?".

*Mittwoch, den 20. April 1960*

Heute besuchte mich überraschend Herr von Brück aus Ostberlin, um mir die Kollektivierung der Sowjetzonen-Landwirtschaft zu „erläutern". Brück kritisierte die dabei angewandten Methoden und behauptete, sich vor Agitationseinsätzen auf dem Lande gedrückt zu haben. Zugleich aber spielte er Meldungen über die Sozialisierung des Handwerks in Mitteldeutschland herunter. Widersprüchlich waren von Brücks Äußerungen zur Deutschlandpolitik: auf der einen Seite bestritt er nicht, daß Ulbricht kein Interesse an der Wiedervereinigung habe und zu einem echten Kompromiß nicht bereit sei. Auf der anderen Seite beklagte der LDP-Funktionär, daß der Westen bisher alle von der SED gemachten Wiedervereinigungsvorschläge unbeachtet gelassen habe. Dann kam er zum offenbar eigentlichen Anliegen seines Besuches: die gegenwärtige Tätigkeit des Referates „Wiedervereinigung" in der Bundesgeschäftsstelle. In der LDP sei man verstimmt, weil die FDP noch immer mit diesem Referat operiere. Er selbst wisse zwar nicht, was dessen Aufgabe im einzelnen sei, doch mache die politische Tätigkeit solcher Büros die FDP leicht unglaubwürdig. Er hält dieses Referat offenbar immer noch für eine Art „Ostbüro“. Ich ließ ihn reden und äußerte mich wenig und dann auch nur sehr zurückhaltend. Die Vergangenheit dieses Herrn riet nicht zu einem offenen Gespräch[159].

*Montag, den 25. April 1960*

Am Wochenende in Berlin. Die Jungdemokraten hatten mich für Samstag zu einem Referat über die FDP-Deutschlandpolitik seit 1959 geladen. Die Übereinstimmung in der deutschlandpolitischen Betrachtung war nahezu perfekt. Sie führte zu einer Entschließung, die Mende nicht unbedingt schmecken wird, weil sie seine Koalitionspläne stören dürfte.

Flach hat inzwischen mit den Landesgeschäftsführern wichtige Einzelentscheidungen zum Wahlkampf 1961 getroffen. Ein interner Informationsdienst sowie die Herausgabe eines „vertraulichen Dienstes zur Infiltration“ gehören zu den Beschlüssen der Tagung vom 8. April[160]. Die FDP ist übrigens die einzige Partei, die bis zur Stunde über kein publizistisches Instrument zur indirekten Meinungsbeeinflussung verfügt. Das ist bei der betont außenpolitischen Orientierung der FDP ein ausgesprochenes Manko. Denn man kann in der fdk schließlich nicht alles schreiben, was zum Verständnis unserer Politik notwendig wäre.

Gerade jetzt, vier Wochen vor der Pariser Gipfelkonferenz, gäbe es manches, was vertraulich unter die Leute gebracht werden müßte. Vor allem die Gründe und Hintergründe der Meinungsverschiedenheiten unter den Westmächten bei der Vorbereitung einer gemeinsamen Verhandlungskonzeption. Kaum ein Journalist, der sich in dem verwirrenden Durcheinander noch auskennt. Auch hier konnte der Pressedienst nur andeuten, den Tatbestand westlicher Uneinigkeit noch einmal ins Bewußtsein rufen, ohne auf die Details einzugehen. Diese Bewußtmachung scheint wenigstens nicht gänzlich mißlungen zu sein.

Am Freitag, vor meiner Abreise nach Berlin, ein interessantes Gespräch mit dem Prager Rundfunkkorrespondenten Faix. Der hält eine Liberalisierung der DDR auf die Dauer für unvermeidlich. Ich eigentlich auch.

## CDU-Parteitag. Gipfelkonferenz in Paris

*Samstag, den 30. April 1960*

Vier Tage in Karlsruhe zum CDU-Parteitag. Adenauer wieder in der Rolle des antibolschewistischen Siegfried, Worte wie Schwerthiebe gegen die „atheistische sowjetische Führung“, Kalter Krieg bis zum Exzess. Das alles beklatscht von den Delegierten des Parteitages, die solche Ausbrüche sichtbar goutierten.

Fast schlimmer noch, was Brentano sagte. Wenn Worte überhaupt einen Sinn haben, so hat der Bundesaußenminister in Karlsruhe der deutschen Wiedervereinigung eine endgültige Absage erteilt. Oder der Mann glaubt tatsächlich, die Sowjets würden ein in NATO und EWG integriertes Gesamtdeutschland jemals zulassen. Dann aber stünde an der Spitze des Auswärtigen Amtes ein weltfremder Träumer – eine beklemmende Vorstellung[161].

Spott- und angriffslustig wie eh und je zeigte sich der Kanzler. Er schien diese Veranstaltung sehr zu genießen – sogar das Gezänk seiner Minister[162]. Im Gegensatz zu manchem Delegierten bekümmerte Adenauer offensichtlich nicht einmal die Tatsache, daß 77 Delegierte bei der erstmals geheimen Vorstandswahl ihm ihre Stimme nicht gaben. Vielleicht hatte Adenauer nach den Vorgängen des Jahres '59 mit noch mehr Gegenstimmen und Enthaltungen gerechnet. Lemmer, vom Kanzler neben Erhard stets am schlechtesten behandelt, zeigte sich als Parteitagspräsident über Adenauers Wahlresultat fast gerührt. Doch dürfte der Alte dem „Kerl" kaum darin zugestimmt haben, daß eine einstimmige Wahl Adenauers weniger schön gewesen wäre.

Auffallend, wie wenig sich der Parteitag mit den Freien Demokraten beschäftigte, so als seien wir eine quantité négligeable. Nur Krone, der am Donnerstag morgen über Wert und Würde des Menschen aus CDU-Sicht meditierte, widmete einen kurzen Absatz seiner Rede dem ehemaligen Koalitionsgenossen. Er baute zugleich zwei Buhmänner auf: zu Unrecht wieder die Düsseldorfer mit ihrem „militanten Liberalismus" und wohl zu Recht Heinrich Schneider, dessen Nationalismus ja auch vielen seiner eigenen Parteifreunde auf die Nerven geht. Doch war bei „Papa Krone" zugleich Versöhnliches zu spüren, Hoffnung auf einen der Union genehmeren Kurs der FDP.

Zweimal war ich persönlich angesprochen. Auf der Schlußsitzung am Freitag referierte Gerstenmaier über das beziehungsreiche Thema „Wohlstand – und was sonst?". So hatte auch die Überschrift meines Auftaktartikels zum Parteitag gelautet. Gerstenmaier zeigte sich über diesen Beitrag zu Karlsruhe verstimmt. Besonders ärgerte ihn der Satz, die CDU sei inzwischen „zu der wohl materialistischsten und konzeptionslosesten politischen Vereinigung in der ganzen Bundesrepublik" geworden. Unter lebhaftem Beifall der Delegierten erklärte es der Bundestagspräsident als unter seiner Würde, sich zu einem solchen Vorwurf zu äußern. Verständlich, denn er konnte ihn ja nicht widerlegen.

Auch Adenauer hielt mich eines Zitats für würdig. In seinem Schlußwort kommentierte er den fdk-Kommentar zur Kanzlerrede in Karlsruhe. Mit entwaffnender Naivität schob er die Forderung nach Änderung seiner Politik beiseite: „Warum sollen wir denn unsere Politik unseren Kritikern zuliebe ändern? Wir haben doch Erfolg damit gehabt!" Ganz gewiß, vor allem in der Deutschlandpolitik.

So ist für die Union nach Karlsruhe alles wieder in bester Ordnung. Man muß nur so weitermachen wie bisher, dann wird sich auch 1961 wieder der Wahlerfolg einstellen. Die Erschütterungen des vergangenen Jahres sind vergessen. „Wir brauchen keine neue Politik oder neue Lösungen, von denen immer oft mehr geistreichelnd als geistvoll die Rede ist", meinte Bundesverteidigungsminister Strauß selbstzufrieden. Er zog damit bereits in der Begrüßungsansprache das Fazit des Parteitages. Und in der Tat: nichts rührt sich in dieser CDU. Sie ist so greisenhaft unbeweglich wie ihr Herr und Meister, wann immer es um Fragen von fundamentaler politischer Bedeutung geht. Daran soll sich auch in Zukunft nichts ändern. Denn Adenauer denkt offensichtlich nicht daran, die Amtsgeschäfte bald in jüngere Hände zu legen. Das bewiesen erneut seine kurzen Ausführungen zur Nachfolgefrage. Die FDP hat nach Karlsruhe Anlaß, ihre koalitionspolitische Zukunft noch einmal zu überdenken.

*Dienstag, den 3. Mai 1960*

Dehler unterrichtete gestern den Arbeitskreis über ein Gespräch, das Mitglieder des Auswärtigen Ausschusses bereits am 5. April über Berlin und die kommende Gipfelkonferenz geführt hatten. Von Brentano habe auf den starken Gegensatz zwischen England und Frankreich auf der einen und den USA auf der anderen Seite hingewiesen. Die US-Regierung durchdenke jedoch sehr gründlich alle Alternativen. Nach Brentanos Eindruck könne man die Haltung der Vereinigten Staaten für den Ernstfall in Berlin so kennzeichnen: wenn es hart auf hart geht, muß die USA handeln! Das freilich ist keine sehr beruhigende Perspektive, wenn man bedenkt, was Chruschtschow jüngst in Baku zur Berlin-Frage äußerte[163].

Ich sprach heute Schtscherbakow auf diese Rede an. Er bestätigte ausdrücklich das Recht der Ulbricht-Regierung, im Falle eines Vertragsabschlusses mit der UdSSR nach Gutdünken jederzeit die Verbindungswege nach Westdeutschland zu sperren. Sollte der Westen versuchen, Ulbricht an dieser Blockade gewaltsam zu hindern, so werde die Sowjetunion ihrem Bündnispartner zu Hilfe eilen.

Ich wies den sowjetischen Diplomaten darauf hin, daß der Westen weder einen Friedensvertrag unterzeichnen noch eine neuerliche Blockade Westberlins dulden werde. Wie aber wolle dann die Sowjetunion den Ausbruch eines militärischen Konflikts überhaupt noch verhindern?

Nach einigem Hin und Her lenkte Schtscherbakow mit der Bemerkung etwas ein, Moskau warte immer noch auf einen Kompromißvorschlag der Westmächte in der Berlin-Frage, denn bislang hätten sich diese lediglich darauf beschränkt, zu allen Vorschlägen der UdSSR Nein zu sagen.

Optimistisch äußerte sich Schtscherbakow übrigens zur kommenden Pariser Gipfelkonferenz. Er hält eine Einigung über die Einstellung der Atomversuche für möglich, bestritt allerdings nicht, daß dies wohl das einzige Übereinkommen des Treffens sein werde. Auch widersprach er nicht meiner Ansicht, daß die Regierungschefs ihre Außenminister vermutlich nach vier Tagen mit der Fortführung der Beratungen beauftragen würden.

*Sonntag, den 8. Mai 1960*

Am Freitag und Samstag erneut in Karlruhe, diesmal zur Sitzung unseres Bundesvorstandes. Der beschäftigte sich noch einmal kurz mit dem vorangegangenen CDU-Parteitag und verabschiedete eine Stellungnahme, die vor allem die unterschiedliche innere Verfassung von CDU und FDP herausarbeitete. Hier „auseinanderstrebende Kräfte" und die Ungewißheit über die Nachfolge eines 84-jährigen Parteiführers, dort klares Programm und „junge Führung".

Eine Stellungnahme zur Außenpolitik der Bundesregierung, von mir vorbereitet, stieß auf Bedenken. Die Vorstandsmehrheit hielt es nicht für opportun, am Vorabend einer Gipfelkonferenz auf die Absage der CDU an eine Wiedervereinigungspolitik während des Karlsruher Parteitages hinzuweisen. Der Entwurf wurde dem Arbeitskreis als „Material" überwiesen. Adenauers Bundesliste zurückzuweisen war man dagegen bereit[164].

Am Samstag nachmittag dann Vorbereitungen für den Bundestagswahlkampf. Wichtigstes Ergebnis der Beratungen ist die Bildung einer Wahlkampfkommission, der auch ich angehören werde[165].

Dieser Bundestagswahlkampf ist schon im vollen Gange. Nach recht polemischen, wenn auch zutreffenden Bemerkungen des Regierenden Bürgermeisters von Berlin über Adenauers Verhältnis zur alten Reichshauptstadt haben Unionspolitiker Brandt massiv angenommen. Damit ist der ohnehin fragwürdige „Burgfrieden" bereits beendet, der angeblich vor und während der Gipfelkonferenz zwischen den Parteien herrschen sollte. Schon am Mittwoch hatte der Kanzler Hiebe bekommen, als Eschenburg auf einer Arbeitstagung der Aktionsgemeinschaft „Soziale Marktwirtschaft" Adenauers Führungstechnik unter die Lupe nahm. Eschenburg hält übrigens, im Gegensatz zur FDP, eine Bundesliste für „durchaus sinnvoll". Dagegen sei eine Vermehrung der Abgeordnetenzahl abzulehnen. Eschenburg schlug vor, die Einführung einer Bundesliste mit einer Verminderung der Abgeordnetenzahl und mit Pensionen für Abgeordnete zu koppeln. Ein interessanter, wenn auch wohl nicht ganz realistischer Gedanke[166].

*Montag, den 16. Mai 1960*

Hauptthema unseres morgendlichen „Teams" mit Mende: der Ausgang der gestrigen Landtagswahlen in Baden-Württemberg. Die FDP hat sich hier ganz gut gehalten, im Gegensatz zur DPS bei den saarländischen Kommunalwahlen am Sonntag, die eine schwere Schlappe erlitt. Wir fanden eine einigermaßen plausible Erklärung für die enormen Stimmenverluste der Partei Heinrich Schneiders in der veränderten Situation nach Rückkehr der Saar, der Enttäuschung der Bevölkerung über die Folgen der Eingliederung. In diesem Sinne hat Mende sich heute auch in der fdk geäußert.

Heute begann die Pariser Gipfelkonferenz. Zur Stunde ist sie wohl schon gescheitert. Um 15.40 Uhr meldete DPA in einer „eil-eil-Meldung", Chruschtschow habe die Aussetzung dieser Konferenz auf sechs bis acht Monate vorgeschlagen. Er macht jetzt einen unglückseligen Flugzeugzwischenfall bei Swerdlowsk, der immerhin schon sechzehn Tage zurückliegt (!), zum Vorwand, um den ihm offenbar zu diesem Zeitpunkt ungelegenen Gipfel schon in der ersten Sitzung platzen zu lassen[167]. Seinen Vorschlag der Vertagung verband Chruschtschow mit dunklen Drohungen über eine Änderung des europäischen Status quo. Das ist ein Spiel mit dem Feuer. Ich fürchte, wir gehen schlimmen Zeiten entgegen.

Ein kleiner Lichtblick ist die Entwicklung unserer Berliner FDP. Auf dem Landesparteitag am vergangenen Wochenende wurde mit der Wahl William Borms zum Landesvorsitzenden vielleicht ein erster Schritt zum Wiedereinzug der Partei in das Abgeordnetenhaus getan. Borm, der im vergangenen Spätsommer nach neunjähriger Haft in einem Zonengefängnis nach Westberlin zurückkehrte, wirkt trotz seiner 65 Jahre jugendlich frisch und liebenswürdig-energisch[168]. Sein mit viel Beifall aufgenommenes Referat am Samstag vormittag sowie überhaupt das selbstbewußte Auftreten des hochgewachsenen ehemaligen Husarenoffiziers weckt die Hoffnung, daß es diesem Manne gelingen könnte, den zerstrittenen Haufen der Liberalen in Berlin wieder zusammenzuführen.

*Donnerstag, den 19. Mai 1960*

Chruschtschows Rüpelspiel bei der gestrigen Pressekonferenz in Paris hat die Spannungen noch verschärft, die als Folge des Zusammenbruchs der Pariser Konferenz die Welt ohnehin beunruhigen[169]. Dabei zeugen die Ausfälle des sowjetischen Ministerpräsidenten nicht gerade von der Selbstsicherheit eines Mannes, der eine gute Sache zu vertreten hat. Wahrscheinlich irritiert den Kremlherren die wachsende internationale Isolierung der Sowjetunion. Man darf gespannt sein, mit welchen neuerlichen Schimpf- und Drohkanonaden Chruschtschow morgen auf der Großkundgebung in Ostberlin aufzuwarten hat[170]. Um so wichtiger ist es, daß der Westen nun kaltes Blut bewahrt und nicht zum Opfer einer allgemeinen Kriegspsychose wird. Ausgesprochen kurzsichtig ist der Triumpf, den jetzt die Anhänger der Adenauerschen Außenpolitik angesichts der kritischen Bemerkungen von SPD und FDP zu Chruschtschows Amoklauf äußern. Denn wir Deutschen werden immer die ersten sein, die bei einer erneuten Verschärfung der Weltlage draufzahlen müssen.

*Mittwoch, den 25. Mai 1960*

Faix, mit dem ich heute ausführlich das Pariser Desaster besprach, konzedierte, daß Chruschtschows Auftreten in Paris nicht sonderlich glücklich gewesen sei. Dennoch billigte er (natürlich) grundsätzlich die Haltung des sowjetischen Ministerpräsidenten. Eisenhowers Verhalten sei „unmöglich" gewesen. Schließlich sei es allein Chruschtschows Werk, den amerikanischen Präsidenten im Ostblock als einen wirklich verständigungsbereiten Politiker propagiert zu haben. Um so enttäuschter mußte – nach Faix Meinung – Chruschtschow angesichts des Verhaltens Eisenhowers in der Flugzeug-Affäre sein. Dennoch zeigte sich Faix überraschend optimistisch in bezug auf die weitere Entwicklung, zumal sich in den USA bereits kritische Stimmen zum Verhalten Eisenhowers zu Wort gemeldet hätten[171]. Mein tschechischer Gesprächspartner hält sogar eine Verständigung über die deutsche Frage auf einer späteren Gipfelkonferenz für möglich. Ich bin da jedoch recht skeptisch.

Diese Skepsis erhält durch Adenauers Verhalten nach dem Scheitern der Pariser Konferenz zusätzlich Nahrung. Seitdem der Kanzler zum Wochenbeginn vor dem CDU-Parteiausschuß die Anhänger einer gemeinsamen Außenpolitik innerhalb und außerhalb seiner Partei bewußt vor den Kopf gestoßen hat, ist die jetzt so notwendige Einigkeit der deutschen Parteien in den Schicksalsfragen der Nation so fern wie eh und je[172]. So dürfte denn auch Mendes Appell, parteipolitische Interessen zugunsten einer gemeinsamen außenpolitischen Linie zurückstellen, wohl wieder einmal ins Leere stoßen[173].

*Samstag, den 28. Mai 1960*

Auch die Polen sind offenbar von dem Ausgang der Pariser Konferenz überrascht worden. Stanek meinte gestern, in Warschau habe man fest mit einem partiellen Übereinkommen der Großmächte gerechnet. Hier war wohl der Wunsch der Vater des Gedankens. Denn die Polen bekommen – so Stanek – einen negativen Konferenzausgang am ehesten zu spüren. Wie Faix hält auch Stanek die Haltung des amerikanischen Präsidenten in Paris für unmöglich. Insbesondere die Erklärungen Eisenhowers und Herters, die USA hätten diese Flüge schon seit Jahren durchgeführt und wollten sie auch in Zukunft fortsetzen, hätten Chruschtschow Verhandlungen mit den USA in Paris unmöglich gemacht. Auch Eisenhower würde wohl kaum mit den Russen verhandeln, wenn jene seit Jahren Aufklärungsflugzeuge nach Amerika geschickt hätten und eines von diesen kurz vor der Gipfelkonferenz „über Arizona“ abgeschossen worden wäre. Wie Faix zeigte sich Stanek beunruhigt über die bei SPD und FDP erkennbaren Tendenzen zur Annäherung an die Positionen der Unionsparteien in Fragen der Außenpolitik.

*Samstag, den 4. Juni 1960*

Gestern mit Dürr zu einer jener schrecklichen Feierstunden, auf denen politische Zelebritäten bei lebendigem oder totem Leibe zu einer Art von Übermenschen hochstilisiert werden. Diesmal war Luchtenberg dran, der an diesem Tage sein Siebzigstes vollendete[174]. Auch Heuss war erschienen, um sich wieder einmal am Wohlklang seiner eigenen Worte zu berauschen, während der Sinn seiner Sätze für mich weitgehend dunkel blieb. Der so Geehrte – tief ergriffen – verlor denn auch in seiner Dankesrede den Boden unter den Füßen und entschwebte als sein eigenes Denkmal in für uns Sterbliche unerreichbare Höhen. Das Schlimmste an solchen Veranstaltungen ist, daß sich weder die Lobredner noch die Befeierten (und schon gar nicht das andächtig lauschende Publikum) der Peinlichkeit solcher Szenen bewußt sind. Im Gegenteil: jeder scheint insgeheim zu hoffen, einmal selbst solcher Huldigungen teilhaftig zu werden.

Wenige Tage vor diesem Ereignis starb der gleichfalls siebzigjährige Pasternak nach wiederholten Herzattacken in seinem Heim in Peredelkino. Dem toten Dichter wird die sowjetische Nachwelt keine Kränze flechten. Doch wenn unser unbestreitbar tüchtiger Parteifreund Luchtenberg längst vergessen sein wird, dürfte Pasternaks „Schiwago" noch immer zum kulturellen Besitz der gesamten Menschheit gehören. Wie tröstlich, daß Festredner den Wert oder Unwert eines Menschenlebens nicht allein bestimmen können ...

## „Niemals unter Adenauer". Neue Gerüchte um Berlin

*Montag, den 13. Juni 1960*

Mende hat heute nachmittag auf einer Betriebsversammlung die Mitarbeiter zu strikter Beachtung der Vertraulichkeit innerdienstlicher Vorgänge angehalten und vor östlichen Agenten gewarnt. Eine Spionageaffäre um die sowjetische Botschaft in Bonn, der Landesverratsprozeß gegen eine frühere Angestellte der Bonner CDU-Zentrale sowie die in der vergangenen Woche erfolgte Verurteilung einer Schneiderin aus Bad Godesberg wegen landesverräterischer Beziehungen zum Ulbrichtschen Staatssicherheitsdienst weisen nach Ansicht Mendes auf verstärkte Tätigkeit östlicher Geheimdienste im Bonner Raum hin[175].

In der Referentenbesprechung am Vormittag gab Mende bekannt, er werde noch in dieser Woche mit Erhard zur Erörterung des Themas „EWG und Freihandelszone" zusammentreffen. Erhard habe Mende gegenüber erklärt, er stehe in dieser Frage ganz auf der Seite der FDP und sei sehr dankbar für die Vorstöße von Margulies, Starke und Scheel[176]. Außerdem wolle Erhard mit Mende über „allgemeine politische Fragen" sprechen.

*Freitag, den 17. Juni 1960*

Auf einer zweitägigen Bundesvorstandssitzung am Mittwoch und Donnerstag in Frankfurt kam es wegen der Fusionsgespräche mit der DP zu einem Eklat. Als der Vorstand am Mittwoch beschloß, Kohut, Dehler und Achenbach sollten weitere Gespräche mit dem niedersächsischen DP-Landesvorsitzenden Langeheine über eine Vereinigung der Deutschen Partei mit der FDP führen, drohte Bortscheller für den Fall des Gelingens dieses Vorhabens „Konsequenzen" an[177].

Sonst aber ging es in Frankfurt recht friedlich zu. Auch die Beteiligung der FDP in Stuttgart an einer von der CDU geführten Landesregierung fand nach einem Bericht Haußmanns über die Regierungsbildung keinen ernsten Widerspruch. In einer Pressekonferenz wurde lediglich betont, diese Entscheidung stelle kein Präjudiz für die Bundestagswahlen von 1961 dar. Aber das wird man uns wohl kaum glauben.

Beklemmend, was Döring gestern auf der gemeinsamen Sitzung von Vorstand und Fraktion über den Zustand der westdeutschen Militärpolitik zu berichten hatte. Die atomare Strategie der Bundeswehr sei überholt, die Raketenausrüstung sinnlos. Seit über einem Jahr verfüge die Truppe über keine panzerbrechende Munition, nachdem sich Lieferungen aus der Türkei als unbrauchbar herausgestellt hatten. Auch die von Hispano Suiza gelieferten Schützenpanzer seien für die Bundeswehr nicht verwendbar. Bundeswehroffiziere machten für dies alles jedoch nicht die CDU oder die Bundesregierung, sondern den Bundestag insgesamt verantwortlich. Die mittlere Offiziersschicht habe kein Vertrauen zu den Generalen. Der überstürzte Aufbau der Bundeswehr mache eine vernünftige Ausbildung unmöglich, die Hälfte der Soldaten sei nicht einsatzfähig. – Man nahm das alles mit Betroffenheit zur Kenntnis, ohne jedoch irgendeinen Beschluß zu fassen. Die Bundeswehrpassage in dem von mir bereits am Dienstag nach Rücksprache mit Mende gefertigten Kommunique weist auf diese Fehlentwicklungen nur ganz verschlüsselt hin[178].

Heute, an unserem „Tag der Einheit" wieder die üblichen Festreden. Doch die vergangenen sieben Jahre haben gegen die nationalen Interessen unseres Volkes gearbeitet. Die politische und wirtschaftliche Verschmelzung der Zone mit dem Ostblock und der Bundesrepublik mit der westeuropäischen Staatengemeinschaft macht eine friedliche Wiedervereinigung kaum noch vorstellbar. Die Gefahr besteht, daß die Feiern am 17. Juni mehr und mehr zu Ereignissen des nationalen Selbstbetrugs werden.

*Donnerstag, den 30. Juni 1960*

Die gestrige *Spiegel*-Voraussage erwies sich als zutreffend: das Staatsbegräbnis fand programmgemäß statt. Begraben wurde heute während einer ganztätigen Debatte des Bundestages die gemeinsame Außenpolitik[179]. Weder das Pariser Desaster noch der jüngste Eklat auf der Genfer Abrüstungskonferenz konnten Adenauer und seine Christenpartei davon abhalten, kommenden Wahlen zuliebe jede außenpolitische Gemeinsamkeit mit den Oppositionsparteien wie etwas Unsittliches zurückzuweisen[180]. Sogar ein Entschließungsentwurf der FDP, der keinen Satz enthielt, den Adenauer nicht auch hätte unterschreiben können, wurde von den Unionsparteien brüsk abgelehnt[181]. Vor dem Herbst 1961 dürfte sich wohl auch daran nichts mehr ändern, ganz gleich, was bis dahin auch immer geschehen mag. Ob jedoch diese Taktik vom Wähler im kommenden Jahr honoriert werden wird, bleibt abzuwarten. Soeben veröffentliche Meinungsumfragen sind für den Kanzler jedenfalls kein Anlaß zur Freude. Die FDP dagegen steht ganz gut da. Hoffentlich verscherzen wir uns die Wählersympathie nicht noch durch allzu viele taktische Manöver[182].

*Donnerstag, den 7. Juli 1960*

Zur Zeit machen sich einige Zeitung um uns – unnötige – Sorgen. Das Ende der Deutschen Partei inspiriert zu immer neuen Spekulationen über ein mögliches ähnliches Schicksal der FDP. Wieder einmal macht die Mär von der Unvermeidbarkeit des Zweiparteiensystems die Runde. Und das angesichts der bereits erwähnten, für die FDP so überraschend positiven Resultate der jüngsten Meinungsumfragen. Aber was bedeutet das schon? Vielleicht kann man ja den ersehnten Tod der FDP herbeireden ...[183].

Im übrigen sind wir zur Zeit vollauf damit beschäftigt, Gerüchten bzw. gegen die FDP gerichteten Meldungen entgegenzutreten. Auf Behauptungen in der gestrigen Wessel-Runde über einen Abgeordnetenkauf mußte heute ebenso reagiert werden wie auf die Nachricht aus Ostberlin, verantwortliche Mitglieder der FDP nähmen als Gäste am LDP-Parteitag in Weimar teil[184]. Der Wahlkampf hat begonnen.

*Mittwoch, den 13. Juli 1960*

Heute morgen im Team gab Mende seinen Entschluß bekannt, „niemals unter Adenauer" in ein Bundeskabinett einzutreten. Am Nachmittag wiederholte er seine Aussage vor der Wahlkampfkommission. Damit ist für 1961 eine gewisse Vorentscheidung getroffen, die für Mende respektabel ist. Was aber wird aus der Partei im Falle einer erneuten Kanzlerschaft Adenauers?

Die Wahlkampfkommission beschäftigt sich vor allem mit der personellen Lage der Landesverbände. Am besten steht Nordrhein-Westfalen mit 43 hauptamtlichen und 20 nebenamtlichen Geschäftsführern da, am schlechtesten die Saar und Niedersachsen, die über keine Geschäftsführer verfügen[185].

Rechtzeitig vor den Wahlen hat nun auch noch Adenauer sein Herz fürs deutsche Nationalgefühl entdeckt. In der vergangenen Woche, vor dem Zentralverband des Handwerks, äußerte sich der Kanzler „geradezu bestürzt, wie wenig Nationalgefühl das deutsche Volk hat". Adenauer, der mit seiner gegen die Wiedervereinigung gerichteten Westintegrationspolitik seit Beginn seiner Regierungstätigkeit unermüdlich tätig ist, den Deutschen das Bewußtsein nationaler Zusammengehörigkeit auszutreiben, wurde übrigens schon tags darauf durch sein eigenes Presseamt dementiert. Außerdem: Kanzler Adenauer war am diesjährigen „Tag der deutschen Einheit" nicht bei seinem Volk, sondern im Italien-Urlaub, den er präzis am 18. Juni beendete. Kohut hat ihn dieserhalb brieflich um Erklärung gebeten. Ich bin gespannt, was ihm unser um die Nation so besorgter Kanzler antworten wird[186].

*Mittwoch, den 20. Juli 1960*

Die erste, allerdings recht peinliche Panne des Pressedienstes, für den ich verantwortlich bin. Eine Meldung über die Rede des Parteivorsitzenden vor dem Internationalen Ferienkurs der Bonner Universität gelangte verstümmelt an die Presse und unterlegte Mende dadurch eine Aussage gegen die CDU, die weder zutreffend ist, noch beabsichtigt war. Mende, der die Sonder-fdk erst heute morgen las, rief mich sofort an und erklärte, sich mühevoll zu einem Scherz durchringend: „Herr Schollwer, Sie werden erschossen!" Zur Exekution kam es zwar nicht, dafür aber zu einem nicht ganz fairen Rundschreiben des Vorsitzenden an alle Mitarbeiter, in dem ich indirekt „erneuter Oberflächlichkeit" geziehen werde und eine Anordnung zur besseren Kontrolle von Manuskripten erlassen wurde[187].

Mende hat sich dieser Tage gegen Pressemeldungen über Kanzlerkandidaten und Schattenkabinette der FDP gewandt. Die Jungdemokraten waren auf die Idee gekommen, die Freien Demokraten sollten ihren Bundesvorsitzenden als Kanzlerkandidaten nominieren. Mende meinte jedoch, man gebe mit solchen Vorschlägen nur Böswilligen die Chance, uns des Größenwahnsinns zu bezichtigen und das Ganze ins Lächerliche zu ziehen. Damit hat er wohl recht. Doch den Jungdemokraten ging es hier ums Prinzip: um eine Demonstration der Eigenständigkeit unserer Partei, die sich nicht immer nur als präsumptiver Koalitionspartner (der CDU) begreifen sollte[188].

*Montag, den 25. Juli 1960*

Im Westen rechnet man allgemein um die Jahreswende mit einer neuen, von der Sowjetunion heraufbeschworenen Berlin-Krise. Indizien dafür gibt es zur Genüge: die absurde Behauptung Ulbrichts, Bonn bereite einen „Blitzkrieg" gegen die DDR vor, die Belästigung von Angehörigen der westlichen Militärmissionen in Mitteldeutschland durch Beamte des sowjetischen Geheimdienstes oder die Entrüstung der SED, wenn SSD-Leute in Westberlin verhaftet werden. Das alles dient offenbar nur dazu, die sowjetische These von dem „Unruheherd" Westberlin drastisch zu erhärten und so neue Aktionen zu rechtfertigen[189].

Am Samstag, auf dem DJD-Bundesseminar in Hausberge, wurde die Ost-West-Problematik ganz im Sinne unserer Partei diskutiert: nicht punktuell, also auf ein Teilproblem (Berlin) orientiert, sondern im europäischen Rahmen. Mein Disengagement-Referat führte zu einer lebhaften Diskussion über die Frage nach den Gründen und Hintergründen des Rapacki-Planes. Mein „Ko-Referent" sah in diesem Plan vor allem ein Instrument sowjetischer Außenpolitik und Berlin als Hebel für das von Moskau erstrebte Disengagement. Er bekam Widerspruch, auch von mir, soweit es den Rapacki-Plan anbetrifft. Allgemein war dagegen die Forderung nach Auftragsverhandlungen zwischen Bonn und Ostberlin. Hier sollte sich die FDP stark machen[190].

*Mittwoch, den 27. Juli 1960*

Der Fernseh-Coup Adenauers vom Montag hat das ganze Parlament und weite Kreise der politischen Öffentlichkeit mobil gemacht. Was da der Kanzler zusammen mit seinem Spezi Schäffer ausgeheckt hat, geht selbst Christdemokraten über die Hutschnur. Es bedarf deshalb keiner Prophetengabe, dieser ominösen

Deutschland-Fernseh-GmbH („Adenauer-Fernsehen“) ein ähnliches Schicksal vorauszusagen wie seinerzeit Schröders Ermächtigungsgesetz. Was hat der Alte nur für Berater![191]

Heute nachmittag in der Wahlkampfkommission war man sich über das Hauptziel unserer Wahlkampagne einig: Verhinderung einer schwarz-roten Koalition, an deren Möglichkeit nach dem kürzlichen Auftritt Wehners im Bundestag nicht mehr gezweifelt werden kann[192]. Der Wahlkampf wird zudem „personalisiert“, d. h. ganz auf Mende zugeschnitten.

*Samstag, den 30. Juli 1960*

Heute vormittag eine Sonder-fdk zum Tode Max Beckers, der seit Monaten krebskrank in einer Heidelberger Klinik lag, dennoch am 16. Juni noch einmal zu unserer Klausurtagung nach Frankfurt gekommen war. Der Nachruf Mendes ist nach meinem Geschmack etwas zu schwülstig, Kohut wird dem Verstorbenen eher gerecht.

Mende hat dieser Tage allen Vorstands- und Fraktionsmitgliedern Auszüge einer Rede zugesandt, die Herr Wünsche kürzlich auf dem LDP-Parteitag in Weimar gehalten hat. Darin wird kräftig gegen die FDP polemisiert, vor allem natürlich gegen den Vorstandsbeschluß, der unseren Mitgliedern eine Teilnahme an politischen Veranstaltungen in der Zone untersagt. Mendes Feststellung, das betreffende Rundschreiben habe Wünsche im Original vorgelegen und müsse diesem wohl „aus unseren eigenen Reihen“ zugeleitet worden sein, wird hoffentlich keine Fahndung nach dem „Leck“ zur Folge haben: sie würde mit Sicherheit doch zu nichts führen.

*Montag, den 29. August 1960*

Trotz Urlaub am Nachmittag kurz im Bonner Talweg, um mich über während meiner Abwesenheit Vorgefallenes zu informieren. Mende und Flach haben inzwischen veranlaßt, daß meine noch vor dem Urlaub für „liberal“ fertiggestellte Arbeit über „Disengagement und deutsche Einheit“ nicht veröffentlicht wird. Dürr hatte das Manuskript für den Druck bereits fertig gemacht, als ihn der Ukas erreichte. Angeblich soll Mende negative Reaktionen der USA auf einen solchen Beitrag fürchten. Ob er da die Bedeutung meines Artikels und auch unserer Zeitschrift nicht ein wenig überschätzt?

Nachfolger Beckers im Amt des Vizepräsidenten soll Thomas Dehler werden. Der *Spiegel* meinte dieser Tage, damit wolle der Fraktionsvorstand Dehler für sein „maßvolles Schweigen“ in den letzten anderthalb Parlamentsjahren belohnen. Ganz stumm war er freilich nicht. Seine Reden zur „Lex Münemann“ oder zur Streichung des Sozialisierungsartikels in den beiden letzten Jahren zeugten von den ungebrochenen rhetorischen Talenten unseres ehemaligen Parteivorsitzenden, wenn sie auch nicht so scharf polemisch zugespitzt waren wie in den Jahren zuvor[193].

*Mittwoch, den 5. September 1960*

Fast vier Tage in Westberlin, das sich zur Zeit neuen Bedrängnissen gegenübersieht. Ein Heimkehrer-Verbandstag sowie der „Tag der Heimat" dienten der SED zum Vorwand, Westdeutschen fünf Tage lang den Besuch Ostberlins zu verwehren und die durch die Zone nach Westberlin Reisenden scharf zu kontrollieren. Der Bundesvorstand, der am Freitag anläßlich der Berliner Ratstagung der Liberalen Weltunion im Hotel Kempinski zusammenkam, zeigte sich angesichts dieser Sperrmaßnahmen über die weitere Entwicklung der Berlin-Politik Moskaus beunruhigt. Mende schlug scharfe Töne an: selbstverständlich komme vor den Wahlen weder eine Reise des LSD nach Moskau noch ein Besuch Warschaus durch die Jungdemokraten infrage. Was hier in Berlin geschehe, sei ein Vorgeschmack auf Chruschtschows „Freie Stadt". Sogar Macmillan habe kürzlich Adenauer gegenüber seine Enttäuschung über Chruschtschow zum Ausdruck gebracht. Der britische Premier sei nun gewillt, auf scharfen Kurs gegenüber Moskau zu gehen, denn Adenauer habe mit seiner Lagebeurteilung recht gehabt. Auf der mittäglichen Pressekonferenz, die unsere Vorstandsberatungen unterbrach, bewertete Mende die Ostberliner Aktionen als einen „lang vorbereiteten Testfall für das Stehvermögen der Westmächte".

Flach gab eine interessante Analyse der innenpolitischen Lage ein Jahr vor den Wahlen. Noch sei alles offen, wobei ein Wahlsieg Kennedys auch Wachablösung und Generationswechsel in Bonn begünstigen könnte. Rubin ergänzte Flachs Ausführungen durch die erfreuliche Mitteilung, daß die Bundespartei wegen des Vorgriffs auf öffentliche Mittel keine Schulden mehr habe. Allerdings seien nur wenige Landesverbände ebenfalls schuldenfrei, die Mehrzahl von ihnen sei weder organisatorisch noch finanziell den kommenden Aufgaben im Wahlkampf gewachsen.

*Freitag, den 9. September 1960*

Sind wir auf dem Weg zu einer neuen Berlin-Blockade? Der überraschende Beschluß der Zonenregierung vom Donnerstag, das Betreten des Ostsektors ab heute von einer volkspolizeilichen Genehmigung abhängig zu machen, scheint darauf hinzudeuten. Ulbricht ist offenbar entschlossen, die Bundesrepublik und ihre Verbündeten in Berlin solange vor die Schienenbeine zu treten, bis auch sie in dem makabren „Freie-Stadt-Plan" Moskaus den letzten Ausweg aus dem Berlin-Dilemma sehen. Seit der Beschlagnahme Westberliner Lastzüge am 21. Juli hat die Zone ihre Maßnahmen gegen Westberlin unentwegt eskaliert. Die östliche Salamitaktik nimmt gefährliche Formen an. Der Westen muß nun bald handeln, wenn ihm nicht die Kontrolle über die weitere Berlin-Entwicklung völlig entgleiten soll. Aber die westlichen Verbündeten scheinen bisher nicht sonderlich geneigt zu sein, die Verkehrsbehinderungen in Berlin bereits als eine ernste Krise zu betrachten – unsere Regierung offenbar ebenfalls nicht.

Ein „Präsident", über dessen mangelnde politische Qualitäten sich die Deutschen unisono einig waren, hat dieser Tage das Zeitliche gesegnet: Herr Pieck, der Statthalter Moskaus in Mitteldeutschland[194]. Sein Einfluß auf die Politik war gering, doch strahlte der alte Mann mit seinen weißen Haaren auf Fotos eine gewisse Würde und Biederkeit aus, die Ulbricht jedenfalls nicht besitzt.

*Sonntag, den 18. September 1960*

Die Krise um Berlin nimmt immer bedrohlichere Formen an. Täglich eine neue Schlagzeile, neue Hiobsbotschaften und Irritationen. Der Westen tut sich ungeheuer schwer, den Amoklauf Ulbrichts zu stoppen, der sich des Schutzes und der Unterstützung Moskaus sicher zu sein scheint. Die Sowjets lassen diesmal ihren Satelliten am Berlin-Problem herumhebeln, wohl um nicht selbst mit den USA in Schwierigkeiten zu geraten.

Die Bundesregierung erörtert immer noch Gegenmaßnahmen und vermittelt einen zwiespältigen Eindruck. Soeben gab der Bundesjustizminister bekannt, die Regierung sei darauf vorbereitet gewesen, sich in diesem Herbst einer neuen Berlin-Krise gegenüber zu sehen. Dennoch halten Kanzler und Außenminister es nicht für notwendig, von ihrer Auslandsreise nach Bonn zurückzukehren. Sie scheinen den Ernst der Lage wieder einmal zu unterschätzen.

Wir haben gestern in Frankfurt erneut ein energisches Vorgehen aller NATO-Staaten sowie neue internationale Verhandlungen über das Berlin- und Deutschlandproblem gefordert. Doch in erster Linie beschäftigte sich der Bundesvorstand mit den politischen Grundlagen des Bundestagswahlkampfes. Es gab eine lebhafte Diskussion über die einzuschlagende Linie, in deren Verlauf sich die Mehrheit gegen eine rein opportunistische Wahlaussage der FDP wandte. Döring erinnerte an das Wahlprogramm der Republikaner („Wir offerieren nichts als harte Arbeit und Schweiß, um Blut und Tränen zu verhindern“): die FDP müsse im Wahlkampf ideelle Werte herausstellen und an die Opferbereitschaft unseres Volkes appellieren. Zur Koalitionsfrage gab es noch keine Beschlüsse. Aber Leverenz wußte Rat, wie die FDP sich aus der Verlegenheit befreien könne, die Frage nach ihren Koalitionsabsichten beantworten zu müssen: wir sollten wegen des nationalen Notstandes eine Allparteienregierung fordern. Ich hatte den Eindruck, daß viele Vorstandsmitglieder diese Idee weder neu noch so gut fanden wir unser Parteifreund aus Kiel.

Mende wagte eine Prognose für den Ausgang der Bundestagswahlen: die CDU werde auch 1961 die stärkste Partei werden, die SPD bekomme im Höchstfall 42, wahrscheinlich nicht einmal 40 %, die FDP könne mit 8 bis 10 % rechnen. Ich bin da pessimistischer.

*Montag, den 26. September 1960*

Heute abend hat sich der Arbeitskreis Innenpolitik eine Stunde lang mit dem Thema Notstandsgesetzgebung beschäftigt. Eine deprimierende Diskussion, in der es letztlich nur noch um taktische Überlegungen, nicht aber ums Grundsätzliche ging. Trotz der von allen Seiten geäußerten schweren politischen Bedenken gegen dieses „Ermächtigungsgesetz“ wird nun also die Fraktion (und damit auch die Partei!) mit Rücksicht auf die kommenden Wahlen sehr zurückhaltend argumentieren. Was sind wir doch für feine Liberale![195]

Letzte Woche verließ uns Rinné – ihn zog es zu Adenauers „Freiem Fernsehen“. Das gibt endlich die Möglichkeit, das *Freie Wort* zu „liberalisieren“. Rinné trieb es mit seiner deutschnationalen Schriftleiterei nicht nur für meinen Geschmack entschieden zu weit. Ob Bursig, der neue Chefredakteur, die Entschlackung des Blattes von den nationalen Tönen schafft?

Demnächst wird die Fraktion ihre eigene Pressestelle haben – Mende hat mich beauftragt, dafür notwendige Voraussetzungen zu schaffen. Als Redakteur dieses Büros ist Dürr vorgesehen, der sich auch um den künftig im Bundeshaus erscheinenden fdk-Sonderdienst (Parlamentsdienst) kümmern soll. Damit ist dann die Parteipressestelle überwiegend wieder ein Einmann-Betrieb. Keine sehr erfreuliche Perspektive für den kommenden Wahlkampf.

Am Mittwoch vergangener Woche ein weiteres Treffen mit Schtscherbakow. Der Russe gab sich in der Berlin-Frage sehr hart. Die Sowjetunion sei – so Schtscherbakow – fest entschlossen, die Berlin-Frage im Sinne der Chruschtschow-Vorschläge „schnell“ zu lösen. Weigere sich der Westen, so werde man mit der DDR den Friedensvertrag abschließen – dann löse sich das Berlin-Problem ganz von selbst (sic!). Im übrigen sei es der Sowjetunion völlig gleichgültig, wie die Bevölkerung der Bundesrepublik die Vorgänge in und um Berlin beurteile. – Immerhin hatte der sowjetische Diplomat auch Besänftigendes zu sagen: z. B. ein Lob für den Beschluß des Bundestag-Ältestenrates, vorerst keine Parlamentssitzung in Berlin durchzuführen. Auch glaubte mein Gesprächspartner, daß bereits kurz nach dem Amtsantritt des neuen amerikanischen Präsidenten das Gespräch zwischen den Großmächten über Berlin wieder aufgenommen werde. Morgen treffen wir uns wieder zu einem Essen, an dem auch Flach und der 1. Botschaftssekretär Siborow teilnehmen werden.

*Mittwoch, den 28. September 1960*

Am Dienstag, beim Mittagsmahl im „Adler“, gaben sich Siborow und Schtscherbakow relativ verständigungsbereit. Freilich: Siborows Versicherung, auch die Sowjetunion wünsche, daß Berlin die Hauptstadt eines wiedervereinigten Deutschland werde, folgte sogleich die süffisante Bemerkung, die Berlin-Frage sei doch „leicht zu lösen“: Freie Stadt oder Friedensvertrag mit der DDR! Immerhin gab es ein vorsichtiges Lob für unseren Deutschlandplan mit interessanten Ergänzungsvorschlägen, Fragen nach einer möglichen späteren deutsch-sowjetischen Annäherung und Zuammenarbeit (die Flach und ich unter bestimmten Voraussetzungen nicht für ausgeschlossen halten). Aber auch Kritik an der FDP wegen deren Annäherung an die Adenauersche Außenpolitik, die Bekräftigung des sowjetischen Standpunktes, daß eine Ausdehnung eines NATO-Deutschlands bis zur Oder/Neiße nicht hingenommen werden könne, sowie eine auffallend skeptische Beurteilung der außenpolitischen Haltung Kennedys.

Gestern Fraktionssitzung. Bei Punkt 4 (Stand der EWG-Politik) setzte sich Scheel für eine neue Europa-Politik liberaler Prägung ein und plädierte (mit Fragezeichen) für ein Europa als dritte Kraft – nach den Vorstellungen de Gaulles. Ein etwas überraschender Vorschlag, der kein sonderliches Echo fand. Am Nachmittag wurde Dehler bei zwei Enthaltungen einstimmig zum Kandidaten für das Amt des Bundestagsvizepräsidenten gewählt.

Unionspolitiker ergehen sich zur Zeit in Moralpredigten – das scheint ihre Wahlkampfstrategie für 1961 zu sein. Erhard ereifert sich über den „Taumel der Konjunktur". Adenauer meckert über das „unzufriedene deutsche Volk".

*Mittwoch, den 5. Oktober 1960*

Gestern hat die Fraktion außerhalb der Tagesordnung einmütig eine von Mende und Lenz am vergangenen Freitag abgegebene Stellungnahme zur beabsichtigten Kündigung des Interzonenhandelsabkommens gebilligt. Dem Kanzler schien es zweckmäßig, SPD und FDP für die nicht unumstrittene Entscheidung in Sachen Interzonenhandel mit verantwortlich zu machen. Doch dies wird ihm nicht gelingen: für alle außenpolitischen Entscheidungen in dieser Legislaturperiode trägt die Regierung allein die Verantwortung. Und von großer oder „ganz großer" Koalition kann schon gar nicht die Rede sein. Ich möchte es wenigstens hoffen[196].

*Samstag, den 8. Oktober 1960*

Das Hin und Her um Berlin geht weiter. Chruschtschow scheint dem Westen Wechselbäder verordnet zu haben. Zur Zeit verschreibt der Kremlchef Berlin mal wieder eine Atempause, droht aber gleichzeitig erneut mit seinem Friedensvertrag. Auch beim Hickhack zwischen Adenauer und Erhard ist alles wie gehabt. Krone ist gegenwärtig – zum wievielten Male seit 1959 eigentlich? – damit beschäftigt, zwischen diesen „Parteifreunden" zu vermitteln[197].

Donnerstag traf ich mich mit Stanek zum Essen. Er äußerte sich recht deprimiert über die Entwicklung der deutsch-polnischen Beziehungen. Stanek sprach von einem wachsenden Mißtrauen seiner Landsleute gegenüber Westdeutschland, vom Wiederaufleben einer antideutschen Stimmung in Polen als Folge der Reden Adenauers und Erhards zur Frage der deutschen Ostgebiete[198]. Dennoch sei eine Normalisierung der Beziehungen zwischen Deutschland und Polen im beiderseitigen Interesse dringend erforderlich.. Aber die Zeit werde knapp. Es müsse bald etwas geschehen, wenn die Chance für eine Verständigung zwischen unseren Völkern nicht vertan werden soll. Mich haben diese beschwörenden Worte Staneks beeindruckt.

Vor einem Jahr starb Ungeheuer. Gestern morgen, an seinem Todestag, rief Flach die Mitarbeiter zu kurzem Gedenken im Bonner Talweg zusammen. Doch im politischen Alltag ist unser langjähriger Pressechef schon nahezu vergessen. Uns wird es dereinst nicht anders ergehen.

## Wahlkampf. Koalitionsabsichten der FDP

*Freitag, den 14. Oktober 1960*

Heute nachmittag beschäftigte sich die Wahlkampfkommission vor allem mit Überlegungen, wie man Mende populär machen kann. Einer unserer Werbeberater schlug vor, Mende müsse stets präsent sein, wo immer mit dem Erscheinen von Film- und Fernsehkameras zu rechnen sei – auch bei Katastrophen! Mende schien das sehr einzuleuchten.

Am Mittwoch waren Flach und ich Gäste der Botschaftssekretäre Sweet und Mouser im amerikanischen Club. Nach gegenseitigen Informationen über den Stand der Wahlkämpfe in den USA und der Bundesrepublik kamen wir auf das Berlin-Thema. Die amerikanischen Diplomaten vertraten hier erfreulicherweise eine knallharte Position. Sie brachten wiederholt zum Ausdruck, daß die USA in dieser Frage keinen Spaß verstehen. Etwas besorgt klangen ihre Fragen nach der Vertriebenenpolitik (Ostgrenzen). Berlin hat für die amerikanische Politik gegenwärtig absoluten Vorrang. Dazu mag auch der jüngste skandalöse Auftritt Chruschtschows vor den Vereinten Nationen nicht wenig beigetragen haben[199].

*Montag, den 17. Oktober 1960*

Vor den Abteilungsleitern äußerte sich Mende heute morgen besorgt über die Diskussion, die am Samstag vor dem Bundeshauptausschuß zur Frage der Koalitionspolitik der FDP im Jahre 1961 stattgefunden hatte. Die Auffassungen seien doch sehr weit auseinandergegangen; das gefährde die innere Geschlossenheit der Partei.

Darüber hat die Presse glücklicherweise bislang noch nichts berichtet. Man hält sich an unser Kommuniqué, das über diesen Teil der Aussprache zum Mende-Referat schweigt. Dort hatte Achenbach einen Vorschlag für eine Koalitionsaussage gemacht, der genau so ausweichend ist wie die entsprechenden Formulierungen Mendes[200]. Dessen Ausführungen zum Koalitionsproblem am 5. Oktober im Süddeutschen Rundfunk stimmte der Hauptausschuß indessen mit dem ausdrücklichen Wunsche zu, diesen Beschluß zunächst nicht bekanntzugeben[201]. Was diese Geheimniskrämerei eigentlich soll, weiß der Himmel. Zumal unverkennbar ist, daß das am Samstag von der *Stuttgarter Zeitung* registrierte „heimliche Sehnen nach einer neuen Koalition mit den Christdemokraten" nicht nur bei Erich Mende zu entdecken ist. Man darf gespannt sein, wie lange unser Vorsitzender seine diesbezüglichen Absichten noch unter der Decke halten wird.

Inzwischen laufen die Vorbereitungen zur Verstärkung unserer Pressearbeit während der Wahlkampfzeit. Seit einer Woche arbeitet in der Fraktion eine Pressestelle. Am Mittwoch werde ich mit einigen Abgeordneten und Genscher eine Art pressepolitischen Aktionsplan beraten. Ich sehe allerdings diesem Ereignis nicht ohne eine gewisse Besorgnis entgegen[202].

*Montag, den 24. Oktober 1960*

Keitel hat recht[203]: Schneiders DPS ist eine unmögliche Partei! Am Sonntag, auf dem Außerordentlichen Landesparteitag in Neunkirchen, gaben unsere Parteifreunde von der Saar eine neue Kostprobe ihrer „rechten" Gesinnung. Nach Schneiders Rede auf der „Großkundgebung" am gestrigen Nachmittag rief Wedel die Teilnehmer auf, die erste Strophe des Deutschlandliedes und des aus dem Dritten Reich noch hinreichend bekannten „Deutsch ist die Saar" zu singen. Mit Rücksicht auf den anwesenden Parteivorsitzenden empfahl der „Saar-Heini", zum Ausgleich auch noch die dritte Strophe der Nationalhymne hinzuzufügen. Mende, dem das alles sichtlich peinlich war, verließ nach Ende des Massengesanges sogleich fluchtartig das Versammlungslokal. Er wollte wohl Fragen neugieriger Journalisten nach der Ansicht des FDP-Chefs über diesen politischen Faux pas entgehen.

Auf der mittäglichen Pressekonferenz standen die Koalitionsabsichten der Partei wieder im Vordergrund des Interesses. Mende wiederholte die nun schon allgemein bekannten Formeln, ergänzt durch eine Bemerkung zur spezifischen Situation an der Saar[204]. Natürlich gab es auch Fragen zu dem Eklat vom Freitag in der Bonner Beethovenhalle und die überraschend milde Reaktion des Kanzlers auf Smirnows Entgleisung[205]. Mende meinte, wenn Adenauer beabsichtige, durch das von ihm ausgedrückte „Bedauern" die Beziehungen zwischen Bonn und Moskau zu entspannen, müsse man des Kanzlers Reaktion positiv werten. Sollte Adenauer mit seiner Nachsicht gegenüber dem Sowjetbotschafter jedoch die Absicht gehabt haben, seinem Vize Erhard erneut „einen Fußtritt zu versetzen", so wäre Adenauers Haltung negativ zu beurteilen.

Bei den Kommunalwahlen in Hessen und Rheinland-Pfalz haben die Freien Demokraten gestern gut abgeschnitten. Der Aufwärtstrend setzte sich also auch in diesen beiden Bundesländern fort[206].

*Samstag, den 29. Oktober 1960*

Bonn hat heute nur ein Gesprächsthema: den Fall Frenzel. Die Verhaftung des SPD-Bundestagsabgeordneten in der vergangenen Nacht wegen Verdachts des Landesverrates beschäftigte heute auch den Bundesvorstand, der vor allem wegen der Vorbereitung des Bundestagswahlkampfes sowie des kommenden Parteitages im März zusammengetreten war. Mende berichtete, Frenzel sei neun Jahre lang Mitglied des Verteidigungsausschusses mit speziellem Interesse für Flugplätze gewesen. Diese Affäre werde der SPD schweren Schaden zufügen[207]. Ich hatte allerdings das Gefühl, daß die möglichen Folgen des Falles Frenzel den Plänen unseres Vorsitzenden sehr entgegenkommen. Denn Mende fügte diesen seinen Ausführungen gleich noch ein paar weitere Seitenhiebe gegen die SPD hinzu.

Interessant, was Mende über ein Gespräch berichtete, das Gerstenmaier vor zehn Tagen mit den Fraktionsvorsitzenden über eine Bundestagssitzung in Berlin führte. Alle drei Parteien seien – so Mende – gegen Gerstenmaiers

Junktim gewesen (Berlin-Sitzung und kurz danach Moskau-Reise des Bundestages). Man habe vielmehr beschlossen, in diesem Jahr nicht mehr nach Berlin zu fahren, sondern erst im kommenden Jahr. Die dann stattfindende Berlin-Sitzung des Parlamentes solle „ohne Pomp", ohne Kundgebungen und Parteiveranstaltungen, gewissermaßen „klammheimlich" über die Bühne gehen.

Aus den jüngsten Wahlergebnissen zog der Vorstand den Schluß: keine Wahlbündnisse, denn die FDP schneide dort am besten ab, wo sie aus eigener Verantwortung wirke. Zudem herrsche eine „gewisse Grundstimmung" im Sinne einer Entwicklung zum Dreiparteiensystem.

Am Donnerstag wieder ein Gespräch mit Faix. Der sagte für 1961 eine neuerliche Verschärfung der internationalen Lage voraus. Er habe erhebliche Bedenken gegen die beiden amerikanischen Präsidentschaftskandidaten; sie seien unerfahren und verfügten über kein staatsmännisches Format. Da sei selbst Eisenhower noch ein besserer Präsident gewesen, obwohl er Chruschtschows Ansicht zustimmen müsse, daß Eisenhower für die Leitung eines Kindergartens eher geeignet sei als für die Führung einer Großmacht (!). Faix wollte wissen, wie ernsthaft die CDU und SPD zur Zeit den Gedanken einer Großen Koalition erwögen. Er selbst glaube, daß Brandt mit dieser Idee mehr aus taktischen Gründen liebäugele als sie ernsthaft ins Auge zu fassen. Ich meldete Zweifel an dieser Theorie an.

*Sonntag, den 6. November 1960*

Am Samstag zum Abendessen bei Faix. Der Fall Frenzel hatte beiderseits zu Überlegungen geführt, ob ein solches Treffen zu diesem Zeitpunkt opportun sei. Doch Flach riet, der Einladung Folge zu leisten. Und Faix beschloß, abzuwarten, ob wir kämen.

Natürlich bot die Spionageaffäre reichlichen Gesprächsstoff. Faix meinte, solche Vorgänge gehörten nun einmal leider zur derzeitigen internationalen Lage. Er habe allerdings seinem Geheimdienst nie zugetraut, überhaupt an solche Kreise heranzukommen. Entschuldigend wies unser tschechischer Gastgeber auf „Gehlen-Agenten" hin, die wiederholt in der CSSR verhaftet worden seien. Schlimm sei, daß ihm seine Bekannten aus der SPD nun böse wären (sie haben offenbar ihre Kontakte zu Faix abgebrochen).

Überraschend optimistisch äußerte sich der tschechische Journalist auf einmal über die weitere Entwicklung der internationalen Politik. Chruschtschow werde vermutlich im kommenden Jahre mit dem neuen amerikanischen Präsidenten über die Entspannung verhandeln. Was die Berlin-Fristen des Kreml-Chefs angehe, so gelte hier das deutsche Sprichwort: „Nichts wird so heiß gegessen wie gekocht".

Am Samstagvormittag erneute Prüfung der Wahlkampflage. Mende registrierte optimistische Stimmung unter den Mitgliedern und Mitgliederzuwchas bis zu hundert Personen bei einzelnen Verbänden. Später einige Mitteilungen über den BHE und die Folgen seiner Politik für unsere außenpolitischen Interessen. Bemerkenswerte Erkenntnisse, über die freilich öffentlich nicht gesprochen wird[208].

*Donnerstag, den 10. November 1960*

Die Wahl Kennedys zum neuen Präsidenten der USA ist von der FDP mit deutlicher Genugtuung aufgenommen worden. Der junge, dynamische Politiker war ohnehin unser heimlicher Wunschkandidat. So fiel denn auch Mendes Glückwunschtelegramm vielleicht etwas zu überschwenglich aus. Doch kann die Identifizierung einer kleinen Partei mit dem neuen „mächtigsten Mann der Welt" für den kommenden Wahlkampf wohl von Nutzen sein.

Mende, der am Dienstag nachmittag zusammen mit dem übrigen Vorstand auf der Fraktionssitzung wiedergewählt wurde, hat am gleichen Abend in der Wessel-Runde[209] seine in der Parlamentarischen Gesellschaft zum „Gemeinschaftsempfang" versammelten Fraktionskollegen in wahrhaft euphorische Stimmung versetzt. Auch auf die kniffligste Frage fand er sogleich eine wohlformulierte Antwort und war durch niemand und nichts in Verlegenheit zu bringen. Dabei ließ Mende alles offen, auch wiederum die Koalitionsfrage, wenn freilich auch mit einem neuen Akzent[210].

Dem Empfang der sowjetischen Botschaft am Montag in der Godesberger Redoute war diesmal auch die SPD demonstrativ ferngeblieben. Merkatz mußte wiederum die Bundesregierung vertreten, dafür aber waren wir Freien Demokraten mit großem Aufgebot angerückt, was in der Presse natürlich besonders vermerkt wurde. Attraktion der nahezu fünfhundert Gäste: die aparte Smirnow-Tochter Natalja, die selbst Walter Henkels „eine bestrickende Erscheinung" nannte[211].

*Samstag, den 19. November 1960*

Unmittelbar vor Beginn des SPD-Parteitages in Hannover hat Adenauer gestern vor versammelter CDU-Prominenz den Sozialdemokraten den Fehdehandschuh vor die Füße geworfen. Mit der ihm eigenen Fähigkeit der totalen Vereinfachung arbeitete der Kanzler zwei Stunden lang genüßlich die angeblich völlige Unvereinbarkeit von christdemokratischer und sozialdemokratischer Politik heraus. Die Damen und Herren von der Union waren begeistert.

Vieles, was der Alte da gestern vormittag im Bonner Bürgerverein vorbrachte, war Unsinn und reine Demagogie. Doch ist der SPD diese Abreibung trotz allem zu gönnen. Denn allmählich weiß man schon nicht mehr, was diese Partei überhaupt noch darstellt: eine Über-CDU, eine verkappte marxistische Partei oder ein politischer Verein, dessen einziges Programm es ist, keines mehr zu haben. Einen Mann wie Adenauer muß es geradezu reizen, ein solches politisches Chamäleon zu zwingen, endlich Farbe zu bekennen. Ob das wohl in der kommenden Woche in Hannover geschieht?

*Samstag, den 26. November 1960*

Die Sozialdemokraten sind dem „Alten“ prompt auf den Leim gekrochen. Adenauers Versuch, durch seinen „Blitzparteitag“ vom letzten Freitag vergangener Woche das Hauptthema des SPD-Parteitages von seinen Interessen her zu bestimmen, ist voll geglückt. Ollenhauer, der offenbar über die Strömungen und Stimmungen in seiner eigenen Führungsspitze schlecht unterrichtet ist, wandte sich am Dienstag in seiner Rede mit solcher Vehemenz gegen eine atomare Ausrüstung der Bundeswehr, daß zwar die Delegierten unentwegt und lautstark Beifall spendeten, Vorstandsmitglieder wie Wehner, Schmidt und vor allem Brandt jedoch nur betreten auf ihre Tagungsunterlagen schauten. Dem Berliner Bürgermeister und Kanzlerkandidaten der SPD paßte die Ollenhauer-Rede offensichtlich nicht ins Wahlkampfkonzept; er hatte noch kurz zuvor in einem Interview einer bundesdeutschen atomaren Bewaffnung halb und halb zugestimmt[212]. Aber nicht Willy Brandt beseitigte das „Zwielicht“, in das die SPD nun geraten war, sondern Fritz Erler. Der verteidigte am Mittwoch vormittag vor der Arbeitsgemeinschaft „Außen-, Wiedervereinigungs- und Sicherheitspolitik“ eine pragmatische Haltung in der atomaren Frage so brillant, daß die Stimmung des Parteitages sofort umschlug und sich die Mehrheit der Delegierten schließlich hinter jene Vorstandsmitglieder stellte, die – wie es Erler gefordert hatte – bei der Beurteilung der atomaren Bewaffnung politische und militärische Argumente in den Vordergrund schoben, während Ollenhauer nur politisch, vor allem aber moralisch argumentiert hatte.

Doch nicht allein in der Sicherheitspolitik zeigte sich der Parteitag zumindest zeitweilig heftig zerstritten. Auch auf wirtschaftspolitischem Gebiet wollte der Gleichschritt nicht so recht gelingen. Der Kanzlerkandidat selbst konnte mit seinem Schlußreferat den Schaden nicht reparieren. Sein Programm: bereits von der FDP aufgestellte Forderungen[213], Distanz gegenüber der eigenen Partei, ein kaum verhülltes Bekenntnis zur Kanzlerdemokratie (für den Fall, daß er – Brandt – Regierungschef werden sollte), Säuberung der Partei von Marxisten, eine Regierung von „Fachleuten“, wenig Konkretes zur Außenpolitik. Dafür einige recht peinliche Bemühungen, die eigene Person in die Nähe von Lincoln, Churchill und Kennedy zu rücken. Und eine ganz neue SPD-Ahnenreihe vom Sozialistenfeind Bismarck über Stresemann und Stauffenberg bis hin zu Theodor Heuss. Der schreckt auch vor gar nichts zurück!

Mende hat am vergangenen Montag Journalisten gegenüber spätestens für August 1961 eine Koalitionsaussage der FDP durch den Bundeshauptausschuß angekündigt. Dehler fügte dem sogleich hinzu, daß eine solche Aussage für die Bundestagsfraktion keine verbindliche Verpflichtung darstelle. Da steht uns wohl noch einiges bevor.

*Samstag, den 3. Dezember 1960*

Mangel an Diskretion hat der FDP wahrscheinlich wieder einmal einen Streich gespielt. Der schon fast gelungene Versuch der Parteiführung, aus der Konkursmasse von DP und BHE Brauchbares für uns abzuzweigen, dürfte jedenfalls vorerst an der Informationsfreudigkeit unseres Vorsitzenden gescheitert sein[214]. Ob es freilich zur Fusion der beiden kleinen Parteien kommt, wie Adenauer es angeblich wünscht, bleibt offen. Am Montag ist ein Informationsgespräch der FDP mit Hellwege (auf dessen Wunsch) in Bonn geplant, bei dem die Möglichkeiten eines Zusammengehens von DP und FDP geprüft werden sollen. Mende beurteilte heute vor dem Bundesvorstand die Chancen regelrechter Verhandlungen zwischen beiden Parteien über einen Zusammenschluß nach wie vor relativ optimistisch[215]. Doch findet dieser Plan nicht bei allen Landesverbänden Zustimmung. Die Vertreter von Hamburg und Bremen z. B. sprachen sich recht dezidiert gegen eine Aufnahme der DP in die FDP aus.

Am Freitag nachmittag, auf der Sitzung der Wahlkampfkommission, wurde beschlossen, in der ersten Januarhälfte eine längere Klausurtagung abzuhalten, auf der unser Wahlprogramm erarbeitet werden soll. Man denkt an einen Platz außerhalb Bonns, wahrscheinlich im Frankfurter Raum.

*Freitag, den 9. Dezember 1960*

Redseligkeit spielte auch bei einer Kontroverse zwischen Gerstenmaier und Mende Mitte dieser Woche eine wesentliche Rolle. Am Dienstag abend bei einem Essen mit Journalisten in der Parlamentarischen Gesellschaft plauderte der Vorsitzende die ihm vom Bundestagspräsidenten vertraulich zugegangene Information aus, daß die seit 1956 immer wieder verschobene Reise einer Parlamentarierdelegation nach Moskau mit einer Tagung des Bundestages in Berlin verbunden werden soll. Tags darauf veröffentlichten AP und UPI diese und andere Äußerungen Mendes. Das veranlaßte Gerstenmaier sofort zu einer ungewöhnlich scharfen Stellungnahme, in der M. „grober Vertrauensbruch" vorgeworfen wurde. Mende gab von Hannover aus postwendend eine abwiegelnde Erklärung heraus, und am Donnerstag sprach Lenz bei Gerstenmaier vor, um sich beim Bundestagspräsidenten in aller Form für die Indiskretion zu entschuldigen.

Möglicherweise hat dieser Parlamentarische Abend für uns auch noch weitere negative Konsequenzen. Denn nicht nur Mende, sondern auch Starke, Rademacher und Dehler floß bei gutem Wein und im Beisein wißbegieriger Journalisten der Mund über. Starke stelle der FDP für 1961 finstere Prognosen, Rademacher polemisierte gegen die Sozialpolitik und Dehler äußerte mit Behagen ketzerische außenpolitische Gedanken. Die Kollegen von der Presse waren mit dem Verlauf des Abends sehr zufrieden; ich wäre einige Male am liebsten im Boden versunken.

*Freitag, den 16. Dezember 1960*

Gestern reiste eine sowjetische Handelsdelegation überstürzt und ohne offizielle Verabschiedung aus Bonn ab, nachdem am Montag die Unterzeichnung des neuen deutsch-sowjetischen Handelsvertrages wegen der Weigerung Moskaus, Berlin in den Vertrag mit einzubeziehen, vertagt werden mußte. Schtscherbakow hat heute die deutsche Verhandlungstaktik mir gegenüber als „Erpressung" bezeichnet und das Verhalten der Bundesregierung mit dem Hitlers gegenüber dem tschechischen Ministerpräsidenten im Jahre 1938 verglichen. Erst zwei Stunden vor Unterzeichnung des Handelsvertrages sei die sowjetische Delegation mit dem Verlangen der deutschen Seite konfrontiert worden, einen Brief mit Berlin-Vorbehalten zu übergeben. In der Diplomatie sei es jedoch üblich, daß alle über den Vertrag hinausgehenden Schritte wie Abgabe von Zusatzerklärungen oder Übergabe von Briefen zuvor zwischen den Verhandlungspartnern abgesprochen werden. Das sei hier nicht der Fall gewesen. Bonn habe vielmehr versucht, den Verhandlungspartner zu überrumpeln und mit einer kurzfristigen Forderung unter Druck zu setzen. Die Sowjetunion warte nun ab, ob sich die Bundesregierung noch zu einer „realistischeren" Haltung werde durchringen können. Sie möge dabei auch bedenken, daß ihre Haltung die sowjetische Auffassung noch einmal nachdrücklich bestätige, daß Westberlin ein „Unruheherd" sei, den man so schnell wie möglich beseitigen müsse[216].

Mein Einwand, daß die deutsche Seite m. W. von Anfang an den sowjetischen Partner über ihr Verlangen nach Einbeziehung Westberlins keineswegs im unklaren gelassen habe, beeindruckte den sowjetischen Diplomaten nicht. Zudem interessierten ihn bei unserem heutigen Gespräch auch vielmehr Rüstungs- und Abrüstungsfragen als die jüngste deutsch-sowjetische Kontroverse. Dazu gab es einige ganz interessante Bemerkungen Schtscherbakows, die auf neue Initiativen Moskaus auf diesem Gebiet hinweisen könnten[217].

Die neuesten Meinungsumfragen vom Emnid und Intermarket bestätigen die heute von der *Welt* publizierten Zahlen des Allensbacher Instituts nicht. Danach sollte die FDP im November „unverändert" bei 6 % stehen. Die beiden anderen Institute melden jedoch 9 %. Flach meint, die *Welt*-Meldung sei möglicherweise von der Bundesregierung lanciert. Übereinstimmend melden jedoch alle drei Meinungsforschungsinstitute einen sehr klaren Vorsprung der CDU vor der SPD; er schwankt zwischen 5 und 9 Punkten. Kein Wunder nach dem SPD-Parteitag in Hannover.

*Dienstag, den 20. Dezember 1960*

Adenauers Privatfernsehen wurde kurz vor dem Weihnachtsfest der Strom abgeschaltet. Gestern hat das Bundesverfassungsgericht eine einstweilige Anordnung erlassen, die es der Deutschland-Fernseh-GmbH untersagt, bis zum 28. Februar (dem Tag des endgültigen Urteilsspruchs) ein zweites Fernsehprogramm auszustrahlen. So wird denn wohl – hoffentlich – aus den Adenauer-Schäffer-Lichtspielen nichts werden. Ein Hoch den Richtern in Karlsruhe!

Mein kritischer Artikel zu Jaspers kuriosem (in der *Zeit* veröffentlichtem) Vorschlag, Willy Brandt dem Bundeskanzler Adenauer als Vize zur Stabilisierung und „Reinigung" der deutschen (Außen-) Politik an die Seite zu stellen, hat Gräfin Dönhoff jetzt auf den Plan gerufen. In einem recht spitzen Brief versucht Frau Dönhoff, des Philosophen mißglückten Ausflug in die Tagespolitik zu einer Art unverbindlicher Meditation herabzustufen, was ich – zu ihrem Bedauern – offenbar nicht begriffen hätte. Das mochte ich nicht auf mir sitzen lassen. Wenn ein Philosoph schon in die Niederungen der Politik herabsteigt und dazu eigene (und m. E. abwegige) Ratschläge publiziert, so darf er sich über Kritik nicht wundern[218].

# Tagebuch 1961

## Veränderungen in der Pressestelle. Wahlplattform und Koalitionsfrage

*Donnerstag, den 5. Januar 1961*

Erich Mende, offenbar um seine guten Beziehungen zu Adenauer besorgt, hat meinen Artikel zum heutigen Kanzler-Geburtstag um den entscheidenden Schlußabsatz gekürzt: er enthielt die Aufforderung an Adenauer, die Regierungsgeschäfte gegebenfalls in jüngere Hände zu legen. Mende meinte, das werde den Kanzler kränken, zudem er ohnehin bereit sei, nur noch den Wahlkampf zu führen und sich dann zurückzuziehen. Wer ihm das wohl geflüstert hat?[219]

So kastriert wirkte mein Artikel freundlicher als beabsichtigt. Freilich: die Behauptung der *Saarbrücker Zeitung* vom heutigen Tage, die FDP habe Adenauer „einen sehr anerkennenden Geburtstagsartikel" gewidmet, ist nur zulässig, wenn man die letzten drei der noch stehengebliebenen Absätze übersieht. Hier ist, wenn auch „durch die Blume", eigentlich alles gesagt, was wir Liberalen an diesem Mann unverändert auszusetzen haben. Die dort enthaltene indirekte Kritik an des Kanzlers Deutschlandpolitik ist übrigens erst dieser Tage wieder durch einen Beitrag voll gerechtfertigt worden, den Adenauer für die Neujahrsausgabe des *Bonner General-Anzeiger* geschrieben hat. Der Begriff Wiedervereinigung kommt in diesem Artikel nicht ein einziges Mal vor, die deutsche Spaltung und das Berlin-Problem werden mit keinem Wort erwähnt. Für den Kanzler gehören sie offensichtlich nicht zu „unseren Aufgaben für 1961".

*Montag, den 16. Januar 1961*

Die Klausurtagung auf der Rheininsel Eltville brachte nicht ganz das, was wir uns von ihr erhofften. Trotz einer Fülle vorbereiteter Papiere für die Wahlplattform wurde in zweitägigen, intensiven Beratungen eine klare und einheitliche Konzeption bisher nicht gefunden. Das jetzt vorliegende Material ist Stückwerk und spiegelt die zum Teil noch bestehenden konzeptionellen Meinungsunterschiede wieder[220].

Die Tagung wurde durch eine vorgeschaltete Vorstandssitzung in Frankfurt eingeleitet. Im Mittelpunkt: Mende- und Dehler-Reden, die jüngst einen beträchtlichen Wirbel ausgelöst hatten. Dehler fühlt sich einmal mehr mißverstanden, womit er dieses Mal vielleicht sogar recht hat. Nur, einige Passagen der Rede vor den Burschenschaftlern in Berlin sind wirklich – sagen wir: interpretierbar[221]. Aber auch Mende darf sich über das Presseecho seiner Stuttgarter

Erklärungen eigentlich nicht wundern. Das Bestreben des Vorsitzenden, sich ständig etwas Neues zur Koalitionsfrage einfallen zu lassen und dabei immer näher an die CDU heranzurücken, verdrießt auch manchen Parteifreund[222]. Die meisten Prügel bezog in der Bundesvorstandssitzung der (nicht anwesende) Klaus Horn wegen seiner Marburger Veranstaltung mit Dieckmann. Sie war in gewalttätige Krawalle ausgeartet, was Mende und den Vorstand mit Blick auf die Wahlen verschreckte. Ein Parteiausschluß dieses LSD-Mitgliedes erschien ihnen darum unvermeidlich[223].

Heute nachmittag eine böse Überraschung. Flach teilte mir und Bursig in offensichtlicher Verlegenheit mit, Lenz und Rubin wollten einen schwäbischen Journalisten in die Parteileitung als „Koordinator" der Pressearbeit einschleusen. Was er koordinieren soll, ist unklar: Koordinierungsprobleme gab es bisher zwischen *Freiem Wort* und fdk jedenfalls nicht. Mende soll diesem Plan bereits zugestimmt haben.

*Sonnabend, den 21. Januar 1961*

Heute mittag hat der Bundesvorstand beschlossen, Moersch zum neuen Leiter der Pressestelle zu berufen. Ich behalte nur noch die Chefredaktion der fdk (Kommentardienst), Bursig bleibt für das *Freie Wort* verantwortlich, untersteht jedoch wie ich künftig der Oberaufsicht durch Moersch.

Der Tagesordnung war erst bei Beginn der Sitzung auf Verlangen von Lenz ein Punkt hinzugefügt worden: Pressearbeit. Kurz nach 12 Uhr wurde ich zusammen mit den übrigen Mitarbeitern aus dem Sitzungssaal hinauskomplementiert, nur Flach und Genscher sowie Moersch durften bleiben. Als wir nach 1 ¼ Stunden wieder in den Vorstand zurückkehren durften, war bereits alles gelaufen: Mende gab kurz den inzwischen getroffenen Vorstandsbeschluß bekannt und verlas ein entsprechendes Kommunique. Mende wie auch Flach lehnten jede weitere Begründung dieses Beschlusses ab, den ich persönlich dem in der Fraktionspressestelle wartenden DPA-Vertreter übergeben mußte.

Von Dehler, der mir empfahl, keine übereilten Beschlüsse zu fassen, vernahm ich, Mende habe vor dem Vorstand erklärt, der Wechsel an der Spitze der Pressestelle sei mit meinem Einverständnis erfolgt (!). Dehler war sichtlich betroffen, als ich erklärte, diese Feststellung Mendes treffe nicht zu. Auch andere – als Flach – wollten jetzt plötzlich zuvor mit mir über die geplante Absetzung gesprochen haben. Ein jämmerliche Art, sich vor der Verantwortung für diesen Schritt zu drücken. Am Nachmittag rief Flach an und schlug eine Aussprache vor, die morgen nachmittag in seiner Wohnung stattfinden wird. – Ein Kuriosum am Rande: Nach Angaben Dürrs hat Döring vor dem Bundesvorstand erklärt, nach der letzten Rede Mendes müsse ein Wechsel in der FDP-Pressestelle vorgenommen werden. Als ob ich für die Äußerungen des Parteivorsitzenden in Stuttgart verantwortlich wäre. Mende hat mich an der Formulierung seiner Ausführungen nicht beteiligt, auch war ich wegen unseres Wohnungswechsels selbst gar nicht auf dem Dreikönigstreffen.

*Mittwoch, den 25. Januar 1961*

Adenauers Ankündigung, es werde Besprechungen „amtlicher Stellen“ über die deutsch-polnischen Beziehungen geben, hat Hoffnung und Verwirrung zugleich gestiftet. Nach dem Durcheinander der bisherigen Bonner Polenpolitik sind wohl auch diesmal Zweifel berechtigt, ob die Ankündigung des Kanzlers wirklich ernst gemeint ist. Nur eines scheint jetzt schon sicher: vor diplomatischen Beziehungen wird unsere Regierung auch weiterhin zurückschrecken. Und selbst auf die Handelsmissionen wird man wohl noch längere Zeit warten müssen, wenn unser Kanzler und seine Gehilfen das heikle deutsch-polnische Problem weiterhin so widersprüchlich auf dem offenen Markt diskutieren[224].

*Sonntag, den 29. Januar 1961*

Gestern und heute die zweite Klausur der Wahlkampfkommission, diesmal in Hanau. Nur unser Arbeitskreis brachte einen formulierten Entwurf zustande: Präambel und Abschnitt „Freies Volk“ der Wahlkampfplattform sind so gut wie fertig. Die anderen Arbeitskreise taten sich zum Teil schwer. Einige Parteifreunde versuchten zudem – teilweise sogar mit Erfolg – unsere Arbeit mit konservativen Parolen anzureichern. Die von Starke geforderte positive Aussage zur Notstandsgesetzgebung konnte abgewehrt werden. Genscher, der zur „Ausschaltung des BHE“ für eine ganz harte Aussage zur Grenzfrage plädierte, mußte sich mit einer Kompromißformel zufriedengeben. Lenz war die ganze Sache ohnehin zu „negativ“[225].

Die Kaperung des Luxusdampfers „Santa Maria“ durch politische Gegner des Salazar-Regimes im Karibischen Meer inspirierte ein Kommissionsmitglied im Hinblick auf Mendes Koalitionskapriolen zu folgendem Vorschlag: die FDP solle die Fähre zwischen Königswinter und Mehlem, mit der Adenauer täglich nach Bonn zu reisen pflegt, kapern und samt Kanzler zur Rheininsel Eltville bringen. Dort solle man Adenauer im Schlosse solange gefangenhalten, bis er erzählt, was er mit Mende bereits vereinbart hat. Ein guter Vorschlag – nur leider schwer zu realisieren![226]

Seit dem 15. Januar ist – wie jetzt bekannt wurde – der Ostreferent des Liberalen Studentenbundes, Dieter Koniecki, aus Westberlin spurlos verschwunden. Koniecki ist ein ungewöhnlich begabter und couragierter Vertreter einer offensiven geistigen Auseinandersetzung mit den kommunistischen Studentenverbänden des Ostens. Obwohl der LSD sich merkwürdig sorglos gibt, muß man befürchten, daß der symphatische Doktorand der Freien Universität in eine Falle geraten ist[227].

*Donnerstag, den 2. Februar 1961*

Die Tendenz der Bundesregierung, den Austausch von Handelsmissionen mit konsularischem Status diplomatischen Beziehungen mit Polen vorzuziehen, bezeichnete Stanek am Dienstag „unverständlich“. Es könne doch wohl kaum im westdeutschen Interesse liegen, daß in Warschau der Vertreter der Bundesrepublik weit hinter dem Botschafter der DDR rangiere. Bedauerlich sei auch die fast ausnahmslos falsche Berichterstattung unserer Presse über die letzte Gomulka-Rede. Dieser habe nicht erklärt, daß die Anerkennung der polnischen Westgrenzen Vorbedingung für diplomatische Beziehungen mit der Bundesrepublik sei, sondern vielmehr hervorgehoben, daß eine Besserung der deutsch-polnischen Beziehungen schon lange möglich gewesen wäre, wenn Bonn die Oder-Neiße-Linie anerkannt hätte. Mein polnischer Gesprächspartner räumte allerdings ein, daß die Bereitschaft Warschaus, bei Aufnahme diplomatischer Beziehungen zu Bonn die Grenzfrage auszusparen, heute nicht mehr so groß sei wie noch vor zwei Jahren. Doch dazu könnten sich die Polen erst äußern, wenn von der Bundesregierung konkrete Angebote für verbesserte Beziehungen vorlägen. Er – Stanek – halte es im übrigen nicht für ausgeschlossen, daß sich die beiden Staaten im Grunde schon einig seien, nach den Bundestagswahlen Botschafter auszutauschen.

Die deutsche Ostpolitik war heute auch Gesprächsthema mit Faix, der mich am Nachmittag in meinem Büro aufsuchte. Faix zeigte sich recht angetan von Adenauers „neuem Stil". Nur ein Mann wie der Kanzler sei imstande, eine neue Linie in der Ostpolitik zu markieren, schon im Hinblick auf die Haltung der Heimatvertriebenen- und Flüchtlingsverbände. Ob er da Adenauers Intentionen nicht zu optimistisch sieht?

Ein dickes Lob bekam Dehler. Er sei einer der ganz wenigen Politiker in der Bundesrepublik, die aus innerster Überzeugung für eine Sache einträten. Seine Zweifel an dem Wiedervereinigungswillen der Deutschen würden durch den politischen Alltag ständig bestätigt. Vor einigen Tagen sei er (Faix) Gast bei einer „hochgestellten Persönlichkeit" gewesen; man habe über die deutsche Einheit gesprochen. Da habe ihn dieser Mann gefragt, warum der Osten eigentlich dauernd von der deutschen Frage und von einer Konföderation spreche. Dafür interessiere sich hier doch kein Mensch (!).

Während sich Faix zu Kennedys Kongreßbotschaft nicht äußerte, zeigte sich Stanek von dieser Rede sichtlich beeindruckt, besonders von Passagen über die amerikanisch-polnischen Beziehungen. Hier verwechselte Stanek offenbar die Kongreß- mit der Inaugurationsrede. Denn am Montag hatte der Präsident zu diesem Thema m. W. gar nichts gesagt. Die Ausführungen Kennedys vor den beiden Häusern des Kongresses dürften indessen für die Bundesrepublik und die gesamte NATO von folgenschwerer Bedeutung sein. Wird sich die Bundesrepublik der neuen amerikanischen Friedensstrategie rechtzeitig anpassen? Wird ein Mann wie Adenauer zum Umdenken überhaupt noch fähig sein? Es wäre gewiß voreilig, das Gebrabbel der Regierung über die deutsch-polnischen Beziehungen bereits als ein Indiz einer Veränderung zu werten, denn es könnte sich hier wieder einmal um Scheinaktivitäten handeln, diesmal zur Besänftigung der amerikanischen Verbündeten.

Gestern machte mich Flach mit meinem Nachfolger im Amte bekannt. Ein anschließendes, etwa halbstündiges Vieraugengespräch mit Moersch ließ die Frage vorerst unbeantwortet, wie sich unsere Zusammenarbeit gestalten wird.

*Freitag, den 10. Februar 1961*

Auf der heutigen Vorstandssitzung im Bundeshaus kam Mende ins Gedränge. Mehrere Vorstandsmitglieder kritisierten lebhaft die tendenziöse Berichterstattung über parteiinterne Vorgänge und nicht zuletzt den Koalitionseifer des Vorsitzenden. Döring meinte zu Mende gewandt: „Wir wollen nicht Bundesminister werden, wir wollen nicht Staatssekretäre werden, sondern politische Ziele durchsetzen". Nur, der Vorsitzende ist da wohl doch anderer Meinung. Ihn scheinen selbst die jüngsten antiliberalen Ausfälle Richard Jaegers nicht von seiner Vorliebe für die Unionsparteien abbringen können.[228] Dennoch denkt Mende wohl politischer als Döring. Mende ließ am Schluß der Sitzung eine Stellungnahme zur Koalitionsfrage veröffentlichen, die die Wahrheit praktisch auf den Kopf stellt und nichts über die Kontroversen im Parteivorstand verlauten läßt[229]. In vier Tagen fliegt Mende in die USA; dann haben wir vor neuen Koalitionserklärungen unseres Chefs zunächst einmal Ruhe – ich hoffe es jedenfalls.

*Mittwoch, den 15. Februar 1961*

Die Ermordung des gestürzten kongolesischen Ministerpräsidenten Lumumba hat die Vereinten Nationen in eine schwere Krise gestürzt. Die Sowjets fordern jetzt die sofortige Abberufung Hammerskjölds, dem sie die Schuld am Todes des afrikanischen Politikers in die Schuhe schieben wollen. So wird nicht nur das Chaos am Kongo weiter eskalieren, sondern auch die internationale Politik neuen, schweren Belastungen ausgesetzt. Das könnte sich auch noch auf Deutschland und Berlin negativ auswirken.

Neueste Frucht des bereits tobenden Wahlkampfes: gefälschte Briefe an Bundeswehroffiziere, die die Unterschrift Dörings tragen und zum „Aufgeben" mahnen. Das Machwerk stammt offensichtlich von „drüben". Mit weiteren solchen Überraschungen muß bis zu den Wahlen wohl gerechnet werden.

*Montag, den 27. Februar 1961*

Für eine makabre Note beim kommenden Eichmann-Prozeß in Jerusalem hat jetzt das Zonenregime gesorgt. Der Staranwalt der sogenannten DDR, Kaul, hat sich dieser Tage in die Hauptstadt Israels begeben, um dort vor dem Tribunal – wie es heißt – jüdische Opfer des von den Israelis gekidnapten SS-Mannes zu vertreten. Das paßt wie die Faust aufs Auge. Kaul, der Vertreter eines Regimes, das vor zehn Jahren Stalins blutigen Zionistenprozessen applaudierte, im Gegensatz zur Bundesrepublik den vom Faschismus verfolgten Juden die Wiedergutmachung verweigert und 1952 sogar die Zuschüsse für die Synagogengemeinden strich – dieser Herr will sich also nun im Eichmann-Prozeß in Szene setzen. Welch ein Zynismus!

Die CDU und die ihr nahestehende Presse schießt sich z. Zt. systematisch auf einzelne, ihren Plänen hinderliche FDP-Persönlichkeiten ein. Augenblicklich steht Dehler ganz oben auf der Schußliste. Seine jüngsten Wiedervereinigungsreden haben die Parteichristen offenbar so erbost, daß nach Guttenberg und der „Diplomatischen Korrespondenz" nun auch noch – und ganz besonders bösartig – die Hamburger *Welt* ihr Feuer auf unseren Parteifreund eröffnete. Am Dienstag abend hat die Fraktion – unter Ausschluß der Mitarbeiter (Antrag Lenz!) – Schröders Attaken beraten und dann dazu eine recht nichtssagende Erklärung veröffentlicht. Was das wohl nutzen soll! Wenn man sich schon mit diesen Angriffen nicht im einzelnen auseinandersetzen mag, sollte man lieber ganz schweigen. Das schmerzt doch solche Polemiker am meisten.

Mein Zorn über den Vorstandsbeschluß ist schon wieder etwas verraucht. Doch bin ich reichlich „amtsmüde", obwohl ohne „Vorgesetzten": Moersch ist ziemlich ernsthaft erkrankt und wird wohl in den nächsten Wochen nicht zur Verfügung stehen. So werde ich auf dem Bundesparteitag in Frankfurt noch einmal der für die Pressearbeit Verantwortliche sein.

*Sonntag, den 5. März 1961*

Ein arbeitsreicher Tag. Fünf Stunden lang beriet heute vormittag die Wahlkampfkommission den Entwurf einer Wahlplattform und verabschiedete endlich das Papier ohne wesentliche Änderungen. Am 18. März muß noch der Bundesvorstand sein Placet geben, dann kann unser Aufruf am 25. März in Frankfurt verkündet werden. Die Arbeit scheint mir gut gelungen.

Anschließend zur Pressekonferenz: Erhard gab die Aufwertung der D-Mark um 5 % bekannt. Ob die von Erhard, Etzel und Blessing für diesen überraschenden Schritt gegebenen Begründungen wirklich stichhaltig sind, kann ich nicht beurteilen. Die Zukunft muß zeigen, ob diese „Störung der Sonntagsruhe" politisch und wirtschaftlich zu rechtfertigen war.

Eine unbestreitbar gute Nachricht kam dagegen Mitte vergangener Woche aus Karlsruhe: das Bundesverfassungsgericht untersagte der Bundesregierung, über ihre „Deutschland-Fernsehen-GmbH" ein zweites Fernsehprogramm auszustrahlen. Adenauer erlitt durch diesen Spruch eine schmähliche Niederlage. Darüber zeigten sich die Vertreter der Länder – wie die Presse berichtete – ausgesprochen „vergnügt" – auch die der CDU/CSU. Ihnen hat wohl der Vorwurf des Gerichtes besonders gefallen, daß der Kanzler bei seinem Verhalten im Fernsehstreit auf eine Spaltung der Länder auszugehen schien, was mit bundesfreundlichem Verhalten nicht zu vereinbaren sei.

*Freitag, den 10. März 1961*

Die Sowjets melden sich wieder einmal zu Wort. Am vergangenen Samstag wurde in Moskau überraschend ein neues Memorandum der sowjetischen Regierung zur Deutschlandfrage veröffentlicht[230]. Adenauer hat noch am gleichen Tage auf einer CDU-Versammlung die Denkschrift folgendermaßen charakterisiert: im Tone höflicher, sachlich aber mindestens so hart und für die Deutschen so unmöglich wie alle früheren Verlautbarungen der Sowjetunion. Ein genaueres Studium dieses Papiers zeigt jedoch, daß dort neben tatsächlich längst bekannten und unakzeptablen Forderungen zwei interessante Hinweise enthalten sind: einmal eine neue Nuance in der Einstellung Moskaus zum Verhältnis Bonn-Westberlin nach einer Lösung der Berlin-Frage im sowjetischen Sinne; und zweitens die Bereitschaftserklärung Moskaus, „beliebige konstruktive Vorschläge der Bundesregierung" für einen Friedensvertrag zu erörtern[231]. Doch ein westlicher Entwurf für einen Friedensvertrag steht noch immer aus, ebenso eine offensive Berlin- und Deutschlandpolitik der freien Welt. Adenauers Taktik bleibt es, jeden sowjetischen Vorschlag sofort in toto zurückzuweisen.

Heute vormittag stellte sich der Kanzler nach fast dreijähriger Pause erstmals wieder der Bonner Presse. Die Fragen – vierzig an einer Zahl – mußten vorher schriftlich im Bundeskanzleramt eingereicht werden, mündliche Zusatzfragen durften jedoch gestellt werden. Ein Zeremoniell wie bei Herrn de Gaulle ...

Die Journalisten wollten vor allem Adenauers Meinung zu aktuellen außen- und deutschlandpolitischen Fragen wissen. Doch die Auskünfte des Kanzlers waren oft eher verwirrend als erleuchtend. Adenauer, der sich beharrlich gegen Friedensvertragsverhandlungen sträubt, hofft nun, zum Friedensvertrag über das „Selbstbestimmungsrecht" gelangen zu können. Wie das wohl gehen soll? Zu Polen wieder die übliche Verwirrungstaktik: er glaube nicht, daß Warschau auf die Herstellung diplomatischer Beziehungen Wert lege (sic!). Später noch einige Fragen zur Emigration als Nachspiel zu der peinlichen Bundestagsdebatte vom Mittwoch[232]. Hier machte Adenauer eine Bemerkung, die für die Deutschlandpolitik des Kanzlers aufschlußreich ist: er stellte die Flucht vor dem NS-Regime ins Ausland mit der Flucht aus Mitteldeutschland in die Bundesrepublik gleich. Die Flüchtlinge aus der „DDR" seien die Emigranten von heute. Nun wissen wir endlich ganz offiziell, daß für den CDU-Kanzler die deutschen Gebiete östlich der Elbe Ausland sind[233].

*Samstag, den 18. März 1961*

Sechs Stunden lang diskutierte der Bundesvorstand unsere Wahlplattform, Satz für Satz – es war schrecklich. Allein in Präambel und Teil I wurden – wenn ich richtig gezählt habe – 19 Änderungen bzw. Ergänzungen vorgenommen und dabei die Formulierung zur Grenzfrage ergänzt und verschärft[234]. Obwohl wir bei dieser Art von „Redaktionskonferenz" zu keinem anderen Thema mehr kamen, gab's für die Journalisten doch ein (von mir vorbereitetes) umfängliches Kommuniqué (Sowjetmemorandum, Karlsruher Fernsehurteil und Tenhumberg)[235].

Am späten Nachmittag dann zu den Jungdemokraten. Vor deren Hauptausschuß verteidigte Mende den gegenwärtigen Parteikurs. Einige DJD-Vertreter übten scharfe Kritik, weil die Parteiführung im Herbst unter gewissen Voraussetzungen wieder in ein Adenauer-Kabinett selbst bei absoluter CDU-Mehrheit eintreten wolle. Als die Vorstandsherren gegangen waren, setzte Flach die Diskussion mit den Jungdemokraten fort: er erläuterte dann noch einmal mit mehr Einfühlungsvermögen als Mende die Politik der FDP.

*Montag, den 27. März 1961*

Frankfurt – wie versprochen ein Parteitag der Zuversicht – war ein großer Erfolg[236]. Die Delegierten sind nun in der richtigen Wahlkampfstimmung. Auch mit dem Presseecho kann man (SPD-Blätter einmal ausgenommen) zufrieden sein. Inzwischen ist es Mode geworden, die Chancen der Liberalen bei den Herbstwahlen in rosigen Farben zu schildern. Der Ausgang der Kommunalwahlen in Nordrhein-Westfalen am vergangenen Sonntag hat diesen Trend noch verstärkt[237]. Mende erhält manche Anerkennung für taktisches Geschick – er ist gegenwärtig der aufsteigende Stern am innenpolitischen Himmel der Republik. Vor allem, nachdem er dieser Tage auch noch den allerhöchsten Segen des allseits geachteten „hochverehrten Herrn ersten Bundespräsidenten der Bundesrepublik Deutschland" (so Mende in Frankfurt) erhielt. Dessen überraschende, wenn auch nur kurze Rede am Freitag morgen riß die Parteifreunde vor Begeisterung von den Stühlen. Und das, obwohl die Worte Heussens nicht nur ein langersehntes öffentliches Bekenntnis zu seiner alten Partei enthielten, sondern auch kritisch-distanzierende Bemerkungen[238]. Aber, was macht das schon? Denn nun steht der Heuss nicht nur optisch hinter Mende, sondern auch noch leibhaftig[239]. Wer wollte uns da noch den Erfolg streitig machen?

Neben der einstimmig verabschiedeten Wahlplattform stand die leidige Koalitionsfrage wiederum im Vordergrund der Diskussion auf der Pressekonferenz am Samstag mittag. Mende äußerte sich in seiner mit viel Beifall aufgenommenen Rede am Donnerstag vormittag dazu diesmal nur sehr zurückhaltend, ohne jedoch die Zuhörer über seine wahren Absichten im Unklaren zu lassen. Er scheute neuen Krach vor allem mit den Parteifreunden aus Nordrhein-Westfalen. Um so deplacierter wirkten darum die Diskussionsbeiträge von Maier und Haußmann, die sich für eine sofortige und eindeutige Festlegung der Partei auf eine CDU-Koalition aussprachen. Doch die Delegierten spielten nicht mit; sie wollten Harmonie und keine neuen Konflikte.

Und diese Harmonie begleitete denn auch die weiteren Beratungen des Parteitages, die beiden festlichen Veranstaltungen am Donnerstag und Freitag eingeschlossen. Am ersten Abend gab uns Theodor Heuss die Ehre. Er saß mit Ehepaar Mende und einigen anderen FDP-Prominenten etwas separiert von der Presse und den Ehrengästen, die dennoch seinen Tisch fast den ganzen Abend umlagerten und den recht alt gewordenen staatsmännischen Ruheständler wie ein Weltwunder bestaunten.

Ich nutzte die beiden Abende zu angeregten Gesprächen mit westlichen und östlichen Diplomaten über den außenpolitischen Kurs der Partei. Während am Freitag abend der Kongreß nach Auftritten des Kabaretts „Die Meininger" im Großen Saal tanzte, war ich stundenlang mit zwei sowjetischen Diplomaten in hitzige Debatten verwickelt. Wir stritten über einen Friedensvertrag, die Wissenschaftlichkeit der kommunistischen Ideologie, die in Moskau geforderte Nichteinmischung in Angelegenheiten des Ostblocks, die Aufstände in Ungarn und in der Zone. Dabei tranken wir unzählige Gläser „Schirdewan", was schließlich eine eher versöhnliche Stimmung zwischen uns aufkommen ließ.

*Mittwoch, den 29. März 1961*

Mende ist mit dem Parteitag außerordentlich zufrieden. Seine Genugtuung über den Erfolg in Frankfurt drückt sich auch in anerkennenden Worten und Gesten gegenüber der Bundesgeschäftsstelle aus. Als ich gestern mit ihm einen resumierenden Kommentar über das Echo auf Frankfurt absprach, lobte er besonders die Arbeit der Pressestelle und gab – wohl nicht ganz aufrichtig – seinem Bedauern darüber Ausdruck, daß Moersch durch seine Krankheit daran gehindert wurde, sich mit diesem Parteitag „einen Namen zu machen".

Achenbach hat durch sein Referat vor dem Arbeitskreis I in Frankfurt dazu beigetragen, die Erinnerung an meinen verstorbenen Chef wieder wachzurufen. Dietrich Schwarzkopf wies am Sonntag im *Tagesspiegel* darauf mit der Feststellung hin, daß „der Geist Ungeheuers in der Partei sehr lebendig" und dessen Deutschlandplan in Frankfurt neu belebt worden sei. Ob zutreffend oder nicht: die Unionsparteien haben jedenfalls im Frankfurter Kuchen nicht nur Rosinen, sondern offenbar auch deutschlandpolitische Bittermandeln gefunden. Mende, der darauf heute abend im NDR von Herrn von Wrangel hingewiesen wurde, wiegelte ab: wir dächten gar nicht daran, den Deutschlandplan in seiner Gesamtheit zu einer unabdingbaren Vorraussetzung für eine Koalition mit der CDU zu machen (!).

## Deutschlandpolitische Gespräche. Wahlkampf

*Samstag, den 8. April 1961*

Immer noch und immer wieder Friedensvertrag. Gestern abend bei einem Essen zu viert im urgemütlichen „Adler" in Bad Godesberg forschten Schtscherbakow und Surchaninow nach möglichen Auswirkungen eines zwischen Moskau und der „DDR" abgeschlossenen Separat-Friedensvertrages auf die Politik in der Bundesrepublik. Flach faßte unsere nachdrücklichen Warnungen vor einem solchen Schritt schließlich in die sarkastische Bemerkung zusammen: „Bisher hatte Adenauer bei den Wahlen vier Verbündete: die USA, die katholische

Kirche, die Industrie und Chruschtschow. Heute hat er nur noch zwei: die Kirche und die Sowjetunion". Die beiden sowjetischen Diplomaten lächelten angestrengt.

Später wandten wir uns dem Berlin-Problem zu. Die Sowjets zeigten Interesse für unsere Ansicht, Westberlin müsse elftes Bundesland (ohne deutsche Truppen und Atomwaffen) werden, wenn eine Wiedervereinigung Deutschlands vorerst nicht möglich sei. Mit ihrer eigenen Auffassung zu diesem Komplex hielten sie jedoch zurück. Nur als Flach ankündigte, einer der nächsten FDP-Parteitage werde wieder in Westberlin stattfinden, deutete Schtscherbakow eine Abriegelung der Stadt an. Die lebhafte Diskussion, bei der im Verlauf des Abends auch noch unser Deutschlandplan, die Koalitionsabsichten der FDP (kommt es zu einer Zerreißprobe für unsere Partei?), unsere Wahlchancen, die Zukunft von DP und BHE sowie die Chancen der „Friedensunion" zur Sprache kamen, dauerte dreieinhalb Stunden[240].

*Dienstag den 11. April 1961*

Heute abend bei einer Diskussion in der Bundesfraktion mit FDP-Justizministern und -Senatoren über eine Änderung des Richterrechts gab es merkwürdige Fronten[241]. Nachdem von Nottbeck eingehend die Verbrechen der Nazi-Richter geschildert hatte, stellten sich Leverenz, Dehler und Achenbach – wenn auch aus unterschiedlichen Gründen – schützend vor diese „Rechtswahrer" des Tausendjährigen Reiches. Bucher freilich wandte sich gegen diese Haltung, und Döring meinte, die in der Diskussion vertretene Ansicht, nur Todesurteile könnten als „exzessiv" betrachtet werden, sei falsch; das träfe doch wohl auch auf die Zuchthausurteile dieser Richter zu. Über weitere Diskussionsbeiträge sonst durchaus ehrenswerter Fraktionsmitglieder möchte ich lieber schweigen . . .

*Montag, den 17. April 1961*

Es war wie in alten Zeiten: Thomas Dehler als Jupiter tonans hinter dem Rednerpult, vor ihm ein Auditorium, das – teils erschrocken, teils belustigt, manchmal auch hingerissen – den Worten des mächtig erzürnten Franken lauschte. Da blieb kein Auge trocken, kein Fettnäpfchen unberührt. Als Dehler geendet hatte, stand der Berliner Landesparteitag vor einem politischen Scherbenhaufen: die Frankfurter Koalitionsformel lag zerfetzt am Boden, unsere Bundesgenossen Frankreich und Italien waren als demokratisch unzuverlässig abqualifiziert und die Entspannungspolitik als für die deutschen Interessen schädlich verdammt. Auch die Bundesrepublik bekam ihr Fett: „ein verräterischer Staat"[242]. Flach, Marx und ich, die Zeugen der wilden oratorischen Eruptionen Dehlers waren, berieten, wie man in der anschließenden Pressekonferenz die Journalisten zu zurückhaltender Kommentierung und Berichterstattung veranlassen könnte. Hucklenbroich übernahm es dann, Dehler neu zu interpretieren. Dieser freilich ließ sich die Chance nicht entgehen, die Pressevertreter durch neue gewagte Formulierungen zu irritieren. Wie mag wohl heute das Berliner Pressebild aussehen?

*Sonntag, den 23. April 1961*

Krisen überall! Die Invasion von Anti-Castro-Rebellen auf Kuba hatte die Sowjets zu drohenden Erklärungen gegenüber den USA veranlaßt. Chruschtschow sprach bereits von „schwerwiegenden Konsequenzen für den Weltfrieden". Die rasche Niederlage der Invasoren verhinderte jedoch vorerst eine ernste Konfrontation zwischen den beiden Weltmächten.

Heute abend meldet der Rundfunk die Übernahme der Macht durch de-Gaulle in Frankreich. Das ist die Antwort des Generals auf den Putsch in Algier. Über Frankreich und Algerien wurde der Ausnahmezustand verhängt und die Befugnisse des Parlaments eingeschränkt.

Auch bei der FDP gibt es Ärger. Der LSD hat auf seiner Berliner Delegiertenversammlung seine Besorgnis über eine mögliche Abhängigkeit vom Bonner Talweg geäußert. Flach hat daraufhin den Liberalen Studenten einen Brief geschrieben und ihnen die im Bonner Talweg benutzten Räume gekündigt[243].

*Donnerstag, den 27. April 1961*

Das war ein müder CDU-Parteitag! Die viertägige Veranstaltung in den Kölner Messehallen ließ nahezu jeden Schwung, vor allem aber ein klares politisches Profil der Regierungspartei vermissen. Selbst der „Alte", sonst bei solchen Gelegenheiten kämpferisch und polemisch, wirkte bei seiner Rede am Dienstag streckenweise auffallend farblos. Sein Vortrag war im ersten Teil eine Ansammlung außenpolitischer Plattitüden, im zweiten eine Wiederholung der bekannten, grobschlächtigen Abrechnung mit der Opposition. Die FDP wurde dabei geschont – über sie verlor der Kanzler kein Wort.

Brentano, der nach Adenauer das Wort ergriff, bemühte sich, der außenpolitischen Conférence seines Chefs nachträglich noch einige Konturen zu geben. Sie fielen – insbesondere in der Deutschland- und Ostpolitik – so „schwarz" aus, daß jetzt auch Erich Mende Zweifel kommen müßten, ob im Herbst mit der Union ein außenpolitisches Regierungsprogramm erarbeitet werden kann ohne Aufgabe traditioneller freidemokratischer Grundsätze.

Nicht alle Redner des Parteitages gingen übrigens mit ihrem möglichen Koalitionspartner von morgen so behutsam um wie der Kanzler. Brentano z. B. grenzte sich recht nachdrücklich gegenüber der FDP ab, indem er Thesen unseres Wahlaufrufes zur deutschen Frage zurückwies und Dehler wegen seiner Berliner Rede attakierte. Auch Majonica („daß wir keine Koalition mit außenpolitischen Zugeständnissen erkaufen werden" – Beifall!) und Krone gaben ihrem Mißfallen mit unserem Wahlprogramm unverhohlen Ausdruck. Das veranlaßte die Korrespondenten auf der heute mittag müde dahinplätschernden Pressekonferenz zu bohrenden Fragen nach den Koalitionsabsichten des CDU-Vorsitzenden. Adenauer wich indessen all solchen Anzapfungen aus („Es wird sich alles finden ... das muß ich mal sehen").

Seit Beginn dieser Woche ist die Fraktion um einen Abgeordneten stärker geworden. Der DP-MdB Logemann erklärte seinen Übertritt zur FDP und wurde am Dienstag in die Bundestagsfraktion aufgenommen. Die Konzentration auf die drei „klassischen" Parteien des Bundestages macht weitere Fortschritte, die Attraktivität der FDP wächst.

*Dienstag, den 9. Mai 1961*

Nach dem außerordentlichen Kongreß der SPD in Bonn unmittelbar im Anschluß an den CDU-Parteitag haben sich die Wahlchancen der SPD keineswegs verbessert. Das unglückselig Koalitionsangebot an die CDU, von dieser sofort hohnlachend zurückgewiesen, und der wenig überzeugende Kanzlerkandidat sichern m. E. schon heute den Christdemokraten den entscheidenden Vorsprung. Der Konformismus und Opportunismus der Parteispitze führt die SPD erneut in eine Sackgasse.

*Sonntag, den 14. Mai 1961*

Seit gestern sind auch wir Besitzer eines Fernsehapparates. Daß wir unsere ursprüngliche Abneigung gegen dieses Medium überwanden, ist nicht zuletzt dem Wahlkampf zu verdanken. Als Parteijournalist ist man heute über den Verlauf des Gefechts nur unzureichend orientiert, wenn man sich auf die Beobachtung von Presse und Rundfunk beschränkt. Und überhaupt: wo wir einen so schönen Kandidaten haben ...

Heute mittag, bei Werner Höfers Frühschoppen, erlebte ich meinen alten Bekannten Stanek in einer für ihn recht mißlichen Situation: Man diskutierte die Problematik des Eichmann-Prozesses und versuchte, Stanek mit Vorwürfen gegen den polnischen Antisemitismus in die Enge zu treiben. Sehr fair fand ich diese Diskussion allerdings nicht, zumal Stanek sicherlich der letzte ist, der für die Fehler und Schwächen seines Volkes unempfindlich wäre.

*Dienstag, den 30. Mai 1961*
Waldhotel „Zum Paradies" im Harz

Gestern zu einem Zwölftageurlaub im „Paradies" eingetroffen. Ab Mitte Juli haben alle Mitarbeiter der Bundesgeschäftsstelle Urlaubssperre. Auf der Herfahrt erstand ich in Göttingen den neuesten *Spiegel*. Titelbild: Mende mit Ritterkreuz. Die Titelgeschichte („Erich währt am längsten") ist schlimm. Sie zeigt einen Parteiführer, dessen Qualitäten hauptsächlich in der Pflege seines attraktiven Images bestehen sollen. Aus dem anschließenden *Spiegel*-Interview ist zu entnehmen, warum dieses Porträt so überaus ungünstig geriet: die Augstein-Mannschaft ist erzürnt, weil die FDP eine Koalition mit der „liberalisierten SPD" (so der *Spiegel*) ablehnt. Freilich, manche kritische Bemerkung zu Mendes Gehabe ist durchaus zutreffend. Doch hat man m. E. allzu einseitig allein die Schwächen unseres Vorsitzenden ans Licht gezerrt, seine Vorzüge aber nicht oder nur beiläufig erwähnt.

*Sonntag, den 4. Juni 1961*
Im Harz

Das Gipfeltreffen in Wien scheint sich besser anzulassen als befürchtet. Die *Welt am Sonntag* spricht von einem „unerwartet freundlichen Klima". Das wäre nach der scharfen Kontoverse zwischen Washington und Moskau im Zusammenhang mit der von den USA offenbar geförderten Intervention in Kuba fast eine Sensation. Ob diese Nachrichten allerdings unsere Regierung entzücken werden, ist zweifelhaft. Das Mißtrauen des Kanzlers gegenüber Kennedy soll angeblich noch immer groß sein, wenn auch die offiziellen Sprecher stets das Gegenteil behaupten.

*Freitag, den 16. Juni 1961*

Der Bundesvorstand hat heute beschlossen, niemand sei berechtigt, vor dem 17. 9. irgend welche Koalitionsverhandlungen zu führen. Das gilt natürlich auch für Mende, dessen Geschäftigkeit hinten den Kulissen nicht nur Vorstandsmitgliedern wachsendes Unbehagen bereitet. Ein weiterer Beschluß, der bei der kommenden Regierungsbildung die Gefahr allzu großer Konzessionsbereitschaft der Parteispitze bannen sollte, scheiterte am Widerstand Mendes. Auf Anregung Kühlmanns hatte Kohut die Bildung eines Arbeitskreises vorgeschlagen, der Maximal- bzw. Minimalforderungen der FDP für Koalitionsverhandlungen festlegen sollte. Nachdem auch Döring, Rubin und Scheel diesem Plan zugestimmt hatten, schlug Mende schließlich die Vertagung der Debatte bis zur nächsten Vorstandssitzung vor.

Abgelehnt wurde vom Vorstand auch ein von mir nach Absprache mit Mende vorbereiteter Beschluß, unseren nächsten Bundesparteitag wieder in Berlin einzuberufen. Die meisten Vorstandsmitglieder hielten den Zeitpunkt eines solchen Beschlusses für unzweckmäßig; die FDP würde sich damit vor der Öffentlichkeit nur „lächerlich" machen. Aber lächerlich scheint mir eher diese Argumentation, oder vielleicht sollte man besser sagen: kleinmütig ...

Vor den Landesgeschäftsführern hatte der Vorsitzende übrigens gestern nachmittag eine weitere interessante Aussage zur Koalitionsfrage gemacht, die alle Teilnehmer befriedigte: Mende berichtete, er habe Krone gesagt, „daß ich im Falle einer erneuten Kanzlerschaft Adenauers und der absoluten Mehrheit der CDU meiner Partei empfehlen werde, nicht in die Regierung zu gehen, sondern sie zu tolerieren."

*Sonntag, den 25. Juni 1961*

Mein Appell an Seminarteilnehmer im Hause Rissen, über unsere eigenen deutschlandpolitischen Tabus einmal gründlich nachzudenken, stieß auf Kritik. Nach dem etwas zu konventionellen Referat von W. W. Schütz waren jedoch ein paar kritische Bemerkungen – auch zum 17. Juni – angebracht. Denn das Thema „Deutschland – Ostpolitik – Wiedervereinigung" sollte sich nicht in Deklamationen erschöpfen, was allerdings auch bei meinem prominenten Vorredner nicht durchwegs der Fall war. Nur muß der immer an sein Kuratorium denken – und tut es denn auch. Selbst beim gemeinsamen Spaziergang im Park während einer Zigarettenpause bewegte den braven Mann vor allem das Problem, wie man junge Menschen an die Arbeit des „Unteilbaren Deutschland" heranführen könne. Meine Ansicht, daß diese wohl nur kommen würden, wenn das Kuratorium auch vor kontroversen Diskussionen über die deutsche Frage nicht länger zurückschrecke, schien ihm einzuleuchten. Doch eine solche Institution ist nun einmal auf Konfliktlosigkeit aufgebaut . . .

Flach hat dieser Tage in einem streng vertraulichen Rundschreiben die Landesgeschäftsführer über die jüngsten Beschlüsse des Bundesvorstands und der Wahlkampfkommission zur Wahlkampfplanung unterrichtet. Der kritische Punkt steht bereits auf der ersten Seite: das Heuss-Mende-Plakat soll zehn Tage vor der Wahl an allen Mietflächen aufgezogen werden, sofern nicht Heuss „wider Erwarten" seine Zustimmung verweigern sollte. Für diesen Fall wird Mende allein die Plakatwände schmücken[244]. Für die Liebhaber der Heuss-Mende-Kombination bliebe dann immer noch eine in hoher Auflage hergestellte Postkarte mit dem bekannten Motiv. Theodor Heuss muß also – so oder so – auch weiterhin beim Stimmenfang behilflich sein.

Mein polnischer Kollege Adam Stanek wird morgen nach Warschau zurückkehren. Sein Posten in Bonn soll angeblich nicht mehr besetzt werden. Schade, Stanek war ein sehr angenehmer, differenziert denkender Gesprächspartner.

Die Nachricht über Staneks Abreise erreichte mich am 22. Juni, dem 20. Jahrestag des deutschen Überfalls auf die Sowjetunion. Die fdk hat dieses Tages gedacht, auch in meiner Hamburger Rede wies ich einleitend auf den unmittelbaren Zusammenhang zwischen der Dreiteilung unseres Vaterlandes und unserem Angriffskrieg gegen die UdSSR vor zwanzig Jahren hin. Doch habe ich den Eindruck, daß die Menschen über die wahren Ursachen unseres nationalen Desasters gar nichts hören wollen. Es lebt sich halt leichter, wenn man die Schuld für das eigene Unglück gänzlich auf andere schieben kann.

*Mittwoch, den 28. Juni 1961*

Zum Abschluß der 3. Legislaturperiode des Bundestages hatte sich Mende etwas besonderes einfallen lassen: er lud Fraktion, Mitarbeiter und Journalisten gestern auf die Godesburg zu einem „festlichen Abend" mit gemeinsamen Abendessen und dunklem Anzug. Im Rittersaal der Burg waren 250 Menschen erschienen, die in drangvoller Enge bei Klängen einer Hohner-Musikgruppe ein opulentes Abendbrot verzehrten. Sobald sich die Geladenen die Bäuche vollgestopft und der obligaten zitatenreichen Menderede gelauscht hatten, verließen sie in Scharen das gastliche Lokal. Doch die Journalisten blieben hocken, und so machten auch wir uns erst gegen 1 Uhr auf den Heimweg.

*Mittwoch, den 5. Juli 1961*

Mende hat gestern vormittag nun auch vor der Bonner Presse eine FDP/CDU-Koalition bei absoluter Mehrheit der CDU ausgeschlossen. Damit hat er sich wenigstens in diesem Punkte öffentlich festgelegt. Im übrigen versuchte unser Vorsitzender, die Koalitionsfrage in ihrer Bedeutung herunterzuspielen; doch schienen die Journalisten von Mendes Behauptung nicht ganz überzeugt zu sein, daß für uns die Koalitionsfrage „sekundär" sei. Schließlich hat der Vorsitzende bisher selbst durch unablässige Erklärungen zu diesem Thema einen ganz anderen Eindruck erweckt.

Mende, der mit „großem Gefolge" zur Pressekonferenz erschienen war, gab weiter bekannt, daß das Heuss-Mende-Plakat im Wahlkampf nicht mehr gezeigt werde – es sei nur für die Vorphase als Vertrauenswerbung bestimmt gewesen. In die scharfe, letzte Wahlkampfphase solle der Altbundespräsident nicht hineingezogen werden. So kann man es auch darstellen.

Inzwischen deuten viele Zeichen daraufhin, daß die Westmächte demnächst mit den Sowjets über Berlin verhandeln wollen. In Washington wird zur Zeit an einem Plan gearbeitet, zukünftige Berlin-Verhandlungen unmittelbar mit Gesprächen über die deutsche Frage zu verbinden. Nur die Bundesregierung verharrt offenbar weiterhin auf dem Standpunkt, daß Nichtstun in der Berlin-Frage die beste Methode sei. Die Distanzierung von Gerstenmaiers jüngster Berlin- und Deutschlanderklärung spricht da Bände[245]. Unsere Status-quo-Politiker werden noch so lange mauern, bis die Ereignisse eines Tages über sie hinweggehen.

*Dienstag, den 11. Juni 1961*

Eine obskure „Skandinavische Presse-Agentur" (Verbindungsstelle Deutschland) verschickt zur Zeit an Bonner Journalisten und Politiker Werbeprospekte für „Spezialberichte" über Brandt und Wehner. Für „nur" 150 Deutsche Mark kann man sich über die „skandinavische Vergangenheit von Männern wie Willy Brandt, Wollweber und Herbert Wehner" (in dieser Reihenfolge!) informieren. Eine sogenannte Forschergruppe beantwortet „ein für allemal objektiv", ob Wehner „Moskaus Bevollmächtigter für Deutschland" gewesen, ob „auch andere Zuchthäusler führende SPD-Politiker geworden" seien oder ob „Willy Brandt eigentlich auf deutsche Soldaten geschossen" habe[246].

Unser Kanzler kämpft aber nicht nur gegen die Roten, sondern auch wider die Liberalen mit harten Bandagen. Uns warf Konrad Adenauer dieser Tage „konfessionelle Hetze" vor, weil unsere Fraktion es gewagt hatte, die Konfessionalisierungsgesetze der CDU, die Krone selbst ganz zurecht als „weltanschaulichen

Akt“ qualifiziert hatte, zurückweisen. Die Herren von der CDU müssen sich daran gewöhnen, daß die deutschen Liberalen, ob innerhalb oder außerhalb einer Koalition, nicht schweigend zusehen, wenn die Unionsparteien auf dem Gesetzgebungswege Deutschland ins Mittelalter zurückvotieren wollen[247].

*Freitag, den 14. Juli 1961*

Mende und der Bundesvorstand waren sich heute darüber einig: „Eine absolute Mehrheit und Adenauer bedeuten das Ende unserer Partei, wenn wir reingehen“. Mit „reingehen“ meinten Mende und die ihm ausdrücklich zustimmenden Vorstandsmitglieder Weyer, Leverenz und Döring natürlich eine Koalition mit der CDU/CSU. Die letzte Vorstandssitzung scheint doch erheblich zu Mendes Rückenstärkung beigetragen zu haben. Vielleicht auch die immer aggressivere Haltung der Unionsparteien uns gegenüber. Gestern registrierte die *Deutsche Zeitung* bereits eine „spürbare Abkühlung“ zwischen CDU und FDP und behauptete, daß nach den „spitzen Bemerkungen aus Mendes Lager“ (gemeint ist mein Artikel vom Dienstag) in der CDU der Wille gewachsen sei, „den Wahlkampf auf Wiedergewinnung der absoluten Mehrheit zu führen“ (als ob sie das nicht von vornherein getan hätte) und es gar nicht erst auf Koalitionsverhandlungen mit der FDP ankommen zu lassen (was bei absoluter Mehrheit auch unnötig, im anderen Falle ja doch wohl unvermeidlich wäre). Am Tage zuvor hatte bereits der *Deutschland-Union-Dienst* wutschnaubend auf einen Flach-Artikel reagiert. Besonders Flachs Feststellung, die christlichen Demokraten betrieben „täglich Gotteslästerung, indem sie Christi Namen an das Schild schlagen“ und damit „das Kreuz zum Parteiabzeichen“ herabwürdigen, erregte den Kommentator des DUD. Er erblickte in dieser Feststellung „die reine Feindschaft gegenüber der politischen Union der Christen“.

*Dienstag, den 18. Juli 1961*

Die sozialistischen Staaten würden „auf jeden Fall“ einen Friedensvertrag mit Deutschland abschließen, entweder mit der DDR allein oder „mit beiden deutschen Staaten“, erklärte gestern Faix während eines zweistündigen Gesprächs in meinem Büro. Faix fuhr fort: Der Grund für die Entschlossenheit des Ostens, kurzfristig das „deutsche Problem zu lösen“, sei die Furcht vor dem wachsenden „Militarismus“ in der Bundesrepublik. Gegenwärtig sei vielleicht von der Bundesrepublik nichts zu fürchten; aber in etwa fünf Jahren werde es zu einer wirtschaftlichen Krise kommen und damit zu einem Anwachsen der radikalen Elemente in Westdeutschland. Der Friedensvertrag müsse zudem abgeschlossen werden, bevor die „Hitlergenerale“ in der Bundesrepublik atomare Waffen in die Hände bekämen. Sonst, meinte Faix, bestünde die Gefahr, daß Westdeutschland die DDR angreift oder bei Unruhen in der Zone interventiert. Die Wahlprognose des tschechischen Journalisten: absolute Mehrheit für die Unionsparteien und eine Wahlniederlage der SPD. Wie zur eigenen Beruhigung fügte er hinzu, für den Osten sei natürlich alles viel leichter, wenn Adenauer wieder

Bundeskanzler würde, als wenn eine Oppositonspartei die Macht in Westdeutschland übernehme.

*Sonntag, den 23. Juli 1961*

Auch die SPD scheint ihr Hoffnungen auf einen Wahlsieg im September endgültig begraben zu haben. Brandt hat jedenfalls am Freitag in München bereits auf die Möglichkeit einer großen Koalition zwischen Sozialdemokraten und Unionsparteien hingewiesen – bei einer dramatischen Entwicklung der politischen Dinge selbstverständlich. Doch will es mir scheinen, als gehe es dem SPD-Kanzlerkandidaten weniger um einen möglichen nationalen Notstand als um den Wunsch, seine Partei endlich einmal in die Regierung zu bringen. Das wird die Neigung unserer Vorstandherren zur Behutsamkeit bei Koalitionsplanungen gegenüber der CDU nicht gerade fördern.

Flach liegt seit letzter Woche im Krankenhaus. Bei einem Autounfall in der Hausdorffstraße trug er eine Gehirnerschütterung davon. Das bedeutet einen Ausfall von mindestens drei Wochen. Und das mitten im Wahlkampf. Aber er hat ja im Bonner Talweg ein gut eingearbeitetes Team.

## Die Berliner Mauer. Bundestagswahl

*Dienstag, den 25. Juli 1961*

Die Fluchtbewegung aus der Zone nimmt z. Zt. ungeheuere Ausmaße an. Lemmer gab letzte Woche bekannt, daß allein vom 1.–15. Juli 15000 Menschen die sogenannte DDR verlassen haben. Drei Millionen sind es insgesamt seit 1945. Dieser SED-Staat blutet langsam, aber sicher aus. Ulbricht hofft offenbar, durch eine „Freie-Stadt-Lösung" für Westberlin das Fluchtloch zu schließen. Doch daraus wird nichts. Der SED-Chef muß dieser blamablen Massenabwanderung aus seinem „Arbeiter- und Bauernstaat" hilflos zusehen. Ein vernichtenderes Urteil ist für ein politisches System wahrlich nicht denkbar.

Um so bemerkenswerter die zurückhaltenden Äußerungen Schtscherbakows heute zur Berlin-Krise. Der Diplomat glaubt nicht, daß es um Berlin zu einer dramatischen Entwicklung kommt. Er teilt insbesondere meine Befürchtung nicht, daß der Abschluß eines separaten Friedensvertrages mit der DDR zwangsläufig zu internationalen Verwicklungen führen muß. Denn, so der Sowjetdiplomat, die Vereinbarungen über Berlin würden ja von den Großmächten getroffen, entsprächen also ihren Interessen. Im übrigen seien die militärischen Vorschläge Moskaus schon jetzt in die Tat umgesetzt: alle vier Mächte hätten symbolische Streitkräfte in Westberlin; die Truppen der Westmächte seien heute schon militärisch völlig bedeutungslos, und die Sowjetunion habe Soldaten im Tiergarten (sowjetisches Ehrenmal!) und im Spandauer Kriegsverbrecher-Gefängnis. Auf meine verblüffte Frage, ob diese sonderbare Status-

Version von den Sowjets am Verhandlungstisch als „Brücke" für den Westen benutzt werden sollte, gab Schtscherbakow eine ausweichende, aber nicht verneinende Antwort.

Mende setzt inzwischen seine Koalitionsinterviews fort, gestern mit der *Bild*-Zeitung. Dort wurde die Aussage vom 14. Juli wieder etwas abgeschwächt: es sei zu früh für eine „Ausschließlichkeits-Erklärung", meinte der Vorsitzende auf die Frage, ob die FDP mit einer CDU koalieren wolle, die die absolute Mehrheit habe. Immerhin: er persönlich halte eine „Koalition unter Konrad Adenauer bei einer absoluten Mehrheit der CDU/CSU für ausgeschlossen". Na, gottseidank! Und auch das: „Einen Bundesminister Mende wird man in einem Kabinett Adenauer niemals finden."

*Sonntag, den 6. August 1961*

Zwei Tage in Augsburg bei den Exil-LDPlern, ganz gelungene Veranstaltung. Auch die LDP-Freunde haben wegen der CDU-Deutschlandpolitik Bauchschmerzen. Meine diesbezügliche Abrechnung mit den Unionschristen vor dem Kongreßplenum am Samstag mittag fand viel Zustimmung, doch wurde auch Kritik an der Art meines Vortrages geübt: manche Parteifreunde wollen eben durch den Redner nicht informiert, sondern „erhoben" werden.

Am Nachmittag im Arbeitskreis 23 Diskussionsredner. Viele Argumente aus der CDU-Kiste, aber auch recht vernünftige Gedanken zur deutschen Frage. Es reichte jedenfalls für eine gemeinsame Entschließung, die den gegenwärtigen Kurs der Partei stützt.

Unter den 250 Teilnehmern viele alte Bekannte. Im Präsidium des Kongresses Moog, Kunze, Naase und Hoppe. Falk und Natonek fehlten leider, auch Mende, der nur ein Grußtelegramm schickte (für Flach war ich eingesprungen). Viel Beifall für Hamann, der sich aber bescheiden im Hintergrund hielt, umringt von alten Freunden. Unser Wiedersehen war nicht ohne eine gewisse Peinlichkeit: wir haben uns zwar immer gemocht, dennoch nicht nur Gutes getan[248].

*Mittwoch, den 9. August 1961*

Der Flüchtlingsstrom aus der Zone hält an. Am Wochenende schwoll er zu bisher nicht beobachteter Stärke: in 48 Stunden 3200 Menschen! Das hat für das Ulbricht-Regime natürlich ernste Konsequenzen. Auf einer Geheimtagung der Warschauer-Pakt-Staaten in der vergangenen Woche soll es zu Meinungsverschiedenheiten zwischen Chruschtschow und dem SED-Chef über die „ungeschickte" Art gekommen sein, mit der das Zonenregime den Flüchtlingsstrom aufzuhalten versuche. Gleichzeitig meldet jedoch die Westpresse, daß auf dieser Tagung Vorbereitungen für den Abschluß eines Separatfriedensvertrages mit Pankow getroffen worden seien. Die Lage spitzt sich dramatisch zu.

Voller Spannung sahen darum Dürr und ich dem Gespräch mit Surchaninow und Schtscherbakow entgegen, das vorgestern wieder im „Adler" stattfand. Die beiden Sowjets gaben sich denn auch in der Berlin- und Deutschlandfrage betont hart und kompromißlos. Eine lange Diskussion darüber, ob die Position der Sowjetunion gegenüber Deutschland realistisch sei oder nicht, blieb fruchtlos. Unser Einwand, daß die wahre Einstellung der mitteldeutschen Bevölkerung zum Zonenregime durch die 3 Millionen Flüchtlinge gekennzeichnet sei, wies Schtscherbakow kühl mit der Feststellung zurück, auch nach der russischen Revolution hätten viele Menschen die Sowjetunion verlassen. Die Sowjetunion werde es nicht zulassen, daß die „DDR" kapitalistisch werde. Auf meinen Einwand, dies widerspreche doch Chruschtschows Feststellung, Moskau werde jede Vereinbarung akzeptieren, die zwischen Bonn und Pankow ausgehandelt werde, meinte der sowjetische Diplomat schließlich, seine Regierung werde selbstverständlich einen Kompromiß zwischen beiden Staaten akzeptieren. Doch seien Verhandlungen zwischen diesen unerläßlich, sonst gäbe es keine Wiedervereinigung.

Der allgemeine Eindruck dieses 2 ¼-stündigen Gesprächs: eine gewisse Unsicherheit, ja wohl auch Angst auf sowjetischer Seite, der Westen könne durch politische oder militärische Maßnahmen die Sicherheit des sowjetischen Imperiums in Frage stellen. Für die Russen scheinen Friedensvertrag und Freie-Stadt-Lösung eine ernste Prestigefrage zu sein, von der sie ohne Gesichtsverlust nicht mehr zurück zu können glauben. Die große Aufmerksamkeit, mit der sich unsere Gesprächspartner selbst die kritischsten Bemerkungen zur sowjetischen Politik anhörten, deutet vielleicht darauf hin, daß Moskau zur Stunde noch immer einen Ausweg aus der Krise sucht.

Heute vormittag war Ssergejew anderthalb Stunden bei mir. Er sprach mich auf meinen gestrigen und heute viel zitierten fdk-Artikel an und wollte wissen, worin die FDP die möglicherweise grundsätzliche Differenz in der Haltung Washingtons und Bonns zur Berlin- und Deutschlandfrage sehe. Was sei unsere Meinung zu Brandts Vorschlag, eine Konferenz der 52 Staaten einzuberufen? Meine Auffassung, man solle zunächst noch einmal die Vier Mächte mit der deutschen Frage befassen, fand Ssergejews Zustimmung[249].

Besonders schien den sowjetischen Presseattache meine Bewertung der letzten Chruschtschow-Rede zu interessieren. Sehr aufmerksam und – wie mir schien – auch mit einer gewissen Zustimmung hörte sich Ssergejew meine Bedenken gegen die äußerst negative Charakterisierung der Bundesrepublik durch die sowjetische Regierung an. Ssergejew versuchte die aggressiven sowjetischen Formulierungen gegenüber Bonn mit dessen Druck auf die Westmächte, die Bundeswehr über die NATO-Planungen hinaus aufzurüsten, zu begründen. Auch habe die Bundesregierung niemals zu erkennen gegeben, daß ihr ernsthaft an einer Verbesserung der Beziehungen zwischen Bonn und Moskau gelegen sei. Ssergejew möchte am kommenden Montag das Gespräch fortsetzen.

Bei dem gegenwärtigen Trubel um Berlin gehen Meldungen über geheime Koalitionsgespräche Mendes mit Strauß in der Villa des Kaufhaus-Millionärs Horten vor einem Monat fast unter. Moersch, der wie ich über dieses Geheimtreffen vom Vorsitzenden nicht informiert war, dementierte zunächst freiweg, bis der ebenfalls ahnungslose Genscher schließlich Erich Mende zum Reden brachte. Erst läßt er den Vorstand beschließen, daß niemand vor dem Wahltag Koalitionsverhandlungen führen dürfe und dann setzt er sich selbst drei Wochen später über diesen Beschluß eigenmächtig hinweg! Das kann bei den kommenden Koalitionsverhandlungen ja heiter werden.

*Freitag, den 11. August 1961*

Der Ärger über den fdk-Artikel vom Dienstag hält im Regierungslager unvermindert an. Nach dem barschen Dementi des AA und aufgeregten Abwehrbewegungen der Regierung und CDU nahestehenden Presse haben sich nun auch Adenauer und Brentano zu Wort gemeldet, der Kanzler am Abend öffentlich, sein Außenminister heute morgen in einem Vieraugengespräch mit Mende. Brentano sei – so Mende unmittelbar nach dem Treffen – sehr „pikiert" gewesen. Der Vorsitzende empfahl mir Zurückhaltung bei der Behandlung außenpolitischer Themen zu diesem Zeitpunkt. Bemerkenswert ist nur, daß unsere Verbündeten bisher keinen Anlaß fanden, den Washingtoner Bericht und die darauf beruhenden Kommentare – auch der fdk – über den Verlauf der Pariser Tagung zurückzuweisen. (Der Züricher *Tages-Anzeiger* hat am Mittwoch unsere Version sogar noch einmal bekräftigt). Ganz abgesehen davon, daß sich fast die gesamte englische Presse und zahlreiche französische Zeitungen geirrt haben müßten, wenn unsere Regierung die Wahrheit sagte[250].

*Sonntag, den 13. August 1961*

Ein Tag wie ein Keulenschlag. Ulbricht hat über Nacht die Zone in ein riesiges Konzentrationslager für 17 Millionen Deutsche verwandelt. Um die für das Regime tödliche Fluchtbewegung zu stoppen, werden die Bürger des „Arbeiter- und Bauernstaates" künftig wie wilde Tiere gefangen gehalten. Ein Vorgang von unglaublicher Brutalität, ein Beweis aber auch für das totale Fiasko der SED in Mitteldeutschland.

Früh um fünf läutete das Telefon. Ein DPA-Korrespondent berichtete mir aufgeregt, an den Sektorengrenzen in Berlin seien Armee- und Volkpolizeieinheiten aufmarschiert und die Vopos damit beschäftigt, Stacheldraht über die Straßen zu spannen; der Ostsektor werde hermetisch vom westlichen Teil der Stadt abgeriegelt. Ich zog mich in Windeseile an und fuhr zur Agentur, um die in der Nacht erschienenen Meldungen durchzusehen. Die letzte zu Berlin war von 5 Uhr und 8 Minuten: „Vopos sind dabei, Stacheldraht an der Sektorengrenze zu ziehen, das Pflaster aufzureißen und Straßensperren zu errichten. Der S-Bahnverkehr zwischen beiden Teilen der Stadt ist stillgelegt." Ostberlin bot in den frühen Morgenstunden das Bild einer Stadt im Ausnahmezustand.

Um 6 Uhr erreichte ich Mende, der auf seiner Wahlreise durch Norddeutschland bei Verwandten in Hamburg Station gemacht hat. Mende zeigte sich von meinem Bericht nicht sonderlich beeindruckt, vielleicht war er schon vorgewarnt[251]. Wir sprachen eine erste Stellungnahme der Partei zu den Berliner Vorgängen ab. Dann telefonierte ich mit Agenturen, Zeitungen und auch mit verschiedenen Vorstandsmitgliedern, um letztere über die FDP-Erklärung sowie den Fortgang der Ereignisse zu unterrichten. Gegen 16.30 Uhr löste mich Moersch im Telefondienst ab.

Rundfunkmeldungen zufolge ist es am Abend zu Massendemonstrationen und Ausschreitungen am Brandenburger Tor gekommen. In Berlin herrscht zur Zeit eine Stimmung wie am 17. Juni! Die Lage ist so gespannt, daß jeden Augenblick eine offene, gewalttätige Auseinandersetzung zwischen der Berliner Bevölkerung und den bewaffneten Kräften des SED-Regimes ausbrechen kann.

Recht schwach war die Erklärung, die Adenauer vor wenigen Stunden über alle westdeutschen Sender abgegeben hat. Sie zeugt von der völligen Ratlosigkeit des sonst so wortstarken Regierungschefs. In dieser Stunde aber hatte Adenauer nur Phrasen und Floskeln. Sein Parteifreund Lemmer – vor dem Brandenburger Tor posierend – war keine Spur besser.

*Mittwoch, den 16. August 1961*

Der Schock vom Sonntag hält in der politischen Öffentlichkeit an, auch die Ratlosigkeit unserer Politiker im Westen. Ein makabres Schauspiel boten Adenauer und Brentano am Montag in der Spätausgabe der *Tagesschau*. Ihr verkrampftes Zwiegespräch war schon fast mitleiderregend. Niemand scheint zu wissen, wie man dem möglichen nächsten Schritt der Sowjets in Berlin rechtzeitig begegnen kann: der Unterbrechung der Verbindungslinien zwischen der deutschen Hauptstadt und Westdeutschland. Es wächst die Gefahr, daß die westliche Hilflosigkeit Moskau zu neuen Aktionen geradezu herausfordert. Hier hilft nur noch die Flucht nach vorn in eine offensive Deutschlandpolitik, welche die friedensbedrohende Spaltung Deutschlands und Berlins überwindet. Doch damit ist wohl kaum zu rechnen ...

Inzwischen geht der Wahlkampf unvermindert weiter. Freilich: sehr wohl ist dabei auch manchem CDU-Politiker nicht. Gerstenmaier hat soeben angeregt, dieses Gefecht durch Vorverlegung des Wahltermins abzukürzen. Die FDP begrüßte heute diese Anregung, wenn sie wohl auch nur schwer zu realisieren sein wird. Indessen führt der CDU-Vorsitzende und Bundeskanzler seinen Wahlkampf mit ungebremster Aggressivität fort und prügelt wie besessen auf die Oppositionsparteien ein. Aber diesen Mann haben Berlin und das geteilte Deutschland schon immer wenig interessiert. Ob das nicht endlich auch einmal die braven Wähler merken?

*Dienstag, den 22. August 1961*

Zu allem Überfluß sind nun auch noch CDU und SPD darüber in die Haare geraten, wer zuerst die Idee hatte, einen führenden Vertreter der amerikanischen Regierung nach Berlin einzuladen. Die Bundesregierung behauptet, sie habe Kennedy aufgefordert, seinen Vize Johnson nach Bonn und Berlin zu entsenden. Die Sozialdemokraten verweisen dagegen auf einen Brief Brandts an den amerikanischen Präsidenten mit dem gleichen Petitum. Kleinkarierter geht's nicht.

Inzwischen liegen uns auch die Zonen-Zeitungen vor, die unmittelbar nach dem 13. August herausgekommen sind: Dokumente totaler politischer und moralischer Perversion. Die Gefängniswärter verhöhnen ihre Gefangenen. Den Kommunisten scheint bei ihrem jüngsten Gewaltakt der letzte Rest menschlichen Anstands endgültig abhanden gekommen zu sein.

*Samstag, den 26. August 1961*

Der Verlauf unseres Wahlkongresses in Hannover entsprach der allgemeinen politischen Lage: spannungsreich und voller Überraschungen. Auf der Pressekonferenz am Donnerstag mittag gab es den ersten Zwischenfall, als Frau Lüders kurz vor Ende der Veranstaltung als „Berlinerin" das Wort ergriff, den Kanzler heftig attackierte und Brandt verteidigte. Schon am Tage zuvor hatte Kohut kräftig in die Saiten gegriffen, Adenauer als „völlig untragbar" bezeichnet und eine „Umgestaltung der Außenpolitik mit neuen Männern" gefordert. – Mende, von alledem sichtlich peinlich berührt, versuchte abzuwiegeln: es werde sich ja nach dem 17. September zeigen, ob sich Gerstenmaier oder der 86-jährige Kanzler durchsetze[252].

Während der anschließenden Hauptausschußsitzung erreichte uns die Nachricht von einer neuen alarmierenden Berlin-Note Chruschtschows[253]. Das schnell herbeigeholte DPA-Material bestätigte unsere Befürchtungen: Moskau bereitet nun offenbar den zweiten Schritt gegen Berlin vor, die völlige Abschnürung seines westlichen Teils von der Bundesrepublik. Die Sowjets spielen mit dem Feuer.

Am gleichen Abend setzte dann Dehler auf einer überfüllten Wahlkundgebung im Alten Rathaus die Angriffe auf die Unionsparteien mit der ihm eigenen Schärfe fort. Dehler rechnete dabei so schonungslos mit der Kanzlerpartei ab, daß sich Wolfgang Haußmann veranlaßt fühlte, hinterher zu einer peinlichen „Entschuldigungsrede" an das Pult zu treten.

Tags darauf, während Mende vor dem Wahlkongreß noch einmal den FDP-Standpunkt zum Deutschland- und Berlinproblem darlegte, verließ der sowjetische Botschaftssekretär Surchaninow zornerfüllt und demonstrativ die Niedersachsenhalle[254]. Draußen äußerte er Genscher und Dürr gegenüber sein Befremden, daß die FDP in der Berlin-Krise eine weitaus härtere Haltung an den Tag lege als sogar Adenauer und Strauß.

Inzwischen werden die Zweifel an Adenauers staatsmännischen Fähigkeiten immer vernehmlicher. Dieser Tage meinte sogar der CDU-freundliche *Schmitt-Dienst*, der Kanzler sei „drauf und dran, den schon sicher geglaubten Wahlsieg zu verspielen". Er sähe „vor lauter Wahltaktik" und persönlichen Ressentiments nicht, „welch entscheidender Wandel sich im Gefühl unseres Volkes vollzieht". Das Volk fühle, daß Adenauers Politik im Begriff sei, „bankrott zu machen". Ähnlich Conrad Ahlers, der zur gleichen Zeit Adenauer bescheinigt, in diesen schwierigen Tagen bewiesen zu haben, „daß er kein Staatsmann ist“. Die Spannung über den Ausgang der Wahlen wird immer größer.

*Mittwoch, den 30. August 1961*

Heute vormittag, auf einer Pressekonferenz im Bundeshaus, hat sich Mende mit Nachdruck von der Idee eines Disengagements in Europa distanziert. Die besonders von der FDP befürworteten Pläne für ein Auseinanderrücken der Machtblöcke seien durch die technischen Entwicklung der Fernwaffen überholt. Zugleich verschärfte unser Vorsitzender jedoch seine bisherigen Erklärungen zu Adenauers Politik – auch Mende ist der Stimmungsschwung in der deutschen Öffentlichkeit natürlich nicht entgangen. Zudem ermutigt ihn die wachsende Opposition gegen Adenauer innerhalb der Unionsparteien[255]. So bleibt uns eine weitere Kanzlerschaft Adenauers mit FDP-Unterstützung erspart.

*Mittwoch, den 6. September 1961*

Erstes Gespräch mit einem Ostblockjournalisten nach dem 13. August. Faix meinte heute, der Mauerbau sei das Resultat einer verfehlten westlichen Politik. Noch auf der Genfer Konferenz von 1959 habe eine reale Möglichkeit bestanden, das Berlin-Problem wenigstens vorläufig zu lösen. Aber der Westen habe das nicht gewollt. Seit Januar sei in der Bundesrepublik wiederholt von einem neuen 17. Juni in der Zone die Rede gewesen, Westdeutschland habe zudem die Fluchtbewegung aus der SBZ begünstigt. Das habe die Ostblockstaaten gezwungen, Gegenmaßnahmen zu ergreifen (nebenbei bemerkt habe Ulbricht in Moskau wenig erfreuliche Dinge zu hören bekommen). Faix gab deutlich zu verstehen daß er einen militärischen Konflikt um Berlin nicht für ausgeschlossen halte.

Ausführlich ging Faix in unserem einstündigen Gespräch auch auf den Beschluß der Bundespressekonferenz vom Montag ein. Dort hatte die Mitgliederversammlung mit großer Mehrheit eine Satzungsänderung beschlossen, die es dem Vorstand ermöglicht, Sowjetzonenjournalisten aus unserer Vereinigung auszuschließen. ADN-Böhm hatte vor der Abstimmung davor gewarnt, die Satzungen jeweils dem „Auf und Ab des Kalten Krieges“ anzupassen und die Pressefreiheit in der Bundesrepublik einzuschränken[256]. Der Vertreter des *Deutschlandsenders* stellte zutreffend fest, es solle wohl mit dieser Satzungsänderung Politik gemacht werden im Kalten Krieg; außerdem träfe die Begründung für die Satzungsänderung auch auf TASS zu. Faix meinte nun, man habe wohl nicht gewußt, was man mit diesem Beschluß anrichte. Aber ja doch: wir möchten nicht länger mit Leuten in einem Verein sitzen, die nach dem 13. August die von der Mauer eingesperrten Deutschen auch noch beschimpfen und verhöhnen. Dazu Faix: es sei ein großer Fehler, alle Leute aus der DDR in einen Topf zu werfen.

Die Wahlprognose meines tschechischen Kollegen: die SPD werde vermutlich Stimmen gewinnen, ganz sicher sei ein Erfolg der FDP. Auch wir glauben daran, selbst wenn Mende gestern abend im Fernsehen einmal keine sonderlich gute

Figur machte und zahlreiche Tageszeitungen die Annahme unserer Wahlanzeigen abgelehnt haben. Das skandalöse „Hirtenwort" zur Bundestagswahl dürfte uns dagegen nur von Nutzen sein, denn es bestätigt drastisch unsere Warnungen vor einer Konfessionalisierung des politischen Lebens in der Bundesrepublik[257]. Dank den Hirten!

*Sonntag, den 10. September 1961*

Noch eine Woche bis zum Wahltag. Die Spannung steigt von Stunde zu Stunde. Wir sind nach wie vor optimistisch: die FDP liegt – so scheint es – gut im Rennen, vor allem ihre deutschlandpolitischen Argumente kommen draußen gut an. Mende hat am Freitag auf einer Pressekonferenz hier noch einmal Akzente gesetzt, gegen die Hallstein-Doktorin und für eine Annäherung an unsere östlichen Nachbarn. Zugleich erteilte er allen Spekulationen über ein mögliches Zusammengehen von SPD und FDP nach den Wahlen eine knallharte Absage: selbst wenn CDU und SPD gleich stark aus den Wahlen hervorgehen sollten, werde sich die FDP aus wirtschaftlichen Gründen für die CDU entscheiden. Das ist angesichts der gegenwärtigen nationalen und internationalen Lage gewiß nicht sonderlich logisch, aber dennoch taktisch richtig. Denn ein Kurswechsel der FDP in der Koalitionsfrage im letzten Augenblick würde die Wähler völlig verwirren und einen Teil von ihnen in die Arme der CDU zurücktreiben.

Die Union selbst befindet sich zur Zeit in einer schweren Krise. Die Parteichristen scheinen völlig aus dem Tritt geraten zu sein. Zundel berichtete am Donnerstag in der *Zeit* von einer Fronde von dreißig bis fünfzig Abgeordneten in der CDU/CSU-Bundestagsfraktion, die Adenauer durch Erhard ablösen wollen.

*Mittwoch, den 13. September 1961*

Die letzte hier bekanntgewordene Meinungsumfrage weist auf einen Verlust der absoluten Mehrheit der CDU/CSU hin. Wir liegen bei 10 %. Das ist viel, wenn man bedenkt, daß bei solchen Polls die kleinen Parteien immer etwas schlechter abschneiden als dann tatsächlich am Wahltag. Ich bin seit Tagen vorwiegend damit beschäftigt, Journalisten aus dem In- und Ausland zu Interviews und Gesprächen über die FDP, ihre Wahlchancen und ihre Politik zu empfangen. Das Interesse der Presse an unserer Partei ist sprunghaft gestiegen, seitdem an der Journalistenbörse ein bedeutender Wahlerfolg der Freien Demokraten als sicherer Tip gehandelt wird. Alain Clément warf mir heute sogar „Pessimismus" vor, weil ich der FDP am kommenden Sonntag nur etwa 11 % der Stimmen zubilligen wollte.

*Freitag, den 15. September 1961*

Der Count down zur Bundestagswahl hat begonnen. 48 Stunden vor dem für die Bundesrepublik entscheidenden Wahlgang haben die Parteien noch einmal ihre letzten Reserven in die seit Monaten tobende Schlacht geworfen. Gestern schockte eine Hamburger Zeitung ihre Leser mit der Schlagzeile: „Ich rechne morgen mit dem Sturz Adenauers!“[258] Das soll Leverenz in der Lübecker „Schiffergesellschaft“ erklärt haben. Doch der „Alte“ hat heute, am Tag seines angeblichen Sturzes, in Bonn eine Pressekonferenz gegeben, die nichts von irgend welchen dramatischen Veränderungen spüren ließ. Die von dem SPD-Blatt prophezeite „Revolution in der CDU“ fand vorerst nicht statt. Die Union hat gegenwärtig auch „Besseres“ zu tun: vor allem die Oppositionsparteien in einer Anzeigenkampagne wieder einmal als unsichere außenpolitische Kantonisten zu verteufeln. Ob das noch zieht?[259]

Mende wiederholte gestern in Bonn auf einer sehr gut besuchten Pressekonferenz seine Absage an die SPD. Bezüglich des Wahlergebnisses gab sich unser Vorsitzender optimistisch und sprach von „60 oder 62 Abgeordneten“, die er im 4. Deutschen Bundestag für die FDP erwarte. Er hätte einen solchen Erfolg – trotz allem – durchaus verdient. Denn niemand in der Partei, und wohl auch kein anderer Parteivorsitzender, war im Wahlkampf so fleißig wie der „schöne Erich“: 68 Wahlversammlungen und eine unübersehbare Anzahl von Pressekonferenzen – das ist eine Bilanz, die sich sehen lassen kann.

*Montag, den 18. September 1961*

Über vier Millionen Wählerstimmen für die FDP, 12,7 % und 66 Sitze im kommenden Bundestag – ein Traumresultat! Als nach 10 Uhr abends die ersten Teilergebnisse einliefen, war der Trend bereits erkennbar: Stimmenverluste für die Unionsparteien, Gewinne für die SPD und FDP. Gegen halb elf Uhr zeichnete sich ein großer Wahlerfolg für die Freien Demokraten schon deutlich ab und noch vor Mitternacht stand fest, daß wir unser Wahlziel über alles Erwarten erreicht hatten.

Im Parteihaus Bonner Talweg waren die Mitarbeiter seit acht Uhr versammelt. Man vertrieb sich die Zeit bis zu den ersten Ergebnissen mit dem Austausch neuester Nachrichten und Gerüchte und versuchte, die allgemeine nervöse Spannung durch den Verzehr der bereitgestellten Erfrischungen zu bekämpfen. Gegen 10 Uhr strömten Journalisten, Parteifreunde, Wähler und ausländische Wahlbeobachter in Scharen in unser viel zu kleines Hauptquartier. In Mendes Zimmer, im Sitzungszimmer, bald auch auf dem Flur des unteren Stockwerkes, konnte eine Stunde vor Mitternacht kein Apfel mehr zu Boden fallen. Die Luft war dick zum Schneiden, die Scheinwerfer des Fernsehens und der Wochenschauen erzeugten eine kaum noch erträgliche Hitze, und der Lärm der immer lebhafter diskutierenden Gruppen wurde bald so groß, daß man die Rundfunk- und Fernsehdurchsagen kaum noch verstehen konnte. Je weiter der Abend fortschritt, um so temperamentvoller die Reaktionen der Mitarbeiter und Gäste auf die nun fast ununterbrochen eingehenden Erfolgsmeldungen, aber auch auf die für die CDU so enttäuschenden Nachrichten: denn in dieser Nacht verloren die Unionsparteien ihre absolute Mehrheit. So war des Jubelns in der alten Nervenklinik kein Ende ...

In der letzten Nacht ging eine Epoche deutscher Nachkriegsgeschichte zuende, die Ära Adenauer. Strauß und Gerstenmaier scheinen das begriffen zu haben. Ihre Fernsehinterviews nach Mitternacht machten die Absicht dieser prominenten Christdemokraten deutlich, Konrad Adenauer nun durch Ludwig Erhard abzulösen. Das wäre mehr, als ich zu hoffen wagte. Sollte nun tatsächlich die so lange herbeigesehnte Wende in der deutschen Politik eintreten? Dann wäre das vor allem einer Weitsicht und Reife des Wählers zu verdanken, die selbst die größten Optimisten überrascht haben mag. Damit aber kommt auf uns eine schwere Verantwortung zu: die Verpflichtung, den überdeutlichen Auftrag der Wähler zu erfüllen, mit neuen Männern eine neue Politik zu wagen.

# Anmerkungen

[1] Aus der SBZ und der DDR geflohene, ehemalige LDPD-Angehörige hatten sich in LDP-Landesbeiräten und einem LDP-Bundesbeirat der FDP zusammengeschlossen. Der LDP-Bundeskongreß 1957 fand am 25./26. 5. in Frankfurt/M. statt. Das Hauptreferat des 1. Tages hielt Wolfgang Mischnick in seiner Eigenschaft als Mitglied des LDP-Bundesbeirates und FDP-Kreisvorsitzender von Frankfurt.

[2] Zu den Vorgängen um das Ostbüro: s. Einleitung.

[3] Die „Berliner Kampfgemeinschaft" war von LDPD-Flüchtlingen aus Brandenburg gebildet worden. Ihr Zweck war die soziale Unterstützung und Hilfe bei der Arbeitssuche für Flüchtlinge.

[4] Bei nur zwei Gegenstimmen nahmen die Delegierten eine Entschließung an, in der die FDP gebeten wurde, „ihre Bemühungen um Freilassung (...) in verstärktem Maße fortzusetzen". (AdL 6949–16).

[5] Das „Aktionsprogramm der Freien Demokratischen Partei" zur Bundestagswahl 1957 wurde eingeleitet mit der Schlagzeile: „Schafft endlich Deutschlands Einheit! Erst Deutschland – dann Europa!" (Abgedruckt bei Peter Juling, Programmatische Entwicklung der FDP 1946–1969. Einführung und Dokumente, Meisenheim am Glan 1977, S. 155ff.).

[6] Mende ging damit auf ein am gleichen Tage bekanntgewordenes Memorandum der Bundesregierung zur Wiedervereinigung ein, in dem die Bundesregierung zum ersten Mal nach dem sowjetischen „Sicherheitspreis" für die Wiedervereinigung Deutschlands gefragt hatte. (ADG 1957, S. 6461 ff.).

[7] Schollwer spielt hier auf die Auseinandersetzungen um die Gespräche zwischen LDP und FDP vom Juli und Oktober 1956 an. Siehe hierzu Sebastian J. Glatzeder. Die Deutschlandpolitik der FDP in der Ära Adenauer. Konzeptionen in Entstehung und Praxis, Baden-Baden 1980, S. 77 ff.).

[8] Vgl. Wolfgang Schollwer in der fdk-Länderausgabe vom 12. 6. 1957.

[9] In der vom Vorstand abgelehnten Fassung hatte Döring z. B. vom „politischen Bankrott", der CSU gesprochen anstelle der „politischen Ratlosigkeit", wie es dann in der 2. Fassung hieß. Vgl. Protokoll des Bundesvorstandes der FDP vom 4. 6. 1957, wo die von Schollwer zitierten Sätze zwar nicht aufgeführt sind, es aber lapidar heißt: „Döring gibt die Gedanken wieder, die er der Verkündung des Aktionsprogramms voranstellen will. Mehrere Vorstandsmitglieder geben der Befürchtung Ausdruck, daß anwesende Ehrengäste, die anderen Parteien angehören, Anstoß an zu scharf formulierten Polemiken nehmen könnten." (AdL 105).

[10] Vgl. Reinhold Maier in seiner Schlußrede: „Wir haben uns nicht freigekämpft vom schwarzen, um uns schnurstracks in das rote Revier zu begeben." (AdL A 1–127).

[11] Diese Erwartung bestätigte sich nicht. Überliefert wurde dagegen eine Äußerung Ulbrichts, daß es nicht an der Zeit sei, „Präzedenzfälle im Zentralkomitee und Politbüro zu schaffen, da derartige Maßnahmen lediglich die Position der SED gegenüber dem Westen schwächen würden." (Zitat bei Schollwer in „A New Revolution in the Soviet Zone?", in: free democratic press service vom 26. 7. 1957).

[12] Sheila Tobias Ungeheuer, 22-jährige amerikanische Harvard-Studentin der Politi-

schen Wissenschaften, war Gattin von Friedl Ungeheuer, einem entfernten Verwandten des FDP-Pressechefs.

13 Der „Forschungsbeirat für Fragen der Wiedervereinigung" beim Bundesministerium für Gesamtdeutsche Fragen wurde im März 1952 mit dem Auftrag gegründet, die wirtschaftlichen Entwicklungen in beiden Teilen Deutschlands seit 1945 darzustellen und „die im Falle einer Wiedervereinigung aus der Verschiedenheit der Entwicklungen hervorgehende Probleme zu erfassen und Vorschläge für die Lösung dieser Probleme zu machen." Er existierte bis zum September 1974.

14 Unter der Überschrift „An open letter to Mr. Dulles" hatte Sheila Ungeheuer der US-Regierung vorgeworfen, Adenauer zu bedingungslos zu unterstützen. (Free democratic press service vom 2. 8. 1957, eine deutsche Fassung erschien als Sonderausgabe der fdk am 5. 8. 1957 und ist im Anhang abgedruckt).

15 Vgl. *Spiegel* 37/1957 vom 11. 9. 1957, der aus Wahlreden Adenauers entsprechende Passagen ausführlich zitiert.

16 Die „Bundesversammlung" setzte sich aus den Delegierten des gleichzeitig stattfindenden Bundeshauptausschusses der FDP zusammen. In seiner anderthalbstündigen Rede legte sich Maier nicht auf eine Koalition fest, sondern proklamierte als oberstes Wahlkampfziel: „Es gilt die absolute Mehrheit einer einzigen Partei zu verhindern". (AdL A 12–26).

17 Am 20. Mai 1957 hatte die Bundesregierung gegenüber der Sowjetunion in einer Note erneut ihren Standpunkt zur Wiedervereinigung Deutschlands dargelegt und in diesem Zusammenhang die Durchführung allgemeiner freier Wahlen in ganz Deutschland gefordert. In ihrer Antwortnote vom 7. September 1957 stellte sich die sowjetische Regierung nachdrücklich hinter den Vorschlag der DDR-Regierung, als ersten Schritt auf dem Wege zur Wiedervereinigung einen deutschen Staatenbund zu bilden. (ADG 1957, S. 6631 ff.).

18 Anspielung auf die Texte der FDP-Wahlplakate: das Maierporträt-Plakat enthielt den Slogan: „Auf *ihn* kommts an", die anderen Plakate der FDP: „Auf die kommt es an".

19 Zur Reaktion Flachs auf das Wahlergebnis s. Werner Stephan: „Der Sekretär der Wahlkampfleitung war am Abend des 15. September 1957 nicht wie sein Chef Wolfgang Döring tief erschüttert, als die CDU erneut die absolute Mehrheit erhielt. Er war stolz, daß trotz der im Jahre zuvor erfolgten Absplitterung des Ministerflügels, trotz eines Zweifrontenkampfes von unerbittlicher Härte eine auch parlamentarisch einsatzfähige FDP von beachtlicher Stärke durch die Wähler bestätigt worden war". (in: K.-H. Flach, Liberaler aus Leidenschaft, München, Gütersloh, Wien 1974, S. 25).

20 Unter der Schlagzeile „Ein rätselhaftes Tier" hatte in den letzten Tagen vor der Wahl eine „Vereinigung zur Förderung der Wahlbeteiligung und der politischen Willensbildung" in CDU-nahestehenden Zeitungen ganzseitige Annoncen aufgegeben. Darin wurden unter Anspielung auf die Geschichte vom trojanischen Pferd Parallelen zu dem Verhalten der Oppositionsparteien gegenüber dem Kommunismus gezogen und schließlich die Frage gestellt: „Wollen wir die FDP wählen, die genau so wie die SPD gegen unsere Regierung eingestellt ist? Wollen wir riskieren, daß diese beiden Parteien mit Unterstützung der 600 000 westdeutschen Kommunisten die Mehrheit der Stimmen gewinnen und eine Regierung bilden, die sich den Sowjets nähert? . . . Was wir auch immer tun, vergessen wir nie, daß es um den Fortbestand oder Untergang unseres Vaterlandes geht". Diese Annoncen waren so terminiert, daß eine einstweilige Verfügung der betroffenen Parteien nicht mehr zum Zuge kommen konnte. In der *Bonner Rundschau* erschien diese Anzeige am Tag der Bundestagswahl.

21 Die persönliche Erklärung Mendes, die mit dem Bundesvorsitzenden Maier nicht abgesprochen war, hatte zu einer heftigen Diskussion im Bundesvorstand am 19. 9. 1957

geführt. Die Auseinandersetzung endete mit einer öffentlichen Erklärung Mendes, in der er selbstkritisch versprach, in Zukunft politische Erklärungen mit dem Bundesvorsitzenden abzusprechen, in der Sache aber weiterhin den Standpunkt vertrat, daß es für die FDP „im gegenwärtigen Zeitpunkt ausgeschlossen ist, in eine Regierungskoalition unter Vorsitz Konrad Adenauers und unter der absoluten Mehrheit der CDU/CSU einzutreten." (AdL 105).

22 Nur die ehemaligen FDP-Abgeordneten Blücher, Euler, Preiß und Preusker wurden als CDU-Abgeordnete wiedergewählt.

23 Der Bericht wurde am 23. Oktober den Mitgliedern des Bundesvorstandes der FDP zugeleitet. (AdL 6949–17).

24 „Zusammenarbeit zwischen Bundespartei und Bundestagsfraktion" war 1. Tagesordnungspunkt der gemeinsamen Sitzung von Bundestagsfraktion und Bundesvorstand am 1./2. 11. 1957. Die Arbeitskreise der Fraktion wurden eingerichtet, ohne daß – wie zunächst beabsichtigt – die Fachausschüsse der Partei aufgelöst wurden. Damit blieb ein Teil der inhaltlichen Arbeit bei der Bundesgeschäftsstelle. (AdL 105).

25 Am 28. 9. 1957 hatten sich in Hannover GB/BHE und FDP im Niedersächsischen Landtag zur „Fraktion der FDP und des GB/BHE" zusammengeschlossen. Am 4. 11. 1957 entschloß sich diese Fraktionsgemeinschaft, auch noch sechs rechtsradikale Politiker der „Deutschen Reichspartei" (DRP) als Hospitanten aufzunehmen. Zu diesen gehörte u. a. Adolf von Thadden, zeitweiliger Vorsitzender der DRP und in den sechziger Jahren Vorsitzender der rechtsradikalen National-Demokratischen Partei.

Dieser Schritt führte zu einer scharfen Reaktion des FDP-Vorsitzenden R. Maier sowie zum Zusammenbruch der Regierungskoalition in Hannover, der seit Mai 1955 CDU, DP, FDP und BHE angehört hatten.

26 Es wurde die Bildung von 5 Arbeitskreisen vorgeschlagen:
- Außen-, Wehrpolitik, gesamtdeutsche Fragen (Vorsitz: Thomas Dehler)
- Wirtschaftspolitik (Vorsitz: Karl Atzenroth)
- Arbeits- und Sozialpolitik (Vorsitz: Lotte Friese-Korn)
- Innenpolitik (Vorsitz: Wolfgang Stammberger)
- Agrarpolitik (Vorsitz: Adolf Mauk) (AdL 6949–17).

27 1957 flüchteten 261 622 DDR-Bewohner nach Westberlin und in die Bundesrepublik. (Vgl.: Deutschland Archiv 11/89, S. 1206).

28 Der polnische Außenminister Adam Rapacki hatte am 2. Oktober 1957 vor der UNO-Vollversammlung die Bildung einer atomwaffenfreien Zone in Europa vorgeschlagen, die die beiden deutschen Staaten sowie Polen umfassen sollte. (ADG 1957, S. 6672).

Der frühere amerikanische Botschafter in Moskau und Geschichtsprofessor in Princeton, George F. Kennan, hatte im November 1957 im BBC in Vorträgen davor gewarnt, die Verbündeten der USA und Großbritanniens auf dem Kontinent mit strategischen oder taktischen Atomwaffen auszustatten. Auch hatte sich Kennan für eine Einschränkung der militärischen Handlungsfähigkeit der BRD ausgesprochen.

29 Auf die Frage, ob die deutsche Bundeswehr mit atomaren Waffen ausgerüstet werden solle, hatte Adenauer geantwortet: „Wir werden dafür sorgen, daß unsere Truppen immer die besten Waffen haben." (ADG 1957, S. 6656).

30 Mit „starken Worten" spielt Schollwer z. B. auf folgende Passage der Adenauer-Rede an: „Wir wissen, daß der Größenwahn, der sich auf schrankenlose Macht stützt, der Gott als Lenker des Weltalls entthronen will, der den Menschen und seine Freiheit und Würde mißachtet, nicht von Bestand sein wird. Er wird überwunden werden, denn die Freiheit ist stärker als die Sklaverei." (Zit. nach: Bulletin des Presse- und Informationsamtes der Bundesregierung vom 28. 12. 1957).

[31] Die Stellungnahme Ungeheuers zu der Haußmann-Rede vom Dreikönigsparteitag 1958 sowie Stichworte Ungeheuers zum Rapacki-Plan und den Ausführungen Kennans befinden sich bei den Akten Schollwers (AdL 6949–17).

[32] Anfang Dezember 1957 hatte die FDP in einer Großen Anfrage nach der Stellungnahme der Bundesregierung zu den Vorschlägen einer atomwaffenfreien Zone in Mitteleuropa und nach einem gesamteuropäischen Sicherheitspaket gefragt.

[33] Zitate aus CDU-Pressedienst vom 24. 1. 1958 und fdk vom 24. 1. 1958.

[34] Gustav Heinemann hatte im Anschluß an Thomas Dehler gesprochen und Adenauer aufgefordert, angesichts des Scheiterns seiner Deutschlandpolitik zurückzutreten.

[35] Zum Konflikt Dehler-Maier generell s. jetzt: Klaus-Jürgen Matz, Reinhold Maier (1889–1971). Eine politische Biographie, Düsseldorf 1989, S. 452ff.

[36] Es handelt sich um ein Papier Ungeheuers vom 24. 2. 1958 mit dem Titel „Sieben Punkte zur Deutschlandpolitik", das sich für eine gemeinsame Deutschlandpolitik der Bundestagsparteien aussprach sowie Wege zur Wiedervereinigung festlegte: Viermächtekonferenz unter deutscher Beteiligung zur Ausarbeitung der „Konturen" eines Friedensvertrages, Volksabstimmung über das Konferenzergebnis, Wahl einer Nationalversammlung, Ausarbeitung einer deutschen Verfassung, Verhandlungen über Friedensvertrag und dessen Abschluß, Bildung einer gesamtdeutschen Regierung, Eintritt des wiedervereinigten Deutschland in ein europäisches Sicherheitssystem. (AdL 6949–17; im Anhang abgedruckt).

[37] Dem Arbeitsausschuß „Kampf dem Atomtod" gehörten auch die FDP-Mitglieder Thomas Dehler und Marie-Elisabeth Lüders an. Am 10. März 1958 hatte der Arbeitsausschuß einen Appell veröffentlicht, „sich der lebensbedrohenden Rüstungspolitik zu widersetzen".

[38] Eugen Gerstenmaier hatte am 5. 2. 1958 in der *Stuttgarter Zeitung* vorgeschlagen, *vor* gesamtdeutschen Wahlen den militärischen Status von Gesamtdeutschland zu klären. Dabei vertrat er auch die Ansicht, man solle mit der UdSSR auf der geplanten Gipfelkonferenz über einen Friedensvertrag und nicht über die Wiedervereinigung reden (ADG 1958, S. 6881).

[39] Adenauer hatte behauptet, Moskau habe den Abschluß separater Friedensverträge mit beiden deutschen Staaten vorgeschlagen. Der sowjetische Botschafter Smirnow wies am gleichen Tag diese Behauptung ausdrücklich zurück (ADG 1958, S. 6950).

[40] Seit dem Sturz Malenkows im Februar 1955 war Chruschtschow 1. Sekretär der KPdSU und Bulganin Ministerpräsident der UdSSR gewesen.

[41] Die von den Fraktionen der CDU/DCU und der DP eingebrachte Entschließung, in der u. a. gefordert wurde, daß „die Streitkräfte der Bundesrepublik mit den modernsten Waffen" ausgerüstet werden müßten, wurde mit den Stimmen der CDU/CSU, der DP sowie eines FDP-Abgeordneten angenommen. Dagegen stimmten die Fraktion der SPD und ein Abgeordneter der FDP, während sich die übrigen 26 Abgeordneten der Freien Demokraten der Stimme enthielten.

[42] Bei den saarländischen Landtagswahlen vom 30. 11. 1952 hatte die separatistische Partei des Johannes Hoffmann 41,3 % der Stimmen erhalten. Bei der Volksabstimmung am 23. 10. 1955 votierten dagegen 67,7 % der Saarländer gegen das Europäische Saarstatut und damit für die Rückkehr der Saar nach Deutschland, während 1952 nur 24,4 % der Wähler aus Protest gegen eine Europäisierung der Saar weiße Stimmzettel abgegeben hatten.

[43] Das Papier befindet sich bei den Akten Schollwers (AdL 6950–18).

[44] Nach dem Sturz des Kabinetts Gaillard am 16. April hatte Pflimlin am 13. Mai die Regierung übernommen. Noch am gleichen Tag putschten in Algerien französische Militärs gegen das neue Kabinett, weil Pflimlin zu Verhandlungen mit den algerischen Aufständischen bereit war. Zwei Tage darauf erklärte sich Charles de Gaulle bereit, „die Macht in der Republik zu übernehmen".

[45] Die Arbeitsgemeinschaft Demokratischer Kreise (ADK) war 1951 von O. Lenz und H. E. Jahn gegründet worden und betrieb durch Schriften, Filme und Tagungen Propaganda im Sinn der Regierung.

[46] Brief Ungeheuers an Mende, Rubin, Scheel, Döring; ein Durchschlag befindet sich bei den Akten Schollwers (Adl 6950–18). Bezeichnenderweise lancierte Ungeheuer den Brief am Parteivorsitzenden Maier vorbei!

[47] Gemeint ist Klaus von Mühlen.

[48] Der Konflikt zwischen Maier und Ungeheuer war im Juni 1958 eskaliert, als Maier den FDP-Pressechef in einem Telegramm aufforderte, „Artikel und sonstige Erklärungen politischen Inhalts in der fdk nur dann zu veröffentlichen, wenn sie mir schriftlich vorgelegen haben und meine Zustimmung erfolgt ist". Ungeheuer verglich diesen Vorschlag mit der Zensur in der französischen Besatzungszone 1947–1949, worauf Maier in einem Brief in scharfer Form die Aussage seines Telegramms bestärkte. Der Konflikt blieb bis zum Tod von Ungeheuer ungelöst. (Vgl. AdL 3175, dort auch die Berichte Klaus von Mühlens an Maier!)

[49] Vorgeschlagen wurde die Bildung eines dreiköpfigen Presserats im Bundesvorstand, eine wöchentliche Redaktionskonferenz, an der K.-H. Flach als Leiter der Politischen Abteilung teilnehmen sollte, sowie die Teilnahme der verantwortlichen Redakteure an den Sitzungen des Bundesvorstands (AdL 6950–18).

[50] Maier hatte empfohlen, den Kampf gegen die Luftverschmutzung, gegen die Vergiftung des Wassers, gegen den Straßenlärm und gegen die „in ihrer natürlichen Nährsubstanz geschmälerten Lebensmittel" aufzunehmen (fdk vom 8. 7. 1958).

[51] Das „vertrauliche Gedächtnisprotokoll" ist datiert vom 11. 7. 1958 und trägt die Paraphe von Burkart, der zu diesem Zeitpunkt Redakteur des „Freien Wort" war (AdL 6950–18).

[52] Am 14. Juli war in einem Militärputsch der irakische König Feisal II. gestürzt und getötet worden. Die neue republikanische Regierung hatte sich zur großarabischen Bewegung Nassers bekannt. Eisenhower hatte die Landung amerikanischer Truppen im Libanon mit einem Hilfsgesuch der dortigen Regierung begründet, doch legte schon am 16. Juli der Präsident des libanesischen Abgeordnetenhauses Protest gegen die Invasion ein. Am 17. Juli landeten britische Fallschirmjäger in Jordanien, um König Hussein gegen eine angebliche Bedrohung durch syrische Truppen zu schützen.

[53] Eine in der Bundesrepublik in den 50er Jahren häufig verwendete Bezeichnung für die Grenze zur DDR.

[54] Alfred Kantorowicz, Professor für neuere deutsche Literatur und Mitglied des Vorstandes des Schriftstellerverbandes der DDR, war am 22. August 1957 nach Westberlin geflüchtet, nachdem das *Neue Deutschland* ihn wiederholt attackiert hatte. Schollwer dazu in der fdk vom 26. 6. 1958.

[55] Gemeint ist eine am 26. Juli 1957 vom Ministerrat der DDR verabschiedet Erklärung zur Wiedervereinigung Deutschlands, die DDR-Ministerpräsident Grotewohl tags darauf allen in Ostberlin vertretenen Missionschefs übergab. Darin hatte die DDR-Regierung als konkreten Weg „zur allmählichen Annäherung der beiden deutschen Staaten ... die Bildung eines Staatenbundes zwischen der Deutschen Demokratischen Republik und der

Deutschen Bundesrepublik auf der Basis eines völkerrechtlichen Vertrages" vorgeschlagen. Zuvor sollte jedoch zwischen DDR und BRD ein Abkommen „über die Durchführung einer gemeinsamen Politik" geschlossen werden. Nach Auffassung der SED müsse dieses Abkommen u. a. ein Verbot der Lagerung und Herstellung atomarer Waffen auf deutschem Boden, das Ausscheiden der beiden deutschen Staaten aus NATO und Warschauer Pakt sowie ein Ersuchen an die Vier Mächte vorsehen, ihre Truppen baldigst schrittweise aus ganz Deutschland zurückzuziehen. – Das Papier Ungeheuers befindet sich bei den Akten Schollwers (AdL 6950–18).

56 Reinhold Maier hat indessen diese Absicht vor Parteifreunden nicht verheimlicht. In einem Rundbrief an die Führungsgremien der Partei schrieb der FDP-Vorsitzende am 23. 7. 1958: „In den Grundtendenzen liegt unser Wollen und unser Wirkungsfeld weitgehend überschneidend mit dem der CDU. Das weiß der Wähler. Die Entfaltung der FDP als Dritte Partei liegt künftig zu einem guten Teil in ihrem Wirken als Korrektiv".

57 Die Karikatur trug die Unterschrift: „Wozu ein Atomgesetz, meine Herren? Was eine rechte demokratische Partei ist, treibt Kernspaltung von selber!"

58 Maier schrieb an Rubin in dessen Eigenschaft als Mitglied des nordrhein-westfälischen Landesvorstandes der FDP. In seinem Antwortschreiben vom 9. 8. 1958 hob Rubin hervor, daß die „Ansichten des Döring-Kreises" keineswegs die Ansichten oder gar die Beschlußlage des Landesvorstandes wiedergäben. Rubin wünschte sich ein wirklich gründliches Durchdenken der Situation der FDP in den zuständigen Gremien nach der Sommerpause (beide Briefe bei Schollwer, AdL 6950–18).

59 Gerhard Daub schickte sein Schreiben „an alle interessierten Parteifreunde" in Kopie. Ein Exemplar auch bei den Akten Schollwers (AdL 6950–18).

60 In dem *Welt*-Artikel vom 5. 8. 1958 war auch von der Aufforderung Maiers die Rede, daß Ungeheuer außenpolitische Artikel vor der Veröffentlichung vorzulegen habe.

61 Reinhold Maier: „Landtagswahlen und Bundespolitik" (fdk 9/60 vom 2. 9. 1958). In diesem fast neun Seiten umfassenden Beitrag hatte der Parteivorsitzende nach einer umfänglichen Laudatio auf die Kommunalpolitik seine am 9. Juli dargelegten Vorstellungen über eine effektive FDP-Politik wiederholt und in diesem Zusammenhang mit deutlicher Anspielung auf die Döring-Gruppe und Ungeheuer u. a. geschrieben: „Wenn jemand oder ganze Kategorien mit ihrem politischen Pegasus in das Reich der Phantasie mit Vorzugsaufenthalt in den Regionen der Außen- und Wehrpolitik entstiegen sind, so fällt es schwer, sie auf den Erdboden zurückzubringen."

62 Am 14./15. September 1958 fand das 1. Treffen zwischen Adenauer und de Gaulle auf dem Landsitz de Gaulles statt. Es begründete die Freundschaft zwischen beiden Politikern.

63 Bei dem Minister handelte es sich um Bundesfinanzminister Fritz Schäffer. Vgl. die Darstellung bei H.-P. Schwarz, Die Ära Adenauer 1957–1963, Stuttgart/Wiesbaden 1983, S. 63.

64 Am 1. Oktober 1958 hatte der Deutsche Bundestag in Berlin einstimmig seine Bereitschaft erklärt, „jede Verhandlung zu unterstützen, die die Wege zu einem freien Willensentschluß des gesamten deutschen Volkes in seinen heute noch getrennten Teilen ebnet, sobald eine Vereinbarung der Vier Mächte diese Möglichkeit erschlossen hat." (Bulletin vom 3. 10. 1958, S. 1821 ff.).

65 Schollwer spielt hier auf eine Meldung des *General-Anzeigers* vom 30. 10. 1958 an, nach der es im Außenpolitischen Ausschuß zu heftigen Auseinandersetzungen zwischen Brentano auf der einen und Wehner und Dehler auf der anderen Seite gekommen sein soll.

[66] Gemeint sind Gradl, Kiesinger und Lemmer, die an der Gemeinsamen Entschließung vom 1. 10. maßgeblich mitgewirkt hatten.

[67] Am 27. Oktober hatte Ulbricht auf einer Kundgebung im Berliner Friedrichstadt-Palast u. a. erklärt: „Berlin ist die Hauptstadt der DDR, der Leuchtturm des Kampfes für die nationale Wiedervereinigung Deutschlands als friedliebender demokratischer Staat. Ganz Berlin liegt auf dem Territorium der Deutschen Demokratischen Republik. Ganz Berlin gehört zum Hoheitsbereich der Deutschen Demokratischen Republik". (ADG 1958, S. 7367).

[68] Die FDP-Bundestagsfraktion befaßte sich am 28. Oktober mit der Ulbricht-Rede. Nach Schollwers handschriftlichen Aufzeichnungen hatte Döring eine „realistische Antwort" gefordert und dafür plädiert, nach Westberlin Institutionen zu verlegen, „die es Ulbricht erschweren, eines Tages Zernierungsmaßnahmen vorzunehmen." Max Becker soll sich dafür ausgesprochen haben, erst Verhandlungen über einen Friedensvertrag aufzunehmen, ehe man die Berlin-Frage angehe, Achenbach habe eine „vernünftige" Note der Bundesregierung an Moskau gefordert und betont, Berlin sei nur durch Krieg oder durch Entspannung zu halten. (AdL 6950–18; das Protokoll der Bundestagsfraktionssitzung ist leider nicht vorhanden).

[69] Bei der Gründung des LDP-Bundesbeirates 1951 war es bereits zu Auseinandersetzungen darüber gekommen, ob die Flüchtlinge, die der LDP angehören, eine Exilorganisation gründen sollen. Steltzner begründete die Wiederaufnahme dieser Diskussion damit, daß es „bisher nur sehr unvollkommen gelungen" sei, die ehemaligen LDP-Anhänger für die FDP zu gewinnen.

[70] Der Kernsatz der Chruschtschow-Rede lautete: „Offensichtlich ist die Zeit gekommen, daß die Mächte, die das Potsdamer Abkommen unterzeichneten, auf die Reste des Besatzungsregimes in Berlin verzichten und damit die Möglichkeit geben, eine normale Lage in der Hauptstadt der DDR zu schaffen. Die Sowjetunion ihrerseits wird die Funktionen in Berlin, die noch sowjetischen Organen obliegen, an die souveräne DDR übertragen. Mir scheint, das wäre richtig. Mögen die USA, Frankreich und Großbritannien selbst ihre Beziehungen mit der DDR regeln, selbst mit ihr verhandeln, wenn irgend welche Berlin betreffenden Fragen sie interessieren." (ADG 1958, S. 7391).

[71] Die Friedrich-Naumann-Stiftung war am 19. Mai 1958 im Haus des damaligen Bundespräsidenten Theodor Heuss gegründet worden. Ihre Aufgabe ist es laut Satzung, „politisch Interessierten, insbesondere der heranwachsenden Generation, Wissen im Sinn der liberalen, sozialen und nationalen Zielen Friedrich Naumanns zu vermitteln."

[72] In einem vertraulichen Vermerk Flachs für die Mitglieder des Arbeitskreises Außenpolitik vom 14. November 1958 heißt es dazu u. a.: „Es sprechen wenig Anhaltspunkte dafür, daß die Chruschtschow-Rede vom 10. 11. 1958 ... nur eine spontane Entgleisung oder eine von Ulbricht bestellte Wahlhilfe war ... Die Aktion ... scheint Teil einer langfristigen Konzeption zu sein, nach der die Sowjets das Problem Berlin in dem Maße in den Vordergrund rücken, in dem der Westen alle Pläne für eine militärische Entflechtung in Mitteleuropa ... ablehnt und die Streitkräfte der Bundesrepublik mit der Atombewaffnung eine für die Sowjetunion unangenehme Stärke erreichen. Bestimmend für das Aufgreifen des Problems Berlin dürfte auch die Tatsache sein, daß die Beziehungen zwischen Bonn und Moskau sich nach dem Besuch von Mikojan nicht so entwickelt haben, wie die Sowjetunion es erwartet hat." (AdL 6950–18).

[73] Vgl.: Theodor Eschenburg am 21. 11. 1958 in der Wochenzeitung *Die Zeit*: „Es gibt bis jetzt vier Berichte über die Extratour Fritz Schäffers nach Ostberlin. Da ist seine erste Erklärung vom 15. November, dann sein Passauer Interview vom nächsten Tage, dann seine Reden im Wahlkreis und schließlich das Interview des sowjetzonalen Generals Vincenz Müller. Sie alle weichen voneinander ab. Für die Unterschiede zwischen den

Darstellungen Schäffers und den Äußerungen Müllers gibt es Erklärungen. Sie fallen daher auch nicht ins Gewicht. Wesentlich aber ist, daß man selbst aus Schäffers drei Berichten kein klares, zusammenhängendes Bild gewinnt. Sie erscheinen wie drei einander unvollkommen ergänzende Teilgeständnisse von jener Art, wie Untersuchungsrichter und Lehrer sie aus ihrer Praxis kennen".

74 Auf seiner Sitzung am 23. September 1958 in Kiel hatte der Bundesvorstand die Vorstandsmitglieder Gerhard Daub, Frau Dr. Kiep-Altenloh, Georg Letz und Wolfgang Mischnick beauftragt, eine Klausurtagung der Bundespartei vorzubereiten. Nach Darstellung Daubs in einem Brief an R. Maier vom 11. 11. 1958 war dieser Auftrag des Bundesvorstandes „sehr ungenau gefaßt". Die Unklarheit bezog sich „sowohl auf den einzuladenden Teilnehmerkreis als auch auf den Gegenstand der Beratungen". Mit Schreiben des Parteivorsitzenden vom 17. 11. wurde diese Klausur für den 12. und 13. Dezember 1958 nach Bonn einberufen. Als Tagesordnung war vorgesehen:
1. Analyse der politischen Lage der FDP
2. Folgerungen aus dieser Analyse – grundsätzlicher Kurs der Partei
3. Grundsatzfragen der Parteiorganisation und ihrer Arbeit.
(Der Brief Daubs und die Einladung zur Klausurtagung auch bei den Unterlagen Schollwers, AdL 6950–19).

75 S. dazu: Konrad Adenauer, Erinnerungen, Bd. 3 (1955–1959), Stuttgart 1967, S. 449ff.

76 Vgl. Erich Mende in fdk vom 18. 11. 1958.

77 Schollwer spielt hier auf Personal- und Bestechungsaffären im Auswärtigen Amt an. (Vgl. *Spiegel* 44/1958, S. 17ff und *Spiegel* 45/1958, S. 18f.)

78 Schollwer bezieht sich hier auf eine im *Bonner Generalanzeiger* vom 23. 11. 1958 abgedruckte Meldung.

79 Dulles hatte auf entsprechende Fragen geantwortet, daß die USA mit der DDR bereits Verhandlungen führen und daß es denkbar wäre, mit Vertretern der DDR als „agents" der UdSSR in Fragen, die die 4 Alliierten betreffen, zu verhandeln (ADG 1958, S. 7412).

80 Nur in den Stimmbezirken Zehlendorf und Wilmersdorf übersprang die FDP die 5%-Hürde. Das Wahlergebnis war eine Folge der Spaltung von 1956, als mit Carl-Hubert Schwennicke ein großer Teil des rechten Flügels aus der FDP ausgetreten war.

81 Anspielung auf eine Äußerung Weyers vor dem FDP-Landesparteitag in Plettenberg am 6. 12. 1958. Middelhauve war 1956 von allen Parteiämtern zurückgetreten.

82 Redenotizen Stephans s. AdL 225.

83 Flach forderte u. a. eine zentrale Mitgliederkartei, ein zentrales Beitragswesen und eine zentrale Finanzorganisation. Ferner eine umfangreiche politische Bildungsarbeit, systematische Personalpolitik „für hauptamtlichen Nachwuchs", stärkere Beteiligung der Kreisverbände an Entscheidungen auf Bundesebene, eine stärkere Aufteilung der Verantwortlichkeiten einzelner Vorstandsmitglieder. Weiter wollte er „die auf Bundesebene herauszustellenden Persönlichkeiten bereits jetzt in der Öffentlichkeit (durch public relation) aufbauen" (Wortlaut des Referates in AdL 225).

84 Ein Durchschlag dieses Schreibens findet sich u. a. bei Schollwers Unterlagen (AdL 6950–19, Auszüge aus dem Schreiben wurden veröffentlicht im „Informationsrundbrief" der FDP-Bundestagsfraktion vom 20. 12. 1958, S. 26f). Maier und Mende richteten an von Brentano die dringende Bitte, „unmittelbar im zuständigen Kreis der Vier Mächte die Deutschlandfrage zur Verhandlung zu bringen." In einem Schreiben an Maier vom 23. 12. 1958 faßt Mende ein Gespräch bei Adenauer dahingehend zusammen, daß Brentano von der Pariser Konferenz mit zwei Ergebnissen zurückgekommen sei: die Berlin-Vorschläge der Sowjets würden zurückgewiesen und es sei die Bereitschaft zu „Verhand-

lungen über alle Deutschland berührenden Probleme" bekräftigt worden. Mende fährt fort: „Von Brentano hat damit den in unserem gemeinsamen Brief gestellten Forderungen entsprochen." (AdL 2294).

85 Die „Deutsche Gruppe" der Liberalen Internationalen (vormals: Liberale Weltunion) hatte sich 1947 konstituiert. Einzelne Personen – und nicht die FDP als Partei – wurden in ihr Mitglied. Problematisch wurde dies nach 1956 infolge der FDP-Spaltung: der Vorsitzende der Deutschen Gruppe, Hans-Albert Kluthe, stand in Gegnerschaft zur FDP und öffnete die Gruppe immer mehr auch für Nicht-FDP-Mitglieder. Gegen diese Politik richtete sich der von Schollwer erwähnte Antrag, der mit 26 gegen 45 Stimmen abgelehnt wurde. Auch ähnlich formulierte Anträge von Rademacher und Scheel wurden abgelehnt (AdL 6950–19).

86 Auf der Tagung des Rates der Liberalen Internationalen, die am 13. und 14. Dezember 1958 in London stattfand, wurde nach einer längeren Diskussion über das Thema „Disengagement" eine Entschließung gefaßt, die allen bisherigen Überlegungen über ein Auseinanderrücken fremder Streitkräfte auf europäischem Boden eine schroffe Absage erteilte, weil „die bis jetzt bekanntgewordenen „Entspannungs"-Projekte im Falle ihrer Verwirklichung die Verteidigung des Westens schwächen würden, indem sie die NATO unterminieren und gleichzeitig die sowjetische Herrschaft über die Völker Osteuropas und die von den Sowjets besetzte Zone Deutschlands befestigen". Gegen diese Entschließung stimmten neben Scheel, Rademacher und Daub auch zwei Vertreter der Polnischen Demokratischen Partei sowie ein Delegierter der Radikal Venstres Partei aus Dänemark. Diese kleine oppositionelle Gruppe gab eine Erklärung ab, in der u. a. festgestellt wurde, daß die Weigerung, über die Möglichkeiten eines Disengagements in Zentral- und Zentralosteuropa zu verhandeln, geeignet sei, „die Hoffnung der Menschheit für eine Vermittlung zwischen Ost und West zu vernichten". Die angenommene Resolution könne nicht „als ein Schritt für eine neue und konstruktive Politik des Westens angesehen werden" (AdL 6950–19).

87 Anspielung auf die Rede Dörings in Plettenberg (s. Eintrag vom 11. 12. 58).

88 Der SPD-Pressedienst vom 13. 1. 1959 überschrieb den betreffenden Artikel mit: „Auf dem Wege zu einem politischen Stalingrad?"

89 Der „Volksbund für Frieden und Freiheit" war 1950 als Wiederauflage der „Antikomintern" gegründet worden. Erster Präsident war Eberhard Taubert, ehemaliges Mitglied des Volksgerichtshofes und Drehbuchautor von „Der ewige Friede".

90 Ungeheuer gehörte mit Flach dem Arbeitskreis „Deutschlandvertrag" der Bundestagsfraktion an.

91 Ein Exemplar des Entwurfs bei den Akten Schollwers (AdL 6950–19), ebenso der Definitionsvorschlag Zoglmanns. „Deutschland" wird in der verabschiedeten Fassung des Entwurfs wie folgt definiert: „Unter dem Begriff „Deutschland" wird Deutschland in seiner wiederhergestellten staatlichen Einheit verstanden." (S. auch Anmerkung 112).

92 Zu einem solchen Gespräch ist es nicht gekommen.

93 Zu der Koordinierungstagung unter der Leitung von Oswald Kohut waren die Mitglieder der Bundestagsfraktion, der Landtagsfraktionen, die Landesminister, Landesgeschäftsführer sowie die Mitglieder des Kommunalpolitischen Ausschusses der FDP geladen.

94 Bei den Unterlagen Schollwers (AdL 6950–19) finden sich handschriftliche Notizen zu den einzelnen Referaten. Daraus geht hervor, daß Zoglmann für die von Ungeheuer gewünschte Zeitung ein Startkapital von 6–10 Millionen DM veranschlagte. Ungeheuer hatte damals gegenüber dem Verfasser wiederholt zu erkennen gegeben, daß gute Aussichten bestünden, Paul Sethe zum Chefredakteur der Zeitung zu gewinnen. Das Projekt

zerschlug sich jedoch noch im gleichen Jahre. Küchenhoffs Brief an Mörbitz vom 9. Oktober 1959 ist zu entnehmen, daß Ungeheuer bis zu seinem Tod diesen Plan dennoch nicht aufgegeben hat. (S. auch Anmerkung 134).

95 Der auf den 17. Februar datierte Entwurf Ungeheuers sah insgesamt zwei Fragen an die Bundesregierung vor. Frage 1 lautete: „Wird die Bundesregierung sich dafür einsetzen, daß Friedensvertrag und Wiedervereinigung zeitlich zusammenfallen." Und die zweite Frage: „Welche Vorstellung hat die Bundesregierung von einer Sicherheitsordnung in Europa und von der Funktion eines wiedervereinigten Deutschland in dieser Sicherheitsordnung?" (AdL 6950–19).

96 Am 16. 2. 1959 hatten die drei Westmächte und die Bundesrepublik die Antwortnoten auf die letzten sowjetischen Vorschläge zur Deutschlandfrage vom 10. 1. überreicht. Darin sprachen sich die vier Regierungen für eine Viermächte-Konferenz auf Außenministerebene aus, auf der ein Meinungsaustausch über alle Aspekte und Zusammenhänge des Deutschlandproblems geführt werden sollte. (ADG 1959, S. 7561 ff.).

97 Diese Behauptung hatte das amerikanische Nachrichtenmagazin *News Week* aufgestellt. Über Adenauers Ausführungen vor der Unionsfraktion berichtete Norbert Tönnies am 8. 2. 1959 im Bonner *General-Anzeiger* („Adenauer: Kein Ja zur Oder-Neiße-Grenze"). In seinen „Erinnerungen" gibt Adenauer zwar ausführlich den Inhalt seiner Gespräche mit Dulles wieder, geht aber auf die Oder-Neiße-Grenze mit keinem Wort ein (a. a. O., S. 471 f.).

98 Am 21. und 22. Februar fand in Bad Salzuflen der Landesparteitag der FDP Nordrhein-Westfalens statt, an dem auch Reinhold Maier und Wolfgang Haußmann teilnahmen.

99 Erhards Erklärung jetzt vollständig abgedruckt bei Daniel Koerfer, Kampf ums Kanzleramt, Erhard und Adenauer, Stuttgart 1987, S. 252 f. Dort auch ausführliche Darstellung der Auseinandersetzung um die Bundespräsidenten-Nachfolge.

100 Rademacher hielt sich wegen der Messe Anfang März 1959 einige Tage in Leipzig auf, mit ihm weitere FDP-Politiker, darunter der Landtagsabgeordnete Wolfram Dorn. Nach einer Meldung der DPA vom 7. März soll der FDP-Bundestagsabgeordnete vorgeschlagen haben, „aus West- und Ostberlin eine unabhängige Stadt zu machen und die Anerkennung der Oder-Neiße-Grenze – wenn man dafür die Wiedervereinigung erhalte – einer Volksabstimmung zu unterwerfen".

Rademacher hatte nach seiner Rückkehr nach Hamburg in einem Brief an den FDP-Bundesvorsitzenden zu diesen Behauptungen Stellung genommen und erklärt, er habe als Provisorium bis zum Abschluß des Friedensvertrages eine gemeinsame Verwaltung beider Teile Berlins unter Garantie der UNO vorgeschlagen. Außerdem habe er erklärt, daß nur durch eine Volksabstimmung die Entscheidung herbeigeführt werden könne, wenn sich eine Wiedervereinigung unter gleichzeitigem Verzicht auf die Gebiete jenseits der Oder-Neiße-Linie anböte (DPA vom 13. 3. 1959 „Rademacher zu seinen ‚Leipziger Gesprächen'"). Die zitierten Agenturmeldungen bei den Unterlagen Schollwers (AdL 6950–19).

101 Hermann Schwann hatte bereits im April 1954 auf eigene Initiative Gespräche mit dem sowjetischen Botschafter in der DDR geführt und als 1. bundesdeutscher Politiker die Volksrepublik China besucht.

102 *Stimmen der jungen Generation* Nr. 3 vom März 1959.

103 Zitiert nach DPA vom 15. 3. 1959. Döring hielt diese Rede auf der Landestagung der nordrhein-westfälischen Jungdemokraten.

104 Der „Deutschlandplan der SPD", als Pressemitteilung veröffentlicht, forderte die

militärische Entspannung als Voraussetzung jeder Wiedervereinigung. In einem 2. Schritt sollten gesamtdeutsche Organe gebildet werden, bevor in einer dritten Stufe Wahlen zu einem gesamtdeutschen Parlament durchgeführt werden sollten.

105 Am 25. März 1959 hatte Charles de Gaulle auf einer Pressekonferenz in Paris erklärt: „Die Wiedervereinigung der beiden Teile in ein einziges Deutschland, das vollkommen frei sein soll, scheint uns das normale Schicksal des deutschen Volkes zu sein, vorausgesetzt, daß diese Wiedervereinigung die gegenwärtigen Grenzen im Westen, Osten, Norden und Süden nicht in Frage stellt". (ADG 1959, S. 7628).

106 Blücher war nach seinem Ausscheiden aus dem Bundeskabinett im Oktober 1957 ab Januar 1958 Mitglied der Hohen Behörde der Montanunion in Luxemburg und dort für Bergbau und Kartellpolitik zuständig. In einem Nachruf Mendes hieß es: „Wir sind überrascht und betroffen von dem Tod eines Demokraten, der viele Jahre gemeinsam mit uns in der FDP am Wiederaufbau Deutschlands mitgearbeitet hat."

107 *Der Morgen* vom 26. 3. und vom 14. 4. 1959.

108 Vgl. jetzt: Theodor Heuss, Konrad Adenauer. Unserem Vaterland zugute. Der Briefwechsel 1948–1963, bearb. von Hans Peter Mensing, Berlin 1989, S. 262ff.

109 Auf Vorschlag des Fraktionsvorstandes wurden die Abgeordneten Mende, Achenbach und Dehler nach Genf entsandt. Auch Ungeheuer fuhr trotz der negativen Entscheidung.

110 Vermutlich durch Kurzschluß entstand am 2. Mai 1959 im Pressehaus IV ein Feuer. Die Arbeitsstätte für etwa 50 in- und ausländische Korrespondenten brannte zu zwei Dritteln bis auf die Grundmauern nieder.

111 Reinhold Maier hatte auf der abschließenden Pressekonferenz auf die Frage eines Journalisten nach Meinungsverschiedenheiten über die „Berliner Erklärung" geantwortet: „Wir sind am Mittwoch im Laufe des Tages in Berlin eingetroffen und hatten abends eine Bundesvorstandssitzung. Hier lag ein Referentenentwurf vor, der absolut vorläufiger Natur war."

112 Der Bundesparteitag verabschiedete bei nur einer Gegenstimme (von Dehler) die „Berliner Erklärung der Freien Demokraten". Darin wurde u. a. gefordert „die Einsetzung einer Ständigen Konferenz auf der Ebene der stellvertretenden Außenminister zur Lösung der deutschen Frage" sowie die „Schaffung einer gemischten deutschen Kommission mit der Aufgabe, den Kalten Krieg zwischen den beiden Teilen Deutschlands abzubauen, die beiden Teile Deutschlands einander anzunähern, ein Wahlgesetz für gesamtdeutsche Wahlen vorzubereiten und einen gemeinsamen deutschen Standpunkt für einen gerechten Friedensvertrag für Gesamtdeutschland zu erarbeiten". Der Text der Erklärung ist abgedruckt in: Peter Juling, Programmatische Entwicklung der FDP 1946 bis 1969. Einführung und Dokumente, Meisenheim am Glan 1977, S. 158ff. Es handelt sich bei der Erklärung um die von der Bundestagsfraktion am 27. Januar 1959 verabschiedete Fassung (s. Anmerkung 91).

113 BZ vom 23. Mai 1959. Der Bericht brachte zunächst das Gerücht „aus Ostberlin", wonach Döring, Dehler und Achenbach in Genf „mit dem sowjetzonalen ‚Gesandten' Kegel politische Gespräche geführt haben" sollten. Danach folgte das Dementi Dörings, der energisch bestritt, mit Kegel verhandelt zu haben. Mende hat in seinem 1972 erschienenen Buch „Die FDP – Daten, Fakten, Hintergründe" die Meldung der BZ indirekt bestätigt, indem er berichtet, daß er zusammen mit Döring, Dehler, Achenbach und Ungeheuer am 12. und 13. Mai mit dem Gesandten Kegel und dem Präsidenten des Obersten Gerichtshofes der DDR, Dr. Töplitz, zu Gesprächen zusammengekommen sei, bei denen ein geheimes Treffen zwischen den beiden deutschen Außenministern von Brentano und Bolz verabredet worden sei, das aber nicht zustande kam (S. 171f.).

114 Auf der 11. Vollsitzung der Konferenz, am 25. Mai 1959, wurden insgesamt acht Erklärungen von den vier Außenministern der Großmächte abgegeben; Herter und Gromyko waren mit je drei Erklärungen sowie einem zusätzlichen Wortwechsel daran beteiligt. (Vgl.: Dokumente zur Deutschland-Politik, IV. Reihe / Band 2, Erster Halbband, S. 335 ff.).

115 Der von der FDP eingebrachte Entwurf eines Gesetzes zur Änderung des Gesetzes über die Wahl des Bundespräsidenten durch die Bundesversammlung bestimmte in Abänderung des § 1: „Die Bundesversammlung tritt in Berlin zusammen". Der Antrag wurde am 12. Juni an die zuständigen Ausschüsse überwiesen und kam nicht mehr ins Plenum zurück.

116 DPA vom 9. Juni 1959. Danach war Dehler zusammen mit Ungeheuer und dem hessischen Kirchenpräsidenten Niemöller am Vormittag dieses Tages mit dem DDR-Nationalpreisträger Prof. Dr. Theodor Brugsch sowie Prof. Linser und weiteren Vertretern der „Nationalen Front" der DDR zusammengetroffen. Außerdem beabsichtige der FDP-Bundestagsabgeordnete, „während seines Genfer Aufenthaltes ... auch Gespräche mit der von Außenminister Bolz geleiteten Ostberliner ‚Beraterdelegation' aufzunehmen". Nach anderen Presseberichten (*Süddeutsche Zeitung* vom 12. 6. 1959) soll dieses Treffen bei einem Mittagessen im Restaurant du Parc des Eau Vives stattgefunden haben, wobei auf westdeutscher Seite noch der frühere FDP-Bundestagsabgeordnete H. Schwann mit von der Partie war. Wie die SZ berichtete, hätten die Tischgäste aus Ost und West die deutsche Spaltung beklagt und sich in der Erkenntnis getroffen, „daß Genf keine Chance mehr bietet für ein offizielles Gespräch zwischen Deutschen".

117 Ungeheuers Dienstvertrag sah eine einjährige Kündigungsfrist vor. Kündigungen konnten jeweils zum 1. April oder 1. Oktober erfolgen. Damit hätte Ungeheuer erst am 1. Oktober 1960 aus seinem Amt ausscheiden müssen.

118 Gromyko hatte erklärt, daß sich die Sowjetunion „mit einer zeitweiligen Beibehaltung gewisser Besatzungsrechte der Westmächte in Westberlin einverstanden erklären" könnten, und zwar für ein Jahr. In dieser Zeit sollte ein gesamtdeutscher Ausschuß auf paritätischer Grundlage gebildet werden, der konkrete Vorschläge zu einer Vereinigung Deutschlands erarbeiten sollte. Gleichzeitig forderte Gromyko, daß die Westmächte während dieser Zeit ihre Streitkräfte in Berlin verringern, jede Propaganda gegen die DDR einstellen und alle Organisationen auflösen sollten, die gegen die DDR tätig seien. Die Westmächte lehnten diese Vorschläge ab. (ADG 1959, S. 7780).

119 In der am Abend des 9. Juni von der Pressestelle herausgegebenen Mitteilung wurde behauptet, daß Dehler und Ungeheuer „einer Einladung des ehemaligen Bundestagsabgeordneten Hermann Schwann zu einem Essen in einem Genfer Restaurant gefolgt (seien), zu dem ohne ihr Wissen auch Vertreter aus der deutschen Sowjetzone eingeladen waren". Diese Version hatte Ungeheuer Mende telefonisch übermittelt. (Durchschlag der Pressemitteilung bei den Akten Schollwers, AdL 6950–20).

120 DPA vom 10. Juni berichtete, daß sich Ungeheuer und Dehler mit DDR-Staatssekretär Dr. Heinrich Töplitz sowie mit Dr. Wilhelm Meißner und Gerhard Kegel zum Abendessen getroffen hatten. Bei seiner Rückkehr aus Genf hatte Dehler diese Kontakte ausdrücklich gerechtfertigt (DPA vom 12. 6. 1959).

121 Handschriftliche Notizen Schollwers (AdL 6950–20).

122 DPA vom 22. 6. 1959 hatte von der Kritik Adenauers an der britischen Haltung zu einer möglichen Gipfelkonferenz berichtet: während die USA und Frankreich dies an Bedingungen knüpften, sei Großbritannien auf jeden Fall für eine Gipfelkonferenz.

123 Die „Weltjugendfestspiele" fanden vom 26. Juli bis zum 4. August in Wien statt.

Als einzige nichtkommunistische Organisation aus der Bundesrepublik entsandte der Liberale Studentenbund 20 Mitglieder.

124 Die Sowjetunion hatte am 20. Juli eine Vorschlag der Westmächte abgelehnt, die Genfer Außenministerkonferenz in eine ständige Einrichtung für die Lösung der deutschen Frage umzuwandeln, weil dadurch die Vier Mächte mit Aufgaben betraut würden, die in Verhandlungen zwischen der DDR und der BRD geklärt werden müßten. Am 24. Juli kam es zu einer Sitzung der Vier über das Berlin-Problem. Am 28. Juli tauschten die Außenminister der Westmächte und der Sowjetunion gegenseitig Arbeitspapiere über ihre Pläne für eine Übergangslösung der Berlin-Frage aus. (ADG 1959, S. 7853ff., vgl. auch Anmerkung 118).

125 Die *Deutschen Informationen* Nr. 13 vom 18. Juli 1959 berichteten unter der Überschrift „Adenauer gegen Berlin als Bundesland", daß nach Aussagen eines „früheren Vertrauten" von Dr. Adenauer letzterer vor den Bundestagswahlen 1949 in einem Gespräch mit George Bidault vorgeschlagen hätte, „Frankreich möge sich dafür einsetzen, daß Westberlin nicht der Bundesrepublik angeschlossen werden solle, weil sonst die Gefahr eines sozialdemokratischen Übergewichts in Westdeutschland bestände. Frankreich habe, so bekannte Adenauer später selbst, seinen Vorschlag befolgt".

126 Die DJD hatten eine Beteiligung an den Weltjugendfestspielen mit der Begründung abgelehnt, daß „dieses kommunistische Festival nicht ... der Völkerverständigung dient, sondern die kommunistische Infiltration demokratischer und freier Jugendverbände und die politische Verführung junger Menschen erstrebt". (Zitiert nach *Deutsche Zeitung* vom 24. 7. 1959).

127 Schollwer spielt hier auf Adenauers Bemerkung an, daß Polen „durch den Einfall der Truppen Hitler-Deutschlands und der Sowjetunion das erste Opfer des Krieges geworden ist" (ADG 1959, S. 7912).

128 Am 5. 8. 1950 war in Stuttgart die „Charta der Heimatvertriebenen" verkündet worden, in der sie ausdrücklich auf Rache und Vergeltung verzichtet, aber die „Anerkennung des Rechtes auf Heimat" gefordert hatten.

129 Die 48. Jahrestagung der „Interparlamentarischen Union" fand vom 27. August bis 4. September 1959 in Warschau statt. Zuvor war es in Polen und in der Bundesrepublik zu kritischen Äußerungen über die ursprünglich beabsichtigte Zusammensetzung der 17köpfigen CDU/CSU-Delegation gekommen. Auf Grund dieser Proteste entsandte die Union schließlich nur noch Dr. Hermann Kopf nach Warschau. Auch Wolfgang Mischnick wurde zunächst von polnischen Publizisten attackiert, weil er dem Vorstand des Gesamtverbands der Sowjetzonenflüchtlinge angehörte.

130 Vom 15. bis 27. September hielt sich der sowjetische Ministerpräsident Chruschtschow zu einem offiziellen Besuch in den Vereinigten Staaten auf. Dabei führte Chruschtschow mehrere Gespräche mit Eisenhower und hielt eine Rede vor den Vereinten Nationen. Die wichtigsten Unterhaltungen der beiden Staatsmänner fanden vom 25.–27. September auf dem Landsitz des Präsidenten, Camp David, statt („Geist von Camp David"). Das danach veröffentlichte Kommunique vermerkte einen „Gedankenaustausch über die Deutschlandfrage einschließlich der Frage eines Friedensvertrages mit Deutschland" sowie ein Übereinkommen, „daß die Verhandlungen (über die Berlin-Frage) wieder aufgenommen werden sollen mit dem Ziele, eine Lösung zu finden, die im Einklang mit den Interessen aller Betroffenen sowie im Interesse der Aufrechterhaltung des Friedens steht". (Dokumente zur Deutschlandpolitik, IV. Reihe, Band 3, S. 284f.).

131 In der fdk Nr. 10/61 vom 30. 9. 1959 hatte Wolfgang Schollwer von Versuchen in der CDU berichtet, den Einfluß des Parteivorstandes zu stärken.

132 An den vom 1.–4. 10. 1959 stattgefundenen Gesprächen nahmen von amerikanischer Seite Dean Acheson, John McCloy, James Conant und Henry Kissinger teil.

133 Die katholische Kirche verweigerte zunächst nicht nur die kirchliche Trauerfeier, sondern auch die Anwesenheit eines Priesters. Es gelang der Parteiführung, die stumme Beteiligung eines katholischen Priesters durchzusetzen.

134 Abschrift des Briefes von Ungeheuer und Durchschlag des Schreibens von Küchenhoff an Mörbitz bei den Akten Schollwers (AdL 6950–21). Küchenhoff schrieb u.a.: „... Wahr ist, ... daß seinem Zusammenbruch unmittelbar eine Entscheidung Mendes vorausging, die er für falsch hielt ... (Ungeheuer hatte) zusammen mit Herrn Flach bereits das große Wunder vollbracht, nicht nur seine Partei und Fraktion, sondern auch SPD und die Gruppen um Gerstenmaier, Lemmer und Gradl hinter sich zu bringen ... Besonders hat mich beeindruckt, daß die SPD trotz ihres eigenen Deutschlandplanes soeben noch Dr. Ungeheuers noch nicht veröffentlichte „Gedankenskizze" vom 2. 9. (gemeint ist die vom 24. August) übernommen und sich in Bezug auf dieselbe Anfang September gleichfalls an die USA-Botschaft gewandt hat. Und dieses Werk hat Dr. Mende's Entscheidung mit ihren verhängnisvollen psychophysischen Folgen zerstört ... Hier sollte der Fall Ungeheuer wirklich, wie Dr. Dehler mir wörtlich sagte und wie Sie sinngemäß schrieben, ein Fanal sein, daß ein anderer, der es besser könnte, bisher aber nicht wollte, in die Bresche springt. Mit Mende geht es jedenfalls nicht." Mit „dem anderen" ist offenbar Döring gemeint.

135 Anspielung auf das Kommuniqué von Camp David, in dem der Frage der Abrüstung Priorität eingeräumt worden war.

136 Achenbachs Entwurf forderte im § 3 Straffreiheit für alle Taten, „die vor dem 15. 9. 1949 begangen worden sind und in Zusammenhang stehen mit der durch die nationalsozialistische Tyrannis, durch Krieg und Nachkriegszeit geschaffene Lage, soweit der Täter nicht eigene Mordlust oder Grausamkeit an den Tag gelegt hat". Ein Exemplar des Entwurfs bei den Akten Schollwers (AdL 6950–20).

137 Außer Rinné war der stellvertretende Vorsitzende der FDP-Bundestagsfraktion, Hans Lenz, entschieden gegen eine Beauftragung Schollwers mit einer leitenden Position in der Pressestelle der FDP.

138 *Interninformationen* Nr. 42 vom 21. 10. 1959: „In FDP-Führungskreisen wächst die Neigung, in die Bonner Regierungsverantwortung zurückzukehren. Kontakte zwischen CDU und FDP im Bundestag sind lebhafter geworden. Einfluß der ‚Düsseldorfer Rebellen' auf Parteiführung ist kaum noch feststellbar. Grund für die koalitionsfreudige Stimmung: wachsende finanzielle Schwierigkeiten und die Erkenntnis, daß der Wähler FDP-Alleingang nicht honorierte ...".

139 In der Großen Anfrage hatte die FDP wissen wollen, was die Bundesregierung „auf Grund der einstimmig gefaßten Entschließung des Deutschen Bundestages vom 1. Oktober 1958 unternommen" habe, „um durch eine Vereinbarung der Vier Mächte die Möglichkeit eines Willensentscheids des ganzen deutschen Volkes über seine Einheit zu schaffen". Ferner wollte die FDP wissen, wie die Bundesregierung „diesem Auftrag des deutschen Bundestages künftig gerecht zu werden" gedenke.

140 Brentano erklärte zu der von Mende zitierten Jungnickel-Meldung wörtlich: „Ich bin ... von dem Herrn Bundeskanzler autoritär-autorisiert zu sagen, daß eine solche Meldung nichts anderes ist als eine niederträchtige Lüge".

141 Gemeint ist der Beschluß des Bundeskabinetts vom 20. 11. 1959, nach dem der Vorschlag des Präsidenten des IOK, Avery Brundage, die schwarz-rot-goldene Fahne mit den 5 Olympischen Ringen als Flagge für die gesamtdeutsche Olympiamannschaft zu wählen, mit der nationalen Würde nicht vereinbar sei. Entgegen dem Beschluß der Bundesregierung entschied sich das NOK für den Vorschlag von Brundage.

[142] Der Brief Mendes an den Geschäftsführenden Vorsitzenden des Kuratoriums, Wilhelm Wolfgang Schütz, datiert vom 20. 11. 1959, wurde am gleichen Tag als Rundschreiben der FDP-Bundestagsfraktion veröffentlicht. (Ein Exemplar auch bei den Akten Schollwers, 6950–22).

[143] Vgl. ADG 1959, S. 8058.

[144] Gemeint ist die französische Bereitschaft, die Oder-Neiße-Grenze anzuerkennen, aber auch das Agieren französischer Terrororganisationen auf dem Boden der Bundesrepublik im Zusammenhang mit dem Krieg in Algerien.

[145] Als Täter waren Arnold Stunk und Paul Josef Schönen, beides Mitglieder der DRP, verhaftet worden.

[146] Die Tatsache, daß weder Maier noch Mende noch ein Mitglied des FDP-Fraktionsvorstandes dem Kanzler persönlich die Glückwünsche der Partei überbrachten, wurde von den Freien Demokraten offiziell damit begründet, daß die Parteiprominenz „durch den Dreikönigstag in Stuttgart gebunden" sei (Rundschreiben der FDP-Bundestagsfraktion vom 4. 1. 1960).

[147] Der FDP-Parteitag hatte am 28. Januar eine Satzungsänderung verabschiedet, die die Berufung von bis zu drei Ehrenpräsidenten auf Lebenszeit ermöglichte. Mende hatte geglaubt, auf Grund dieser Satzungsänderung neben Reinhold Maier und Frau Lüders auch Theodor Heuss in das FDP-Ehrenpräsidium wählen lassen zu können. Aber Heuss winkte ab. (Vgl. Theodor Heuss, Tagebuchbriefe 1955/63, Stuttgart 1970, S. 466).

[148] Der von Schollwer vorgelegte und am 25. 1. 1960 im Außenpolitischen Arbeitskreis verabschiedete Entwurf war am 26. 1. von der Fraktion mit einigen Abänderungen gebilligt worden. Auf der Bundesvorstandssitzung in Stuttgart am Nachmittag des 27. Januar wurde dieser Entschließungsentwurf jedoch von Reinhold Maier zurückgewiesen. Daraufhin wurden Dehler, Achenbach und Leverenz beauftragt, den Entwurf noch einmal zu überarbeiten: sie kürzten am 28. 1. die Vorlage. Dennoch war Maier nicht bereit, den Text zu akzeptieren – er verhinderte vielmehr die Einbringung dieser Entschließung auf dem Parteitag.

[149] Schollwer hatte auf dem Seminar des LSD ein Referat zum Thema „Disengagement-Pläne und Möglichkeiten" gehalten, während Kreitmeyer sein Konzept einer konventionellen Verteidigungsstrategie vorgestellt hatte.

[150] Mit Schreiben vom 2. Februar 1960 an die Ehrenpräsidenten, stellvertretenden Bundesvorsitzenden und den Bundesschatzmeister kündigte Mende an, daß künftig an jedem Montag in der Bundesgeschäftsstelle eine Arbeitsbesprechung stattfinden werde, an der ständig der Bundesgeschäftsführer, die Abteilungsleiter der Bundesgeschäftsstelle und „verantwortliche Redakteure unserer Publikationsorgane" teilnähmen. Diese Arbeitsbesprechungen mit dem Parteivorsitzenden fanden erstmals am 8. Februar 1960 und von da ab bis zum Herbst 1966 relativ regelmäßig statt. Im folgenden nennt Schollwer diese Besprechungen „Team".

[151] Nach einem Bericht der Londoner *Times* vom 24. 2. 1960 war bekanntgeworden, daß auf Veranlassung von F. J. Strauß (unter Umgehung des NATO-Rates) eine Bonner Drei-Mann-Mission in Madrid Verhandlungen über die Errichtung militärischer Versorgungsbasen der Bundesrepublik auf spanischem Boden geführt hatte. Diese Meldungen entfesselten in der internationalen Presse eine heftige Polemik gegen die Bundesrepublik. Auch der FDP-Pressedienst äußerte sich überaus kritisch zu diesem Vorhaben. Allerdings wurde dann in einer fdk-Sonderausgabe vom 24. 2. 1960 nicht Adenauer, sondern von Brentano attackiert. Darauf bezog sich wohl Adenauers wohlwollende Bemerkung gegenüber Mende.

[152] Mende hatte am 2. 3. alle Mitglieder der FDP-Bundestagsfraktion in einem Eil-

Rundschreiben davor gewarnt, „zwei Journalisten der *Neuen Berliner Illustrierte* aus Ostberlin“ Interviews zu geben, die sich zu dieser Zeit „in Bonn und Umgebung“ aufhielten und an Abgeordnete u. a. die Frage stellten, ob sie glaubten, daß es eine Möglichkeit gebe, „auf dem Wege gemeinsamer Verhandlungen zwischen den Vertretern beider deutscher Staaten zu einer Annäherung zu kommen“. (Ein Exemplar bei den Unterlagen Schollwers, AdL 6950–23).

153 Das Gespräch fand am 24. Februar 1960 anläßlich eines Frühstücks in der Villa Hentzen statt. An ihm nahmen auf deutscher Seite die FDP-Politiker Mende, Becker, Dehler und Schneider teil.

154 Adenauer hatte auf einer Pressekonferenz in Washington folgende Formulierung für eine Volksbefragung vorgeschlagen: „Wollen Sie, daß der gegenwärtige Rechtsstatus von Berlin bis zur Wiedervereinigung weiter bestehen soll, oder wünschen Sie das nicht?“ Dieser Vorschlag stieß sofort auf Bedenken bei den USA (vgl. ADG 1960, S. 8287f.).

155 Vgl. W. Schollwer, Potsdamer Tagebuch S. 73f.

156 Adam Stanek war Korrespondent der Trybuna Robotnicza (Kattowitz).

157 Zum Besuch Chruschtschows in Frankreich s. AdG 1960, S. 8313ff. Chruschtschow erinnerte in seinen Reden u. a. an den gemeinsamen Kampf Frankreichs und der Sowjetunion gegen Hitler-Deutschland. In der fdk Nr. 11/23 vom 29. 3. 1960 warf Schollwer der Bundesregierung vor, durch ihre Politik der Sowjetunion oft ein Alibi zu geben, „die antideutsche Platte vor der Weltöffentlichkeit mit voller Lautstärke abzuspielen.“

158 Auf ihrem Landesparteitag am 26./27. März 1960 hatte die „Deutsche Partei Saar“ ein Programm verabschiedet, das u. a. folgende Forderungen aufstellte:
- „Wiedergewinnung eines freien und friedlichen Deutschen Reiches ... innerhalb der Grenzen von 1937 sowie der völkerrechtlich wirksam zurückgegliederten, sudetendeutschen Gebiete“,
- „Generalamnestie für alle Verfahren, die ihren Ursprung in den politischen Verhältnissen der Vergangenheit bzw. im zweiten Weltkrieg haben“,
- „Verbundenheit mit dem deutschen Volkstum außerhalb der Landesgrenzen“,
- Wiedereinführung der Todesstrafe bei „nachgewiesenem Mord aus niedrigen Beweggründen“,
- Erziehung der Jugend nach den Grundsätzen „christlich, sozial, deutsch“,
- Schutz der „Ehre des deutschen Soldaten“.

Mit der Anspielung auf Middelhauve bezieht sich Schollwer auf das „Deutsche Programm“ von 1952.

159 Carlheinz Freiherr von Brück war nach dem Krieg Pressereferent in der LDP-Parteileitung gewesen, und im November 1948 von Mitarbeitern des sowjetischen Geheimdienstes verhaftet worden. (Vgl. Schollwer, Potsdamer Tagebuch, S. 97). Nach wenigen Monaten aus der Haft entlassen, arbeitete er beim Nationalrat der Nationalen Front. Zur Zeit des Gespräches mit Schollwer war er LDP-Bezirksrat in Berlin-Pankow und Beauftragter der LDP für Verbindungen mit Westberlin und der FDP.

160 Veröffentlicht in einem Rundschreiben Flachs vom 22. 4. 1960 (R 31/60).

161 Die Rede von Brentanos war in der *Welt* vom 27. 4. 1960 auszugsweise veröffentlicht worden. Der von Schollwer kritisierte Satz lautete: „Das, was die Bundesrepublik getan hat, ist gültig auch für das wiedervereinigte Deutschland.“

162 Der ehemalige Bundesarbeitsminister Anton Storch übte auf dem Parteitag heftige Kritik an Arbeitsminister Theodor Blank und dessen Gesetzentwurf zur Neuregelung der sozialen Krankenversicherung.

163 Am 25. 4. hatte Chruschtschow in Baku seine Drohung wiederholt, mit der DDR

einen separaten Friedensvertrag abzuschließen und auf die Konsequenzen für den alliierten Status in West-Berlin hingewiesen. (Vgl. Dokumente zur Deutschlandpolitik, IV/4, 2. Halbband, S. 832f.)

164 Adenauer hatte auf dem CDU-Parteitag vorgeschlagen, die Zahl der Bundestagsabgeordneten um 50 zu erhöhen, die über eine Bundesliste ins Parlament kommen sollten.

165 Der Wahlkampfkommission gehörte der Bundesvorsitzende Mende, die stellvertretenden Bundesvorsitzenden Lenz, Kohut und Schneider, Bundesschatzmeister Rubin, Bundesgeschäftsführer Flach, Fraktionsgeschäftsführer Genscher, der Chefredakteur des „Freien Wortes" Rinné und Schollwer als Pressereferent an.

166 Die Tagung am 4./5. Mai 1960 Stand unter dem Thema: „Heiße Eisen im Wahlkampf". Schollwer notierte aus dem Referat Eschenburgs, Adenauer entscheide wie ein „mittelalterlicher Fürst an der Eiche: der Herrscher entscheidet nach Anhörung." Den FDP-Standpunkt gegen eine Änderung des Wahlrechts vertrat auf dieser Tagung Karl Atzenroth (AdL 6950–23).

167 Am 5. Mai hatte Chruschtschow bekanntgegeben, daß ein amerikanischer Fernaufklärer am 1. Mai über Swerdlowsk abgeschossen worden war (ADG 1960, S. 8383ff.).

168 Borm – damals stellvertretender Landesvorsitzender der Berliner FDP – war 1950 von der Volkspolizei verhaftet und wegen angeblicher Kriegs- und Boykotthetze zu 10 Jahren Gefängnis verurteilt worden. 1959 war er mit dreijähriger Bewährung bedingt freigelassen worden.

169 Auf der Pressekonferenz am 18. Mai hatte Chruschtschow v. a. die USA und die Bundesrepublik scharf angegriffen (ADG 1960, S. 8405ff.).

170 Auf einer Kundgebung in der Werner-Seelenbinder-Halle betonte Chruschtschow, vor einer Gipfelkonferenz den Status in Deutschland und Berlin nicht zu verändern (ADG 1960, S. 8408).

171 Chruschtschow hatte erklärt, daß er an der Gipfelkonferenz nur teilnehmen könne, wenn sich die USA für den Flug der U2 über der Sowjetunion entschuldigen, die Schuldigen bestrafen und sich verpflichten würde, weitere Aktionen dieser Art zu unterlassen. Das war von Eisenhower zurückgewiesen worden.

172 Vgl. ADG 1960, S. 8414.

173 Mende schlug in der fdk 11/43 vom 23. 5. 1960 vor, den Außenpolitischen Ausschuß zur „Brücke und Organisationsgrundlage" einer gemeinsamen Außenpolitik zu machen.

174 Festveranstaltung der Friedrich-Naumann-Stiftung und der FDP-Landtagsfraktion im Plenarsaal des Düsseldorfer Landtages.

175 Vgl. *Spiegel* Nr. 24 vom 8. 6. 1960.

176 Die FDP lehnte den Vorschlag Hallsteins ab, die Übergangszeit der EWG zu verkürzen und damit den gemeinsamen Markt zu beschleunigen. Grundsätzlich zur Haltung der FDP s. Peter Jeutter, EWG – Kein Weg nach Europa. Die Haltung der Freien Demokratischen Partei zu den Römischen Verträgen 1957, Bonn 1985.

177 Auf der Vorstandssitzung hatte Mende mitgeteilt, daß in der Wohnung des WDR-Redakteurs Schumacher-Hellmold in Bonn ein Gespräch zwischen ihm und Hellwege über eine Fusion stattgefunden habe.

178 Dort heißt es unter Punkt 3, daß sich die FDP bekennt zu einer „Wehrpolitik, die der politisch-geographischen Lage der Bundesrepublik und den militärischen Gegebenheiten und der Entwicklung der Rüstungstechnik entspricht" (AdL 6951–24).

179 *Der Spiegel* Nr. 27 vom 29. Juni 1960 begann seinen Bericht über die Vorbereitungen

für die außenpolitische Debatte („Außenpolitik – kein Pardon") mit den Sätzen: „Für Donnerstag dieser Woche hat Bundeskanzler Adenauer ein Staatsbegräbnis angeordnet. Beerdigt werden soll Willy Brandts liebstes Kind: der Slogan über die gemeinsame Außenpolitik von CDU und SPD".

180 Auf der Zehn-Mächte-Abrüstungskonferenz in Genf gaben die Delegationen des Ostblocks der Vernichtung von Kernwaffenträgern eindeutigen Vorrang bei der Abrüstung, der Westen hingegen einer Kontrolle dieser Waffen. Daran entzündete sich ein heftiger Meinungsstreit, in dessen Verlauf der sowjetische Chefdelegierte Valerian Sorin schließlich am 27. Juni in Genf eine Erklärung abgab, in der er dem Westen vorwarf, den Zehnerausschuß „als Deckmantel für das vom Westen betriebene Rüstungsrennen und als Mittel zur Täuschung der Völker" zu mißbrauchen. Aus diesem Grunde nehme die Sowjetregierung „von ihrer weiteren Beteiligung am Zehnerausschuß Abstand". Nach weiteren Erklärungen von Delegierten des Ostblocks verließen diese Delegationen die Konferenz, ohne eine Stellungsnahme des Westens bzw. die von den USA für diese Sitzung beabsichtigte Vorlage eines neuen Abrüstungsvorschlages abzuwarten (ADG 1960, S. 8482f.).

181 Beanstandet worden war von der CDU folgender Satz im FDP-Entwurf: „Bis zu einer kontrollierten Abrüstung und der Bildung besserer Sicherheitssysteme für Europa sieht der Deutsche Bundestag in der NATO das geeignete Instrument zur Sicherung der Freiheit."

182 Vgl. *Spiegel* vom 29. Juni 1960; danach ergab eine vom Bundeskanzleramt bestellte Meinungsumfrage 44% für CDU/CSU, 40% für SPD, 9% für FDP, 6% für BHE, 1% für DP.

183 Am 1. Juli hatten 9 der 15 Bundestagsabgeordneten der DP ihren Übertritt zur CDU/CSU erklärt. Damit hatte die DP den Fraktionsstatus im Deutschen Bundestag verloren.

184 Der Journalist Hans Schuster hatte in „Unter uns gesagt" behauptet, in Schleswig-Holstein „wäre ein Bewerber für 150000 DM Kandidat und Abgeordneter der Freien Demokratischen Partei" geworden (Rundschreiben Mendes an die Mitglieder der Fraktion vom 7. 7. 1960). Im gleichen Rundschreiben wies Mende Behauptungen von ADN zurück, Mitglieder der FDP nähmen am LDP-Parteitag in Weimar teil, indem er unterstrich, „daß ein Auftreten von Funktionsträgern der Freien Demokraten auf derartigen politischen Veranstaltungen in Mitteldeutschland mit der Mitgliedschaft in der Freien Demokratischen Partei unvereinbar ist" (AdL 6951–24).

185 Nach einer von der Bundesgeschäftsführung zusammengestellten und am 13. Juli in der Kommission vorgelegten Liste verfügte am Stichtag 1. 7. 1960 nur noch der Landesverband Baden-Württemberg über eine nennenswerte Anzahl von haupt- und ehrenamtlichen Geschäftsführern. Die Wahlkampfkommision beschloß, den finanzschwachen Landesverbänden auf Kosten der Bundespartei die Einstellung von Außengeschäftsführern für die Bundestagswahlen zu ermöglichen.

186 Adenauer antwortete Kohut am 13. Juli wie folgt: „Sehr geehrter Herr Dr. Kohut! Auf Ihren Brief vom 30. 6. 1960 teile ich Ihnen mit, daß für mich keine Veranlassung besteht, Ihnen die triftige Ursache für meine Abwesenheit am 17. Juni mitzuteilen. Mit vorzüglicher Hochachtung gez. Konrad Adenauer". (fdk 11/58 vom 15. 7. 1960).

187 In diesem Rundschreiben bittet Mende darum, die Matritzen für Vervielfältigungen vor dem Abziehen dem „verantwortlichen Abteilungsleiter oder Veranlasser" vorzulegen (AdL 6951–24).

188 Vgl. Mende, RS 51/60 an die Mitglieder des Bundesvorstandes und der Bundestagsfraktion.

189 Vgl. Dokumente zur Deutschlandpolitik, IV. Reihe, Bd. 5, S. 69ff. Hier wird die Möglichkeit eines Mauerbaus angedeutet.

190 Es handelte sich um ein Seminar des DJD-Referates für Gesamtdeutsche Fragen am 23./24. 7. 1960.

191 Zur Auseinandersetzung um die Fernsehpläne Adenauers s. Hans-Peter Schwarz, Die Ära Adenauer. Epochenwechsel 1957–1963, Stuttgart 1983, S. 167–169.

192 In einer Bundestagsrede vom 30. 6. 1960 hatte Wehner die vertraglichen Grundlagen der bundesdeutschen Außenpolitik auch für die SPD als bindend anerkannt.

193 „Lex Münemann" wurde der Entwurf eines Änderungsgesetzes zur Kapitalverkehrssteuer nach dem Münchner Finanzmakler Rudolf Münemann genannt. Es ging in diesem Entwurf um die Besteuerung von Teilschuldscheindarlehen, die nach Ansicht der FDP Finanzmakler wie Münemann zugunsten des Bankgewerbes benachteiligen. Dehler trug den Standpunkt der FDP am 3. 12. 1959 im Bundestag vor. Am 22. Juni 1960 hatte Dehler einen erneuten Antrag der FDP begründet, den Art. 15 Grundgesetz („Sozialisierung") aufzuheben.

194 Pieck starb am 7. 9. 1960.

195 Die Fraktion setzte am 4. 10. eine Arbeitsgruppe, bestehend aus Bucher, Dehler und Kühn für die Befassung mit den Notstandsgesetzen ein, am 15. 10. 1960 befaßte sich der Bundeshauptausschuß mit dem Gesetzentwurf.

196 Das Bundeskaninett hatte am 30. 9. 1960 das Interzonenhandelsabkommen zum Jahresende gekündigt (vgl. ADG 1960, S. 8666). Zu der Diskussion über die Kündigung hatte das Bundeskabinett die Berliner Bürgermeister und Vertreter aller Fraktionen im Bundestag hinzugezogen (*Spiegel* Nr. 42 vom 12. 10. 1960).

197 Vgl. Koerfer, a. a. O., S. 519ff.

198 Adenauer hatte am 10. Juli vor der Landsmannschaft Ostpreußen das Selbstbestimmungsrecht der „Ostpreußen" betont und davon gesprochen, daß, „wenn wir treu und fest (...) zu Frieden und Freiheit (...) stehen (...) Ihnen Ihr schönes Heimatland Ostpreußen" zurückgegeben werde (ADG 1960, S. 8546). Erhard hatte am 22. 8. beim Tag der Oberschlesier vom „Recht auf unsere angestammte Heimat" gesprochen (ADG 1960, S. 8596).

199 Chruschtschow hatte während der 15. UN-Vollversammlung einen Schuh ausgezogen und damit auf dem Pult getrommelt.

200 Laut handschriftlicher Notiz des Verfassers vom 15. 10. hatte Achenbach dem Hauptausschuß folgende Formel zur Koalitionsfrage vorgeschlagen: „Die Partei spricht und berät über eine Koaliton erst dann, wenn ihr eine Partei die Koalition anbietet. Das ist bisher bekanntlich nicht geschehen".

201 Mende hatte im Süddeutschen Rundfunk u. a. erklärt: „Solange CDU und SPD zu dieser Frage (einer künftigen Koalition) schweigen, haben wir ... keinen Anlaß, uns bereits jetzt festzulegen. Die Frage der Koalition stellt sich nicht jetzt, sondern frühestens im Wahlkampfsommer, spätestens nach der Wahl".

202 In einem Aktenvermerk vom 20. 10. 1960 faßt Schollwer die Maßnahmen des „Aktionsplanes" zusammen: Kommuniques über alle Fraktions- und Arbeitskreissitzungen, Leserbriefe von Abgeordneten, häufige Pressekonferenzen, Einladungen von Lokaljournalisten nach Bonn (AdL 6951–25). Die Pressestelle der Fraktion wurde Hans-Dietrich Genscher unterstellt.

203 Das Franktfurter FDP-Mitglied Ulrich Keitel versandte 1960 immer wieder Rundbriefe, in denen er Heinrich Schneider wegen dessen rechtsgerichteter Politik angriff (AdL 6951–25).

204 Mende kritisierte die CDU, die an der Saar eine Koalition mit der SPD anstrebe.

205 Erhard hatte vor der Deutschen Afrika-Gesellschaft am 21. Oktober erklärt: „Es gibt zur Zeit keinen schlimmeren Kolonalismus als den Imperialismus kommunistisch-totalitärer Prägung." Der sowjetische Botschafter A. Smirnow hatte ihn erregt unterbrochen. Im Auftrag von Adenauer hatte von Merkatz dem sowjetischen Botschafter Bedauern über den Vorfall ausgesprochen (ADG 1960, S. 8718).

206 In Rheinland-Pfalz erhielt die FDP 12,5% und in Hessen 12% der abgegebenen Stimmen.

207 Vgl. ADG 1960, S. 8733ff.

208 Nach den Notizen des Verfassers wurde – von einem nicht namentlich genannten Kommissionsmitglied – berichtet, Brentano habe seinerzeit auf Anregung der FDP in Genf einen Nichtangriffspakt mit Polen vorgeschlagen; das sei jedoch durch die Vertriebenenverbände verhindert worden. Die Politik speziell des BHE habe dazu geführt, daß diplomatische Beziehungen mit Osteuropa nicht aufgenommen werden konnten und sich damit auch die Aussichten für die Flüchtlinge verschlechtert hätten. Wahre „Verzichtspolitiker" seien darum jene, die auf diplomatische Beziehungen verzichten und der DDR das Feld überließen. Diese Kreise verschlechterten die deutsche Position im Ausland. Was gestern vielleicht noch ein illusionärer Traum der Vertriebenen war, die Heimkehr, werde so allmählich zur Farce. Der BHE sei ein „nationalpolitischer Schaden an Deutschland" (siehe dazu Arnulf Baring, Sehr verehrter Herr Bundeskanzler! Heinrich von Brentano im Briefwechsel mit Konrad Adenauer 1949–1964, Hamburg 1974. S. 252f.).

209 „Politik in Deutschland – unter uns gesagt" im Deutschen Fernsehen am 8. 11. 1960 um 21.30 Uhr. Unter Leitung von Kurt Wessel diskutierten Prof. Rüstow, Marcel Schulte und Joachim Besser mit dem FDP-Vorsitzenden.

210 „Ein Zusammengehen der Freien Demokraten auf der Basis eines Partnerschaftsprogramms mit der CDU ist für uns leichter ... Ich wäre aber töricht, wenn ich erklären würde, ein Zusammengehen mit den Sozialdemokraten ist für alle Zeiten ausgeschlossen". (Wortlaut der Fernsehsendung bei den Akten Schollwer, AdL 6951–25).

211 Von der FDP nahmen an diesem Empfang Mende, Lenz, Eilers, Kohut, Dehler, Bucher, Döring und Rubin teil.

212 *Spiegel*-Interview vom 23. 11. 1960.

213 Schollwer sieht diese Übereinstimmung in der Kritik an der Inflation, am „Versorgungsstaat" und in Äußerungen über den Stand der europäischen Einigungspolitik.

214 Mende hatte am 28. 11. in einem vertraulichen Fernschreiben an die Landesverbände eine Darstellung der Fusionsbemühungen zwischen DP und BHE gegeben und empfohlen, Kontakte zu DP-Organisationen aufzunehmen, um diese „auf die Gefahr des Verzweiflungsaktes ihrer Führung hinzuweisen". Mende bat insbesondere, in Niedersachsen „auch die DP-Bundestagsabgeordneten Logemann, Tobaben und Matthes anzusprechen" (AdL 6951–26). Dieses Fernschreiben hatte Mende offensichtlich seinem Freund Norbert Tönnies zugespielt, der am 29. 11. einen entsprechenden Kommentar im *Bonner General-Anzeiger* veröffentlichte.

215 Zu diesem Gespräch ist es nicht gekommen, da die DP-Führung inzwischen Verhandlungen mit dem BHE über eine Fusion aufgenommen hatte und eine Verbindung mit der FDP nur noch unter einem neuen Parteinamen für möglich hielt.

216 Vgl. *Spiegel* vom 21. 12. 1960 „Eine Stunde vor Vertragsunterzeichnung hatten Bonns diplomatische Husaren in einem Überrumpelungsangriff versucht, die Berlin-Position der sowjetischen Weltmacht im Galopp niederzureiten. Die verwegene Attacke scheiterte."

[217] Der sowjetische Diplomat entwickelte (lt. Notizen Schollwers) folgenden Plan für das Vorgehen bei einer kontrollierten Abrüstung:
1. Die Mächte geben eine genaue Aufstellung aller vorhandenen Bestände an atomaren Waffen bekannt;
2. Kontrollkommissionen inspizieren die Bestände und überwachen die Vernichtung des Materials, die innerhalb von drei Monaten erfolgen sollte;
3. Kontrollgruppen erhalten die Genehmigung, durch Luftüberwachung oder Reisen durch die Staaten der Atommächte zu prüfen, ob tatsächlich alle Bestände richtig angegeben und vernichtet worden sind.

[218] Schollwer veröffentlichte seine Kritik an Jaspers in fdk 11/109 vom 30. 11. 1960.

[219] Die „Quelle" von Mendes Äußerung war vermutlich Otto Schuhmacher-Hellmold, den Adenauer ab und zu zu vertraulichen Gesprächen empfing.

[220] Am 14./15. Januar fand auf Eltville eine Klausurtagung der Wahlkampfkommission zur Erarbeitung einer Wahlplattform der FDP statt. Die Kommission teilte sich in drei Arbeitskreise auf, Schollwer gehörte dem Arbeitskreis I an, der sich mit Außen- und Deutschlandpolitik und mit der Koalitionsfrage beschäftigte.

[221] Dehler hatte am 5. Januar 1961 in Berlin vor der Deutschen Burschenschaft über „Wiederherstellung der Rechtseinheit Deutschlands bei der Wiedervereinigung" gesprochen und dabei erneut Kritik an der westeuropäischen Integration geübt. Zu den umstrittenen Passagen Dehlers gehörten Aussagen über die Reichseinheit und zwei „Teilstaaten" auf deutschem Boden. Ein Exemplar der Rede bei den Akten Schollwers (AdL 6951–26).

[222] Mende hatte auf dem Dreikönigsparteitag der baden-württembergischen FDP den Begriff des „Copiloten" für die Rolle der FDP in einer künftigen Regierung geprägt.

[223] Dieckmann hatte am 13. Januar auf Einladung des Marburger LSD-Vorsitzenden Klaus Horn im Kurhaus Marbach eine Rede gehalten. Vor dem Kurhaus hatten ca. 4000 Studenten demonstriert und eine DDR-Fahne verbrannt. Auch waren Steine und Flaschen gegen die Saalfenster geworfen worden, sodaß die Veranstaltung zeitweilig unterbrochen werden mußte. Der LSD-Bundesvorstand hatte sich – wie Mende – schon vor der Veranstaltung von Horn distanziert ( s. fdk vom 9. 1. 1961).

[224] Vgl. ADG 1961, S. 8856 und S. 8886.

[225] Die diversen Entwürfe alle bei den Akten Schollwers (AdL 6951–26).

[226] Am 22. Januar 1961 war die „Santa Maria" von bewaffneten Passagieren gekapert worden, die auf diese Weise auf Mißstände in Portugal aufmerksam machen wollten.

[227] Wie später bekannt wurde, hatte sich Koniecki am 15. 1. 1961 mit dem tschechischen Jugendfunktionär Jiri Pelikan auf dessen Wunsch in Ostberlin verabredet, war dort verhaftet und über die tschechische Grenze gebracht worden. In einem Geheimverfahren wurde Koniecki im Juni des gleichen Jahres wegen angeblicher Spionage zu 10 Jahren Freiheitsentzug verurteilt. Später schlugen die tschechischen Behörden einen Austausch von Koniecki gegen den CSSR-Spion Frenzel vor, was jedoch von der SPD abgelehnt worden sein soll. Nach jahrelangen Bemühungen von Dehler, Bucher, dem DRK und verschiedenen internationalen Organisationen wurde Koniecki schließlich am 26. 9. 1966 aus der Haft in die Bundesrepublik entlassen.

[228] Richard Jaeger hatte am 8. 2. 1961 im Bayrischen Rundfunk die Wiedereinführung der Todesstrafe gefordert.

[229] Vgl. fdk Nr. 27/61 vom 10. 2. 1961: Mende behauptet hier, die Koalitionsfrage werde der FDP von interessierter Seite aufgedrängt, die Partei selbst beteilige sich nicht an solchen Kombinationen.

[230] Das Memorandum war der Bundesregierung bereits am 17. 2. 1961 durch Smirnow übergeben, aber geheimgehalten worden. Am 4. 3. wurde es durch die Sowjetunion veröffentlicht. (ADG 1961, S. 8957).

[231] In Pkt. 4 erklärt die Sowjetunion, im Falle von Friedensverhandlungen Verständnis für die Wünsche der Bundesregierung in bezug auf Westberlin aufzubringen.

[232] Während der Haushaltsdebatte war es am 8. 3. 1961 zu heftigen Auseinandersetzungen über die Emigration Willy Brandts gekommen.

[233] Vgl. fdk 12/20 vom 14. 3. 1961 von Wolfgang Mischnick: „Auch Bonn für Zweistaatentheorie? – Zonenflüchtlinge sind keine Emigranten".

[234] Obwohl der Entwurf der Wahlkampf-Kommission bereits den „deutschen Rechtsanspruch auf die Wiederherstellung des Deutschen Reiches in den Grenzen von 1937" bekräftigte, fügte der Bundesvorstand der in der Plattform enthaltenen Forderung nach Aufnahme diplomatischer Beziehungen zu den Ostblockstaaten noch den Halbsatz hinzu, daß diese Beziehungen „nicht durch Grenzverzichte erkauft werden dürfen" (AdL 112).

[235] Der Münsteraner Weihbischof Tenhumberg hatte vor den Kommunalwahlen in Nordrhein-Westfalen erklärt, SPD und FDP seien für Katholiken nicht wählbar.

[236] Der Bundesparteitag der FDP fand vom 23.–25. 3. 1961 in Frankfurt statt.

[237] Bei den nordrhein-westfälischen Kommunalwahlen erhielt die FDP 10,2%.

[238] Vgl. AdL, A 1–164.

[239] Auf dem von Margot Mende entworfenen Plakat der FDP für die Bundestagswahlen sah man Erich Mende vor dem etwa doppelt so großen Heusskopf im Hintergrund. Text des Plakates: „In seinem Geist mit neuer Kraft – FDP". Vor diesem Plakat posierte Mende erstmals im Februar 1961 in der Illustrierten *Weltblick* (Nr. 9 vom 24. 2. 1961) im Rahmen eines *Weltblick*-Interviews („Jeder von uns ist Minister-Anwärter").

[240] Schollwer hat über dieses Gespräch ausführliche Notizen gemacht (AdL 10803–3).

[241] Am 14. Juni verabschiedete der Bundestag gegen 1 Stimme den von der Bundesregierung eingebrachten Entwurf eines „Deutschen Richtergesetzes" und nahm – bei einigen Enthaltungen – einstimmig einen Entschließungsantrag an, in dem er seine Erwartung ausspricht, daß jeder Richter und Staatsanwalt, der wegen seiner Mitwirkung an Todesurteilen „mit begründeten Vorwürfen aus der Vergangenheit rechnen muß, sich seiner Pflicht bewußt wird, jetzt aus dem Dienst auszuscheiden, um die klare Trennung zwischen der Vergangenheit und der Gegenwart zu sichern" (ADG, S. 9152/53).

[242] Dehler äußerte sich sehr kritisch über die CDU („Finden Sie nicht, daß dieses Deutschland der Salazarisierung ausgesetzt wird? ... Wenn Sie eine Ahnung hätten, mit wie wenig Vernunft die deutschen Dinge behandelt werden, es würde Ihnen grausen! ... Schwarz und Rot haben aus der deutschen Not ihre Riemen geschnitten"). Dehler meinte zu Frankreich und Italien: „Wir sind mit den Mächten verbunden, deren Demokratie fragwürdig geworden ist". Frankreich sei unbeständig, wende sich „von einem Exzeß zum anderen". Er vertrat die Ansicht, eine allgemeine Entspannung bedeute für die deutsche Frage, daß von einer Wiedervereinigung nicht mehr gesprochen und eine Regelung auf der Grundlage des Status quo getroffen werde, worin eine erhöhte Gefahr für Berlin zu erblicken sei. Der Parteitag verabschiedete indessen nach der Dehler-Rede einstimmig eine von Schollwer entworfene Resolution, in der sich die Berliner Freien Demokraten u. a. zu einer „Politik der Entspannung zwischen Ost und West" bekannten. (Mitschrift Schollwers, AdL 6951–28).

[243] Flach gab diese Kündigung mit Rundschreiben (R 23/61) am 21. 4. 1961 bekannt.

[244] Bereits am 4. Juli teilte der Landesverband Baden-Württenberg der FDP in einem

vertraulichen „Informations-Rundschreiben zum Bundestagswahlkampf 1961“ (Nr. 13/61) mit, daß die „bisher alternativ auf das Heuss-Mende oder eine Mende-Motiv abgestellten Wahlkampfplanungen ... mit dem Mende-Motiv durchgeführt“ würden.

245 Gerstenmaier hatte am 30. Juni 1961 im Namen des Deutschen Bundestages – also auch der Fraktion der CDU/CSU – erklärt, es sei „das Gebot der Stunde, eine Einigung zwischen den Westmächten und der Sowjetunion über die Verfahren zu einem Friedensvertrag mit Deutschland herbeizuführen. Die Friedensregelung muß Klarheit über den militärischen und politischen Status des künftigen Gesamtdeutschland schaffen ...“.

246 Ein Exemplar des Flugblatts bei den Akten Schollwers (AdL 6951–29).

247 Als „Konfessionalisierungsgesetze“ bezeichnet Schollwer das am 30. Juni vom Bundestag verabschiedete Sozialhilfegesetz, das Jugendwohlfahrtsgesetz sowie vor allem auch eine Änderung des Ehescheidungsgesetzes, die zur Erschwerung der Scheidung führte.

248 Vgl. „Potsdamer Tagebuch“ S. 184ff.

249 Der Regierende Bürgermeister von Berlin, Willy Brandt, hatte in einem Rundfunkinterview den Vorschlag gutgeheißen, alle am 2. Weltkrieg beteiligten Staaten nach Berlin einzuladen, um einen Friedensvertrag zu erörtern (Dokumente IV, 6, 2. Halbband, S. 1201). In dem erwähnten fdk-Artikel hatte sich Schollwer kritisch mit der Pariser Außenministerkonferenz auseinandergesetzt, auf der es der Bundesregierung „Arm in Arm mit Frankreich gelungen sei, erneut eine Vertagung der westlichen Berlin- und Deutschlandinitiativen durchzusetzen“ (vgl. fdk 12/62 vom 8. 8. 1961).

250 Laut DPA vom 11. 8. 1961 bezeichnete Adenauer die „in deutschen und auch nichtdeutschen Zeitungen“ veröffentlichten Nachrichten über den Verlauf der Pariser Außenministerkonferenz als „völlig frei erfunden“. Weiter hieß es in der DPA-Meldung: „Die Erklärung der FDP vom 8. August (gemeint ist der o. a. fdk-Artikel), die in diese Richtung gehe, und entsprechende Äußerungen des Berliner Regierenden Bürgermeisters Brandt auf verschiedenen Wahlkundgebungen seien falsch“. Zwei Tage später – am 13. August – wurde der Kanzler massiver. Auf einer Wahlkundgebung in Regensburg sprach der Kanzler von den „Lügenmeldungen der FDP“ und erklärte dazu wörtlich: „Das ist ein Schlag gegen das nationale Interesse des deutschen Volkes, und die FDP will eine nationale Partei sein!“ (Reinhard Appel: „Wahlredner Adenauer in *Stuttgarter Zeitung* vom 16. 8. 1961).
Daß die von der Bundesregierung zurückgewiesene Darstellung der Oppositionsparteien zur Pariser Konferenz den Tatsachen entsprach, bestätigte auch Dr. Gustav Adolf Sonnenhol, damals Botschaftsrat I. Klasse an der Vertretung der Bundesrepublik Deutschland bei der OEEC in Paris, in einem längeren Schreiben vom 10. 8. 1961 an Erich Mende: („Obgleich ich über die Zeitungsnachrichten hinaus nichts wesentlich Neues zu berichten habe und die fdk vom 8. 8. die Lage treffend wiedergibt ...“: AdL, A 26–268).

251 In den letzten Wochen vor dem 13. August waren im Westen zahlreiche Spekulationen über die Möglichkeit einer Abriegelung der Grenzen der DDR gegenüber Westberlin laut geworden. Am 31. Juli hatte dann Ulbricht einem britischen Zeitungskorrespondenten auf die Frage, ob die DDR mit der Schließung ihrer Grenzen drohen wolle, ausweichend geantwortet: „Eine solche Drohung gibt es nicht. – Sehen Sie, das hängt von den Westmächten ab, nicht von uns.“ Der SED-Chef hatte dann später hinzugefügt, Voraussetzung für ein Nichtschließen der Grenzen sei, „daß die andere Seite friedliche Absichten bezeugt, indem sie zu normalen Beziehungen übergeht“ (ADG 1961, S. 9266). Auch der amerikanische Senator Fulbright vertrat Anfang August die Ansicht, daß die Grenzen der DDR vielleicht geschlossen werden könnten (ADG 1961, S. 2978).

252 Wortlaut der Reden Lüders und Mende: AdL A 1–186.

253 Chruschtschow hatte in einer Note an die 3 Westmächte gegen die angeblich mißbräuchliche Benutzung der Luftkorridore nach Berlin protestiert.

254 Vergleiche UPI vom 25. 8. 1961: „Erster Sekretär der Bonner Sowjetbotschaft verließ den FDP-Kongreß". Nach diesem Bericht hatte Mende zu diesem Zeitpunkt gerade erklärt, es komme jetzt darauf an, daß sich alle Parteien zu einer gemeinsamen Außenpolitik entschließen und daß es diesen Parteien dann gelingen möge, zusammen mit den drei Westmächten die Bedrohung aus dem Osten zurückzuweisen, damit Deutschland nicht ein zweites Korea werde. Mende verlas dann eine vom FDP-Bundesvorstand beschlossene Berlin-Erklärung, in der sich die FDP zu den Verträgen mit den drei Westmächten bekannte, in denen die Wiederherstellung der Einheit Deutschlands das erste Ziel sei, und erklärte: „Die Freie Demokratische Partei wird niemals ihre Zustimmung zu völkerrechtlichen Verträgen geben, die von der am 13. August 1961 vollzogenen Spaltung Berlins ausgehen". UPI: „An dieser Stelle stand Surchaninow auf und verließ – mit den Händen gestikulierend – die Niedersachsenhalle".

255 Mende hatte auf der Pressekonferenz mitgeteilt, es sei in den letzten Tagen zu einem Zusammenstoß zwischen dem Berliner Bundestagsabgeordneten Friedensburg und dem Bundeskanzler gekommen. Auch im Vorstand der CDU sei Kritik an Adenauer laut geworden. Besonders erbost war der FDP-Vorsitzende jedoch über eine Äußerung des Kanzlers, er habe an der Sektorengrenze in Berlin wieder „den Typus des deutschen Offiziers der Vergangenheit" gesehen (Vgl. *Frankfurter Allgemeine* vom 31. 8. 1961: „Mende warnt vor Übersteigerung des Wahlkampfes").

256 Es ging um den § 2 der Satzung der Bundespressekonferenz, dem ein neuer zweiter Absatz mit folgendem Wortlaut hinzugefügt wurde: „Mitglied der Bundes-Pressekonferenz kann nicht sein, wer für Publikationsorgane arbeitet, die darauf ausgehen, die freiheitlich demokratische Grundordnung zu beeinträchtigen oder zu untergraben oder zu beseitigen oder die eine Gewalt- und Willkürherrschaft in Deutschland fördern". (AdL 6951–28)

257 Laut Rundschreiben der Bundesgeschäftsstelle (R 54/61) vom 5. 9. 1961 (an alle Landes-, Bezirks- und Kreisverbände) hatten sich 13 Tageszeitungen geweigert, die FDP-Annoncen („Wer weiter denkt, wählt FDP", „Ein freies Volk braucht Freie Demokraten") zu veröffentlichen.
Das „Hirtenwort der westdeutschen Bischöfe zur Bundestagswahl am 17. September" wurde am 10. 9. „in allen heiligen Messen" verlesen. Darin wurden Wähler und Wählerinnen aufgefordert, „christliche" Kandidaten zu wählen.

258 *Hamburger Morgenpost* (Nr. 214) vom 14. 9. 1961. Danach hatte der schleswig-holsteinische Justizminister ergänzend mitgeteilt, anstelle von Adenauer solle „Bundeswirtschaftsminister Erhard als Kandidat nominiert werden". Diese Darstellung von Leverenz wurde sofort von Ministerpräsident Kai Uwe von Hassel dementiert.

259 Laut Rundschreiben (A 58/61) des Landesverbandes Nordrhein-Westfalen der FDP vom 14. 9. 1961 wollte eine CDU-Tarn-Organisation („Gesellschaft zur Förderung der Wahlbeteiligung und der politischen Willensbildung, Frankfurt/M.") am Freitag und Samstag vor der Wahl eine ganzseitige Anzeige („Droht uns das Schicksal von Ostberlin?") veröffentlichen, in der eine verstärkte Aufrüstung der Bundesrepublik proklamiert und der SPD unterstellt wurde, sie ginge, wenn sie an die Macht komme, „den Weg des ehemaligen Sozialdemokraten Grotewohl in Mitteldeutschland" und trage dazu bei, daß „erst Deutschland, dann Europa eine einzige 'Zone' des Terrors" werde. In diesem Zusammenhang wurde auch die FDP wegen ihrer „unrealistischen Forderungen" attakkiert und vor „Experimenten mit einer neuen Regierung" gewarnt.

# Dokumente

## *Dokument 1*

Mit dem Vermerk „Streng Vertraulich" schrieb Wolfgang Schollwer am 1. 4. 1957 folgende Anregungen zur Wiedervereinigung als Diskussionsgrundlage für das Wahlprogramm der FDP zur Bundestagswahl 1957. Unter der Überschrift: „Schafft endlich Deutschlands Einheit! Erst Deutschland – dann Europa" beließ es das verabschiedete Wahlprogramm von 1957 bei allgemeinen Forderungen und nahm keinen der hier von Schollwer unterbreiteten, konkreten Vorschläge auf.

### *Material zur Wahlplattform der FDP*

– Forderungen für die Wiedervereinigung Deutschlands –

### *A. Wege zur Deutschen Wiedervereinigung*

I. Was kann heute schon geschehen?

Die Wiedervereinigung Deutschlands setzt u. a. die Bereitschaft der deutschen Bundesregierung voraus, ihre Arbeit auf innenpolitischem Gebiet dem Gesichtspunkt eines größtmöglichen Nutzens für Gesamtdeutschland und der Förderung der Wiedervereinigung unterzuordnen.

Darum fordern die Freien Demokraten, daß die Wiedervereinigung erstes Ziel für die Tätigkeit der Bundesbehörden hinsichtlich der Durchführung von Maßnahmen, die auf politischem, wirtschaftlichem und kulturellem Gebiet der Überwindung der Spaltung Deutschlands dienen können, ist.

Die FDP schlägt dazu im einzelnen vor:

1. Großzügige Förderungsmaßnahmen zur Erweiterung des innerdeutschen Reiseverkehrs durch
   - Gewährung von Reiseschecks für Besucher aus der Zone;
   - Einrichtung von Kontaktstellen auch für die erwachsenen Gäste aus Mitteldeutschland;
   - Erhöhung der Mittel für jugendliche Besucher aus der Zone durch Entnahme weiterer Beträge aus dem Bundesjugendplan bzw. den Landesjugendplänen;
   - staatliche Förderung von Studienfahrten westdeutscher Schulen in der SBZ auf breiterer Grundlage;
   - Förderung von Urlaubsreisen der Bewohner des Bundesgebiets in die Zone durch Vereinbarung zwischen den west- und mitteldeutschen Reisebüros.
2. Förderung des wissenschafftlichen Austauschs zwischen den beiden Teilen Deutschlands.
3. Aufhebung der Einfuhrbeschränkungen für Druckerzeugnisse aus dem Ostblock und aus Mitteldeutschland. Wir fordern von der Regierung in Pankow,

daß auch sie unverzüglich alle Gesetze und Verordnungen, die einem freien Austausch deutscher Druckerzeugnisse zwischen den Zonen im Wege stehen, aufhebt.

4. Änderung und Erweiterung der Lehrerausbildung in Westdeutschland mit dem Ziel, alle westdeutschen Pädagogen zur staatspolitischen Erziehungsarbeit an den Schulen der Bundesrepublik und Westberlins zu befähigen.
   Ausbau des staatspolitischen Unterrichts in allen westdeutschen Schulen mit dem Ziel, die deutsche Jugend mit den Problemen der deutschen Wiedervereinigung vertraut zu machen und sie auf die Aufgaben vorzubereiten, die mit der friedlichen Lösung der deutschen Frage in Zusammenhang stehen.

II. Was muß morgen erreicht werden?

Noch immer sieht die Sowjetregierung in Verhandlungen zwischen der deutschen Bundesregierung und der Regierung der sogenannten DDR die einzige Möglichkeit, auf dem Wege zur deutschen Wiedervereinigung voranzukommen. Die Freien Demokraten betrachten nach wie vor die derzeitige Pankower Regierung nicht als das berufene Organ der 17 Millionen Deutschen in der Zone und darum auch nicht als Verhandlungspartner in Fragen der Wiedervereinigung.

Die FDP ist jedoch nicht grundsätzlich gegen Gespräche zwischen Vertretern Mitteldeutschlands und der Bundesrepublik, die die Vorbereitung der Wiedervereinigung zum Ziel haben. Die Voraussetzung ist, daß gesamtdeutsche Gespräche zwischen freigewählten Vertretern der Bundesrepublik und ebenfalls freigewählten Vertretern der Zone geführt werden können.

Die Freien Demokraten schlagen darum vor, sich mit den vier Großmächten über folgende innerdeutsche Wege zur Wiedervereinigung zu verständigen:

1. Wahl bevollmächtigter Vertreter für gesamtdeutsche Gespräche, getrennt in West- und Mitteldeutschland, nach den Grundsätzen der Wahlen einer parlamentarischen Demokratie.
2. Bildung eines gesamtdeutschen Rates, der sich aus den freigewählten Vertretern der beiden Teile Deutschlands auf der Grundlage des Verhältnisses der Bevölkerungszahlen zusammensetzt. Aufgaben des gesamtdeutschen Rates wird es sein, bis zur endgültigen Wiedervereinigung koordinierende Maßnahmen auf allen Gebieten des staatlichen Lebens zu beschließen und einer Koordinierungskommission als Exekutive zur Durchführung vorzulegen.
3. Der gesamtdeutsche Rat erarbeitet Richtlinien für die Durchführung gesamtdeutscher freier Wahlen und bereitet die Verfassung für das wiedervereinigte Deutschland vor.
4. Wahl eines gesamtdeutschen Parlaments gemeinsam in Mittel- und Westdeutschland. Bildung einer gesamtdeutschen Regierung.
5. Abschluß eines Friedensvertrages mit den vier Großmächten.

*B. Wie soll das wiedervereinigte Deutschland aussehen?*

Die in zwölfjähriger Spaltung unseres Vaterlandes erfolgte verschiedenartige Entwicklung auf politischem, wirtschaftlichem und kulturellem Gebiet in beiden Teilen Deutschlands läßt eine schematische Übertragung des einen Systems auf das andere nicht zu. Ebenso dürfte die Verschmelzung der Zone mit der Bundesrepublik zu einer politischen und wirtschaftlichen Einheit nicht ohne eine gewisse Übergangsregelung möglich sein. Dabei wird die künftige Gestaltung Gesamtdeutschlands nur auf der Grundlage eines Kompromisses zwischen den verschiedenen wirtschaftlichen und sozialen Systemen in Deutschland erfolgen können.

Die Freien Demokraten erstreben dabei für Gesamtdeutschland auf innenpolitischem Gebiet:

1. Als Regierungsform für das wiedervereinigte Deutschland den demokratischen Parlamentarismus. Die FDP tritt für eine Selbstverwaltung aller öffentlich-rechtlichen Gebietskörperschaften nach parlamentarischen Grundsätzen ein. Sie wird jeden Versuch, diktatorische oder autoritäre Formen dem politischen Leben Gesamtdeutschlands aufzuzwingen, kompromißlos bekämpfen. Sie tritt für die Unabhängigkeit der Rechtsprechung und für die Beseitigung aller Ausnahme- und Sondergerichte ein.
2. Über das Schicksal der inzwischen geschaffenen Formen auf dem Gebiete der Wirtschafts- und Sozialpolitik in West- und Mitteldeutschland entscheidet das deutsche Volk und die von ihm freigewählten Abgeordneten des gesamtdeutschen Parlaments. Die FDP wird sich jedoch unter Ablehnung aller restaurativen Tendenzen dafür einsetzen, daß jeder freiheitlichen und fortschrittlichen Lösung der bestehenden Probleme bei der künftigen Gestaltung Gesamtdeutschlands Raum gegeben wird. Ziel der FDP wird es dabei sein, die wirtschaftlichen und sozialpolitischen Grundsätze ihres Berliner Programms zur Geltung zu bringen.
3. In diesem Zusammenhang fordern die Freien Demokraten bei der allmählichen und sinnvollen Verschmelzung der beiden deutschen Wirtschaftsgebiete den Schaffenden die Arbeitsplätze zu sichern und begangenes Unrecht im Rahmen der wirtschaftlichen Erfordernisse und Möglichkeiten wiedergutzumachen. Das Ziel der Landwirtschaftspolitik der FDP ist der freie Bauer auf eigener Scholle auch im mitteldeutschen Raum.
4. Die FDP lehnt, ihrem Parteiprogramm entsprechend, jede Kollektivverurteilung von Bevölkerungsgruppen bei der Wiedervereinigung unseres Vaterlandes ab. Alle Vergehen und Verbrechen, die gegen Bewohner Mitteldeutschlands in der Zeit der Spaltung unseres Vaterlandes verübt worden sind, dürfen nur nach den geltenden Gesetzen und durch öffentliche Gerichte geahndet werden.
5. Im Hinblick auf die unterschiedliche Berufsausbildung in West- und Mitteldeutschland fordert die FDP:
   - Angleichung der beruflichen Leistungsniveaus durch großzügige Förde-

rung aller Personen aus Verwaltung und dem wirtschaftlichen und kulturellen Leben Mitteldeutschlands, die sich in der Vergangenheit nicht irgendwelcher Vergehen gegen rechtsstaatliche Grundsätze schuldig gemacht haben und auf Grund der Ausbildungsrichtlinien des Zonenstaates nicht die Möglichkeit hatten, sich zu vollwertigen Leistungen zu qualifizieren.

– sofortige Beseitigung des Parteibuch-Beamtentums in ganz Deutschland und Schaffung eines modernen Berufsbeamtentums.

Quelle: AdL 6949–16.

*Dokument 2*

*Offener Brief an Mr. Dulles*

*Bonn.* (fdk) Der im englischsprachigen Pressedienst „Free democratic Press Service" der FDP am 2. August veröffentlichte „Offene Brief", den die amerikanische Staatsbürgerin Sheila Tobias Ungeheuer verfaßte, hat folgenden Wortlaut:

„Man kann nicht umhin, sich zu wundern, warum Bundeskanzler Adenauer bei der Regierung der Vereinigten Staaten und ihrer Presse solch unverminderte Unterstützung findet. Es ist bestimmt im Interesse der Vereinigten Staaten, in Westdeutschland eine beständige prowestliche Regierung zu sehen. Aber warum lehnt es das State Department ab, anzuerkennen, daß beide Oppositionsparteien die Absicht und Fähigkeit haben, das Land als beständigen Verbündeten zu erhalten? Und warum haben die Amerikaner es verpaßt, die langfristigen Folgen von Dr. Adenauers „Ein-Mann-Herrschaft" in gerade der Politik, die sie fortgesetzt wissen wollen, zu untersuchen?

Zweifellos gelang es Dr. Adenauer im letzten Jahr, bei seinen Besuchen in den Vereinigten Staaten hohe Politiker davon zu überzeugen, daß er ein Monopol auf „Moderatismus" und „Pro-Westlichkeit" besitzt. Das ist natürlich völlig unwahr. Jede Partei in der Bundesrepublik ist heute hauptsächlich einer gemäßigten Tendenz verschrieben und grundsätzlich prowestlich. Sie stimmen mit Adenauer lediglich in der Frage nicht überein, wie man den Interessen des Westens am besten zu dienen vermag. Zu fürchten, daß eine Niederlage Adenauers das Ende der NATO bedeutet, hieße als Tatsache hinstellen, was der *Daily Telegraph* Adenauers „Wahlkampf-Schattenboxen" nennt.

Vielleicht hat das State Department immer noch die Illusion, daß Westdeutschlands Beständigkeit und Wohlstand ausschließlich die Folge der Führung Adenauers sind. Aber wie der *Economist* am 22. Juli 1957 voraussagte, würde eine Koalition der Oppositionsparteien die grundsätzliche Lage Westdeutschlands nicht verändern. Es ist möglich, daß man in den Vereinigten Staaten froh ist, daß Adenauer nicht allzu enthusiatisch die Frage der Wiedervereinigung vorantreibt – was seine Beweggründe auch sein mögen – was bedeutet, daß keine neuen Forderungen auf die Weltszene geworfen werden, solange er am Ruder bleibt. Jedoch eine Außenpolitik, die wichtige Fragen zu lösen versucht, indem sie ihnen ausweicht, ist kaum gesund genug, um Amerikas Unterstützung zu finden.

Außerdem sind die amerikanischen Befürchtungen über Adenauers Opposition nicht nur überflüssig, sondern sie sind wirklich falsch gezielt. Wenn die Vereinigten Staaten die Beständigkeit, die nur von der Entwicklung einer starken demokratischen Tradition in Westdeutschland kommen kann, tatsächlich wünschen, dann müßten sie am besten zweimal denken, bevor sie eine Ein-Mann-Regierung unterstützen; denn Adenauers offensichtliche Verachtung der manchmal schwachen, aber immer lebenswichtigen Verfahrensweise einer parlamentarischen Regierung hebt wiederum den Felsen, auf dem die Weimarer Republik in so tragischer Weise scheiterte. Deutschland hatte nie eine echte Gelegenheit, die Fertigkeit zu entwickeln, die notwendig sind, um im parlamentarischen Verfahren Entscheidungen zu treffen. In den Jahren nach 1945, wo ein Fortschritt in dieser Richtung möglich gewesen wäre, hatte Deutschland stattdessen eine Regierung, die das glänzende neue Verfahren durch Nichtgebrauch verrosten ließ. In einem angeblich parlamentarischen System nimmt Adenauer Koalitionen nicht ernst, gibt der Opposition über sein Programm keine Auskunft (glücklicherweise ist es den Mitgliedern des Bundestages erlaubt, Zeitungen zu lesen). Er will, daß seine Partei die Herrschaft im Lande hat und er die Herrschaft in seiner Partei. Die Ministerien sind zu seinem privaten Klub geworden, das Parlament zu seinem persönlichen Sekretär. Die Debatte ist eine Farce, da das Votum der gut gedrillten CDU schon vor der Diskussion entschieden ist.

Wenn Adenauer auf diese Weise Stabilität erkauft hat, dann ist es wohl kaum eine, die ohne ihn zu bestehen vermag, und das Charakteristikum einer demokratischen Regierung ist nach Präsident Eisenhowers eigenen Worten: „daß kein Mann unentbehrlich ist."

Sicherlich wünschen die Vereinigten Staaten ehrlich eine beständige prowestliche Regierung in Westdeutschland. Aber bevor sie ihr Gewicht hinter den gegenwärtigen Kanzler stellen, wäre es besser, genau die Grundlage ausfindig zu machen, auf der Adenauers Beständigkeit ruht. Es mag sie erstaunen zu erfahren, daß die Politik, die sie so hoch schätzen, die Laune eines Mannes nicht überleben könnte.

Quelle: Freie demokratische Korrespondenz 8/56 v. 6. August 1957.

*Dokument 3*

Die von Josef Ungeheuer vorgelegten „Sieben Punkte zur Deutschlandpolitik" wurden auf einer Sitzung des Bundesvorstandes der FDP vom 1./2. 3. 1958 diskutiert. Vgl. Eintrag Schollwers vom 3. März 1958.

*Sieben Punkte zur Deutschlandpolitik*

1. Die im Bundestag und in den Länderparlamenten der Bundesrepublik vertretenen Parteien einigen sich über einen *gemeinsamen Weg der Deutschlandpolitik*. Sie verpflichten sich, Parteigesichtspunkte und einseitige Machtansprüche zurückzustellen, bis das oberste gemeinsame Ziel, die Wiedervereinigung des gespalten Deutschlands, erreicht ist. Notfalls tritt eine *Regierung der nationalen Konzentration* an die Stelle der bisherigen Mehrheitskabinette.
   Eine gemeinsame Deutschlandpolitik in Westdeutschland wird *die Kräfte in Mitteldeutschland ermutigen*, die nicht bereit sind, eine Einheit Deutschlands an der Status-quo-Politik Ulbrichts scheitern zu lassen.
2. Ausgangspunkt für eine gemeinsame Deutschlandpolitik ist die Erkenntnis, daß die Wiedervereinigung von einem *deutschen Beitrag zur allgemeinen Entspannung und zur Sicherheit Europas* abhängt. Jeder Fortschritt in der *Entspannung zwischen den Weltmächten* ist zu begrüßen, wenn es ihr Ziel ist, den frontalen Gegensatz des Kalten Krieges abzubauen und tragbare Friedensverhältnisse zu schaffen. Die Bestrebungen, *in Mitteleuropa eine Zone verminderter Rüstung* durch Begrenzung der Rüstungsart und Rüstungsstärke entstehen zu lassen, werden unterstützt; hierzu gehören die Einwilligung in den *Abzug aller auswärtigen Streitkräfte* aus Deutschland, die *Sicherung des deutschen Raumes durch modern ausgerüstete deutsche Streitkräfte* und der *Verzicht auf selbstmörderische Massenvernichtungswaffen*. Der Eintritt des wiedervereinigten Deutschlands in ein *europäisches Sicherheitsbündnis*, dem Amerika und Rußland angehören und dessen ganze Stoßkraft sich gegen den vermutlichen Angreifer, einerlei ob er vom Osten oder vom Westen kommt, richten würde, dient nicht nur der eigenen Sicherheit, sondern befriedigt auch das Sicherheitsbedürfnis der Völker, die in einem hemmungslosen Ausschöpfen des deutschen Potentials neue Gefahren heraufkommen sehen.
3. Es liegt im Sinne der gemeinsamen Deutschlandpolitik, eine *Konferenz der Vier Mächte unter deutscher Beteiligung* anzustreben. Aufgabe dieser Konferenz ist es, eine Vereinbarung über die *Konturen eines Friedensvertrages* für das wiedervereinigte Deutschland, insbesondere über seinen vertragspolitischen Status, seine militärischen Möglichkeiten und seine Hoheit über die inneren Angelegenheiten sowie über die einzelnen *Phasen der Wiedervereinigung* herbeizuführen. Zu dieser Konferenz werden *Vertreter Westdeutschlands, Mitteldeutschlands* und Berlins hinzugezogen; sie haben beratende Stimme und sind bei einem Abkommen der Vier Mächte nicht abschlußberechtigt.

4. Vorausgesetzt, daß die Konferenz mit einer Vereinbarung über die Sicherheit Europas und die Einheit Deutschlands abschließt, fordern die Vier Mächte das deutsche Volk auf, *durch eine Volksabstimmung das Konferenzergebnis zu bestätigen* und die mit der Wiedervereinigung verbundenen Sicherheitsverpflichtungen auf sich zu nehmen. Die Volksbefragung wird in beiden Teilen Deutschlands *gemäß den Regeln freiheitlicher Demokratie* durchgeführt. Sie ist eine völkerrechtlich gültige Willensäußerung, die das deutsche Volk nach seiner staatlichen Wiedervereinigung bindet.
5. Im Rahmen der vom deutschen Volk gebilligten Vereinbarung der Vier Mächte arbeitet eine in beiden Teilen Deutschlands frei gewählte *Nationalversammlung* den Entwurf einer künftigen deutschen *Verfassung* aus. Die Zuständigkeit für auswärtige Angelegenheiten und die Wehrhoheit gehen auf die Nationaversammlung über; die vorhandenen Ämter und Einrichtungen werden ihr unterstellt. Sie bevollmächtigt eine Delegation zu Verhandlungen über die Einzelheiten des Friedensvertrages und zum Abschluß des *Friedensvertrags*.
6. *Am Tage der Annahme der gesamtdeutschen Verfassung* durch das Volk fällt die *Zonengrenze*, nehmen die *staatlichen Übergangsgebilde* in Westdeutschland und Mitteldeutschland ihr Ende und verliert das *Grundgesetz* seine Kraft. Die Vier Mächte geben dem deutschen Volk die *Oberste Gewalt mit allen Vorbehaltsrechten* – außer den im Friedensvertrag möglicherweise vereinbarten – zurück.
7. Nach dem Inkrafttreten der Verfassung bildet die Nationalversammlung umgehend eine *gesamtdeutsche Regierung*, die ungeschmälerte Regierungsgewalt erhält. Für die Zeit der ersten Legislaturperiode übernimmt die Nationalversammlung die Aufgaben der Gesetzgebung. Nach Ablauf der Legislaturperiode wird die Nationalversammlung durch ein aus freien gesamtdeutschen Wahlen hervorgegangenes Parlament, den neuen Reichstag, abgelöst.

Quelle: AdL 6949–17.

*Dokument 4*

Verfasser der „Gedankenskizze" zur Deutschlandfrage war Josef Ungeheuer. Versehen mit den Unterschriften von Ernst Achenbach, Thomas Dehler, Erich Mende und Wolfgang Mischnick und einem Begleitschreiben von Erich Mende wurde sie am 2. September 1959 an die US-Botschaft in Bonn als Diskussionspapier zur Vorbereitung des Eisenhower-Besuches geschickt.

*Möglichkeiten eines Kompromisses in der Deutschlandfrage*
unter Berücksichtigung der Genfer Konferenzverhandlungen

Erste These: *Eine Ständige Deutschlandkonferenz darf nicht an der Frage des Status der teilnehmenden Deutschen scheitern.*

Die Erinnerung an die Ständige Konferenz der Vier Mächte, die 1955 den Österreichischen Staatsvertrag zustande gebracht hat, veranlaßte am 2. Juli 1958 den Deutschen Bundestag, die Bildung eines Vier-Mächte-Gremiums anzuregen, das mindestens im Range einer Botschafterkonferenz tagen und Vorschläge zur Lösung der deutschen Frage erarbeiten soll. Die Anregung des Bundestages erhielt wieder aktuelle Bedeutung, als der amerikanische Außenminister Herter am 20. Juli 1959 namens der drei Westmächte in Genf vorschlug, die Genfer Konferenz der Außenminister, sowie sie konstituiert war, weiterhin bestehen zu lassen, um das deutsche Problem als Ganzes zu beraten. Das besagt, daß auch zwei deutsche Delegationen, wie sie aus Bonn und Ostberlin nach Genf entsandt worden waren, weiterhin in konsultativer Funktion an der Ständigen Konferenz teilnehmen.

Gegen den Vorschlag der Westmächte brachte der sowjetrussische Außenminister Gromyko am 22. Juli 1959 das Bedenken vor, daß den beiden deutschen Vertretungen „lediglich Hilfsfunktionen übertragen" würden, woraus er fälschlich den Schluß zog, die Deutschen hätten ein Diktat der Vier Mächte auszuführen. Offenbar bezog sich Gromyko auf eine schriftliche Verlautbarung der Bonner Delegation vom 20. Juli 1959, die besagte, daß „die deutschen Berater kein eigentliches Organ bilden, sondern ausschließlich als Hilfskräfte der Vier-Mächte-Kommission herangezogen werden können".

Die Unterzeichneten sind der Auffassung, daß die Ständige Deutschlandkonferenz nicht an der Frage des Status der an ihr teilnehmenden Deutschen scheitern darf. Die Teilnahme zweier deutscher Delegationen ist durch die Teilung Deutschlands bedingt. Die Beschränkung ihrer Tätigkeit auf die konsultative Funktion ergibt sich aus den Mängeln der gegenwärtigen staatlichen Organisation des geteilten Deutschlands. Ihre konsultative Funktion erlaubt ihnen jedoch eine unmittelbare Einflußnahme auf den Gang der Konferenzverhandlungen. Was fehlt, ist die Deutschland bindende Beschlußkraft, die einem Willensentscheid des ganzen Volkes und einer späteren gesamtdeutschen Regierung vorbehalten bleibt.

Es ist deshalb abwegig, die konsultative Funktion der beiden deutschen Delegationen so zu verstehen, als übten sie diese Funktion im Dienste der Vier Mächte oder im Dienste einzelner der Vier Mächte aus. Erst recht ist es abwegig, ihre Funktion so zu deuten, als leisteten sie Mithilfe bei einem Diktat, dem das deutsche Volk zu folgen habe. Trotz der Beschränkung ihrer Funktion, die sich aus der besonderen Lage des geteilten Deutschlands ergibt, sind die beiden deutschen Delegationen ihrem Volk dafür verantwortlich, daß sie ausschließlich den Interessen ihres Landes dienen.

*Es ist zu prüfen, ob eine solche Klarstellung des Status der deutschen Teilnehmer geeignet ist, die von der Sowjetregierung gegen eine Ständige Deutschlandkonferenz erhobenen Bedenken zu zerstreuen.*

Zweite These: *Das zentrale Thema einer Ständigen Deutschlandkonferenz ist der Friedensvertrag mit dem wiedervereinigten Deutschland.*

Ausgehend von dem Grundsatz, daß eine endgültige Friedensregelung nur mit einer Gesamtdeutschland vertretenden Regierung getroffen werden kann, haben die Westmächte in ihrem Friedensplan vom 14. Mai 1959 den deutschen Friedensvertrag an das Ende ihrer Vorschläge gestellt. Dagegen machen die Verlautbarungen der Sowjetregierung deutlich, daß sie im Friedensvertrag den Ausgangspunkt für eine Lösung der Deutschlandfrage sieht.

Es trifft nicht zu, daß der Friedensvertrag erst spruchreif wird, wenn aus freien Wahlen eine gesamtdeutsche Regierung hervorgegangen sein wird. Für die Unterzeichnung des Friedensvertrages ist diese Voraussetzung erforderlich, nicht aber für seine Vorbereitung und für das Erarbeiten seiner Grundzüge. Die Grundzüge des Friedensvertrags können im Rahmen der Ständigen Deutschlandkonferenz von den Vier Mächten unter konsultativer Teilnahme der beiden deutschen Delegationen erarbeitet werden. Wenn sich die Vier Mächte entschließen, die beiden deutschen Delegationen und ihre Regierungen in geeigneter Form aufzufordern, sich über die Grundzüge des Friedensvertrages und über die Einzelheiten der Durchführung der Wiedervereinigung zu verständigen, dann ist es nach Abschluß dieser Arbeiten sogar möglich, dem deutschen Volk in beiden Teilen Deutschlands den Entwurf eines Vertragswerks über die Friedensregelung und die mit ihr zeitlich verbundene Wiedervereinigung in einem Volksentscheid (Plebiszit) vorzulegen. Stimmt das deutsche Volk dem Vertragsentwurf, der ja unter deutscher Mitwirkung zustandekam, zu, dann gewinnt er für Deutschland schon Verbindlichkeit, ehe er von den Mächten und von einer gesamtdeutschen Regierung unterzeichnet ist. Mit dem Tag der plebiszitären Annahme des Friedensvertrages durch das deutsche Volk kann die zwischen beiden Teilen Deutschlands vereinbarte Prozedur der Wiedervereinigung anlaufen. Nachdem aus gesamtdeutschen Wahlen, deren Termin nach Auffassung der Unterzeichneten in der vereinbarten Prozedur vorzusehen ist, eine Gesamtdeutschland vertretene Regierung hervorgegangen ist, wird der Friedensvertrag durch die Mächte und durch Deutschland unterzeichnet.

*Es ist zu prüfen, ob die Westmächte in der Lage sind, der vordringlichen Behandlung des deutschen Friedensvertrages im Rahmen der Ständigen Deutschlandkonferenz zuzustimmen, wenn der Grundsatz der Selbstbestimmung durch die plebiszitäre Entscheidung über den Friedensvertrag gewahrt bleibt. Es ist ferner zu prüfen, ob die Sowjetregierung bereit ist, unter der Voraussetzung einer Verständigung zwischen beiden Teilen Deutschlands über den Friedensvertrag und die Wiedervereinigung die Zusage zu erfüllen, daß sie dem Friedensvertrag mit einem wiedervereinigten Deutschland den Vorrang vor einem Friedensvertrag auf der Basis der Teilung gibt* (Chruschtschow 19. 6. 1959 im Kreml vor der DDR-Delegation; Moskauer Kommuniqué über den DDR-Besuch 20. 6. 1959; Warschauer Kommuniqué anläßlich Chruschtschows Besuch 22. 7. 1959).

Dritte These: *Der Versuch, zu isolierten Zwischenlösungen zu kommen, ist unrealistisch, weil zwischen den Teilproblemen der Deutschlandfrage eine Wechselwirkung besteht, die eine Lösung im Zusammenhang notwendig macht.*

Nach den ersten vergeblichen Bemühungen der Genfer Konferenzpartner, in der Deutschlandfrage zu einer Gesamtlösung zu kommen, wandten sich die drei Westmächte am 26. Mai 1959 einer Interimslösung für Westberlin zu, ohne bis Ende der Konferenz zu einem annehmbaren Ergebnis gekommen zu sein. Die Unterzeichneten sind der Auffassung, daß auch in Zukunft der Versuch zu einer isolierten Berlin-Lösung zu kommen, wenig Aussicht auf dauernden Erfolg hat. Obwohl nicht mit Sicherheit auszumachen ist, von welchen Absichten sich die Sowjetregierung in der Berliner Frage leiten läßt, sprechen ihre Verlautbarungen und Reaktionen doch mit größter Wahrscheinlichkeit für die Annahme, daß sie die Berliner Frage aufgeworfen hat, um auf die baldige Behandlung eines Friedensvertrages zu dringen, der ihre Besorgnisse um eine ungehemmte deutsche Aufrüstung und eine antiöstliche Haltung Deutschlands beseitigt. Es ist deshalb mit ziemlicher Sicherheit vorauszusehen, daß die Sowjetregierung irgendwelche Zugeständnisse in der Berliner Frage an die Voraussetzung knüpfen wird, daß sich das deutsche Volk oder die Bundesrepublik gewisse Selbstbeschränkungen auf militärischem und bündnispolitischem Gebiet auferlegt, einerlei ob sie dieses Junktim ausdrücklich fordert oder ob sie stillschweigend in seinem Sinne handelt. Andererseits liegt es auch nicht im deutschen Interesse, alle Anstrengungen auf eine Interimslösung für Westberlin zu richten, die zwar den Status quo für einige Zeit sichert, dem Anspruch Berlins, die Hauptstadt Deutschlands zu sein, aber in keiner Weise gerecht wird. *Die zwischen der Berliner Frage und dem Deutschlandproblem bestehende Wechselwirkung rät dazu, die Impulse, die sich aus der geteilten und bedrohten Lage Berlins ergeben, dazu zu nutzen, um mittels der Lösung des Deutschlandproblems als Ganzem auch die Berliner Frage endgültig zu lösen.*

Eine weitere Wechselwirkung besteht zwischen dem Friedensvertrag für ein wiedervereinigtes Deutschland und einer neuen Sicherheitsordnung für Mitteleuropa. Die gespannte Lage der Weltpolitik hat eine ihrer Ursachen darin, daß Deutschland zufolge des Hitlerschen Abenteuers als ein den Frieden in der Mitte Europas stabilisierender Faktor ausgefallen ist. Heute prallen an seiner inneren Schnittlinie die Gegensätze zwischen West und Ost unmittelbar aufeinander. Die Weltmächte stehen vor der Frage, ob sie es bei dem gegenwärtigen Zustand mit seinen zunehmenden Gefahren (drohender Verlust der Atomkontrolle; Widerstand im deutschen Volk gegen die fortdauernde Teilung; verschärfte Hetze im Kalten Krieg) belassen oder ob sie einem friedliebenden Deutschland die Chance geben wollen, seinen Beitrag zur Stabilisierung des Friedens in der Mitte Europas leisten. Die Unterzeichneten sind überzeugt, daß das deutsche Volk einem Friedensvertrag zustimmen wird, der für das wiedervereinigte Deutschland die Begrenzung der Art und Stärke seiner Rüstung, insbesondere den Verzicht auf ABC-Waffen, sowie den bündnispolitischen

Verzicht auf die Teilnahme an ausschließlich westlichen oder östlichen Sicherheitspakten vorsieht, wenn gleichzeitig dafür gesorgt ist, daß im mitteleuropäischen Raum eine wirksame Sicherheitsordnung im Sinne der Genfer Vorschläge Anthony Edens vom 18.7.1955 (westöstlicher Sicherheitspakt mit Beistandspflicht, also kein Neutralitätsvertrag) an die Stelle der jetzigen Regionalsysteme tritt. *Es empfiehlt sich deshalb, in zeitlichem Zusammenhang mit dem deutschen Friedensvertrag eine Verständigung der Vier Mächte und der Völker Mitteleuropas über eine Sicherheitsordnung herbeizuführen, die den Frieden im mitteleuropäischen Raum stabilisiert.* Der Abzug der jetzt im mitteleuropäischen Raum stationierten auswärtigen Streitkräfte würde sich in dem Maße vollziehen, in dem die neue Sicherheitsordnung wirksam wird.

Gegen die Auffassung, daß Fortschritte in der Deutschlandfrage nur zu erzielen sind, wenn das vielschichtige Problem als Ganzes angepackt wird, hat die Sowjetregierung mehrfach eingewandt, wer auf der Behandlung des Problems als Ganzes bestehe, wolle verhindern, daß in irgend einem Punkt mit der Lösung des Problems begonnen wird. Dieser Eindruck kann in der Tat entstehen, wenn vernünftige Lösungsvorschläge mit Forderungen verbunden werden, von denen jeder weiß, daß über sie niemals eine Verständigung zustande kommt. Wenn die Sowjetregierung jedoch berücksichtigt, daß nationale Einheit und Sicherheit nicht nur ein Anliegen anderer Völker sind, sondern auch des deutschen Volkes, und daß das deutsche Volk in dem Augenblick, in dem es sich durch Annahme des Friedensvertrages zu einer Reihe von Opfern und Selbstbeschränkungen verpflichtet, wissen möchte, wie es um seine nationale Einheit und Sicherheit steht, wird sie gegen dieses naturgebundene Junktim keinen Einwand erheben können. *Es ist zu prüfen, wie sich die Sowjetregierung zu einer Gesamtlösung der Deutschlandfrage verhält, wenn der Friedensvertrag zum Ausgangspunkt und Rahmenwerk gemacht wird, mit dem die deutsche Wiedervereinigung und eine Sicherheitsordnung für Mitteleuropa in zeitlichem Zusammenhang stehen.*

Vierte These: *Innerdeutsche Verhandlungen über den Ablauf der Wiedervereinigung entsprechen, wenn sie im Rahmen einer Vereinbarung der Vier Mächte erfolgen, einer Entschließung des Deutschen Bundestages vom 1. Oktober 1958.*

In seiner Berliner Sitzung vom 1. Oktober 1958 faßte der Deutsche Bundestag einstimmig eine Entschließung, in deren Schlußabschnitt es heißt:

„Der Deutsche Bundestag erwartet die Wiederherstellung der staatlichen Einheit Deutschlands von einem unmittelbaren freien Willensentschluß des gesamten deutschen Volkes in seinen heute noch getrennten Teilen, der nach der Beseitigung der nicht in deutscher Zuständigkeit liegenden Hindernisse herbeizuführen ist.

Der Deutsche Bundestag erklärt seine Bereitschaft, jede Verhandlung zu unterstützen, die die Wege zu einem solchen Willensentscheid des deutschen Volkes ebnet, sobald eine Vereinbarung der Vier Mächte diese Möglichkeit erschlossen hat."

Man wird nicht bestreiten können, daß die Modalitäten der Wiedervereinigung, die einzelnen Maßnahmen und ihre zeitliche Festlegung, eine Fühlungnahme und Verständigung zwischen den beiden Teilen Deutschlands notwendig machen. Hierbei ist darauf zu achten, daß nicht gegen die besonderen Vorbehalte verstoßen wird, welche die Besatzungsmächte hinsichtlich der Angelegenheiten, die Deutschland als Ganzes und Berlin betreffen, geltend machen. So haben die drei Westmächte in Artikel 2 des Vertrages über ihre Beziehungen mit der Bundesrepublik vom 23. 10. 1954 Vorbehalte geltend gemacht, die ein alleiniges Handeln der Bundesrepublik oder der beiden Teile Deutschlands ausschließen. Mit Rücksicht auf diese Vertragslage geht der Deutsche Bundestag in seiner Entschließung davon aus, daß eine Vereinbarung der Vier Mächte den Weg für innerdeutsche Verhandlungen („jede Verhandlung") über die einzelnen Maßnahmen der Wiedervereinigung (Volksentscheid, Wahlen, Nationalversammlung, Regierungsbildung) erschließen sollte. In dieser Vereinbarung der Vier Mächte könnte festgelegt werden, daß die Verhandlungen zwischen beiden Teilen Deutschlands in Anwesenheit von Beobachtern der Vier Mächte geführt werden, um eine laufende Unterrichtung der Mächte zu gewährleisten.

Am 25. Mai 1959 schlug die Sowjetregierung in Genf durch Außenminister Gromyko vor, die Vier Mächte sollten gemeinsam erklären, daß sie Verhandlungen zwischen der Bundesrepublik und der DDR über Wege zur Wiederherstellung der Einheit Deutschlands für wünschenswert halten. Gegen diesen Vorschlag wurden Bedenken vorgebracht, weil Unklarheit darüber bestand, inwieweit er der Verantwortung der Vier Mächte gerecht wurde. *Es ist zu prüfen, ob zwischen den drei Westmächten und der Sowjetunion eine Übereinkunft erzielt werden kann, die es einerseits den Deutschen ermöglicht, in Verhandlungen zwischen Bonn und Ostberlin die Aufgaben zu erfüllen, welche ihnen bei der Durchführung der Wiedervereinigung obliegen, und die andererseits berücksichtigt, daß die Vier Mächte in Deutschland Verpflichtungen übernommen haben, die erst erlöschen, wenn die Deutschlandfrage gelöst sein wird.*
Quelle: AdL 6950–21.

*Dokument 5*

## *Godesberger Sozialismus*

Von Wolfgang Schollwer

Die Aufforderung der Sozialdemokraten an die Wähler, mit der Zeit und deshalb mit der SPD zu gehen, dürfte trotz der gemäßigten Formulierungen im neuen Grundsatzprogramm der Sozialdemokratischen Partei Deutschlands kaum die erwarteten Erfolge haben. Denn die behutsame Diktion des soeben in Godesberg mit großer Mehrheit verabschiedeten Parteiprogramms der westdeutschen Sozialisten kann nicht darüber hinwegtäuschen, daß der Triumpf des gemäßigten über den radikalen Flügel der Partei keineswegs mit einer Preisgabe all jener sozialistischen Forderungen verbunden gewesen ist, die die Millionenmassen der deutschen Wähler bis zur Stunde von einer Stimmabgabe für die Sozialdemokraten abgehalten haben.

Natürlich wäre es töricht, die deutlich spürbare Wandlung zu ignorieren, die sich nicht nur in der Mentalität einer großen Gruppe von Mitgliedern dieser Partei, sondern auch in der Programmatik der SPD nach dem Kriege vollzogen hat. Der klassenkämpferische Ton blieb auf dem außerordentlichen Parteitag einzelnen Diskussionssprechern aus den unteren Parteiverbänden vorbehalten. Die Sprache der Parteispitze war sachlich, fast konziliant. Beharrlich wehrte der Vorstand jeden Versuch der Delegierten ab, seinen Programmentwurf mit marxistischen Parolen und Forderungen anzureichern. Die von der SPD-Führung vorgeschlagenen Aussagen vor allem auf dem Gebiet der staatlichen Ordnung und der Landesverteidigung stellen einen begrüßenswerten Fortschritt dar und tragen dazu bei, die Demokratie im westlichen Teile Deutschlands zu stärken und zu festigen.

Auch auf dem Sektor der Wirtschaftspolitik fanden sich die Sozialdemokraten zu einigen Konzessionen bereit. Sie erschienen einigen Sprechern aus dem Fußvolk der Partei sogar so weitgehend, daß sie sich zu gewagten Vergleichen mit den wirtschaftspolitischen Vorstellungen der FDP und der CDU verstiegen. Herbert Wehner, die zweifellos stärkste Persönlichkeit dieses Parteitages, formulierte dann auch – den Marxisten in der SPD zur Beruhigung und den allzu Fortschrittlichen zur Warnung –, daß „marxistisches Denken und marxistische Methode für unsere Sozialdemokratische Partei unentbehrlich sind".

Tatsächlich finden sich sehr bemerkenswerte marxistische Restbestände denn auch gerade in jenem Teile des Programms, der von den Delegierten in der Godesberger Stadthalle am Wochenende am meisten kritisiert worden ist. Wenn schon die von der SPD angestrebte Sozialordnung mit ihren Forderungen nach dem totalen Versorgungsstaat ernste Gefahren für die freiheitliche Lebensgestaltung des einzelnen Staatsbürgers enthält, so beweisen die in dem Kapitel „Eigentum und Macht" niedergelegten wirtschaftspolitischen Postulate, *daß eine sozialdemokratische Bundesregierung sich keineswegs scheuen wird, auch das Privateigentum ihrer Staatsbürger anzutasten.*

Die Formulierung, daß das private Eigentum an Produktionsmitteln nur dann Anspruch auf den Schutz der Gesellschaft habe, wenn es „nicht den Aufbau einer gerechten Sozialordnung" hindere und daß Gemeineigentum dort zweckmäßig und notwendig sei, wo mit anderen Mitteln eine „gesunde Ordnung der wirtschaftlichen Machtverhältnisse" nicht gewährleistet werden könne, läßt einer künftigen SPD-Regierung nämlich *jede Möglichkeit, nach Gutdünken zu enteignen und zu sozialisieren.* Denn Sozialdemokraten werden dann bestimmen, wann der Aufbau einer „gerechten Sozialordnung gehindert" und wo die „gesunde Ordnung der wirtschaftlichen Machtverhältnisse" nach ihrer Meinung nicht gegeben ist. *Der Wirtschaftsteil des neuen sozialdemokratischen Parteiprogramms ist eine getarnte Sozialisierungsbombe mit Zeitzünder!*

So ist der Godesberger Sozialismus trotz vieler fortschrittlicher Züge und zahlreicher Konzessionen an das liberale Bürgertum in Deutschland für die private Wirtschaft nach wie vor eine ernste Bedrohung. Der Vorwurf eines Parteitagssprechers, daß das Ahlener CDU-Programm „sich in den Fragen der Sozialisierung noch deutlicher geäußert" habe als das neue Grundsatzprogramm der deutschen Sozialdemokratie, mag berechtigt sein oder nicht. Auf jeden Fall *sind die Freien Demokraten die einzigen, die seit dem Zusammenbruch Deutschlands unaufhörlich und kompromißlos für eine freie Wirtschaft und den Schutz des Eigentums eingetreten sind.*
Quelle: Freie demokratische Korrespondenz 10/73 v. 17. November 1959.

*Dokument 6*

*Wohlstand – und was sonst?*

CDU-Parteitag löst keine Probleme

Von Wolfgang Schollwer

Wenige Stunden vor Beginn des 9. Bundesparteitages der Christlich-Demokratischen Union gibt es in der gesamten deutschen Öffentlichkeit keinen Zweifel mehr daran, *daß die CDU auch in Karlsruhe keine für die ganze Partei verbindlichen Antworten auf die brennenden Fragen dieser Zeit wird finden können.* Heute, siebzehn Monate vor der nächsten Bundestagswahl, konzentriert sich das Interesse der westdeutschen Regierungspartei auf die Frage, ob sie im September 1961 wieder mit absoluter Mehrheit in den Bundestag einziehen kann oder ob sie gezwungen sein wird, sich nach Koalitionspartnern umzusehen, um an der Macht zu bleiben. Der Wahlkampf hat für diese Partei längst begonnen. Für Adenauer hört er ohnehin niemals auf.

Dabei gibt es national- und gesellschaftspolitische Probleme in Fülle, die seit mehr als einem Jahrzehnt von der Parlamentsmehrheit kaum angefaßt, geschweige denn gelöst worden sind. Die Einheit des Vaterlandes ist ferner denn je, die Sicherheit der deutschen Hauptstadt permanent bedroht, die geistige und moralische Widerstandskraft unseres Volkes wurde nicht gestärkt, sondern durch eine völlig apolitische Wohlstandspropaganda in bedenklicher Weise geschwächt. *Ausgerechnet die einzige Partei in Westdeutschland, die das Wörtchen „christlich" in ihrem Firmenschild trägt, wurde inzwischen zu der wohl materialistischsten und konzeptionslosesten politischen Vereinigung in der ganzen Bundesrepublik.*

Dazu kommt die Situation in der Partei selbst. Sie verließ und verläßt sich in ihrer politischen Tagesarbeit praktisch auf eine einzige machtvolle Persönlichkeit: auf Konrad Adenauer. Nirgendwo im westdeutschen Parteileben haben die Mitglieder so wenig Einfluß auf den politischen Kurs ihrer Organisation wie in der CDU. Nur ein geringer Teil der Vorstandsmitglieder an der Spitze ist überhaupt gewählt, die meisten „führen" die Partei „kraft Amtes". Doch hat in Wirklichkeit auch hier nur einer etwas zu sagen: Konrad Adenauer.

Eine Fülle ungelöster innerparteilicher Probleme verfolgen die Delegierten auf ihrem Wege nach Karlsruhe. *Die Auseinandersetzung der Anhänger des „Christlichen Sozialismus", der Apologeten eines katholischen Sozial-Dogmas, mit den liberaleren Kräften in der Partei ist jüngst in aller Heftigkeit entbrannt. Der Gefahr einer „liberalen Aufweichung" (Nell-Breuning) versuchen die weit links orientierten Sozialausschüsse der CDU durch eine Zusammenarbeit mit den Sozialdemokraten auf dem Gebiete der Sozialpolitik im Bundestag zu begegnen.* Die Klammer der auch konfessionell gesehen mehr und mehr auseinanderstrebenden Kräfte ist heute wie vor zehn Jahren vor allem der Kanzler und Parteivorsitzende Adenauer. Doch er steht im fünfundachtzigsten Lebensjahr.

Der Bundestagspräsident Dr. Gerstenmaier wird am Freitag zu den Delegierten des CDU-Parteitages sprechen. Sein Referat trägt den etwas provozierenden Titel „Wohlstand – und was sonst?" Gerstenmaier wird sicher nicht der einzige sein, der in diesen Tagen als Christdemokrat an die Wunden seiner eigenen Partei rührt. Denn es gibt in der CDU nicht wenige Männer, die sich sehr wohl der ernsten Gefahren für ihre Partei bewußt sind, die im blinden Vertrauen auf ihren Vorsitzenden und die Konjunktur ihre nationalen und gesellschaftspolitischen Verpflichtungen vernachlässigt und allzu oft dem puren Opportunismus huldigt.

Dennoch wird in Karlsruhe die Reform der Christlich-Demokratischen Union nicht stattfinden und die Frage eines Nachfolgers für Dr. Adenauer nicht geklärt. Trotz sinkender Popularitätskurve wird diese Partei auf dem alten Wege weitermarschieren, der Öffentlichkeit in Karlsruhe ein Bild „innerer Geschlossenheit" vordemonstrieren und dem längt nicht mehr unumstrittenen Parteiführer Konrad Adenauer wie immer stürmische Ovationen darbringen. Doch die Probleme dieser Partei sind damit nicht aus der Welt geschafft. Sie warten draußen vor der Tür.
Quelle: Freie demokratische Korrespondenz 11/30 v. 26. April 1960.

*Dokument 7*

*Was nun?*

Kleinliche Wahlkampffehden retten nicht Berlin und den Frieden

Das Gezänk zwischen Christlichen Demokraten und Sozialdemokraten um das Erstgeburtsrecht an der Idee, einen führenden Vertreter der amerikanischen Regierung zur Information über die neueste kommunistische Aggression nach Berlin gebeten zu haben, entspricht nicht den Interessen des deutschen Volkes. *Angesichts der furchtbaren Tragödie, die sich in diesen Tagen in einem Teile unseres Vaterlandes abgespielt hat, wirkt die kleinkarierte Rechthaberei einiger*

Parteipolitiker peinlich und würdelos. Auch in einem Wahlkampf sollte für jeden deutschen Politiker das Schicksal des eigenen Volkes höher stehen als der Wunsch, unter allen Bedingungen und ohne Rücksicht auf das Ansehen des Staates Wählerstimmen zu gewinnen.

*Es gibt zur Stunde wirklich wichtigere Aufgaben für die Verantwortlichen in unserem Lande.* Jedermann weiß, daß der nächste Schlag der Sowjets und ihrer Helfershelfer in Pankow gegen Berlin nicht lange auf sich warten lassen wird. Östliche Politiker und Zeitungen haben bereits angekündigt, daß die Umwandlung Mitteldeutschlands in ein riesiges Ghetto nur der Anfang einer Aktion war, an deren Ende die Beseitigung von Freiheit und Sicherheit auch in West-Berlin stehen soll. Pankows Funktionäre sind von ihrem ersten „Erfolg" vom 13. August bereits so berauscht, daß sie längst jedes Gefühl für die politischen Realitäten verloren haben.

Noch in diesem Herbst dürfte uns die sowjetische Politik also hart an den Rand einer militärischen Auseinandersetzung zwischen Ost und West manövrieren. Unsere Verbündeten scheinen diese auf uns zukommenden Gefahren begriffen zu haben, so wie sie mittlerweile auch verstanden haben, warum unser Volk in der vergangenen Woche zutiefst über die ersten Reaktionen der Westmächte auf Ulbrichts Gewaltakt beunruhigt gewesen ist. *Zumindest die Prominenz unserer Regierungspartei jedoch erweckt den Eindruck, als habe sie noch immer nicht begriffen, was sich eigentlich am 13. August 1961 ereignet hat.*

Nach der völligen Ratlosigkeit, die die Bundesregierung am Sonntag vor acht Tagen offenbarte, ist es verständlich, wenn sich die deutsche Öffentlichkeit fragt, ob und in welchem Maße sich die deutsche Staatsführung wenigstens jetzt auf die nächste kommunistische Angriffswelle vorbereitet. Bundeskanzler Adenauer hat dieser Tage mehrfach seine Verhandlungsbereitschaft betont. Es gibt niemanden in Deutschland, der diese Erklärung des Kanzlers nicht aufrichtig begrüßen würde. *Aber weiß der Regierungschef auch, worüber er bzw. die Westmächte mit den Sowjets nun eigentlich verhandeln sollen?*

Die Dinge liegen doch so, daß die gegenwärtige Haltung der beiden Weltmächte in der deutschen Frage einen Kompromiß zwischen Ost und West unmöglich macht. Beide Seiten sind nicht bereit, einseitig auf ihre Positionen in Berlin oder Deutschland zu verzichten. Nur ein beiderseitiges Entgegenkommen dürfte, wenn überhaupt, eine Verhandlungsergebnis möglich machen. Das aber würde zweifellso eine Veränderung des Status quo in Mitteleuropa bedeuten.

Wenn man also verhandeln will – und man muß es tun, um eine Katastrophe zu vermeiden –, kommt man nicht umhin, das Deutschlandproblem noch einmal nach allen Seiten hin gründlich zu durchdenken. Wir wissen, daß die amerikanische Regierung längst dabei ist, alle Möglichkeiten durchzuspielen, die für eine Lösung der deutschen Frage überhaupt in Frage kommen. Unsere Bundesregierung, die erklärtermaßen absolut nichts von der „Plänemacherei" hält, zeigte sich bisher nicht nur zu ihrem eigenen Nachteil auf diesem Gebiete völlig abstinent.

*Anstatt kleinliche Wahlkampffehden mit dem politischen Gegner vor dem Hintergrund einer neuen bedrohlichen Berlin-Krise auszufechten, sollten sich darum die Politiker des freien Deutschland auf das konzentrieren, was praktisch zur Erhaltung der Freiheit Berlins und zur Rettung des Friedens getan werden kann.* Wir Deutschen haben uns in der Vergangenheit genug unentschuldbare Versäumnisse in den nationalen Fragen unseres Volkes zuschulden kommen lassen. Wir dürfen darum auch nicht erwarten, daß unsere Verbündeten eine größere Aktivität in der Deutschlandpolitik entfalten werden, solange die Bundesregierung nicht jederzeit bereit ist, selbst alles für die ureigensten nationalen Interessen Deutschlands zu tun.
Quelle: Freie demokratische Korrespondenz 12/68 v. 22. August 1961.

*Dokument 8*

*Die Wahlen vom 17. September*

Am 17. September 1961 ist nicht nur ein neuer Bundestag gewählt worden, sondern auch eine Epoche der deutschen Nachkriegsgeschichte für uns alle sichtbar zuende gegangen. Was auf dem Gebiete der Außenpolitik in den vergangenen Wochen offenbar wurde, hat das Wahlergebnis vom Sonntag nun auch innenpolitisch bestätigt: *die Zeit des neben der Geschichte Herlebens, der trügerischen Geruhsamkeit und der politischen Stagnation ist vorbei. Die nächsten Monate und Jahre werden viele Illusionen zerstören und gewaltige Anforderungen an unser Volk stellen.* Der Strom des politischen Lebens im freien Teile Deutschlands wird rascher fließen und die deutsche Politik sicherlich wacher und reaktionsfähiger sein.

Der deutsche Wähler hat bei den Wahlen zum vierten Deutschen Bundestag eine Reife und Weitsicht gezeigt, die selbst die Optimisten überraschen mußte. Nicht nur die für demokratische Staaten außerordentlich hohe Wahlbeteiligung und die klare Absage an alle links- oder rechtsextremen Gruppen stellt unserem Volke ein gutes Zeugnis in Demokratie aus: *die Tatsache, daß Millionen in diesem Augenblick begriffen haben, daß Alleinherrschaft einer Partei keineswegs mit politischer Stärke gleichzusetzen ist, ist eigentlich mehr, als man nach einer so kurzen Zeit parlamentarisch-demokratischen Lebens in Deutschland erwarten konnte.*

Man wird es den *Freien Demokraten* sicherlich nicht verargen, wenn sie in dieser Stunde mit besonderer Genugtuung das Resultat des gestrigen Wahlganges registrieren. Immerhin sind sie *die einzige Partei, die ihr Wahlziel ohne Einschränkung erreicht, ja sogar noch übertroffen hat.* Denn neben der Brechung der absoluten Mehrheit der CDU/CSU hatte sich die Partei darauf konzentriert, das Wahlergebnis von 1957 und vielleicht auch das von 1953 zu übertreffen. *Daß die Freie Demokratische Partei am 17. September auch ihren bisher größten Wahlerfolg vom Jahre 1949 weit hinter sich lassen würde, hatten nicht einmal die Mitglieder dieser Partei zu hoffen gewagt.*

Der FDP ist dieser große Erfolg nicht in den Schoß gefallen. Sie hat sehr hart dafür arbeiten müssen. Nach der Wahlniederlage vom Jahre 1957 trug sie das psychologische Handicap mit sich herum, von Wahl zu Wahl Stimmen und Sitze verloren zu haben und sich in bedenklicher Weise der 5 Prozent-Grenze zu nähern. Die Zahl derjenigen, die den Freien Demokraten keine reale Chance mehr gaben, noch einmal diese Hürde zu überspringen, war in den Jahren 1957/58 beträchtlich. Die These vom angeblich unaufhaltsamen Zug zum Zweiparteien-System war in dieser Zeit in fast allen deutschen und ausländischen Zeitungen zu finden.

Es spricht zweifellos für die innere Kraft der Partei des deutschen Liberalismus, daß sie in dieser fast hoffnungslosen Lage nicht verzweifelte, sondern im Gegenteil nun alle ihre Kräfte zusammenraffte, um dem unvermeidlich erscheinenden Schicksal zu entgehen. *Eine energische Führung, ein klares Programm und eine von der Richtigkeit und Gerechtigkeit ihrer Sache zutiefst überzeugte politische Gemeinschaft machten das Unmögliche möglich: nicht nur den Trend zum Niedergang zu stoppen, sondern sogar den größten Sieg in ihrer Geschichte an die Fahnen zu heften.*

Die Freie Demokratische Partei ist sich der Verantwortung, die ihr der Wahlerfolg vom Sonntag gegenüber dem deutschen Volke auferlegt, in vollem Maße bewußt. Sie weiß, daß ihr mehr als vier Millionen Wähler vor allem deshalb ihre Stimme gegeben haben, damit gewiße negative Erscheinungen in der deutschen Innenpolitik beseitigt und für die kommenden vier Jahre eine Regierung gebildet werden kann, die insbesondere auch den außenpolitischen Anforderungen gewachsen sein wird.

Sie weiß aber auch, welche schwere Last diejenigen zu tragen haben werden, die für die kommenden Jahre die Verantwortung in der Bundesrepublik übernehmen. *Darum wird die FDP bei den kommenden Verhandlungen um eine Regierungsbildung, sofern sie darin einbezogen werden sollte, darauf bestehen müssen, daß die personellen und sachlichen Voraussetzungen geschaffen werden, die ihr eine solche Mitverantwortung überhaupt möglich machen.*

Quelle: Freie demokratische Korrespondenz 12/76 v. 18. September 1961.

# Kurzbiographien

Achenbach, Ernst (1909), Studium der Rechtswissenschaften; 1936–1944 Beamter im Auswärtigen Amt, 1940–1943 Leiter der Politischen Abteilung der deutschen Botschaft im besetzten Paris; seit 1946 Rechtsanwalt in Essen, 1947/48 Verteidiger bei den Nürnberger Prozessen; 1950–1960 FDP-MdL in Nordrhein-Westfalen; Vorsitzender des Außenpolitischen Ausschusses der FDP; 1957–1976 MdB, Mitglied des Auswärtigen Ausschusses.

Acheson, Dean (1893–1971), 1949–1953 US-Außenminister.

Adenauer, Konrad (1876–1967), 1946 Vorsitzender der CDU in der britischen Zone, 1948 Präsident des Parlamentarischen Rates, 1949–1963 Bundeskanzler.

Ahlers, Conrad (1922–1980), Studium der Volkswirtschaft, seit 1947 Journalist; 1951 Chef vom Dienst im Presse- und Informationsamt der Bundesregierung, 1952 Pressereferent in der Dienststelle Blank, 1954 außenpolitischer Redakteur der „Welt", 1957 Bonner Korrespondent des „Spiegel", 1959 innenpolitischer Redakteur der „Frankfurter Rundschau", seit 1962 stellvertretender Chefredakteur des „Spiegel"; 1966 stellvertretender Leiter des Bundespresseamtes, 1969 Staatssekretär und Leiter des Bundespresseamtes, 1972–1980 MdB; 1980 Intendant der Deutschen Welle.

Allemann, Fritz René (1910), Schweizer Journalist.

Allen, Francis D. US-Botschaftssekretär.

Appling, Hughes G. US-Botschaftssekretär.

Arnold, Karl (1901–1958), CDU, 1947–1956 Ministerpräsident von Nordrhein-Westfalen.

Atzenhorn, Karl (1895), Studium der Volks- und Betriebswirtschaft; 1949–1965 MdB (FDP), Vorsitzender des Arbeitskreises Wirtschaft, Finanzen und Sozialpolitik, Mitglied im FDP-Bundesvorstand.

Augstein, Rudolf (1923), seit 1945 Journalist, 1947 Herausgeber und Chefredakteur des „Spiegel".

Barsig, Franz (1924–1988), seit 1945 Journalist, 1947 stellvertretender Leiter der Deutschen Nachrichtenagentur (DENA), seit 1948 Redakteur beim „Vorwärts", 1954–1958 Pressereferent der SPD-Bundestagsfraktion, Sprecher des SPD-Parteivorstandes; 1966 stellvertretender Intendant im Deutschlandfunk, 1968–1977 Indendant des Sender Freies Berlin.

Becker, Max (1888–1960), Studium der Rechtswissenschaften, Rechtsanwalt; vor 1933: DVP; 1945 FDP; 1946 MdL Hessen, 1948/49 Mitglied des Parlamentarischen Rates, 1949–1960 MdB, 1956–1960 Bundestagsvizepräsident, 1956–1958 Landesvorsitzender der FDP in Hessen.

Besser, Joachim (1913), 1949–1961 Chefreporter der „Welt".

Bidault, Georges (1899–1983), 1945–1948 französischer Außenminister, 1949/50 Ministerpräsident, 1951/52 stellvertretender Ministerpräsident, 1953/54 Außenminister, 1958–62 Abgeordneter.

Bismarck, Otto von (1815–1898), Preußischer Ministerpräsident, Kanzler des Norddeutschen Bundes und 1. Kanzler des Deutschen Reiches.

Bitzer, Eberhard, Bonner Korrespondent der „Frankfurter Allgemeinen Zeitung".

Blank, Theodor (1905–1972), 1945 CDU; 1949–1972 MdB, 1950 „Beauftragter der Bundesregierung für alle Fragen, die mit der Verstärkung der alliierten Besatzungstruppen zusammenhängen" (Dienststelle Blank), 1951 Sicherheitsbeauftragter der Bunderepublik, 1955 Bundesminister der Verteidigung, 1957–1965 Bundesminister für Arbeit und Sozialordnung.

Blessing, Karl (1905–1971), 1958–1969 Präsident der Deutschen Bundesbank.

Blücher, Franz (1896–1959), 1921 kaufmännischer Leiter eines Industrieunternehmens, 1938 Direktor eines Bankhauses in Essen; 1945 FDP; 1947 Vorsitzender der FDP-Fraktion im Wirtschaftsrat, 1949 Minister für Angelegenheiten des Marshall-Planes und Vizekanzler, 1949–1954 Bundesvorsitzender der FDP, 1953 Minister für europäische wirtschaftliche Zusammenarbeit, 1956 Austritt aus der FDP, Gründung der „Freien Volkspartei", 1958 Mitglied der Hohen Behörde der Montanunion.

Böhm, Erich, Korrespondent von ADN.

Bolz, Lothar (1903–1986), Rechtsanwalt, 1939 Emigration in die UdSSR, Mitgründer des „Nationalkommitee Freies Deutschland", 1946 Rückkehr nach Sachsen-Anhalt, 1948 NDPD, Mitglied der Deutschen Wirtschaftskommission, Mitglied des Präsidiums der Nationalen Front, 1949 Aufbauminister der DDR, 1953–1965 Außenminister.

Borm, William (1895–1987), 1924–1933 DVP, 1945 LDP (später FDP), 1948–1950 stellvertretender Landesvorsitzender, 1950 Verhaftung durch die Volkspolizei der DDR, wegen angeblicher Kriegs- und Boykotthetze zu 10 Jahren Zuchthaus verurteilt, 1959 entlassen, 1960–1969 Landesvorsitzender, 1963–1967 Mitglied des Abgeordnetenhauses, 1965–1972 MdB und Alterspräsident, seit 1970 Mitglied des Bundesvorstandes, Vorsitzender des Bundesfachausschusses Außen-, Deutschland- und Sicherheitspolitik, 1982 Austritt aus der FDP.

Bortscheller, Georg (1896–1973), Studium der Rechtswissenschaften und Nationalökonomie; 1951–1959 und 1971–1973 Mitglied der Bremischen Bürgerschaft, Vorsitzender der FDP-Fraktion und Landesvorsitzender; 1959–1971 Senator für Häfen, Schiffahrt und Verkehr.

Brandt, Willy (1913), 1929 SPD, 1931 SAP, 1933 Emigration nach Norwegen, 1940 Flucht nach Schweden, 1945–1947 Deutschlandberichterstatter skandinavischer Zeitungen, 1947 Einbürgerung in Schleswig-Holstein, 1949–1957 und seit 1969 MdB; 1957–1966 Regierender Bürgermeister von Berlin, 1964–1987 Parteivorsitzender der SPD, 1966 Vizekanzler und Außenminister, 1969–1974 Bundeskanzler.

Braun, Wernher von (1912–1977), Studium der Physik und Naturwissenschaften; bis 1945 technischer Direktor des Raketenwaffen-Projekts in Peenemünde, 1945 Übersiedlung in die USA und dort an der Entwicklung der Weltraumfahrt maßgeblich beteiligt, seit 1959 bei der NASA.

Brentano, Heinrich von (1904–1964), Studium der Rechtswissenschaften, Rechtsanwalt; 1945 CDU, Mitglied des Parlamentarischen Rates, 1949–1964 MdB, 1955–1961 Außenminister.

Bruce, David K. E.(1898–1977), 1949–1952 US-Botschafter in Paris, 1952 stellvertretender Außenminister, 1953–1955 Botschafter bei der Hohen Behörde der Montan-Union, 1957–1959 Botschafter in Bonn, 1961–1969 Botschafter in London.

Freiherr von Brück, Carlheinz, LDPD-Bezirksrat in Berlin-Pankow und Beauftragter für die Verbindungen zur FDP.

Brugsch, Theodor (1878–1963), Professor an der Humboldt Universität.

Brundage, Avery (1887–1975), 1929–1953 Vorsitzender des Olympischen Komitees der USA, 1945 Vizepräsident des IOK, 1952–1972 Präsident des IOK.

Bucher, Ewald (1914) Studium der Rechtswissenschaften, nach 1945 Rechtsanwalt, 1950 DVP/FDP, 1953–1969 MdB, 1962–1965 Justizminister, 1965/66 Minister für Wohnungswesen und Städtebau, 1972 Austritt aus der FDP.

Bulganin, Nikolai A. (1895–1975), 1952 Mitglied des Präsidiums des ZK der KPDSU, 1955 Ministerpräsident.

Bursig, Hans (1928–1989), Redakteur, ab 1960 Chefredakteur der FDP-Zeitung „Das freie Wort".

Castro, Fidel (1926), seit 1959 Diktator in Cuba.

Chruschtschow, Nikita S. (1894–1971), 1953 1. Sekretär des ZK der KPDSU, 1958 Ministerpräsident der UdSSR; 1964 Sturz.

Churchill, Sir Winston (1874–1965), britischer Politiker; 1940–1945 Premierminister, 1945–1951 Oppositionsführer im Unterhaus, 1951–1955 Premierminister.

Clement, Alain, Bonner Korrespondent von „Le Monde".

Conant, James B. (1893–1978), 1953–1955 Hoher Kommissar der USA in der BRD, 1955–1957 Botschafter.

Daub, Gerhard (1928), 1958 Bundesvorsitzender der Deutschen Jungdemokraten.

Dehler, Thomas (1897–1967), vor 1933 DDP; 1945 FDP; 1946–1956 Landesvorsitzender Bayern, 1954–1957 Bundesvorsitzender; 1946–1949 MdL Bayern, 1948–1949 Mitglied des Parlamentarischen Rates, 1949–1967 MdB; 1949–1953 Bundesjustizminister, 1953–1957 Vorsitzender der Bundestagsfraktion, 1960–1967 Vizepräsident des Deutschen Bundestages.

Deist, Heinrich (1902–1964), SPD; 1953–1964 MdB, zeitweise stellvertretender Fraktionsvorsitzender.

Dieckmann, Johannes (1893–1969), vor 1933: DVP (Generalsekretär im Bezirk Niederrhein, Hannover und Sachsen); 1945 Mitbegründer der LDP; Mitglied des Landesvorstandes in Sachsen, des Zonenvorstandes und der Reichsleitung der LDP; 1946–1952 MdL Sachsen; 1948–1949 Mitglied der Deutschen Wirtschaftskommission; 1948–1950

Justizminister und stellvertretender Ministerpräsident des Landes Sachsen; 1949–1969 Präsident der Volkskammer der DDR; 1949–1969 stellvertretender Vorsitzender der LDPD.

Dönhoff, Marion Gräfin (1909), Journalistin, seit 1945 bei der „Zeit".

Döring, Wolfgang (1919–1963), 1950–1956 Hauptgeschäftsführer der FDP in Nordrhein-Westfalen, 1956–1958 Fraktionsvorsitzender der FDP im Landtag von Nordrhein-Westfalen, 1957–1963 MdB, 1961–1963 stellvertretender Fraktionsvorsitzender.

Dorn, Wolfram (1924), Industriekaufmann, seit 1948 Mitglied der FDP; 1950–1952 stellvertretender Landesvorsitzender der DJD in Nordrhein-Westfalen, 1954–1961 und 1975–1980 MdL, 1961–1972 MdB, 1969–1972 Parlamentarischer Staatssekretär im Innenministerium, seit 1985 MdL in Nordrhein-Westfalen.

Dürr, Hansjürgen (1931–1963), 1946 LDP Sachsen, 1949 Flucht nach Westberlin, Studium der Politischen Wissenschaften in Berlin und Frankfurt; 1958 Mitglied des Landesvorstandes Hessen, Bundesgeschäftsführer der DJD, 1960 Pressereferent bei der FDP-Bundestagsfraktion, Redakteur der Zeitschrift „Liberal", 1961 Pressereferent im Ministerium für wirtschaftliche Zusammenarbeit.

Dulles, John Forster (1888–1959), 1952–1959 amerikanischer Außenminister.

Eckardt, Felix von (1903–1979), 1952–1955 und 1956–1962 Leiter des Presse- und Informationsamtes der Bundesregierung, 1955–1956 Botschafter bei den Vereinten Nationen, 1962–1965 Bevollmächtigter des Bundes für Berlin.

Eggerath, Werner (1900–1977), 1954–1957 Botschafter der DDR in Rumänien, 1957–1960 Staatssekretär für Kirchenfragen.

Eichmann, Adolf (1906–1962), Obersturmbannführer der SS, verantwortlich für die Ermordung von Hunderttausenden von Juden in Europa.

Eilers, Jan (1909), Studium der Wirtschafts- und Sozialwissenschaften; 1957–1961 MdB (FDP), 1963–1965 Finanzminister in Niedersachsen, 1967 Austritt aus der FDP, Eintritt in die CDU, 1972–1976 MdB.

Eisenhower, Dwight D. (1890–1969), 1943–1945 Oberkommandierender der US-Streitkräfte in Europa, 1950–1952 der NATO-Streitkräfte, 1953–1961 Präsident der USA.

Erhard, Ludwig (1897–1977), CDU; Studium der Betriebswirtschaft, Nationalökonomie und Soziologie, 1948/49 Direktor der Verwaltung für Wirtschaft, 1949–1977 MdB, 1949–1963 Wirtschaftsminister, 1957–1963 Vizekanzler, 1963–1966 Bundeskanzler.

Erler, Fritz (1913–1967) SPD, 1949–1967 MdB, 1961–1964 stellvertretender Fraktionsvorsitzender, 1964–1967 Fraktionsvorsitzender.

Eschenburg, Theodor (1904), Professor für Politische Wissenschaft; Publizist.

Etzel, Franz (1902–1970), CDU; 1949–1953 und 1957–1965 MdB, 1952–1957 Vizepräsident der Hohen Behörde der Montanunion, 1957–1961 Finanzminister.

Euler, August Martin (1908–1966), Studium der Recht- und Staatswissenschaften; 1939 Vertragsjurist bei I. G. Farben, nach 1945 Rechtsanwalt und Notar; 1946 1. Vorsitzender der FDP Hessen; 1949–1958 MdB; 1956 Austritt aus der FDP, Gründung der „Freien Volkpartei", 1958 Generaldirektor bei Euratom.

Faix, Kvetoslav, Bonner Korrespondent des Prager Rundfunks.

Falk, Wilhelm (1910–1970), Juni 1946 Landesvorsitzender der LDP-Brandenburg, trat schon nach wenigen Monaten auf Druck der Besatzungsmacht zurück; am 16. Februar 1949 wegen „Antisowjetischer Agitation" zu 10 Jahren Arbeitslager verurteilt, 1956 vorzeitig aus der Haft entlassen, Übersiedlung in die Bundesrepublik.

Feisal II. (1935–1958), 1953–1958 König des Irak.

Flach, Karl-Hermann (1929–1973), 1947–1949 Redaktionsvolontär und Redakteur der Norddeutschen Zeitung (LDP) in Schwerin; 1949 Flucht nach Westberlin, Studium der Politologie; 1954–1956 Wirtschaftsredakteur in Frankfurt/Main und Bonn; 1956 Mitarbeiter der Bundesgeschäftsstelle der FDP (Pressereferent, Leiter der politischen Abteilung), 1959–1961 Bundesgeschäftsführer der FDP; 1961–1964 innenpolitischer Ressortleiter, 1964–1971 stellvertretender Chefredakteur der Frankfurter Rundschau; 1971 Generalsekretär der FDP, 1972/73 MdB.

Frenzel, Alfred (1899–1968), vor 1933: KPD, SPD; 1938 Emigration nach England; 1946 SPD; 1953–1960 MdB, 1957 Mitglied des Verteidigungsausschusses; 1960 als Spion verhaftet, 1961 zur Höchststrafe von 15 Jahren verurteilt; Ende Dezember 1966 in die CSSR abgeschoben.

Friedensburg, Ferdinand (1886–1972), vor 1933 DDP; 1945 Mitbegründer der CDU in Berlin; 1946–1951 stellvertretender Oberbürgermeister von Gesamt-Berlin; 1945–1968 Präsident des Deutschen Instituts für Wirtschaftsforschung; 1952–1965 MdB.

Friese-Korn, Lotte (1898–1963), 1946 Mitbegründerin der FDP in Westfalen, seit 1947 Mitglied des Landesvorstandes, MdL; 1953–1961 MdB, stellvertretende Vorsitzende des Bundesfrauenausschusses des FDP.

Fulbright, J. William (1905), 1946 als Senator von Arkansas Initiator eines Studenten- und Professorenaustausches zwischen USA und Europa („Fulbright-Programm"); 1959 Vorsitzender des Außenpolitischen Ausschusses im Senat.

Gaillard, Felix (1919–1970), 1957–1958 französischer Finanzminister und Ministerpräsident.

De Gaulle, Charles (1890–1970), General; 1944/45 Chef der provisorischen Regierung, 1945–1946 Ministerpräsident, 1958 Ministerpräsident, 1958–1969 Präsident von Frankreich.

Gehlen, Reinhard (1902–1979), 1946–1955 Aufbau eines deutschen Nachrichtendienstes unter amerikanischer Aufsicht; 1955–1969 Präsident des Bundesnachrichtendienstes.

Genscher, Hans-Dietrich (1927), 1956–1959 Assistent, 1959–1965 Geschäftsführer der FDP-Bundestagsfraktion; 1962–1964 Bundesgeschäftsführer der FDP; MdB seit 1965; 1965–1969 Parlamentarischer Geschäftsführer der FPD-Bundestagsfraktion; 1969–1974 Bundesinnenminister, 1974–1985 Bundesvorsitzender der FDP, seit 1974 Bundesaußenminister.

Gentner, Hermann, 1958–1962 stellvertretender Bundesgeschäftsführer der FDP.

Gerstenmaier, Eugen (1906–1986), CDU; 1949–1969 MdB, 1954–1969 Präsident des Deutschen Bundestages, 1956–1969 stellvertretender Parteivorsitzender der CDU.

Glahn, Fritz (1899–1977), Studium der Land- und Volkswirtschaft; vor 1933: DVP, 1933–1945 Pressereferent im Reichsernährungsministerium; Abteilungsleiter im „Reichsnährstand", nach 1945 FDP; 1955–1957 MdL in Rheinland-Pfalz, Fraktionsvorsitzender; 1957–1959 MdB; 1958–1966 Landesvorsitzender der FDP in Rheinland-Pfalz, 1959–1966 Finanzminister Rheinland-Pfalz.

Goebbels, Joseph (1897–1945), NS-Propagandaminister.

Gomulka, Wladislaw (1905–1982); 1945–1949 diverse Staats- und Parteiämter in der Volksrepublik Polen, 1951 verhaftet, 1956 rehabilitiert und 1. Sekretär der Polnischen Vereinigten Arbeiterpartei; 1957–1971 Mitglied des Staatsrates, 1970 erneut kaltgestellt.

Graaf, Carlo (1914–1975), Dipl. Ingenieur; nach 1945 FDP; 1957–1968 Landesvorsitzender Niedersachsen, 1955–1959 und 1965–1975 MdB; 1959–1965 Minister für Wirtschaft und Verkehr in Niedersachsen.

Gradl, Johann Baptist (1904–1988), vor 1933: Zentrum; nach 1945: CDU; 1953–1971 Mitglied des Bundesvorstandes der CDU; 1957–1980 MdB; 1957–1965 stellvertretender und 1969–1972 Vorsitzender des Ausschusses für gesamtdeutsche Fragen; 1965/66 Bundesminister für Vertriebene, Flüchtlinge und Kriegsgeschädigte, 1966 Bundesminister für Gesamtdeutsche Fragen.

Gromyko, Andrej (1909–1989), seit 1956 Mitglied des ZK der KPdSU; 1957–1985 sowjetischer Außenminister; 1971–1985 Mitglied des Politbüros der KPdSU.

Grotewohl, Otto (1894–1964), vor 1933 SPD, MdR; 1946–1954 Vorsitzender der SED; 1949–1964 Ministerpräsident der DDR.

Guttenberg, Karl Theodor Freiherr von und zu (1921–1972), CSU; 1957–1972 MdB; 1967–1972 Parlamentarischer Staatssekretär im Bundeskanzleramt.

Hallstein, Walter (1901–1982), CDU; Professor für Privat- und Gesellschaftsrecht; 1950 Staatssekretär im Bundeskanzleramt, 1951–1958 Staatssekretär im Auswärtigen Amt, 1958–1967 Präsident der Kommission der Europäischen Gemeinschaft, 1968–1974 Präsident der Europäischen Bewegung, 1969–1972 MdB.

Hamann, Karl (1903–1973), 1945 LDP; 1946–1950 MdL Thüringen; übernahm am 20. Oktober 1948 die Geschäftsführung der LDP bis zur Neuwahl des Vorstandes im Februar 1949; 1949–1952 Mitvorsitzender der LDP, Minister für Handel und Versorgung; 1952 Amtsenthebung, Ausschluß aus der LDP und Verhaftung; 1954 zu 10 Jahren Zuchthaus verurteilt; Oktober 1956 begnadigt; 1957 Übersiedlung in die Bundesrepublik.

Hammerskjöld, Dag (1905–1961), 1953–1961 Generalsekretär der UNO.

Hassel, Kai Uwe von (1913), CDU; 1950–1965 MdL Schleswig-Holstein, 1954–1963 Ministerpräsident von Schleswig-Holstein, 1955–1964 CDU-Landesvorsitzender in Schleswig-Holstein, 1956–1969 stellvertretender Bundesvorsitzender der CDU, 1963–1966 Verteidigungsminister, 1969–1972 Bundestagspräsident.

Haußmann, Wolfgang (1903–1989), Studium der Rechtswissenschaften; vor 1933: DDP; 1945/46 stellvertretender Oberbürgermeister von Stuttgart; 1946–1964 Vorsitzender der DVP/FDP in Württemberg-Baden bzw. Baden-Württemberg; 1946–1972 MdL; 1953–1966 Justizminister in Baden-Württemberg.

Heinemann, Gustav (1899–1976), 1947/48 Justizminister in Nordrhein-Westfalen (CDU), 1949/50 Bundesinnenminister; 1949–1955 Präses der Evangelischen Kirche in Deutschland; 1952 Gründung der Gesamtdeutschen Volkspartei; 1957–1969 MdB (SPD), 1966–1969 Bundesjustizminister; 1969–1974 Bundespräsident.

Hellwege, Heinrich (1908), 1947–1961 Deutsche Partei (Vorsitzender), seit 1961 CDU; 1949–1955 MdB; 1949–1955 Bundesratsminister, 1955–1959 Ministerpräsident von Niedersachsen.

Herter, Christian (1895–1967), 1957–1959 Unterstaatssekretär im US-Außenministerium; 1959–1961 US-Außenminister.

Heuss, Theodor (1884–1963), vor 1933: DDP und DStP; 1920–1933 Dozent an der Hochschule für Politik in Berlin, während der NS-Zeit schriftstellerische Tätigkeit; 1945–1946 Kultminister von Württemberg-Baden; 1946–1949 Vorsitzender der Demokratischen Volkspartei; 1948/49 Mitglied des Parlamentarischen Rates; 1948/49 Vorsitzender der FDP; 1949–1959 erster Bundespräsident.

Hitler, Adolf (1889–1945); Führer der NSDAP, 1933–1945 Reichskanzler.

Höcherl, Hermann (1912–1989), CSU, 1953–1969 MdB; 1957–1961 Vorsitzender der CSU-Landesgruppe im Bundestag und stellvertretender Vorsitzender der CDU/CSU-Fraktion; 1961–1965 Bundesinnenminister; 1965-1969 Bundesminister für Ernährung, Landwirtschaft und Forsten.

Höfer, Werner (1913), Journalist, 1953–1987 Leiter des „Internationalen Frühschoppen“.

Hoffmann, Johannes (1890–1967), Studium der Philosophie und Nationalökonomie; Journalist; nach 1945 Mitbegründer und 1. Landesvorsitzender der „Christlichen Volkspartei“ im Saarland; 1947–1955 Ministerpräsident.

Hoppe, Hans-Günter (1922), Studium der Rechts- und Staatswissenschaften; 1946 LDP; Hochschulreferent des LV Mecklenburg, Mitglied des Studentenrats der Universität Rostock; 1949 Flucht nach Westberlin; 1951–1955 Universitäts-Assistent; 1952–1958 und 1963–1973 Mitglied des Abgeordnetenhauses (FDP), 1961–1971 stellvertretender Landesvorsitzender; 1963 Senator für Finanzen, 1967–1971 Senator für Justiz; seit 1972 MdB.

Horn, Klaus, Bundesvorstandsmitglied des LSD.

Horten, Helmut (1909–1987), Unternehmer.

Hucklenbroich, Volker (1925), FDP; Mitglied des Landesvorstandes von Berlin.

Hussein (1935), König von Jordanien.

Jaeger, Richard (1913), CSU; 1949–1980 MdB; 1953–1965 und 1969–1976 Bundestagsvizepräsident, 1953–1965 Vorsitzender des Bundestagsausschusses für Verteidigung.

Jaspers, Karl (1883–1969), Professor für Philosophie.

Johnson, Lyndon B. (1901–1973), 1949–1961 Mitglied, 1953–1961 Fraktionsvorsitzender der Demokraten im Senat, 1961–1963 Vizepräsident, 1963–1969 Präsident der USA.

Jungnickel, Kurt, Schriftsteller; Herausgeber der „Deutschen Informationen".

Kaiser, Jakob (1888–1961), vor 1933: Zentrum (MdR); 1946/47 Vorsitzender der CDU in Berlin und der SBZ; 1949–1957 MdB, Minister für gesamtdeutsche Fragen; 1950–1958 stellvertretender CDU-Vorsitzender.

Kantorowicz, Alfred (1899–1979), deutscher Literaturhistoriker; 1955 Professor an der Humboldt-Universität in Ostberlin, Direktor des „Heinrich-Mann-Archivs"; bat 1957 in Westberlin um politisches Asyl.

Kastenmeyer, Günther, Mitglied des Bundesvorstandes der DJD.

Kaul, Friedrich (1906–1981), Studium der Rechtswissenschaften; 1956 Hauptprozeßbevollmächtigter beim KPD-Prozeß in Karlsruhe; Nebenkläger bei zahlreichen NS-Prozessen.

Kegel, Gerhard (1907), 1959 Gesandter und Sprecher der Regierungsdelegation der DDR auf der Genfer Außenministerkonferenz.

Keitel, Ulrich, FDP-Mitglied;

Kennan, George F. (1904), US-Diplomat und Historiker; 1947–1950 Leiter der Planungsabteilung im amerikanischen Außenministerium, 1952 Botschafter in der UdSSR, 1961–1963 Botschafter in Jugoslawien.

Kennedy, John F. (1917–1963), 1953–1961 Senator von Massachusetts, 1961–1963 Präsident der USA.

Kiep-Altenloh, Emilie (1888–1985), Studium der Nationalökonomie und Jura; berufliche Tätigkeiten im Sozialfürsorgebereich; vor 1933: DDP, Stadtverordnete in Altona, MdR; nach 1945: FDP, 1949–1953 Vizepräsidentin der Hamburger Bürgerschaft; 1954 Senatorin für Soziales und Jugend; 1961–1965 MdB.

Kiesinger, Kurt-Georg (1904–1988), Studium der Rechtswissenschaften; 1933–1945 NSDAP-Mitglied; nach 1945 CDU; 1949–1959 und 1969–1980 MdB, 1954–1959 Vorsitzender des Bundestagsausschusses für Auswärtige Angelegenheiten, 1958–1966 Ministerpräsident von Baden-Württemberg, 1966–1969 Bundeskanzler.

Kindt-Kiefer, Jakob (1905), emigrierte 1935 in die Schweiz, Vorstandsmitglied der Arbeitsgemeinschaft „Das demokratische Deutschland", 1946 Mitbegründer der „Vereinigung Christlicher-Demokraten Deutschlands in der Schweiz".

Kissinger, Henry (1923), Professor für politische Wissenschaften, Berater der Präsidenten Eisenhower, Rockefeller, Kennedy, Nixon; 1973–1977 amerikanischer Außenminister.

Kluthe, Hans-Albert (1904–1970), DDP, Mitglied des Reichsbundes Demokratischer Studenten und des Reichsbundes der Jungdemokraten; journalistische Tätigkeiten; 1936–1947 Emigration nach England, Mitherausgeber der Zeitschrift „Das wahre Deutschland"; nach 1947 Verleger, Präsident des Verbandes Deutscher Zeitschriftenverleger; 1947 Vizepräsident der Liberalen Internationale; 1956 Präsident der Deutschen Gruppe der Liberalen Internationale; Vizepräsident der Deutschen Europa-Union.

Kohut, Oswald (1901–1977), Studium der Geschichte, Philosophie und Volkswirtschaft; bis 1934 Journalist im Ullstein-Verlag; 1946–1951 Vorsitzender der AG Ernährungsindustrie Hessen; 1945 CDU, 1947 FDP; 1954–1957 MdL, 1956–1961 Landesvorsitzender Hessen, stellvertretender Bundesvorsitzender; 1957–1965 MdB.

Koniecki, Dieter (1931), 1958–1961 Ostreferent des LSD, 1961 wegen angeblicher Spionage in Ostberlin verhaftet, 1966 entlassen.

Kopf, Hermann (1901), CDU; 1949–1969 MdB, seit 1960 Vorsitzender des Ausschusses für auswärtige Angelegenheiten.

Korn, Karl (1908), Journalist, seit 1948 Frankfurter Allgemeine Zeitung.

Kreitmeyer, Reinhold (1908), Oberst a. D.; 1948 FDP, 1951 MdL Niedersachsen, 1952 Ratsherr, 1954–1955 Oberbürgermeister in Lüneburg; 1957–1965 MdB.

Kroll, Hans (1898–1967), 1955–1958 Botschafter in Japan, 1958–1962 Botschafter in der Sowjetunion.

Krone, Heinrich (1895–1985), vor 1933: Zentrum, MdR; nach 1945: CDU; 1949–1969 MdB, 1955–1961 Fraktionsvorsitzender CDU/CSU; 1961–1964 Bundesminister für besondere Aufgaben, 1964/65 Vorsitzender des Bundesverteidigungsrates, 1965/66 Bundesminister für Angelegenheiten des Bundesverteidigungsrates.

Küchenhoff, Erich (1922), Professor für öffentliches Recht und politische Wissenschaft.

Kühlmann-Stumm, Knut Freiherr von (1916–1977), nach 1945 FDP; 1956–1958 Landesschatzmeister in Hessen, 1960–1972 MdB; 1963–1968 Fraktionsvorsitzender; 1972–1976 MdB (CDU).

Kühn, Walter (1892–1962), Studium der Rechts- und Staatswissenschaften; vor 1933: DVP; 1946 FDP Nordrhein-Westfalen; 1949–1962 MdB.

Kunze, Walter (1898–1977), vor 1933: DDP; 1945: LDP; 1946 Finanzminister des Landes Brandenburg, 1946–1948 Vorsitzender des Landesverbandes Brandenburg der LDP; 1948 Flucht nach Westdeutschland; journalistische Tätigkeit bei der „Welt am Sonntag"; 1954–1963 Bürgermeister in Altona; Vorsitzender des LDP-Bundesbeirates der FDP.

Langeheine, Richard (1900), DP; MdL Niedersachsen 1955–1974 (seit 1963 CDU).

Lemmer, Ernst (1898–1965), vor 1933: DDP, MdR; nach 1945: CDU; 1946–1947 stellvertretender Vorsitzender der CDU in Berlin und der SBZ; 1952–1970 MdB; 1956–1961 Landesvorsitzender der CDU in Berlin; 1956–1957 Bundespostminister, 1957–1962 Bundesminister für gesamtdeutsche Fragen.

Lenz, Hans (1907–1968), Studium der Neuphilologie; nach 1945: FDP; 1951 stellvertretender FDP-Vorsitzender in Württemberg-Hohenzollern; 1953–1967 MdB; 1961 Bundesschatzminister, 1962–1965 Minister für Wissenschaft und Forschung.

Letz, Georg (1919–1978), nach 1945 FDP; seit 1955 Mitglied des Landesvorstandes der FDP in Bayern.

Leuze, Eduard (1906–1973), Studium der Rechtswissenschaft; nach 1945: FDP; 1952/53 MdB; 1956–1960 und 1963–1969 Vorsitzender der FDP-Fraktion im Landtag von Baden-Württemberg; 1960–1966 Wirtschaftsminister in Baden-Württemberg.

Leverenz, Bernhard (1909), Studium der Rechtswissenschaften; nach 1945: FDP, 1951 stellvertretender, 1952–1963 Vorsitzender der FDP Schleswig-Holstein; 1958–1964 stellvertretender Bundesvorsitzender der FDP; 1954–1967 Justizminister von Schleswig-Holstein, 1958–1963 stellvertretender Ministerpräsident; 1967 Rechtsanwalt beim Bundesgerichtshof in Karlsruhe.

Lincoln, Abraham (1809–1865), 1861–1865 Präsident der USA.

Linser, Karl (1895), Mitglied der DDR-Delegation in Genf.

Lloyd, Selwyn (1904–1978), britischer Politiker; 1955–1960 Außenminister.

Logemann, Fritz (1907), 1946–1972 Bürgermeister von Anstedt; 1951 DP, 1953–1957 MdL; 1957–1961 MdB (DP) und 1961–1976 MdB (FDP).

Luchsinger, Fred, Bonner Korrespondent der „Neuen Zürcher Zeitung".

Luchtenberg, Paul (1890–1973), Studium der Psychologie, Philosophie und Pädagogik; 1925–1936 ordentlicher Professor; nach 1945: FDP; 1950–1956 MdB; 1956–1958 Kultusminister in Nordrhein-Westfalen.

Lübke, Heinrich (1894–1972), 1946–1956 MdL Nordrhein-Westfalen (CDU); 1949/50 und 1953–1959 MdB; 1947–1952 Ernährungs- und Landwirtschaftsminister in Nordrhein-Westfalen, 1953–1959 Bundesminister für Ernährung, Landwirtschaft und Forsten; 1959–1969 Bundespräsident.

Lüders, Marie-Elisabeth (1878–1966), Studium der Volkswirtschaft; vor 1933: DDP, MdR; Tätigkeiten im Bereich der Sozialfürsorge; nach 1945: FDP; 1953–1961 MdB.

Lumumba, Patrice (1925–1961), seit 1958 Führer der Unabhängigkeitsbewegung im Kongo.

Macmillan, Harold (1894–1986), 1949–1951 Mitglied der Beratenden Versammlung des Europarates, 1945–1964 Unterhausabgeordneter (Konservative), 1955–1957 Schatzkanzler, 1957–1963 Britischer Premierminister.

Madariaga, Salvador de (1886–1978), spanischer Diplomat, Historiker und Schriftsteller.

Majonica, Ernst (1920), CDU; 1950–1972 MdB, 1959–1969 Vorsitzender des Außenpolitischen Arbeitskreises der CDU/CSU-Fraktion.

Malenkow, Georgiy M. (1902–1988), 1946 stellvertretender Ministerpräsident, 1953–1955 Ministerpräsident der UdSSR; 1957 aller Partei- und Regierungsämter enthoben, 1961 aus der KPdSU ausgeschlossen.

Maleter, Pal (1917–1958), Oberst im Generalstab des ungarischen Verteidigungsministeriums, von Nagy zum Generalmajor befördert, Verteidigungsminister.

Maier, Reinhold (1889–1971), Studium von Jura und Volkswirtschaft; vor 1933: DDP, MdR; nach 1945: FDP; 1945–1953 Ministerpräsident von Württemberg-Baden bzw. Baden-Württemberg; 1953–1956 und 1957–1959 MdB, 1957–1960 Bundesvorsitzender der FDP.

Manteuffel-Szoege, Georg Baron von (1889–1962), CSU; 1953–1962 MdB.

Margulies, Robert (1908–1974), vor 1933: Mitglied der Deutschen Jungdemokraten; nach 1945: FDP, 1949–1964 MdB, 1961–1965 Vorsitzender im Bundestagsausschuß für Entwicklungshilfe, 1964–1966 Mitglied der Euratom-Kommission.

Marx, Hermann (1924), Jurastudium in Jena, Mitglied der LDP-Hochschulgruppe; 1949 stellvertretender Vorsitzender des Jugendbeirates bei der Parteileitung der LDP, Vorsitzender des Ausschusses für Hochschul- und Studentenfragen bei der Parteileitung; 1952 verhaftet, nach seiner Entlassung Übersiedlung in die Bundesrepublik; 1960–1969 Justitiar bzw. zeitweise Bundesgeschäftsführer der FDP; 1970–1980 Ministerialrat bzw. -direktor im Bundesinnenministerium und im Bundeskanzleramt.

Matern, Hermann (1893–1971), vor 1933: USPD bzw. KPD; 1946: SED; Mitglied des Politbüros, Vorsitzender der Parteikontrollkommission, seit 1949 Mitglied und Vizepräsident der Volkskammer.

Matthes, Heinz (1897–1976), 1949–1965 MdB (bis 1961: DP, dann fraktionslos).

Mauk, Adolf (1906), nach 1945: FDP; 1952–1969 MdB.

McCloy, John (1895–1989), 1949–1952 Hoher Kommissar der USA für Deutschland; 1953–1960 Vorsitzender der Chase Manhattan Bank; 1961/62 Sonderbeauftragter Kennedys für Abrüstungsfragen.

Meder, Walter (1904), Professor für Osteuropäisches Recht.

Meissner, Wilhelm (1899), Gesandter und 1959 Mitglied der DDR-Delegation in Genf.

Mende, Erich (1916), nach 1945: FDP; 1949–1970 MdB, 1957–1963 Fraktionsvorsitzender, 1960–1968 Bundesvorsitzender der FDP; 1963–1966 Minister für gesamtdeutsche Fragen und Vizekanzler; 1970–1980 MdB (CDU).

Mende, Margot, seit 1948 Ehefrau von Erich Mende.

Merkatz, Hans-Joachim von (1905–1982), 1949–1969 MdB (erst DP, seit 1960 CDU), 1955–1962 Bundesminister für Angelegenheiten des Bundesrates und der Länder, 1956/57 Bundesjustizminister, 1960/61 Bundesvertriebenenminister.

Middelhauve, Friedrich (1896–1966), Studium von Literatur, Geschichte und Kunstgeschichte; vor 1933 Mitglied der DStP; 1946 1. Landesvorsitzender der FDP in Nordrhein-Westfalen; 1946–1958 MdL, 1949/50 und 1953/54 MdB; 1954 Wirtschafts- und Verkehrsminister in Nordrhein-Westfalen; seit 1950 Mitglied des Bundesvorstandes der FDP; 1958 Rückzug aus der parlamentarischen und politischen Arbeit.

Mikojan, Anastas (1895–1978), 1935–1966 Mitglied des Politbüros der KPdSU, 1955–1964 Stellvertretender Ministerpräsident der UdSSR.

Mischnik, Wolfgang (1921), 1945 Mitbegründer der LDP in Dresden, 1947 stellvertretender LDP-Landesvorsitzender in Sachsen; 1948 Flucht nach Frankfurt/M., Jugendsekretär der FDP in Hessen, 1954–1957 Bundesvorsitzender der Deutschen Jungdemokraten; 1954–1957 MdL; 1954 stellvertretender Landesvorsitzender und Mitglied des Bundesvorstandes; seit 1957 MdB, 1959–1961 Parlamentarischer Geschäftsführer der FDP-Bundestagsfraktion, 1963–1968 stellvertretender, seit 1968 Vorsitzender der Bundestagsfraktion; 1961–1963 Bundesminister für Vertriebene, Flüchtlinge und Kriegsgeschädigte.

Mörbitz, Eckart, Journalist bei der „Frankfurter Rundschau".

Moersch, Karl (1926), Journalist; 1961 FDP-Pressesprecher; 1964–1976 MdB, 1970 Parlamentarischer Staatssekretär, 1974–1976 Staatsminister im Auswärtigen Amt.

Molotow, Wjatscheslaw (1890–1986), 1930–1941 Ministerpräsident der UdSSR, 1939–1949 und 1952–1956 Außenminister; 1957 aller Partei- und Regierungsämter enthoben.

Moog, Leonhard (1882–1962), vor 1933: DDP; 1945 Mitbegründer der LDP in Thüringen, 1945–1949 Vorsitzender der LDP Thüringen, 1946–1950 MdL Thüringen; 1946–1950 Finanzminister in Thüringen; Mitglied der Deutschen Wirtschaftskommission; 1948 Mitglied des Zentralvorstandes der LDP; Januar 1950 Flucht in die Bundesrepublik.

Mouser, Grant Earl, 2. Botschaftssekretär in der US-Botschaft.

Mühlen, Klaus Freiherr von (1909–1985), Studium der Rechtswissenschaft und Volkswirtschaft; Journalist; nach 1945: DVP/FDP; MdB 1959–1965.

Müller, C. C., Assistent in der FDP-Bundestagsfraktion.

Müller, Vincenz (1894–1961), NDPD; Generalleutnant der DDR.

Münemann, Rudolf (1908–1982), Finanzmakler.

Naase, Karl-Heinz (1922–1980), 1946 Kreissekretär der LDP Meiningen, Bezirkssekretär Eisenach, Landesjugendreferent Thüringen; 1948 Flucht, 1950 Übernahme des „Hilfsdienst Ost" der FDP, bis 1956 Leiter des Ostbüros.

Nagy, Imre (1896–1958), 1953–1955 und 1956 ungarischer Ministerpräsident; 1956 verhaftet, 1958 hingerichtet.

Nasser, Gamal Abd el (1918–1970), 1953 stellvertretender, 1954 Ministerpräsident von Ägypten, 1956 Staatspräsident.

Natonek, Wolfgang (1919), LDP; Vorsitzender des Studentenrates der Universität Leipzig; November 1948 Verhaftung und von einem sowjetischen Militärtribunal zu 25 Jahren Zwangsarbeit verurteilt; 1956 vorzeitige Entlassung aus der Haft und Übersiedlung in die Bundesrepublik.

Nehru, Dschawaharlal (1889–1964), 1947–1964 Premierminister von Indien.

Nöll von der Nahmer, Robert (1899–1986), Studium der Rechts- und Staatswissenschaft; vor 1933: DDP; nach 1945: FDP; 1949–1953 MdB.

Nottbeck, Arvid von (1903–1981), Studium der Rechtswissenschaft; nach 1945: FDP; Mitglied des Landesvorstandes Niedersachsen und des Bundesvorstandes; 1956/57 und 1959–1965 Niedersächsischer Justizminister.

Nowack, Wilhelm (1897), Studium der Nationalökonomie und Staatswissenschaften; vor 1933: Mitbegründer der Reichsbanners Schwarz-Rot-Gold, DDP; nach 1945: FDP; 1949–1952 MdB; 1951–1958 Minister für Finanzen und Aufbau in Rheinland-Pfalz; 1953–1958 Landesvorsitzender in Rheinland-Pfalz, 1955/56 stellvertretender Bundesvorsitzender.

Ollenhauer, Erich (1901–1963), SPD; 1946–1952 stellvertretender Vorsitzender der SPD; 1949–1963 MdB; 1952–1963 Partei- und Fraktionsvorsitzender.

Pasternak, Boris (1890–1960), sowjetischer Schriftsteller; erhielt 1958 den Nobelpreis für Literatur.

Paulssen, Hans Constantin (1892–1984), 1953–1964 Vorsitzender der Bundesvereinigung der Deutschen Arbeitgeberverbände.

Pelikan, Jiri (1923), tschechoslowakischer Journalist und Politiker; während des „Prager Frühlings" Kulturattache an der Botschaft in Italien, lebt seitdem in Italien.

Pfleiderer, Karl Georg (1899–1957), Studium der Rechts- und Staatswissenschaften; Beamter im Auswärtigen Amt; nach 1945: FDP, 1949–1955 MdB; 1955–1957 Botschafter in Jugoslawien.

Pflimlin, Pierre (1907), diverse Ministerämter in französischen Kabinetten nach 1945; 1958 Ministerpräsident.

Pieck, Wilhelm (1876–1960), vor 1933 SPD, KPD; 1921–1928 Mitglied des Preußischen Landtages, 1928–1933 MdR; 1930 Mitglied des Preußischen Staatsrates; 1933 Emigration; 1945/46 Vorsitzender der KPD; ab April 1946 mit Otto Grotewohl Vorsitzender der SED; 1946 MdL Brandenburg, 1948 Präsident des Deutschen Volksrates; seit Oktober 1949 Präsident der DDR.

Preiss, Ludwig (1910), Studium der Land- und Volkswirtschaft und der Rechts- und Staatswissenschaften; nach 1945: FDP; 1949–1956 MdB (FDP), 1957–1961 MdB (DP).

Preusker, Victor-Emmanuel (1913), Studium der Volks-, Betriebs- und Staatswissenschaften; nach 1945: FDP; 1947 Generalsekretär der FDP in Hessen; 1949–1961 MdB (1956–1961 DP); 1953–1957 Wohnungsbauminister.

Rademacher, Willi Max (1897–1971), vor 1933: DDP; nach 1945: FDP; 1946–1958 und 1966–1969 Landesvorsitzender Hamburg; 1949–1965 MdB.

Rapacki, Adam (1909–1970), 1956–1968 polnischer Außenminister.

Rinné, Erich (1920–1960), Journalist, 1952 Abteilungsleiter für Werbung und rundfunkpolitischer Referent der Bundesgeschäftsstelle der FDP, 1956 Redakteur, von 1957–1960 Chefredakteur des „Freien Wortes".

Ritzel, Heinrich (1893–1971), SPD; 1949–1965 MdB.

Röder, Horst, Redakteur in der Pressestelle der FDP.

Rubin, Hans Wolfgang (1912–1986), 1945 Mitbegründer der FDP; 1950–1956 Landesschatzmeister in Nordrhein-Westfalen, 1952–1974 Bundesschatzmeister der FDP.

Rüstow, Alexander (1885–1963), Professor für Sozialwissenschaften.

Salazar, Antonio de Oliveira (1889–1968), 1932–1968 Diktator in Portugal.

Sander, Heinrich (1910), FDP; 1957–1969 MdB.

Schäffer, Fritz (1888–1967), vor 1933: Bayerische Volkspartei; nach 1945: CSU; 1949–1961 MdB, 1949–1957 Finanzminister; 1957–1961 Justizminister.

Scheel, Walter (1919), nach 1945: FDP; 1950–1953 MdL Nordrhein-Westfalen; 1953–1974 MdB; 1955–1959 Mitglied des Europäischen Parlaments; 1961–1966 Bundesminister für wirtschaftliche Zusammenarbeit; 1968–1974 Bundesvorsitzender der FDP; 1969–1974 Außenminister; 1975–1979 Bundespräsident.

Schmid, Carlo (1896–1979), SPD; 1949–1972 MdB, 1957–1966 stellvertretender Fraktionsvorsitzender.

Schmidt, Helmut (1918), SPD; 1953–1962 und seit 1965 MdB; 1961/62 Innensenator von Hamburg; 1969–1972 Verteidigungsminister, 1972–1974 Finanzminister, 1974–1982 Bundeskanzler.

Schneider, Heinrich (1907–1974), 1930–1937 NSDAP; von 1955 bis zur Auflösung 1962 Vorsitzender der DPS; 1960/1961 stv. Bundesvorsitzender der FDP; 1969 Austritt aus der FDP.

Schneider, Herbert (1915), DP; 1953–1972 MdB (seit 1967: CDU), 1957–1961 Fraktionsvorsitzender, 1961–1967 Parteivorsitzender.

Schönen, Paul Josef, Mitglied der Deutschen Reichspartei.

Schröder, Georg (1905), Leiter des Bonner Büros der „Welt“.

Schröder, Gerhard (1910–1989), CDU; 1949–1980 MdB; 1953–1961 Bundesinnenminister, 1961–1966 Außenminister, 1966–1969 Verteidigungsminister.

Schtscherbakow, J. J., Botschaftssekretär in der UdSSR-Botschaft.

Schuchardt, Werner (1919), 1955–1961 Leiter der Pressestelle im Zentralvorstand der LDPD.

Schütz, Wilhelm Wolfgang (1911), 1954–1972 Vorsitzender des Kuratorium Unteilbares Deutschland.

Schulte, Marcel (1910–1965), Journalist.

Schultz, Fritz Rudolf (1917), nach 1945: FDP; 1953–1957 MdL; 1957–1970 MdB, 1970–1975 Wehrbeauftragter.

Schumacher-Hellmold, Otto (1912), Studium der Volkswirtschaft und der Zeitungswissenschaften; nach 1945: FDP; Landesgeschäftsführer Nordrhein-Westfalen, Bürgermeister von Bonn, Redakteur beim Westdeutschen Rundfunk.

Schuster, Hans, Journalist der „Süddeutschen Zeitung";

Schwann, Hermann (1899–1977), Diplomlandwirt; vor 1933: DVP, „Stahlhelm"; 1933–1945 NSDAP; nach 1945: FDP, 1953–1957 MdB.

Schwarzkopf, Dietrich (1927), Journalist beim „Tagesspiegel".

Schweitzer, Albert (1875–1965), Arzt und Philosoph, erhielt 1953 den Friedensnobelpreis.

Schwennicke, Carl-Hubert (1906), vor 1933: DVP; nach 1945: LDP (später FDP); 1945–1956 Landesvorsitzender Berlin; 1956 Austritt aus der FDP.

Schwertner, Erich (1918–1965), Deutsche Partei Saar, 1955 stv. Vorsitzender: 1955–1957 MdL; 1957 MdB; 1957–1959 Minister für Öffentliche Arbeiten und Wohnungsbau.

Senger und Etterlin, Ferdinand von (1923–1987), 1956–1959 Hilfsreferent im Führungsstab der Bundeswehr; 1959–1983 General.

Sergejew, Botschaftssekretär in der UdSSR-Botschaft.

Sethe, Paul (1901–1967), Schriftsteller und Journalist.

Siborow, J. W., 1. Botschaftssekretär in der UdSSR-Botschaft.

Smirnow, Andrej (1905–1982), 1957–1962 sowjetischer Botschafter in der Bundesrepublik.

Sonnenhol, Gustav Adolf (1912–1988), Studium der Rechtswissenschaften; nach 1945: FDP; 1957 Vertreter der Bundesrepublik beim Europäischen Wirtschaftsrat in Paris; 1962 Leiter der Abteilung Entwicklungspolitik im Bundesministerium für wirtschaftliche Zusammenarbeit; 1968 Botschafter in Südafrika, 1971 Botschafter in der Türkei.

Sorin, Valerian (1902–1986), 1956 1. Botschafter der UdSSR in der BRD; 1956/57 stellvertretender Außenminister; 1957 Leiter der sowjetischen Delegation bei den Abrüstungsverhandlungen in London, 1960 Leiter der sowjetischen Delegation bei der Genfer Abrüstungskonferenz und bei der Pariser Gipfelkonferenz, 1960–1962 Chefdelegierter bei den Vereinten Nationen.

Spaak, Paul Henri (1899–1972), 1957–1961 NATO-Generalsekretär, 1961–1965 stellvertretender belgischer Ministerpräsident und Außenminister.

Ssergejew, Rostislaw A., Botschaftssekretär in der UdSSR-Botschaft.

Stalin, Josip W. (1879–1953), 1922–1953 Generalsekretär der KPdSU.

Stanek, Adam, polnischer Journalist, Korrespondent in Bonn.

Stammberger, Wolfgang (1920–1982), Studium der Rechtswissenschaften; nach 1946 FDP; 1953–1969 MdB (seit 1964 SPD); 1961–1962 Bundesjustizminister.

Starke, Heinz (1911), Studium der Rechts- und Staatswissenschaften; nach 1945 FDP, 1953–1980 MdB (ab 1970 CDU), 1961–1962 Bundesfinanzminister.

Stauffenberg, Claus Graf Schenk von (1907–1944), Offizier und Widerstandskämpfer.

Steltzner, Helmut (1897–1982), vor 1933: DDP, Deutsche Friedensgesellschaft; nach 1945: LDP; 1950 Flucht nach Coburg, seit 1952 Mitglied im LDP-Bundesbeirat.

Stephan, Werner (1890–1984), vor 1933: DDP (Geschäftsführer), seit 1929 Pressereferent bei der Reichsregierung, ab 1933 im Propagandaministerium; nach 1945: FDP; 1955–1959 Bundesgeschäftsführer der FDP, 1959–1965 Geschäftsführer der Friedrich-Naumann-Stiftung.

Storch, Anton (1892–1975), CDU; 1949–1965 MdB; 1949–1957 Bundesminister für Arbeit und Sozialordnung.

Strauß, Franz-Josef (1915–1988), CSU; 1949–1978 MdB; 1955–1956 Bundesminister für Atomfragen, 1956–1962 Bundesverteidigungsminister, 1966–1969 Bundesfinanzminister; 1978–1988 bayerischer Ministerpräsident.

Stresemann, Gustav (1878–1929), DVP; 1923 Reichskanzler; 1923–1929 Reichsaußenminister.

Stunk, Arnold, Mitglied der Deutschen Reichspartei.

Surchaninow, W. W., Botschaftssekretär in der UdSSR-Botschaft.

Sweet, Paul, Botschaftssekretär in der US-Botschaft.

Taubert, Eberhard (1907), Mitglied des NS-Volksgerichtshofes, Drehbuchautor von „Der ewige Jude“; 1950 1. Präsident des „Volksbundes für Frieden und Freiheit“.

Tenhumberg, Heinrich (1915), 1958 Weihbischof, seit 1969 Bischof von Münster.

Timoschenko, Gesandter an der UdSSR-Botschaft.

Tito, Josip Broz (1892–1980), 1945–1953 jugoslawischer Ministerpräsident.

Tobaben, Peter (1905–1972), DP; seit 1961: CDU; 1949–1972 MdB.

Tönnies, Norbert, Journalist beim „Bonner Generalanzeiger“.

Töplitz, Heinrich (1914), 1950–1960 Staatssekretär im Ministerium der Justiz der DDR.

Ulbricht, Walter (1893–1973), 1949–1960 1. Stellvertreter des Vorsitzenden des Ministerrates der DDR; 1950–1953 Generalsekretär, 1953–1971 1. Sekretär der SED; 1960–1971 Vorsitzender des Nationalen Verteidigungsrates, 1960–1973 Vorsitzender des Staatsrates.

Ungeheuer, Josef (1909–1959), Studium der Theologie und Philosophie; nach 1945: FDP, 1949 Leiter der Pressestelle der FDP, Chefredakteur der „Freien Demokratischen Korrespondenz“.

Wedel, Fritz (1916–1964), Deutsche Partei Saar; 1955–1960 MdL; 1957 MdB.

Wehner, Herbert (1906–1990), vor 1933: KPD; 1935–1946 Emigration; SPD; 1949–1983 MdB; 1949–1967 Vorsitzender des Bundestagsausschusses für gesamtdeutsche und Berliner Fragen; 1957–1958 stellvertretender Fraktionsvorsitzender; 1958–1973 stellvertretender Parteivorsitzender; 1966–1969 Bundesminister für gesamtdeutsche Fragen; 1969–1983 Fraktionsvorsitzender.

Wessel, Kurt (1908–1976), 1963–1973 Chefredakteur des „Münchner Merkur".

Weyer, Willi (1917–1987), Studium der Rechtswissenschaften; nach 1945: FDP; 1956–1972 Landesvorsitzender in Nordrhein-Westfalen; 1963–1968 stellvertretender Bundesvorsitzender; 1953/54 MdB; 1956–1958 Finanzminister und stellvertretender Ministerpräsident in Nordrhein-Westfalen; 1974–1986 Präsident des Deutschen Sportbundes.

Will, Rudolf (1893–1963), Studium der Rechts- und Staatswissenschaften; nach 1945: LDP in Berlin; 1956–1958 und 1959 Landesvorsitzender; 1952–1961 MdB.

Wollweber, Ernst (1898–1967), vor 1933: KPD; 1933 Emigration; nach 1945: KPD, SED; 1955–1957 Minister für Staatssicherheit.

Wrangel, Olaf von (1928), CDU; 1954–1956 Parlamentskorrespondent des Nordwestdeutschen Rundfunks; 1956 Leiter des Bonner Studios des Norddeutschen Rundfunks.

Wünsche, Kurt (1929), LDPD; 1954–1966 stellvertretender Generalsekretär der LDPD; 1967–1972 und seit 1989 Justizminister der DDR.

Würmeling, Franz-Joseph (1900–1986), CDU; 1949–1969 MdB; 1953–1962 Bundesminister für Familienfragen.

Zehrer, Hans (1899–1966), Journalist; 1953–1966 Chefredakteur der „Welt".

Zoglmann, Siegfried (1913), nach 1945: FDP; 1950 Pressereferent des Landesverbandes Nordrhein-Westfalen und Mitglied des Landesvorstandes; 1954–1958 MdL; 1957–1976 MdB (ab 1970 als Gast und ab 1972 Mitglied der CDU/CSU-Fraktion); 1961–1970 Parlamentarischer Geschäftsführer der FDP-Bundestagsfraktion, 1963–1968 stellvertretender Fraktionsvorsitzender.

Zundel, Rolf (1928–1989), Journalist bei der „Zeit".

# Abkürzungen

AdL = Archiv des Deutschen Liberalismus
ADG = Keesing's Archiv der Gegenwart
ADN = Allgemeiner Deutscher Nachrichtendienst
AP = Associated Press (amerikanische Nachrichtenagentur)
BBC = British Broadcasting Corporation
BHE = Bund der Heimatvertriebenen und Entrechteten
BRD = Bundesrepublik Deutschland
CDU = Christlich-Demokratische Union Deutschlands
CSU = Christlich-Soziale Union
DDR = Deutsche Demokratische Republik
DDP = Deutsche Demokratische Partei
DGB = Deutscher Gewerkschaftsbund
DJD = Deutsche Jungdemokraten
DP = Deutsche Partei
DPA = Deutsche Presseagentur
DPS = Deutsche Partei Saar
DRK = Deutsches Rotes Kreuz
DRP = Deutsche Reichspartei
DStP = Deutsche Staatspartei
DUD = Deutschland Union Dienst
DVP = Deutsche Volkspartei (vor 1933); Demokratische Volkspartei (nach 1945)
EVG = Europäische Verteidigungsgemeinschaft
EWG = Europäische Wirtschafts-Gemeinschaft
FAZ = Frankfurter Allgemeine Zeitung
FDJ = Freie Deutsche Jugend
fdk = freie demokratische korrespondenz
FDP = Freie Demokratische Partei
GB = Gesamtdeutscher Block
IOK = Internationales Olympisches Komitee
KPD = Kommunistische Partei Deutschlands
KPdSU = Kommunistische Partei der Sowjetunion
LDP(D) = Liberaldemokratische Partei (Deutschlands)
LSD = Liberaler Studentenbund Deutschlands
MdB = Mitglied des Bundestages
MdL = Mitglied des Landtages
MdR = Mitglied des Reichstages
NATO = North Atlantic Treaty Organisation
NDPD = Nationaldemokratische Partei Deutschlands

| | | |
|---|---|---|
| NPD | = | Nationaldemokratische Partei Deutschlands |
| NSDAP | = | Nationalsozialistische Deutsche Arbeiterpartei |
| PPP | = | Politisch-Parlamentarischer Pressedienst |
| RS | = | Rundschreiben |
| SAP | = | Sozialistische Arbeiterpartei |
| SBZ | = | Sowjetisch besetzte Zone |
| SED | = | Sozialistische Einheitspartei Deutschlands |
| SPD | = | Sozialdemokratische Partei Deutschlands |
| SSD | = | Staatssicherheitsdienst |
| TASS | = | Telegrafnoje Agenstwo Sowjetskowo Sojusa (staatliche sowjetische Nachrichtenagentur) |
| UdSSR | = | Union der Sozialistischen Sowjetrepubliken |
| UN(O) | = | United Nations (Organisation) |
| UPI | = | United Press International (amerikanische Nachrichtenagentur) |
| USA | = | United States of America |
| ZK | = | Zentralkomitee |

# Personenregister